Die Bestellermitwirkung zwischen Obliegenheit und Pflicht

Europäische Hochschulschriften
Publications Universitaires Européennes
European University Studies

Reihe II
Rechtswissenschaft

Série II Series II
Droit
Law

Bd./Vol. 4777

PETER LANG
Frankfurt am Main · Berlin · Bern · Bruxelles · New York · Oxford · Wien

Thomas Rütten

Die Bestellermitwirkung zwischen Obliegenheit und Pflicht

Eine dogmatische Analyse praxisrelevanter Probleme unter besonderer Berücksichtigung des Bauvertragsrechts nach BGB und VOB

PETER LANG
Internationaler Verlag der Wissenschaften

Bibliografische Information der Deutschen Nationalbibliothek
Die Deutsche Nationalbibliothek verzeichnet diese Publikation in der Deutschen Nationalbibliografie; detaillierte bibliografische Daten sind im Internet über <http://www.d-nb.de> abrufbar.

Zugl.: Trier, Univ., Diss., 2007

D 385
ISSN 0531-7312
ISBN 978-3-631-58197-1

www.peterlang.de

Vorwort

Die vorliegende Arbeit wurde im Wintersemester 2007/2008 vom Fachbereich Rechtswissenschaft der Universität Trier als Dissertation angenommen. Die Arbeit wurde bis März 2008 in bezug auf Rechtsprechung und Literatur aktualisiert.

Mein Dank gilt in erster Linie meinem Doktorvater, Herrn Professor Dr. Franz Dorn, für zahlreiche Denkanstöße und konstruktive Kritik während der Entstehung der Arbeit sowie für Förderung und vielfältige Anregungen. Weiterhin danke ich Herrn Professor Dr. Diederich Eckardt für die Erstellung des Zweitgutachtens und seine Vorschläge zur Präzisierung einiger Ausführungen.
Herrn Privatdozent Dr. Holger Sutschet danke ich für die freundschaftliche Begleitung der Arbeit und gewinnbringende Diskussionen zahlreicher Fragen.

Gewidmet sei die Arbeit meinen Eltern, meiner Frau Anke sowie meiner Schwester Claudia, ohne deren Unterstützung, Geduld, Liebe und Verständnis es zu der vorliegenden Veröffentlichung nie gekommen wäre.

Brüggen, im Sommer 2008 Dr. Thomas Rütten

Inhaltsverzeichnis

A. Einleitung und Problemdarstellung

Die erfolgreiche Errichtung eines Bauwerkes ist ein komplexes Vorhaben, welches nur durch die ordnungsgemäße Erfüllung vielfältiger Einzelleistungen und –handlungen realisierbar ist. Kennzeichnend für ein solches Vorhaben ist, dass es sich im Unterschied zu sonstigen Austauschverträgen - wie beispielsweise dem Kaufvertrag - nicht um einen einmaligen, punktuellen Leistungsaustausch bereits körperlich hergestellter Gegenstände handelt, sondern vielmehr das zur Übergabe geschuldete körperliche Werk im Zeitpunkt des Vertragsschlusses noch nicht vorhanden ist, bzw. durch den verpflichteten Unternehmer erst noch geschaffen werden muss.[1]

Trotz der immens großen praktischen Bedeutung des Bauvertrages handelt es sich bei diesem im Bereich des geltenden deutschen Zivilrechts nicht wie in anderen Rechtsordnungen um einen eigenen Vertragstyp,[2] sondern um einen Werkvertrag im Sinne des BGB. Den gesetzlichen Ausgangspunkt bildet also das allgemeine Werkvertragsrecht nach §§ 631 ff. BGB. Lediglich in den Normen der §§ 634 a Abs. 1 Nr. 2, 648 und 648 a BGB finden sich vereinzelt speziell auf den Bauvertrag zugeschnittene gesetzliche Regelungen, welche jedoch aufgrund ihres Regelungsinhaltes für die vorliegende Abhandlung keine Bedeutung entfalten. Auch auf die besonderen Regelungen der Verdingungsordnung für Bauleistungen[3], und hierbei insbesondere auf deren Teil B[4], kann insoweit nicht abgestellt werden. Zwar ist die Rechtsnatur der VOB letztlich umstritten[5], jedoch entspricht es einhelliger Ansicht, dass es sich bei dieser – unabhängig von einer speziellen Kategorisierung – weder um ein Gesetz noch um eine Rechtsverordnung handelt. Vielmehr sind die Bestimmungen der VOB in den Bereich der vertraglichen Regelungen einzuordnen.[6]

Im Unterschied zu einfacher strukturierten Werkverträgen[7] ist die ordnungsgemäße Abwicklung des Bauvertrages in erhöhtem Maße nicht nur von der ord-

1 ***Kleine-Möller***, NZBau 2000, S. 401 ff. (401).

2 So bspw. in der Zivilrechtsordnung der ehemaligen DDR (§§ 189 – 196 ZGB).

3 Im folgenden VOB.

4 Im folgenden VOB/B.

5 Vgl. zum Streit über die Rechtsnatur der VOB insbesondere die ausführlichen Darstellungen bei ***Siegburg***, BauR 1993, S. 9 ff.; ***Pauly***, MDR 2003, S. 124 ff.; ***ders.***, BauR 1996, S. 328 ff.

6 ***Locher***, S. 61 f., Rn. 67; ***Weick***, in Festschrift für *Korbion*, S. 451 ff. (541); zumeist werden die Bestimmungen der VOB als kollektiv erarbeitete allgemeine Geschäftsbedingungen (AGB) angesehen; vgl. ***Horn*** in **Wolf/Horn/Lindacher**, AGBG, § 23, Rn. 240; ***Ulmer*** in **Ulmer/Brandner/Hensen**, AGBG, § 1, Rn. 74; ***BGHZ* 86**, S. 135 ff. (139); **96**, S. 129 ff.; **109**, S. 192 ff.; ***Büdenbender***, JuS 2001, S. 625 ff. (626).

7 Wie dem klassischen Fall des Besohlens von Schuhen, bei dem lediglich das Leistungssubstrat (die Schuhe) durch den Auftraggeber zur Verfügung gestellt werden muss.

nungsgemäßen Erfüllung der werkunternehmerseitigen Leistung abhängig, sondern auch von der Mitwirkung des Bestellers bzw. Auftraggebers.
Zwar ist auch zur Erfüllung von einfach strukturierten Werkverträgen je nach Beschaffenheit des herzustellenden Werkes eine entsprechende Mitwirkung des Bestellers erforderlich, jedoch handelt es sich bei diesen Mitwirkungshandlungen zumeist um Aufgaben, die durch einfache Handlungen vorgenommen bzw. erfüllt werden können. So reicht beispielsweise bei der Herstellung eines Maßanzugs das bloße Erscheinen zur Anprobe oder beim Anfertigen eines Portraits das Modellsitzen des Bestellers völlig aus. Im Bauvertragsrecht gestaltet sich diese Situation wesentlich anspruchsvoller. Hier kann das vertraglich vereinbarte Bauwerk beispielsweise ohne die Beschaffung der Baugenehmigung oder der zur Ausführung erforderlichen Pläne nicht errichtet werden. Diese Aufgaben kommen im Gleichklang zu einfach strukturierten Werkverträgen naturgemäß nicht dem Werkunternehmer, sondern dem Besteller des Bauwerkes (Auftraggeber) zu. Allerdings ist die Erfüllung dieser Mitwirkungshandlungen nicht mit denen im Rahmen von einfach strukturierten Werkverträgen vergleichbar, sondern wesentlich diffiziler und anspruchsvoller.
Darüber hinaus gewinnen die Mitwirkungshandlungen im Bereich des Bauvertrages alleine durch ihre Anzahl und Vielfalt eine andere Bedeutung. Je größer das entsprechende Bauvorhaben ist, desto mehr den Auftraggeber treffende Mitwirkungshandlungen und daraus resultierende Störungen der Werkerstellung bzw. des Bauablaufs sind denkbar.[8]
Letztlich ist festzuhalten, dass im Rahmen der Errichtung eines Bauwerkes Leistungsstörungen nicht nur aus einem Fehlverhalten des Unternehmers resultieren können, sondern in vermehrtem Maße auch aus einem Fehlverhalten des Auftraggebers. Der Bauunternehmer ist zur reibungslosen, vertragsgemäßen, mängelfreien und rechtzeitigen Ausführung der Bauleistung also darauf angewiesen, dass die Beiträge des Auftraggebers erbracht werden.[9] Dies bedeutet gleichzeitig, dass der Bauunternehmer oftmals ohne die Erfüllung der Mitwirkungshandlungen seitens des Auftraggebers je nach Art der unterlassenen Mitwirkung nicht oder nur unter Einsatz kostenintensiver Gegensteuerungs- und Auffangmaßnahmen in der Lage ist, seine Leistung zu beginnen und auszuführen.[10]

---

8 Nur bspw. sei auf die durch die VOB/B angesprochenen Mitwirkungshandlungen verwiesen (vgl. §§ 3- 6 VOB/B).

9 ***Hofmann***, in Festschrift für Craushaar, S. 219 ff. (219).

10 ***Glanzmann*** in **RGRK**, § 642, Rn. 2.

Medias res der folgenden Abhandlung ist demgemäß die Frage, welche Rechtsfolgen sich ergeben, wenn der Auftraggeber seine im Einzelnen für die Errichtung des Bauwerkes erforderliche Mitwirkungshandlung nicht ordnungsgemäß erbringt.

Abhängig ist die Beantwortung dieser Frage in erster Linie von der rechtsdogmatischen Einordnung der Mitwirkungshandlungen des Auftraggebers. Handelt es sich dabei um eine echte Verpflichtung im Sinne einer Schuldnerpflicht, so ist bei Verletzung dieser Pflicht als Rechtsfolge eine Schadensersatzverpflichtung denkbar.[11] Handelt es sich hingegen bei der Mitwirkungshandlung des Auftraggebers lediglich um eine sogenannte „Obliegenheit", so kommt nach der Grundkonzeption des BGBs kein Schadensersatz, sondern lediglich ein anders gearteter Rechtsnachteil für den Auftraggeber in Betracht.[12]
Im Rahmen dieser für den vorliegenden Beitrag zentralen Problematik ist allerdings zusätzlich zu berücksichtigen, dass die Baupraxis bei der erfolgreichen Erstellung eines Bauwerkes schon aufgrund der Anzahl und Vielseitigkeit der zu erbringenden Leistungen in der Regel nicht ausschließlich auf die Grundkonzeption des Werkvertragsrechts nach dem BGB (§§ 631 ff. BGB) zurückgreift. Vielmehr ist es in der Baupraxis zumindest bei größeren Bauvorhaben üblich, durch die Verwendung der zusätzlichen Bestimmungen der VOB zu versuchen, der gesteigerten Komplexität des Bauvertrages möglichst gerecht zu werden.[13] Denn durch die Einbeziehung der VOB in den Bauvertrag kann auf einheitliche Regelungen für die Verwirklichung von Bauvorhaben zurückgegriffen werden. Besondere Bedeutung kommt für die vorliegende Abhandlung der VOB Teil B zu. Hier sind zusätzliche vertragliche Bestimmungen für den Bauvertrag niedergelegt, welche in einigen Bereichen[14] die gesetzliche Ausgangslage der §§ 631 ff. BGB abwandeln oder ergänzen.
So befasst sich die VOB/B insbesondere eingehend mit den für diesen Beitrag entscheidenden wechselseitigen Mitwirkungshandlungen auf der Baustelle (§§ 3 – 6 VOB/B).
Im Rahmen dieser Vorschriften werden einzelne Mitwirkungshandlungen geregelt und – im Gegensatz zum BGB – insbesondere für die Bauausführungsphase konkretisiert.[15] Beispielhaft kann insoweit auf die Regelung des § 3 Nr. 1

11 Anknüpfungspunkt sind insoweit bspw. die Regeln des Schuldnerverzugs im BGB (§§ 280, 286 BGB).
12 Insbesondere die Regeln des Annahmeverzugs gem. §§ 293 ff. BGB, bzw. § 642 BGB.
13 *Peters* geht bspw. davon aus, dass ca. 80 % der Bauverträge unter Einbeziehung der VOB/B abgeschlossen werden; vgl. ***Peters*** in **Staudinger**, BGB, Vorbem. zu §§ 631 ff., Rn. 91.
14 Insbesondere für den hier relevanten Bereich der sog. Bauausführungsphase.
15 Die wichtigsten Mitwirkungshandlungen können insoweit den §§ 2 und 3 VOB/B entnommen werden.

VOB/B verwiesen werden, in der die rechtzeitige Übergabe von für die Ausführung der Werkleistung erforderlichen Plänen, Zeichnungen und Skizzen durch den Auftraggeber festgeschrieben ist. Den gesteigerten und spezifischen Interessen der an der Erstellung des Bauwerkes beteiligten Parteien kann hierdurch zumindest besser entsprochen werden, als dies nach der Grundkonzeption des Werkvertragsrechts des BGB möglich ist.[16]

Durch die Konkretisierung einzelner Mitwirkungshandlungen des Auftraggebers im Rahmen der VOB/B stellt sich die Frage, welche Schlussfolgerungen sich bezüglich der rechtsdogmatischen Einordnung der Mitwirkungshandlungen des Auftraggebers ziehen lassen, und ob dies gegebenenfalls zu einer gegenüber dem BGB abweichenden Rechtsfolge im Falle der Verletzung der konkretisierten Mitwirkungshandlungen führt.

So wird in der Literatur vermehrt angeführt, dass zumindest die in der VOB/B konkretisierten Mitwirkungshandlungen des Auftraggebers als echte Schuldnerpflichten zu qualifizieren sind, deren Verletzung zu einem Schadensersatzanspruch des Berechtigten führt.[17] Anknüpfungspunkt für einen Schadensersatzanspruch im Rahmen der VOB/B ist insoweit insbesondere die Vorschrift des § 6 Nr. 6 VOB/B.

Neben der Frage der Rechtsfolgenanordnung gewinnt die rechtsdogmatische Einordnung der Mitwirkungshandlungen des Auftraggebers jedoch auch Bedeutung für die Erzwingbarkeit der jeweilig unterlassenen Handlung. Denn handelt es sich bei der Mitwirkungshandlung des Auftraggebers (zumindest) um eine echte Nebenleistungspflicht, so wäre diese auch selbständig durch den Unternehmer einklagbar. Handelt es sich hingegen um eine bloße (Gläubiger-) Obliegenheit, so wäre eine Möglichkeit des Unternehmers, den Auftraggeber zu der unterlassenen Handlung durch Rechtsbehelfe anzuhalten, zu negieren.[18]

Abgesehen von Fallkonstellationen im Zwei-Personen-Verhältnis erlangt die rechtsdogmatische Einordnung der Mitwirkungshandlungen des Auftraggebers ebenfalls Bedeutung, wenn der Auftraggeber sich seiner Aufgaben nicht selbst annimmt, sondern sich zur Erfüllung dieser eines weiteren (dritten) Unternehmers bedient.

Eine solche Fallgestaltung lag insbesondere der sog. „Vorunternehmer-Rechtsprechung“ des BGH[19] zugrunde, welche im Rahmen der vorliegenden

---

16 ***Kleine-Möller/Merl/Oelmaier***, BauR, § 1, Rn 3.

17 Vgl. insoweit beispielhaft die Beiträge von ***Nicklisch***, BB 1979, S. 533 ff.; ***Müller-Foell***, „Die Mitwirkung des Bestellers beim Werkvertrag“, Berlin 1981; ***Scheube***, „Die Auftraggebermitwirkung im VOB/B-Bauvertrag – Obliegenheit oder Pflicht?“, Berlin 2003.

18 So die herrschende Meinung; vgl. nur ***Heinrichs*** in **Palandt**, BGB, Einl. vor § 241, Rn. 13 m.w.N.; ***Kramer*** in **MüKo**, BGB, Einl. vor § 241, Rn. 50; ***Wieling***, AcP 176 (1976), S. 334 ff. (347 f.).

19 ***BGH***, BauR 1985, S. 561 ff. und ***BGH***, BauR 2000, S. 722 ff..

Abhandlung eine wesentliche Stellung einnehmen soll. Hierbei ging es jeweils um eine Situation, in der ein Auftraggeber im Rahmen eines VOB-Bauvertrages einen Unternehmer (Vorunternehmer) mit der Erbringung einer bauseitigen Leistung beauftragte, auf die die Leistung eines zweiten Unternehmers (Nachunternehmer) aufbaute.

Durch diese Fallgestaltung wurde sowohl die Frage der rechtsdogmatischen Einordnung der Mitwirkungshandlung des Auftraggebers aufgeworfen als auch die mit diesem Problem zusammenhängende Frage der Verschuldenszurechnung gemäß § 278 BGB.

Im Einzelnen wurden die folgenden drei Problemkreise angesprochen, die auch im Rahmen dieser Abhandlung einer Lösung zugeführt werden sollen:

Wie ist die Mitwirkungshandlung des Auftraggebers durch Bereitstellung des für die Vertragsleistung des Nachfolge-Unternehmers aufnahmebereiten Baugrundstücks rechtlich zu qualifizieren? Handelt es sich um eine Hauptleistungspflicht oder eine selbständige Nebenpflicht, deren Verletzung Schuldnerverzug begründet, oder um eine unselbständige vertragliche Nebenpflicht, deren Erfüllung zwar nicht erzwingbar ist, deren Verletzung aber einen Schadensersatzanspruch auslösen kann? Oder handelt es sich nur um eine (Gläubiger-) Obliegenheit, deren Nichterfüllung lediglich zu anders gearteten Rechtsnachteilen, insbesondere dem Annahmeverzug des Auftraggebers führt?

Ist die Vertragsleistung, die der Vorunternehmer an dem oder auf dem Baugrundstück erbringt, Teil der Mitwirkung, die der Besteller im Rahmen des Vertrages mit dem Nachfolge-Unternehmer für diesen zu erbringen hat?

Hat der Auftraggeber eine schuldhafte Schlechtleistung des Vorunternehmers dem Nachfolge-Unternehmer gegenüber wie eigenes Verschulden zu vertreten (§ 278 BGB)?

Durch den Rekurs auf die soeben dargestellte BGH-Rechtsprechung wird deutlich, dass die Abgrenzung von bloßen (Gläubiger-) Obliegenheiten zu echten (Schuldner-) Pflichten nicht nur rein theoretischer Natur ist, sondern konkrete Auswirkungen auf die Baupraxis hat.

Ziel der vorliegenden Abhandlung ist es demnach nicht nur einen weiteren Beitrag zur Abgrenzung von Obliegenheiten und Pflichten zu liefern. Es soll vielmehr der Versuch unternommen werden, anhand der zu treffenden Einordnung eine in sich schlüssige und interessengerechte Gesamtlösung für das Problemfeld zu erarbeiten. Insbesondere sollen auch für die Baurechtspraxis in diesem Zusammenhang bedeutsame Aspekte, wie die angesprochene und seit langem heftig umstrittene Frage, ob sich der Bauherr Fehler eines Vorunternehmers gegenüber einem Nachunternehmer gemäß § 278 BGB zurechnen lassen muss, erörtert und einer rechtsdogmatisch schlüssigen Lösung zugeführt werden.

B. Gang der Darstellung

Um die besonderen Probleme der Unterlassung von Mitwirkungshandlungen des Auftraggebers im Rahmen von Bauverträgen angemessen darstellen und rechtsdogmatisch lösen zu können, wird in der vorliegenden Abhandlung ein deduktiver[20] Ansatz gewählt.

So ist es zunächst nicht nur hilfreich, sondern auch notwendig in einem *ersten Schritt* die Grundlagen der Behandlung von Leistungsstörungen, die durch das Unterlassen von Mitwirkungshandlungen seitens des Gläubigers ausgelöst werden, zu erarbeiten. In diesem Teil der Abhandlung wird demnach eine allgemeine Darstellung und Unterscheidung der für die Einordnung der Mitwirkungshandlungen des Gläubigers entscheidenden Begrifflichkeiten der „Rechtspflicht" und „Obliegenheit" vorgenommen.

In einem *zweiten Schritt* sollen diese Begrifflichkeiten die Grundlage einer hier vorzunehmenden, rechtsdogmatischen Einordnung der Mitwirkungshandlung seitens des Gläubigers für den Bereich des BGB-Werkvertragsrechts bilden.

In einem *dritten Schritt* wird sodann zu untersuchen sein, ob die im zweiten Teil gefundenen Ergebnisse der werkvertraglichen Grundlagen auch auf den Bereich der BGB-Bauverträge übertragen werden können.

Im Rahmen dieses Teils soll zunächst eine grundsätzliche Darstellung der Besonderheiten von BGB-Bauverträgen zu anderen, klassischen BGB-Werkverträgen geringeren Umfangs erfolgen und aufbauend auf diesen, gegebenenfalls bestehenden Besonderheiten die Frage geklärt werden, ob dies zu einem Bedürfnis führt, die gesetzliche Ausgangslage zu modifizieren. Insbesondere der in Rechtsprechung und Literatur vermehrt genannte Begriff des Kooperationscharakters der Bauverträge[21] wird hier einen Ansatzpunkt zur kritischen Auseinandersetzung mit einer möglichen Modifizierung der gesetzlichen Ausgangslage bilden.

Abschließend wird in einem *vierten Schritt* auf die Besonderheiten eines unter Einbeziehung der VOB geschlossenen Bauvertrages (VOB-Bauvertrag) einzugehen sein. Im Rahmen dieser Untersuchung sind dann insbesondere auch die durch die BGH-Rechtsprechung zur „Vorunternehmer-Haftung" aufgeworfenen, VOB-spezifischen Problemlagen, die bereits in der Einleitung angesprochen wurden, zu erörtern.

---

20 Vgl. zu den Begriffen *deduktiv* und *induktiv* ***Larenz***, Methodenlehre, S. 23 f., 150 ff., 386 ff.; **Bydlinski**, Methodenlehre, S. 395 ff., 402 ff.; ***Schmalz***, Methodenlehre, S. 23, Rn. 15.

21 Vgl. insoweit die Rspr. des BGH: ***BGH***, ZIP 1996, S. 1218; ***BGH***, BauR 2000, S. 409; zum Begriff des Kooperationscharakters vgl. auch ***Acker/Moufang***, Bauvertrag, S. 43, Rn. 140.

C. Grundlagen

Wie bereits im Rahmen der Einleitung angesprochen, sollen in diesem Teil der Abhandlung die Grundlagen der Behandlung von Mitwirkungshandlungen des Gläubigers herausgearbeitet werden, um auf dem Boden dieser eine strukturgerechte rechtliche Einordnung und Behandlung (der Verletzung) von Mitwirkungshandlungen seitens des Gläubigers bzw. des Bestellers vornehmen zu können.

Auszugehen ist dabei von der grundsätzlichen Unterscheidung der für die Mitwirkungshandlungen entscheidenden Begrifflichkeiten „Obliegenheit" und „Pflicht". Nur durch eine saubere und strikte Trennung der vorgenannten Begrifflichkeiten ist eine Einordnung der speziell im Werkvertragsrecht bestehenden Anforderungen, die an die am Vertrag beteiligten Parteien und deren vorzunehmenden Handlungen gestellt werden, möglich.[22] Die äußere Form, in der die an die Parteien gestellten Verhaltensanforderungen begründet werden und an dessen Gestalt sie sich messen lassen müssen, ist das Schuldverhältnis.[23] Dem Regelungszusammenhang der Schuldrechtsvorschriften kann insoweit entnommen werden, dass das Schuldverhältnis als solches eine zwischen zwei oder mehreren Personen durch Rechtsgeschäft oder kraft Gesetzes pflichtenbegründende Sonderbeziehung darstellt, wobei sich das Schuldverhältnis insbesondere dadurch auszeichnet, dass jemand von einer anderen Person eine Leistung fordern kann, also einen Anspruch gegen sie hat.[24] Im Gesetz wird der Begriff des Schuldverhältnisses mit zwei verschiedenen Inhalten verwendet. Nach einzelnen Vorschriften ist bereits der einzelne Anspruch ein Schuldverhältnis,[25] während in anderen Vorschriften davon ausgegangen wird, dass das Rechtsverhältnis als Ganzes ein Schuldverhältnis darstellt.[26] Diesem unterschiedlichen Verständnis des Schuldverhältnisses folgend, wird zwischen dem Schuldverhältnis im engeren und weiteren Sinne differenziert.[27]

---

22 Anderer Ansicht ist *Hüffer*, der im Rahmen seiner Monographie den gesamten Problemkreis unabhängig von den Begriffen Rechtspflicht und Obliegenheit mittels eines Rechtsfolgensystems zu lösen versucht; vgl. ***Hüffer***, Leistungsstörungen durch Gläubigerhandeln, S. 224 ff.; auf eine solche Vorgehensweise wird im Rahmen der Erläuterungen zur grds. rechtsdogmatischen Einordnung der Mitwirkungshandlungen des Gläubigers im Werkvertragsrecht noch näher einzugehen sein; vgl. insoweit die entsprechenden Ausführungen in Teil D. der vorliegenden Arbeit auf S. 101 ff..

23 ***Larenz***, SchuldR I, § 1, S. 1 f.; ***Anders***, Pflichtverletzung, S. 146.

24 ***Henke***, JA 1989, S. 186 ff. (186, 187); ***Larenz***, SchuldR I, § 2 I, S. 6.

25 So bspw. in § 241 BGB, in dessen Abs. I Satz 1 es heißt „Kraft des Schuldverhältnisses ist der Gläubiger berechtigt, von dem Schuldner eine Leistung zu fordern.", oder in § 362 BGB in dessen Abs. 1 es heißt „Das Schuldverhältnis erlischt, wenn die geschuldete Leistung an den Gläubiger bewirkt wird".

26 So bspw. in der Überschrift des achten Abschnitts des zweiten Buches des BGB oder in § 425 Abs. 1 BGB.

27 Vgl. hierzu die ausführliche Darstellung bei ***Henke***, JA 1989, S. 186 ff.

Während das Schuldverhältnis im engeren Sinne lediglich die rechtlichen Forderungsbeziehungen umfasst, die den Gläubiger eines einzelnen Anspruchs mit dem korrespondierenden, zur Leistung verpflichteten Schuldner verbindet, bezeichnet das Schuldverhältnis im weiteren Sinne ein komplexes schuldrechtliches Rechtsverhältnis, aus dem regelmäßig eine ganze Reihe einzelner Forderungsrechte, Gestaltungsrechte und Rechtslagen abgeleitet werden können.[28] Das Schuldverhältnis im weiteren Sinne umfasst demgemäß nicht nur die korrespondierenden Forderungsbeziehungen, sondern auch die sonstigen Verhaltensanforderungen, Zuständigkeiten und Gestaltungsmöglichkeiten der am Schuldverhältnis beteiligten Parteien.[29] In diesem Sinne ist in der moderneren Schuldrechtslehre[30] anerkannt, dass sich der Inhalt des Schuldverhältnisses nicht auf Leistungspflichten beschränkt, sondern auch durch weitere – sich von den Leistungspflichten unterscheidenden – Pflichten und Verhaltensanforderungen charakterisiert sein kann. Aus diesem Grund wird das Schuldverhältnis im weiteren Sinne auch häufig biologisch als „Organismus“[31], philosophisch als „Inbegriff oder Gefüge“[32], lebensmäßig als „zweckbedingtes soziales Band“[33], vertragsgeschichtlich als „konstante Rahmenbeziehung“[34], überwiegend jedoch als „eine von Treu und Glauben beherrschte Sonderverbindung“[35] bezeichnet. Dass sich das Schuldverhältnis nicht alleine in den korrespondierenden Forderungsbeziehungen der jeweilig beteiligten Parteien erschöpft, ergibt sich nunmehr – seit der Schuldrechtsmodernisierung aus dem Jahre 2002 – auch direkt aus dem Gesetz (§ 241 Abs. 2 BGB). Nach dem Wortlaut des § 241 Abs. 2 BGB wird darauf verwiesen, dass das „Schuldverhältnis nach seinem Inhalt jeden Teil zur Rücksicht auf die Rechte, Rechtsgüter und Interessen des anderen Teils verpflichten kann“. Insoweit ist § 241 Abs. 2 BGB als Bestätigung der allgemeinen Ansicht bzgl. des Begriffes des Schuldverhältnisses aufzufassen. Jedoch enthält § 241 Abs. 2 BGB keine – auch nicht nahezu – vollständige Aufzählung der in Betracht kommenden „weiteren Verhaltensanforderungen“. Insofern wird § 241 Abs. 2 BGB häufig in zutreffender Weise als „narrative Norm“ oder „Blankettnorm“[36] bezeichnet.

Auch für die vorliegende Abhandlung wird von dem dargestellten Verständnis des Begriffes des Schuldverhältnisses ausgegangen. Demgemäß ist festzuhalten,

---

28 ***Kramer*** in **MüKo**, BGB, Einleitung zu §§ 241 ff., Rn. 13.

29 ***Henke***, JA 1989, S. 186 ff. (188).

30 Vgl. bspw. ***Ehmann/Sutschet***, Modernisiertes SchuldR, § 4 III, S. 69 ff.; ***Heinrichs*** in **Palandt**, BGB, § 241, Rn. 6.

31 ***Enneccerus/Lehmann***, SchuldR, § 1 III.

32 ***Larenz***, SchuldR I, § 2 V, S. 26 f.

33 ***Esser/Schmidt***, SchuldR I/1, § 1 I, S. 4 ff..

34 ***Herholz***, AcP 130 (1929), S. 257 ff. (284, 285).

35 ***Heinrichs*** in **Palandt**, BGB, § 241, Rn. 6.

36 vgl. ***Heinrichs*** in **Palandt**, BGB, § 241, Rn. 7.

dass das Schuldverhältnis im weiteren Sinne eine Vielzahl von verschiedenen Verhaltensanforderungen erfasst, deren Klassifizierung im Folgenden vorgenommen werden soll. Grundsätzlich ist dabei von der für den vorliegenden Beitrag entscheidenden Differenzierung der rechtlichen Kategorien „Pflicht" und „Obliegenheit" auszugehen.

I. Die „(Rechts-)Pflichten"

1. Die grundsätzliche Begrifflichkeit

Der Begriff der „(Rechts-)Pflichten" wird im Rahmen der Rechtswissenschaften allgemein als Anforderung eines bestimmten Verhaltens oder Unterlassens, also als ein „rechtliches Sollen" verstanden.[37] Der wesentliche Charakter der so verstandenen Pflichten erschöpft sich jedoch nicht nur darin, dass auf der Tatbestandsseite ein Verhaltensgebot vorgegeben wird. Vielmehr knüpfte bereits *von Tuhr*[38] im Jahre 1910 auch an das Interesse des dem Verpflichteten gegenüberstehenden Rechtssubjekts an, indem er formulierte, dass „die Verpflichtung dem Subjekt auferlegt wird, um ein von der Rechtsordnung erwünschtes und für ein anderes Subjekt günstiges Resultat durch seine Handlung herbeizuführen." Ausdruck und Voraussetzung einer Pflicht in diesem Sinne ist in Fortführung dieses Gedankens weiterhin, dass die Rechtsordnung das Interesse des Berechtigten an der Erfüllung der Pflicht dadurch anerkennt, dass sie diesem einen Anspruch auf Erfüllung der Pflicht zubilligt.[39] Typisches Charakteristikum der Pflicht ist demnach, dass dem subjektiven Recht[40] und dem daraus resultierenden Anspruch des Einen stets die Rechtspflicht eines Anderen gegenübersteht.[41]

Allerdings entfaltet diese Regel nicht zwangsweise Wirkung in umgekehrter Richtung. Nicht jeder Rechtspflicht des Einen steht auch ein subjektives Recht im Sinne eines Erfüllungsanspruchs des Anderen gegenüber. So können sich Rechtspflichten auch aus Normen ergeben, die ein bestimmtes Verhalten zur Pflicht machen, ohne einem anderen bezüglich dieser Pflicht ein subjektives

---

37 So die allgemeine Definition in ***Köbler/Pohl***, Rechtswörterbuch, Stichwort: Pflicht, S. 381.

38 ***von Tuhr***, Allg. Teil, Band I, § 4 II, S. 96.

39 ***Henß***, Obliegenheiten, S. 83 f.; ***Larenz/Wolf***, BGB AT, § 13, Rn. 32, S. 233.

40 Subjektive Rechte in dem hier verwendeten Sinne werden verstanden als eine von der Rechtsordnung verliehene Rechtsmacht zur selbstbestimmten Wahrnehmung durch den Rechtsinhaber; vgl. zum Begriff des subjektiven Rechts im Gegensatz zum Begriff des objektiven Rechts ***Larenz/Wolf***, BGB AT, § 13, Rn. 24, S. 232; ***Anders***, Pflichtverletzung, S. 148 f.

41 ***Henß***, Obliegenheiten, S. 83; ***Larenz/Wolf***, BGB AT, § 13, Rn. 31, S. 233; ***Anders***, Pflichtverletzung, S. 150, 151.

Recht (auf Erfüllung) zu geben.[42] Einige Vorschriften ge- oder verbieten ein bestimmtes Verhalten lediglich, um bloße Gefährdungen anderer oder Beeinträchtigungen wichtiger öffentlicher Interessen[43] zu verhindern.[44] So hat beispielsweise nicht jeder Teilnehmer am Straßenverkehr gegen jeden anderen ein im Wege der Leistungs- oder Unterlassungsklage verfolgbares subjektives Recht auf Einhaltung der Straßenverkehrsvorschriften.[45] Die Einhaltung derartiger Vorschriften wird vielmehr lediglich und ausschließlich durch die Statuierung einer Sanktion gesichert. Diese Sanktion kann dabei einerseits in der Verhängung von Strafen oder sonstigen Rechtsnachteilen[46], andererseits in der Zuerkennung eines Schadensersatzanspruchs bestehen.[47] Um im oben genannten Beispiel der Verletzung von straßenverkehrsrechtlichen Vorschriften zu bleiben, so hat zwar – wie festgestellt – nicht jeder einen (durchsetzbaren) Anspruch auf Einhaltung dieser Vorschriften, wohl aber einen Anspruch auf Schadensersatz, wenn er dadurch geschädigt wird, dass ein anderer schuldhaft die entsprechenden Vorschriften verletzt hat.[48]

Diese Sanktionierung auf der Rechtsfolgenseite stellt mithin ein weiteres entscheidendes Element der Rechtspflicht dar. Typischerweise handelt es sich dabei um die Statuierung eines eigenständigen und selbständig durchsetzbaren Schadensersatzanspruches zugunsten des Berechtigten bzw. des Geschädigten.[49]

Bezüglich des Begriffs der (Rechts-)Pflicht ist demnach als **Zwischenergebnis** festzuhalten, dass sich dieser aus verschiedenen, kumulativ zusammenwirkenden Elementen zusammensetzt.

Von einer Pflicht im rechtlichen Sinne kann dementsprechend dann gesprochen werden, wenn eine allgemeine Statuierung eines Verhaltensgebotes gegeben ist, welches im Interesse eines anderen Rechtssubjekts liegt und von der Rechtsordnung dadurch anerkannt und gesichert wird, dass dem Berechtigten ein eigenständig durchsetzbarer Anspruch auf Erfüllung bzw. bei Verletzung des Verhaltensgebotes ein selbständig durchsetzbarer Schadensersatzanspruch zuerkannt wird.

---

42 ***v. Tuhr***, Band I, § 4 I, S. 96; ***Larenz/Wolf***, BGB AT, § 13, Rn. 32, S. 233 f.; ***Stürner***, JZ 1976, S. 384 ff. (391); ***Anders***, Pflichtverletzung, S. 150; ***Scheube***, Auftraggebermitwirkung, S. 26.

43 Bspw. Interessen der Rechtspflege oder Interessen des allgemeinen Verkehrs.

44 ***Larenz/Wolf***, BGB AT, § 13, Rn. 32, S. 233.

45 ***Larenz/Wolf***, BGB AT, § 13, Rn. 33, S. 233.

46 Wie bspw. dem Entzug der Fahrerlaubnis.

47 ***Larenz/Wolf***, BGB AT, § 13, Rn. 32 f., S. 233 f..

48 ***Larenz/Wolf***, BGB AT, § 13, Rn. 32 f., S. 233 f..

49 ***Scheube***, Auftraggebermitwirkung, S. 26.

2. Weitergehende Unterteilung und Konkretisierung des Pflichtbegriffs

Die vorstehend dargestellte Terminologie der „Pflicht" ist zwar geeignet den grundsätzlichen Charakter der durch diesen Begriff erfassten Verhaltensanforderungen zu erfassen; jedoch kann durch den weiten Rahmen dieses Pflichtbegriffes der Vielseitigkeit der jeweilig denkbaren, konkreten Pflichten nicht angemessen Rechnung getragen werden. In diesem Sinne ist eine weitergehende Unterteilung des Pflichtbegriffs in Leistungspflichten (Haupt- und Nebenleistungspflichten) und weitere Verhaltenspflichten allgemein anerkannt.[50] Auch für die – im Rahmen der vorliegenden Abhandlung entscheidende – Grenzziehung zwischen dem Begriff der (Rechts-) Pflicht und dem später noch darzustellenden Begriff der Obliegenheit, wird eine bloße Beschreibung des grundsätzlichen Charakters der Pflicht im rechtlichen Sinne wohl nicht ausreichen, um insbesondere im Rahmen der für diese Abhandlung relevanten Grenzfälle zu einer eindeutigen Abgrenzung zu gelangen. Im Folgenden wird demnach ebenfalls eine weitergehende Unterteilung des Pflichtbegriffs in Leistungspflichten (einschließlich Haupt- und Nebenleistungspflichten) einerseits und weiteren Verhaltenspflichten andererseits vorgenommen.

a. Die Leistungspflichten

Auszugehen ist bei der Bestimmung und Differenzierung der Leistungspflichten von § 241 Abs. 1 BGB. Hieraus ergibt sich, dass als wesentlicher, primärer Inhalt eines Schuldverhältnisses die dem Schuldner zukommende direkte Pflicht zur Erbringung einer Leistung angesehen wird.[51] Diese Leistungserbringungspflicht ist regelmäßig auf eine Veränderung der Güterlage des Gläubigers gerichtet und dient dessen Leistungs- und Erfüllungsinteressen. Dies bedeutet, dass das Leistungsverhalten des Schuldners auf den Eintritt des Leistungserfolges beim Gläubiger gerichtet ist.[52] Der Schuldner ist also verpflichtet, die den Erfolg herbeiführenden Handlungen vorzunehmen. Welche konkreten Handlungen zur Herbeiführung des Leistungserfolges vom Schuldner vorzunehmen sind, ist auch aufgrund der vielfältigen Erscheinungsformen und Ausprägungen von Schuldverhältnissen gesetzlich nicht fixiert, sondern ergibt sich aus dem konkreten Inhalt des jeweiligen Schuldverhältnisses. Die Unterscheidung zwischen Haupt- und Nebenleistungspflicht hat demnach stets hinsichtlich der Bedeutung der Leistungspflicht für das jeweilige Schuldverhältnis zu erfolgen.[53] Eine Unterscheidung zwischen Haupt- und Nebenleistungspflichten ist in diesem Sinne da-

---

50 Vgl. nur ***Kramer*** in **MüKo**, BGB, § 241, Rn.15 ff.; ***Heinrichs*** in **Palandt**, BGB, § 241, Rn. 5 ff.; ***Larenz***, SchuldR I, § 2, S. 6 ff.

51 ***Ehmann/Sutschet***, Modernisiertes SchuldR, § 4 III 1, S. 69.

52 Vgl. ***Larenz***, SchuldR I, § 2 I, S. 6 ff.; ***Anders***, Pflichtverletzung, S. 152 f.

53 Kriterien der Abgrenzung sind demnach insbesondere Grad, Inhalt und Bedeutung der Pflicht; ***Anders***, Pflichtverletzung, S. 155.

nach zu treffen, ob die sich aus den Leistungspflichten ergebenden Verbindlichkeiten auf die vertragstypischen, also den Vertragstypus charakterisierenden, essentiellen Leistungspflichten des Schuldners beziehen, oder eben nur auf „akzidentelle", nicht vertragstypusbestimmende Leistungspflichten.[54]

aa. Die Hauptleistungspflichten

Als Hauptleistungspflichten werden demgemäß diejenigen Leistungspflichten bezeichnet, die dem Vertrag seine typische Prägung verleihen, also den Vertragstypus kennzeichnen.[55] Die Hauptleistungspflichten bedürfen als „essentialia negotii" eines Vertrages in der Regel der ausdrücklichen Vereinbarung.[56]
Typische Hauptleistungspflichten sind beispielsweise die gesetzlich fixierten Pflichten der §§ 433 Abs. 1 und 2, 631 Abs. 1 BGB, also die Übergabe der Kaufsache oder die Herstellung des Werkes und die Entrichtung des dafür geschuldeten (Kauf- oder Herstellungs-) Preises. Im Rahmen der gegenseitigen Verträge sind die Hauptleistungspflichten zu sog. „synallagmatischen" Pflichten verbunden. Hier ist jede Vertragspartei sowohl Schuldner als auch Gläubiger einer im Gegenseitigkeitsverhältnis stehenden Pflicht.[57] Die Erfüllung der Hauptleistungspflichten kann vom jeweiligen Gläubiger verlangt und im Bedarfsfall auch durch Klage oder Zwangsvollstreckung gegen den Willen des Schuldner herbeigeführt werden.[58]

bb. Die Nebenleistungspflichten

Nebenleistungspflichten beziehen sich hingegen lediglich auf „akzidentelle", nicht vertragstypusbestimmende Leistungspflichten.[59] Sie sind zwar ebenfalls am Erfüllungsinteresse ausgerichtet, dienen jedoch lediglich der Vorbereitung, Herbeiführung und Sicherung des Leistungserfolges.[60] Insoweit können Nebenleistungspflichten zu einem zusätzlichen Tun oder Unterlassen verpflichten und so dem weiteren Zweck des Schuldverhältnisses förderlich sein.
Nebenleistungspflichten bestimmen jedoch den jeweiligen Vertragstypus nicht und geben diesem nicht sein charakteristisches Gepräge, wie dies bei Hauptleistungspflichten der Fall ist. Nebenleistungspflichten ergänzen die Hauptleistungspflichten lediglich. Sie setzen daher stets eine gesetzliche oder rechtsge-

---

54 ***Kramer*** in **MüKo**, BGB, § 241, Rn.16.

55 ***Heinrichs*** in **Palandt**, BGB § 241, Rn. 5; ***Kramer*** in **MüKo**, BGB, § 241, Rn. 16; ***Medicus***, BürgerlR, § 11, S. 147 f., Rn. 206; ***Thiele/Fezer***, BGB AT, S. 20.

56 ***Mansel*** in **Jauernig**, BGB, § 241, Rn. 9 (unter 4 b); ***Kramer*** in **MüKo**, BGB, § 241, Rn. 16.

57 ***Anders***, Pflichtverletzung, S. 155.

58 Einhellige Meinung; vgl. nur die Feststellungen mit weiteren Nachweisen bei ***Anders***, Pflichtverletzung, S. 162, unter e).

59 ***Kramer*** in **MüKo**, BGB, § 241, Rn. 16.

60 ***Gernhuber***, § 2 II 4, S. 18; ***Scheube***, Auftraggebermitwirkung, S. 27.

schäftliche Grundlage voraus und bestehen nur insoweit, als das Leistungsverhältnis Wirksamkeit entfaltet. In diesem Sinne sind Nebenleistungspflichten den Hauptleistungspflichten akzessorisch.[61] Auch bezüglich dieser Pflichten besteht jedoch nach einhelliger Ansicht die Möglichkeit deren Erfüllung selbständig mittels Rechtsbehelfen (Leistungs- und Unterlassungsklage) einzufordern bzw. diese zu erzwingen.[62]
Einige Nebenleistungspflichten sind schon durch Gesetz ausdrücklich geregelt. Anzuführen sind hier beispielsweise die Auskunftspflicht des Zedenten in § 402 BGB, die Auskunfts- und Rechenschaftspflicht des Beauftragten in § 666 BGB oder die Verpflichtung des Mieters einen vertragswidrigen Gebrauch der Mietsache zu unterlassen (§ 541 BGB).[63]
Darüber hinaus können sich Nebenleistungspflichten auch aus vertraglicher Vereinbarung ergeben; so beispielsweise die Verpflichtung des Verkäufers zur Versendung der Ware (§ 447 BGB), die Pflicht des Verkäufers, dem Käufer eine Gebrauchsanweisung zu übergeben[64] oder die Verpflichtung des Händlers zur Unterweisung des Käufers über die Behandlung und erforderliche Wartung einer Maschine.[65]

b. Neben-, Schutz- und weitere Verhaltenspflichten

Wie bereits angedeutet[66] ist es allgemein anerkannt, dass nur durch die Leistungspflichten der Inhalt und Charakter eines Schuldverhältnisses nicht vollständig erfasst werden kann.[67] Das Schuldverhältnis erschöpft sich eben nicht in der Herbeiführung des geschuldeten Leistungserfolges, sondern ist eine „von Treu und Glauben beherrschte Sonderverbindung".[68] Neben den dargestellten Pflichten können auch noch weitere Verhaltenspflichten bestehen, die sich von den (Haupt- und Neben-) Leistungspflichten unterscheiden. Lediglich bezüglich der Terminologie dieser weitergehenden Pflichten hat sich keine einheitliche Begrifflichkeit herausgebildet. So werden diese beispielsweise als „(weitere) Verhaltenspflichten[69]", „Nebenpflichten[70]" oder „Schutzpflichten[71]" bezeichnet.

---

61 ***Thiele***, JZ 1967, 649 ff. (650).
62 Vgl. insoweit nur die Nachweise bei ***Kramer*** in **MüKo**, BGB, § 241, Rn. 18; ***Anders***, Pflichtverletzung, S. 162.
63 Weitere Beispiele bei ***Kramer*** in **MüKo**, BGB, § 241, Rn. 17.
64 Hierzu ausführlich ***Krebber***, AcP 201 (2001), S. 333 ff.
65 ***BGHZ*** **47**, S. 312 ff.; weitere Beispiele bei ***Kramer*** in **MüKo**, BGB, § 241, Rn. 17.
66 Vgl. hierzu die obigen Ausführungen auf S. 21 f..
67 ***Heinrichs*** in **Palandt**, BGB, § 241, Rn. 5 ff..
68 ***Heinrichs*** in **Palandt**, BGB, § 241, Rn. 6.
69 ***Larenz***, SchuldR I, § 2, S. 6.
70 ***Kramer*** in **MüKo**, BGB, § 241, Rn. 18.
71 Grundlegend ***Stoll***, AcP 136 (1932), S. 257 ff. (286 ff., 298); ***Canaris***, JZ 1965, S. 475 ff. (476).

Bezüglich der Terminologie ist allerdings darauf hinzuweisen, dass der Begriff der „Schutzpflichten" insoweit missverständlich ist, als dieser – wie noch zu zeigen sein wird – nur einen Teil der gemeinten Pflichten erfasst. Auch der Begriff der Nebenpflichten ist eher missverständlich, da bei dieser Terminologie die Gefahr besteht, dass der Unterschied zu den bereits dargestellten Nebenleistungspflichten nicht genügend zum Ausdruck kommt.[72] Für die vorliegende Abhandlung wird demnach die Terminologie der „weiteren Verhaltenspflichten" verwendet.

In Abgrenzung zu den Leistungspflichten sind die weiteren Verhaltenspflichten nicht auf den Vertragsgegenstand gerichtet, sondern auf die Person des Vertragsgegners bezogen.73 Auch wenn vereinzelt angeführt wird, dass – ähnlich wie Nebenleistungspflichten – auch die weiteren Verhaltenspflichten „leistungsbezogen" sein können,74 so sind diese den Nebenleistungspflichten dadurch noch nicht gleichzustellen. Der Begriff der „Leistungsbezogenheit" ist vielmehr dahingehend zu verstehen, dass es Aufgabe dieser Pflichten ist, „eine ordnungsgemäße Erfüllung des Schuldverhältnisses am Maßstab der im Verkehr erforderlichen Sorgfalt sowie nach dem Gebot von Treu und Glauben" sicherzustellen.75 Diese Pflichten mögen dadurch zwar die Förderung des Vertragszwecks anvisieren;76 jedoch geht es bei den weiteren Verhaltensanforderungen nicht um die geschuldete Leistung als solche, sondern darum die Rechte und Rechtsgüter der gegnerischen Partei zu schützen.77 Insoweit beziehen sich die weiteren Verhaltenspflichten als „integritätsbezogene Pflichten"78 auf den personen- und vermögensrechtlichen status quo des Gläubigers.[79]

Den Schuldner der weiteren Verhaltenspflichten trifft – im Unterschied zu den Leistungspflichten – in der Regel kein begründetes Erfüllungsrisiko, weshalb er sich bei der Verletzung oder Unterlassung der weiteren Verhaltenspflichten lediglich sekundären Schadensersatzansprüchen ausgesetzt sieht, nicht jedoch Erfüllungsansprüchen, welche klageweise durchgesetzt werden könnten.[80] Während Leistungspflichten schon von vornherein inhaltlich so bestimmt sind, dass

72 So auch ***Larenz***, SchuldR I, § 2 I, S. 10; ebenso mit dem Begriff der weiteren Verhaltenspflichten arbeitend ***Heinrichs*** in **Palandt**, BGB, § 241, Rn. 6.

73 ***Anders***, Pflichtverletzung, S. 162 f.

74 ***Kramer*** in **MüKo**, BGB, § 241, Rn. 18; ***Thiele/Fezer***, BGB AT, S. 20 ff.

75 ***Thiele/Fezer***, BGB AT, S. 20.

76 so ***Kramer*** in **MüKo**, BGB, § 241, Rn. 18.

77 ***Heinrichs*** in **Palandt**, BGB, § 241, Rn. 6.

78 ***Kramer*** in **MüKo**, BGB, § 241, Rn. 19.

79 ***Heinrichs*** in **Palandt**, BGB, § 241, Rn. 6.

80 ***RGZ*** 72, S. 393 ff. (394); ***OLG Frankfurt/M.***, JZ 1985, S. 337; ***Larenz***, SchuldR I, § 9, S. 105; ***Kramer*** in **MüKo**, BGB, § 241, Rn. 18; ***Anders***, Pflichtverletzung, S. 174; ***Heinrichs*** in **Palandt**, BGB, § 241, Rn. 7; **a.A.**: ***Motzer***, JZ 1983, S. 884 ff. (886 f.).

die gerichtliche Einforderung mittels einer (Leistungs-) Klage möglich ist,[81] liegt die Situation bei den weiteren Verhaltenspflichten anders. Der konkrete Inhalt der weiteren Verhaltenspflichten ergibt sich in der Regel erst im weiteren Verlauf der Abwicklung des Schuldverhältnisses mit Rücksicht auf die jeweilige Situation. Eine genaue Festlegung ihres Inhalts im Voraus ist demnach nicht möglich.[82] So sind die an einem Schuldverhältnis beteiligten Parteien beispielsweise grundsätzlich einander verpflichtet sich so zu verhalten, wie es in der gegebenen Situation erforderlich ist, um beispielsweise Schäden zu verhüten. Damit ist jedoch der Inhalt der spezifischen, zur Einhaltung dieser Verhaltensanforderung erforderlichen Handlungen, noch nicht hinreichend konkret bestimmbar. Die konkrete Ausgestaltung der weiteren Verhaltenspflicht ist vielmehr von der jeweiligen, spezifischen Situation abhängig, weshalb grundsätzlich eine im Vorhinein auf die Erfüllung einer „weiteren Verhaltenspflicht" gerichtete Klage an § 253 Abs. 2 Nr. 2 ZPO scheitern würde.[83] Nur wenn eine weitere Verhaltenspflicht im spezifischen Fall eine ganz bestimmte Maßnahme erfordert und der Verpflichtete sich weigert diese vorzunehmen, wird man ausnahmsweise die Klage auf Vornahme der geschuldeten Handlung zulassen müssen.[84] Dies stellt aber eben nicht die Regel, sondern die Ausnahme dar. In der Regel besteht bei Verletzung einer solchen Pflicht lediglich die Möglichkeit, den aus der Verletzung resultierenden sekundären Schadensersatzanspruch geltend zu machen und diesen vor Gericht durchzusetzen.[85] Mögliche Anspruchsgrundlagen sind seit der Einführung des Schuldrechtsmodernisierungsgesetz durch die Anknüpfung an § 241 Abs. 2 BGB insoweit §§ 280 Abs. 1 und 3, 282 BGB (Schadensersatz statt der Leistung) oder § 280 Abs. 1 BGB isoliert (sonstige Schäden).[86]

Typische Inhalte der hier angesprochenen weiteren Verhaltenspflichten sind beispielsweise Schutz-, Treue-, Fürsorge-, Obhuts-, Aufklärungs- und Anzeigepflichten.[87]

---

81 Vgl. zu den Erfordernissen eines bestimmten Klageantrags § 253 Abs. 2 Nr. 2 BGB.

82 Dies ebenfalls zugebend ***Motzer***, JZ 1983, S. 884 ff. (886).

83 ***Larenz***, SchuldR I, § 2 I, S. 11; zudem wird es in der Regel auch an einem erforderlichen Rechtsschutzbedürfnis fehlen.

84 Vgl. zu diesen Ausnahmefällen die ausführliche Darstellung bei ***Stürner***, JZ 1976, S. 384 ff.

85 Eine Klage auf Erfüllung (Vornahme) der im Einzelnen unterlassenen Handlung macht in der Regel in einer solchen Situation aufgrund des bereits entstandenen Schadens keinen Sinn mehr.

86 ***Faust*** in **Huber/Faust**, Schuldrechtsmodernisierung, Rn. 169.

87 Zu den genauen Inhalten und Erscheinungsvarianten der weiteren Verhaltenspflichten soll – auch aufgrund der umfangreichen Untergliederungsmöglichkeiten – im Rahmen dieser Abhandlung nicht näher eingegangen werden; vgl. hierzu die ausführliche Fallgruppenbildung bei ***Kramer*** in **MüKo**, BGB, § 241, Rn. 31 – 313.

3. Zusammenfassung

Nach allem kann festgehalten werden, dass von einer Rechtspflicht – einschließlich (Haupt- und Neben-) Leistungspflichten einerseits und weiteren Verhaltenspflichten andererseits – dann gesprochen werden kann, wenn eine Verhaltensanforderung aufgegeben wird, die im Interesse eines anderen Rechtssubjekts liegt und deren Befolgung zumindest durch die Statuierung eines eigenständig durchsetzbaren Schadensersatzanspruchs im Verletzungsfalle gesichert wird.

Besondere Bedeutung kommt in Abgrenzung zum im Folgenden noch darzustellenden Begriff der Obliegenheiten der den Rechtspflichten zugrundeliegenden Interessenlage zu. Hierzu ist festzuhalten, dass Rechtspflichten – wie bereits angesprochen – im Interesse eines anderen Rechtssubjekts auferlegt und übernommen werden. Dem von der Rechtspflicht Begünstigten ist an der Erfüllung der Rechtspflicht gelegen. Zur Verdeutlichung sei insofern auf folgende Beispiele verwiesen. Der Käufer einer Sache hat ein erhebliches Interesse daran, dass die im Vertrag festgeschriebene Kaufsache mangelfrei übergeben wird (Rechtspflicht im Sinne der Hauptleistungspflicht aus § 433 Abs. 1 BGB). Ebenso hat der von einer weiteren Verhaltenspflicht Begünstigte ein erhebliches Interesse daran, dass der gegenüberstehende Vertragsteil seinen weiteren Verhaltenspflichten, bspw. Schutzpflichten nachkommt. Zwar resultiert aus der schuldhaften Verletzung einer Schutzpflicht ein Schadensersatzanspruch aus § 280 Abs. 1 BGB, der das Interesse des „Verletzten" schützen und dessen Schaden ausgleichen soll, jedoch wird dem „Verletzten" primär daran gelegen sein, dass es zu einer solchen Situation erst gar nicht kommt. Denn grundsätzlich geht sein Interesse dahin, dass das Vertragsprogramm ordnungsgemäß und möglichst ohne Störung abgewickelt wird, um die von ihm ursprünglich ins Auge gefassten Leistungen des jeweiligen Vertrages möglichst unkompliziert und schnell zu erhalten. Sowohl die Auferlegung, als auch die Beobachtung bzw. Erfüllung der Rechtspflicht liegt also im Interesse des von der Rechtspflicht Begünstigten.

II. Die „Obliegenheiten"

Von den dargestellten „echten" Rechtspflichten – einschließlich (Haupt- und Neben-) Leistungspflichten einerseits und weiteren Verhaltenspflichten andererseits – werden im Allgemeinen die sog. „Obliegenheiten" unterschieden.[88] Auch die unter dem Begriff der Obliegenheiten zusammengefassten Verhaltensanforderungen sind Bestandteil des Schuldverhältnisses im weiteren Sinne und entfalten insbesondere für die rechtliche Einordnung und Behandlung von Mitwirkungshandlungen des Gläubigers entscheidende Bedeutung.

Im Rahmen der Erörterung des Begriffs der Obliegenheit sind insbesondere die – möglicherweise bestehenden – entscheidenden Unterschiede zu den dargestell-

---

88 Vgl. nur ***Heinrichs*** in **Palandt**, BGB, Einl. vor § 241, Rn. 13; ***Mansel*** in **Jauernig**, BGB, § 241, Rn. 13; **Wieling**, AcP 176 (1976), S. 335 ff., 345.

ten Pflichten herauszuarbeiten, um im weiteren Verlauf der vorliegenden Abhandlung zu einer tauglichen Abgrenzung von Obliegenheiten und Pflichten zu gelangen und hierdurch eine solide Grundlage für die rechtsdogmatische Einordnung der Mitwirkungshandlungen des Gläubigers im Kauf- und Werkvertragsrecht und speziell im Bauvertragsrecht zu schaffen.

1. Der Begriff der „Obliegenheit"

Bezüglich der Entstehungsgeschichte des Begriffs der Obliegenheit ist festzuhalten, dass dieser zunächst im Rahmen des Privatversicherungsrechts erkannt und erst zeitlich danach in die allgemeine Zivilrechtsdogmatik eingeführt wurde.[89]
Dem hier gewählten deduktiven Darstellungsansatz entsprechend bleiben die gegebenenfalls bestehenden Besonderheiten privatversicherungsrechtlicher Obliegenheiten bei der Darstellung des allgemeinen Begriffs der Obliegenheit allerdings zunächst unberücksichtigt. Ausgangspunkt ist vielmehr die allgemeine Zivilrechtsdogmatik und die erstmals durch *Reimer Schmidt* entwickelte Einführung des Obliegenheitsbegriffs in diesen Bereich. Erst im Anschluss hieran soll zur kritischen Auseinandersetzung mit dieser Lehre auf die gegebenenfalls bestehenden Besonderheiten und Probleme des Privatversicherungsrechts eingegangen werden.[90]
Bereits an dieser Stelle ist darauf hinzuweisen, dass nur eine intensive Auseinandersetzung mit der Lehre *Reimer Schmidts* dazu geeignet ist, die Wesensmerkmale des Begriffs bzw. der Kategorie der Obliegenheiten zu erfassen und eine solche zwingend zu erfolgen hat.[91]

a. Die Lehre Reimer Schmidts

Einen ersten Anhaltspunkt zur Klärung des Begriffs der „Obliegenheiten" für die allgemeine Zivilrechtsdogmatik findet sich – wie angedeutet – in der insoweit grundlegenden Arbeit *Reimer Schmidts* aus dem Jahre 1953.[92]
Durch die Monographie *Reimer Schmidts* ist der erste Versuch unternommen worden eine allgemeine, für die gesamte Zivilrechtsdogmatik geltende Kategorisierung der unter dem Begriff der „Obliegenheiten" zusammengefassten Verhaltensanforderungen vorzunehmen. Dieser Versuch der Kategorisierung wird auch heute noch als Grundlage der rechtsdogmatischen Einordnung einzelner Verhal-

---

89 ***Deutsch***, Privatversicherungsrecht, S. 145, Rn. 195.

90 Vgl. hierzu die Ausführungen auf S. 34 ff.

91 Wesentlich zu oberflächlich in diesem Bereich: ***Morgen***, Mitwirkungshandlungen des Auftraggebers im VOB/B-Bauvertrag, S. 13 ff. sowie ***Wahl***, Die Haftung des Auftraggebers im Bauwerkvertrag, S. 31.

92 ***Reimer Schmidt***, „Die Obliegenheiten", 1953; vgl. auch die wertende Auseinandersetzung mit der Monographie *Reimer Schmidts* bei ***Esser***, AcP 154 (1955), S. 49 ff.

tensanforderungen unter den Begriff der Obliegenheiten angesehen.[93] Schon aus diesem Grunde erscheint es notwendig eine ausführliche Erörterung dieser grundlegenden Lehre auch für die vorliegende Abhandlung vorzunehmen und sodann einer kritischen Untersuchung zuzuführen.
Im Rahmen der im folgenden darzustellenden grundlegenden Schrift entwirft *Schmidt* von einer „rechtspsychologischen Betrachtungsweise"[94] aus eine Pflichtenlehre, die grundsätzlich mit vier verschiedenen Begriffen bzw. zwei verschiedenen Begriffspaaren versucht, eine Einordnung der verschieden auftretenden Verhaltensanforderungen vorzunehmen.
Um die grundlegende Systematik der Lehre *Reimer Schmidts* ganzheitlich erfassen, und auf dem Boden dieser zu einer Bestimmung und Erklärung des Begriffs der Obliegenheiten gelangen zu können, ist es zunächst nicht nur hilfreich, sondern auch notwendig, die der Einordnung zugrundeliegenden Begrifflichkeiten bzw. Begriffspaare näher darzustellen.

aa. Die Begrifflichkeiten der Lehre *Reimer Schmidts*

Grundsätzlich unterteilt *Reimer Schmidt* die denkbaren Rechtsnormen in zwei Hauptgruppen. Während die erste Gruppe Rechtsnormen erfasst, bei denen die Rechtsfolge unabhängig von dem Verhalten des Betroffenen eintritt (nichtverhaltensbezogene Rechtsnormen), erfasst die zweite Gruppe im Unterschied hierzu Rechtsnormen, bei denen der Eintritt der Rechtsfolge vom Verhalten des Betroffenen abhängig ist (verhaltensbezogene Rechtsnormen).[95]
Während die nichtverhaltensbezogenen Rechtsnormen für den vorliegenden Beitrag keine Bedeutung entfalten und demnach nicht weiter dargestellt werden sollen, differenziert *Reimer Schmidt* bei den für die vorliegende Abhandlung entscheidenden, verhaltensbezogenen Rechtsnormen zwischen vier weiteren Gruppen, die sich aus zwei gegenüberstehenden Begriffspaaren ergeben.
Insoweit unterscheidet *Reimer Schmidt* bei verhaltensbezogenen Rechtsnormen zwischen „funktionellen Anreizungstatbeständen[96]", „funktionellen Nötigungstatbeständen[97]", „teleologischen Anreizungstatbeständen[98]" und „teleologischen

---

93 So wird bspw. in der heutigen Kommentarliteratur zum Begriff der Obliegenheiten stets darauf verwiesen, dass sich der Begriff aus der Monographie Schmidts entwickelt hat; vgl. bspw. ***Kramer*** in **MüKo**, BGB, Einl. Vor § 241, Rn. 50; ***Heinrichs*** in **Palandt**, BGB Einl. vor § 241, Rn. 13; ***Olzen*** in **Staudinger**, BGB, § 241 ff., Rn. 122.

94 Vgl. insoweit den dritten Abschnitt der Monographie *Schmidts* unter dem Titel „Vorüberlegungen auf dem Gebiet der Psychologie"; ***Reimer Schmidt***, Obliegenheiten, S. 21 ff.

95 ***Reimer Schmidt***, Obliegenheiten, S. 54-56.

96 ***Reimer Schmidt***, Obliegenheiten, S. 67 ff.

97 ***Reimer Schmidt***, Obliegenheiten, S. 76 ff.

98 ***Reimer Schmidt***, Obliegenheiten, S. 84 ff.

Nötigungstatbeständen[99]". Demnach stehen sich grundsätzlich die Begriffspaare *Anreiz/Nötigung* und *funktionell/teleologisch* gegenüber.
Das Begriffspaar Anreiz und Nötigung bezieht sich dabei auf die verhaltensbeeinflussende Wirkung, die die Rechtsfolge der jeweiligen Rechtsnorm für denjenigen hat, der unmittelbar vor der Verwirklichung des von ihr erfassten Tatbestandes steht. Handelt es sich bei der bevorstehenden Rechtsfolge um eine – für die vor der Verwirklichung des Tatbestandes stehende Person – günstige, so liegt ein *Anreizungstatbestand* vor, während bei einer negativen Rechtsfolge ein *Nötigungstatbestand* gegeben sein soll.[100]
Die Einteilung der Rechtsnormen nach der verhaltensbeeinflussenden Wirkung der Rechtsfolgen wird sodann mit einer Einteilung nach dem Zweck, den die jeweilige Vorschrift verfolgt, kombiniert. Hierauf bezieht sich das Begriffspaar teleologisch und funktionell.[101]
Ein *funktioneller* Anreizungs- oder Nötigungstatbestand soll nach *Reimer Schmidt* dann vorliegen, wenn die positive (Anreizungstatbestände) oder negative (Nötigungstatbestände) Rechtsfolge aufgrund einer bloßen „logisch-kausalen Verknüpfung von Tatbestand und Rechtsfolge", also durch einen bloßen „Wenn-Dann-Mechanismus[102]" ausgelöst wird, ohne dass die jeweilige Rechtsnorm das Ziel oder den Zweck verfolgt, den vor der Tatbestandsverwirklichung Stehenden zwingend zu einem bestimmten Verhalten zu veranlassen.[103]
Teleologische Anreizungs- oder Nötigungstatbestände liegen nach *Reimer Schmidt* im Unterschied dazu vor, wenn die verhaltensbeeinflussende Rechtsfolge das Ziel oder den Zweck verfolgt, den vor der Tatbestandsverwirklichung Stehenden zu einem ganz bestimmten Verhalten zu motivieren bzw. zu veranlassen. Hier liegt also kein bloßer „Wenn-Dann-Mechanismus" vor. Die Rechtsfolge wird zielgerichtet deshalb statuiert, um den vor der Tatbestandsverwirklichung Stehenden zu einem von der Rechtsordnung erwünschten und gewollten Handeln zu bewegen.[104]

(1) Funktionelle Anreizungstatbestände

Funktionelle Anreizungstatbestände liegen den dargestellten Begrifflichkeiten folgend vor, wenn die verhaltensbeeinflussende Wirkung der günstigen Rechtsfolge einer Rechtsnorm lediglich eine Folge der logisch-kausalen Verknüpfung von Tatbestand und Rechtsfolge (bloßer „Wenn-Dann-Mechanismus") ist und

---

99 ***Reimer Schmidt***, Obliegenheiten, S. 99 ff.
100 ***Reimer Schmidt***, Obliegenheiten, S. 53 f.
101 ***Reimer Schmidt***, Obliegenheiten, S. 56 ff.
102 So die Begrifflichkeit bei ***Henß***, Obliegenheiten, S. 25.
103 Vgl. die Zusammenfassung diesbezüglich bei ***Reimer Schmidt***, Obliegenheiten, S. 313 (unter 6.).
104 Vgl. die Zusammenfassung diesbezüglich bei ***Reimer Schmidt***, Obliegenheiten, S. 313 f. (unter 7.).

nicht dazu dient, ein bestimmtes Verhalten bei dem vor der Tatbestandsverwirklichung Stehenden hervorzurufen. Als Beispiele solcher Tatbestände werden insbesondere die Ausübung von Gestaltungsrechten und der Eigentumserwerb durch Verbindung, Vermischung und Verarbeitung angeführt.[105] Bei diesen Tatbeständen ist es der Rechtsordnung bzw. dem Gesetzgeber gleichgültig, ob beispielsweise der zur Anfechtung Berechtigte von seinem Recht auch Gebrauch macht. Nur für den Fall, dass er dies tut, wird durch einen bloßen „Wenn-Dann-Mechanismus" die vorgesehene Rechtsfolge ausgelöst.
Funktionelle Anreizungstatbestände begründen nach der Ansicht *Reimer Schmidts* aus diesem Grunde überhaupt keine Rechtspflicht, also gar kein rechtliches Sollen.[106]

(2) Teleologische Anreizungstatbestände

Teleologische Anreizungstatbestände umfassen hingegen Rechtsnormen, deren Rechtsfolgen für den den Tatbestand Verwirklichenden vorteilhaft sind und bei denen die davon ausgehende verhaltensbeeinflussende Wirkung zielgerichtet zur Motivation eines bestimmten Verhaltens, eben der Verwirklichung des betreffenden Tatbestandes, eingesetzt wird. Als Beispiel hierfür wird insbesondere die Vorschrift des § 652 BGB angeführt, welche die Voraussetzungen des Anspruchs des Mäklers auf Lohn regelt.[107]
Die teleologischen Anreizungstatbestände begründen nach der Ansicht *Reimer Schmidts* ebenfalls keinerlei Rechtspflichten und unterscheiden sich von den funktionellen Anreizungstatbeständen lediglich durch die von der Rechtsordnung erwünschte Rechtsfolge,[108] die beispielsweise den Mäkler zu einem bestimmten Verhalten, nämlich Erfüllung des Tatbestandes des § 652 BGB veranlassen bzw. motivieren soll. Der fehlende Rechtspflichtcharakter dieser Tatbestände resultiert daraus, dass der vor der Verwirklichung des Tatbestands Stehende keine nachteiligen Rechtsfolgen zu befürchten hat, sondern lediglich bei Erfüllung der Tatbestandsvoraussetzungen einen rechtlichen Vorteil erfährt.

(3) Funktionelle Nötigungstatbestände

Funktionelle Nötigungstatbestände sind ebenso wie funktionelle Anreizungstatbestände dadurch zu charakterisieren, dass die verhaltensbeeinflussende Wirkung der Rechtsfolgen nicht zielgerichtet eingesetzt wird. Im Unterschied zu den funktionellen Anreizungstatbeständen ist die Rechtsfolge jedoch hier für den den Tatbestand Verwirklichenden nicht günstig, sondern nachteilig.

---

105 Vgl. ***Reimer Schmidt***, Obliegenheiten, S. 68-71.

106 ***Reimer Schmidt***, Obliegenheiten, S. 75, 313.

107 ***Reimer Schmidt***, Obliegenheiten, S. 84-86.

108 Eindeutig im Rahmen der Zusammenfassung bei ***Reimer Schmidt***, Obliegenheiten, S. 312-314.

Als Beispiel für diese Kategorie werden unter anderem Formvorschriften[109] aber auch Prozesslasten angeführt, die nach den Ausführungen *Reimer Schmidts* eine besondere Stellung einnehmen.[110] Dies führt im Ergebnis dazu, dass nach *Schmidt* alle funktionellen Nötigungstatbestände auch „Lasten“ sind und als solche bezeichnet werden.[111] Diese begründen zwar nach *Schmidt* grundsätzlich „Rechtspflichten im weitesten Sinne“; jedoch sei für bei den Verbindlichkeiten gegebenen Rechtsfolgen kein Raum.[112] Dies begründet *Reimer Schmidt* damit, dass bei den funktionellen Nötigungstatbeständen (Lasten) – anders als bei den noch darzustellenden Verbindlichkeiten – kein Gläubiger-Schuldner-Verhältnis erkennbar sei, welches zu Rechtsfolgen, wie sie im Rahmen von Verbindlichkeiten auftreten, führen könne.[113] So sei es dem Gesetzgeber beispielsweise gleichgültig, ob der Gläubiger seinen Anspruch geltend macht, bevor dieser verjährt ist. Nur für den Fall, dass der Gläubiger den jeweiligen Anspruch geltend machen will, muss er dies rechtzeitig tun, wenn er nicht den (potentiellen) Rechtsnachteil erleiden will, dass der Schuldner des Anspruchs die Einrede der Verjährung erhebt.[114] Auch hier folgt letztlich aus dem bestehenden bloßen „Wenn-Dann-Mechanismus“ bezüglich Tatbestand und Rechtsfolge, dass eine echte Rechtspflicht durch diese Tatbestände nicht aufgegeben wird.

(4) Teleologische Nötigungstatbestände

Bei *teleologischen Nötigungstatbeständen*, unter denen – den vorgenannten Begrifflichkeiten folgend – Rechtsnormen zu verstehen sind, bei denen die verhaltensbeeinflussende Wirkung der nachteiligen Rechtsfolge dazu dient, einem den Tatbestand verwirklichenden Verhalten entgegenzuwirken, ist nach *Reimer Schmidt* weiterhin zwischen „teleologischen Tatbeständen *schwächerer* und *stärkerer (Rechts-) Zwangswirkung*“ zu unterscheiden.[115]

---

109 Bei denen die Einordnung zu den funktionellen Nötigungstatbeständen allerdings Probleme bereitet; vgl. ***Reimer Schmidt***, Obliegenheiten, S. 82 (unter V.).

110 Vgl. insoweit die ausführliche Beschäftigung Schmidts mit den Prozesslasten in einem eigenen Abschnitt der Monographie unter dem Titel „Exkurs: Die Last als Rechtsinstitut des Zivilprozessrechts“; ***Reimer Schmidt***, Obliegenheiten, S. 89 ff.

111 Vgl. ***Reimer Schmidt***, Obliegenheiten, S. 315 (unter 11.).

112 Vgl. die abschließende Feststellung bei ***Reimer Schmidt***, Obliegenheiten, S. 315 (unter 11.).

113 ***Reimer Schmidt***, Obliegenheiten, S. 313, 315.

114 ***Reimer Schmidt***, Obliegenheiten, S. 315 (unter 11.).

115 Vgl. insoweit und zu folgenden Ausführungen insbesondere die Zusammenfassung bei ***Reimer Schmidt***, Obliegenheiten, S. 314, 315.

(a) Teleologische Nötigungstatbestände stärkerer Zwangswirkung (Verbindlichkeiten)

Hierbei wird die Gruppe der *teleologischen Tatbestände stärkerer Zwangswirkung* den sogenannten „*Verbindlichkeiten*“ (echte Rechtspflichten) gleichgesetzt. Diese sind nach *Reimer Schmidt* durch ein „Leistensollen“ des Schuldners zu charakterisieren, dem ein entsprechender Anspruch des Gläubigers gegenübersteht. Mindestvoraussetzung dieser Verbindlichkeiten ist die Anordnung eines Schadensersatzanspruchs bei der Verletzung der entsprechenden Verhaltensanforderung.[116] Dies resultiert nach *Schmidt* aus der den Verbindlichkeiten zugrundeliegenden Interessenlage bezüglich ihrer Erfüllung. So seien Verbindlichkeiten im Interesse des Gläubigers auferlegt und würden vom Schuldner im Interesse des Gläubigers erfüllt.[117]

Im Ergebnis sind durch die teleologischen Tatbestände stärkerer Zwangswirkung die bereits unter dem Begriff der Rechtspflichten dargestellten Verhaltensanforderungen mit umfasst.[118]

(b) Teleologische Nötigungstatbestände schwächere Zwangswirkung (Obliegenheiten)

Demgegenüber zeichnen sich die *teleologischen Nötigungstatbestände schwächerer Zwangswirkung*, die *Schmidt* schließlich als „Obliegenheiten“ bezeichnet,[119] insbesondere dadurch aus, dass bei ihrer Verletzung keine Schadensersatzansprüche, sondern lediglich sonstige nachteilige Rechtsfolgen gegeben seien.[120]

Dies resultiere insbesondere aus einer im Gegensatz zu den Verbindlichkeiten unterschiedlichen Interessenlage. So seien die teleologischen Nötigungstatbestände minderer Zwangswirkung („Obliegenheiten“) im Gleichklang zu den dargestellten teleologischen Nötigungstatbeständen stärkerer Zwangswirkung („Verbindlichkeiten“) zwar grds. im Interesse der dem Belasteten gegenüberstehenden Seite auferlegt; jedoch liege die Befolgung des durch den Obliegenheitstatbestand auferlegten Verhaltensgebotes im Gegensatz zu den „Verbindlichkeiten“ (vornehmlich) im Interesse des Obliegenheitsbelasteten. Hieraus werde deutlich, dass im Gegensatz zu den Verbindlichkeiten bei den Obliegenheiten auch das Interesse des Belasteten „eine erhebliche Rolle“ spiele, weshalb insofern von einer „gespaltenen Interessenlage“ gesprochen werden könne.[121]

Die rechtliche Gestaltung dieser Tatbestände kann nach *Schmidt* auch dadurch

---

116 Vgl. ***Reimer Schmidt***, Obliegenheiten, S. 314 (unter 9.).

117 ***Reimer Schmidt***, Obliegenheiten, S. 314 (unter 9.).

118 Vgl. zu diesen Verhaltensanforderung die Darstellung des Rechtspflichtbegriffs auf S. 19 ff..

119 ***Reimer Schmidt***, Obliegenheiten, S. 315 (unter 10.).

120 ***Reimer Schmidt***, Obliegenheiten, S. 315 (unter 10.).

121 Vgl. zu diesen Formulierungen ***Reimer Schmidt***, Obliegenheiten, S. 315 (unter 10.).

charakterisiert werden, dass ein Nötigungstatbestand gegeben ist, der dadurch gemildert wird, dass „in dem gleichen Tatbestand ein rechtlicher Vorteil für den Fall eines bestimmten gleichzeitig ernötigten Verhaltens in Aussicht gestellt wird".[122] Der gleiche Tatbestand hat nach *Schmidt* also Nötigungs- und Anreizungswirkung.

Die rechtspolitische Grundlage der so verstandenen Obliegenheiten sieht *Schmidt* in dem Verbot widersprüchlichen Verhaltens (venire contra factum proprium), da das Geltendmachen eines Rechts trotz Obliegenheitsverletzung ein „venire contra factum proprium" darstellen würde.[123] Als Beispiele dieser Gruppe führt Schmidt insbesondere das Mitverschulden des Geschädigten bei der Schadensentstehung (§ 254 Abs. 1 BGB)[124], das Mitverschulden des Geschädigten in Form unterlassener Schadensminderung (§ 254 Abs. 2 BGB)[125], die Fiktion einer Willenserklärung bei einem Antrag im Rahmen einer Geschäftsverbindung (§ 362 HGB)[126], der Verlust des Anfechtungsrechts bei schuldhaft verzögerter Anfechtung (§ 121 Abs. 1, S. 1 BGB)[127], die Regelung des Gläubiger- und Annahmeverzugs (§§ 293 ff. BGB)[128], die Genehmigungsfiktion bei unterlassener Mängelrüge (§ 377 HGB)[129] und die unbeschränkte Erbenhaftung bei Versäumung der Inventarfrist (§ 1994 Abs. 1 BGB)[130] an.

Insbesondere aus der im Gegensatz zu den Verbindlichkeiten dahingehend geänderten Interessenlage, dass Obliegenheiten vornehmlich im Interesse des von ihr Belasteten zu erfüllen sind, zieht *Schmidt* die Konsequenz, dass der Zweck dieser Vorschriften nur auf eine abgeschwächte Pflichtigkeit gerichtet ist.[131] Demnach könne die Verletzung von Obliegenheiten auch nur eine abgeschwächte Sanktion zur Folge haben, welche sich allenfalls durch anderweitige Rechtsnachteile, wie dem Verlust einer günstigen Rechtsposition, nicht jedoch durch Erfüllungs- und Schadensersatzansprüche, äußert.[132] Die fehlende Sanktionierung der Verletzung solcher Tatbestände durch (zumindest) einen Schadensersatzanspruch soll nach *Reimer Schmidt* – wie bereits angesprochen – den ent-

---

122 ***Reimer Schmidt***, Obliegenheiten, S. 315.

123 ***Reimer Schmidt***, Obliegenheiten, S. 317; ausführlich zum Verbot widersprüchlichen Verhaltens als Grundlage der Obliegenheiten ***Wieling***, AcP 176 (1976), S. 334 ff. (345 ff., 352).

124 ***Reimer Schmidt***, Obliegenheiten, S. 105 ff.

125 ***Reimer Schmidt***, Obliegenheiten, S. 168 ff.

126 ***Reimer Schmidt***, Obliegenheiten, S. 122 f.

127 ***Reimer Schmidt***, Obliegenheiten, S. 130.

128 ***Reimer Schmidt***, Obliegenheiten, S. 146 ff.

129 ***Reimer Schmidt***, Obliegenheiten, S. 187 ff.

130 ***Reimer Schmidt***, Obliegenheiten, S. 309.

131 Obliegenheiten sind seiner Ansicht nach „Pflichten minderer Zwangsintensität"; vgl. ***Reimer Schmidt***, Obliegenheiten, S. 315, 317.

132 Vgl. ***Reimer Schmidt***, Obliegenheiten, S. 315 f. (unter 12.).

scheidenden Unterschied der Obliegenheiten zu den oben angesprochenen Verbindlichkeiten darstellen.

bb. Zusammenfassung der Lehre *Reimer Schmidts*

Zusammenfassend ist nach dem von *Reimer Schmidt* entwickelten Pflichtensystem festzustellen, dass Obliegenheiten dadurch gekennzeichnet sind, „dass an ein tatbestandlich bestimmtes Verhalten des Obliegenheitsbelasteten eine für diesen rechtlich nachteilige Rechtsfolge geknüpft ist, die jedoch nicht in einem Erfüllungsanspruch oder Schadensersatzanspruch wegen Obliegenheitsverletzung besteht, sondern lediglich in dem Verlust einer vormals bestehenden günstigen Rechtsfolge“.[133] Es handele sich um eine „Pflicht minderer Zwangsintensität“, die als Unterfall der teleologischen Nötigungstatbestände nicht nur im Interesse des „Gläubigers“ der Obliegenheit, sondern vornehmlich im Interesse des von der Obliegenheit Belasteten liegt und insofern aus dessen Sicht eine „Pflicht gegenüber sich selbst“ darstellt. Obliegenheiten weisen nach *Schmidt* also zwar aufgrund der auch hier bestehenden grundsätzlichen Verhaltensanforderung Ähnlichkeiten zu den „echten Rechtspflichten“ (Verbindlichkeiten) auf, können aber im Ergebnis aufgrund der abgeschwächten Zwangswirkung nicht mit diesen gleichgesetzt werden.

b. Entwicklungen bezüglich des Begriffs der Obliegenheiten in der Literatur und Auseinandersetzungen mit der Lehre *Reimer Schmidts*; insbesondere die Rechtsnatur von Obliegenheiten

Wie bereits angedeutet wird die Lehre *Reimer Schmidts* auch heute noch als Grundlage des „modernen“ Obliegenheitsbegriffs angesehen.[134] Unstreitig ist in heutiger Zeit der rechtspolitische Ursprung der Obliegenheiten. Insoweit wird allgemein auf das auch von *Schmidt* angeführte Verbot widersprüchlichen Verhaltens (*venire contra factum proprium*) verwiesen.[135] Ebenso werden Obliegenheiten überwiegend – der Lehre *Reimer Schmidts* entsprechend – dadurch charakterisiert, „dass ein bestimmtes Verhalten durch Anknüpfung von Vor- und Nachteilen einem Vertragsbeteiligten im beiderseitigen Interesse angesonnen wird, ohne dass die Erfüllung der Obliegenheit verlangt werden kann oder aus

133 ***Reimer Schmidt***, Obliegenheiten, S. 315 (unter 12.).

134 Vgl. insoweit die Nachweise in Fußnote 93.

135 ***Reimer Schmidt***, Obliegenheiten, S. 317; ausführlich zum Verbot widersprüchlichen Verhaltens als rechtspolitischen Ursprung der Obliegenheiten ***Wieling***, AcP 176 (1976), S. 334 ff. (345 ff., 352); vgl. auch ***Raab***, Austauschverträge mit Drittbeteiligung, S. 154, der insoweit formuliert, Obliegenheiten seien Ausdruck einer dahingehenden Wertentscheidung, dass dem Obliegenheitsbegünstigten die Inanspruchnahme durch den Obliegenheitsbelasteten nur zugemutet werden kann, „wenn der Belastete sich seinerseits redlich verhält und auf die Berechtigten Interessen des Begünstigten Rücksicht nimmt.“

ihrer Verletzung eine Ersatzpflicht im Sinne eines über die speziell angedrohten Folgen hinausgehenden Nachteils erwachsen soll."[136] Hierdurch wird die Einschätzung *Schmidts*, dass Obliegenheiten zwar grundsätzlich Pflichtcharakter haben, jedoch aufgrund ihrer minderen Zwangsintensität unterhalb der echten vertraglichen Pflichtenschwelle angesiedelt werden, überwiegend anerkannt.[137] Allerdings ist diese Auffassung von den Obliegenheiten nicht gänzlich unbestritten geblieben. Insbesondere im Rahmen des Privatversicherungsrechts – aus dem sich der Begriff der Obliegenheiten entwickelt hat – besteht keine Einigkeit über die Rechtsnatur bzw. den Pflichtcharakter von Obliegenheiten. Die hierzu vertretenen Auffassungen beziehen sich zwar vornehmlich auf den Bereich privatversicherungsrechtlicher Obliegenheiten; allerdings ist zu berücksichtigen, dass sich der für die allgemeine Zivilrechtsdogmatik geltende Obliegenheitsbegriff aus dem Privatversicherungsrecht entwickelt hat und demnach der im Privatversicherungsrecht herrschende Streit hinsichtlich der Rechtsnatur von Obliegenheiten auch für die allgemeine Zivilrechtsdogmatik fruchtbar gemacht werden kann.[138] Dementsprechend finden sich in jüngster Zeit auch im Bereich des allgemeinen Zivilrechts Beiträge zum Bereich der Obliegenheiten, die sich sowohl mit der Pflichtenlehre *Reimer Schmidts*, als auch mit den im Privatversicherungsrecht vertretenen Ansichten kritisch auseinandersetzen. Anzuführen sind hierbei insbesondere die Äußerungen *Raabs*[139], die insofern einen „Neuansatz" darstellen.
Um einen möglichst „allgemeingültigen" Obliegenheitsbegriff entwickeln zu können, werden im folgenden die zu den verschiedenen Bereichen (Privatversicherungsrecht und allgemeine Zivilrechtsdogmatik) vertretenen Ansichten nicht isoliert für ihren jeweiligen Bereich dargestellt, sondern in einer Gesamtschau einander gegenübergestellt. Im Kern geht es bei der Erörterung der Rechtsnatur von Obliegenheiten um die Frage, ob diese als echte Rechtspflichten einzustufen und diesem Begriff zuzuordnen sind oder aber von der rechtlichen Kategorie der Pflichten streng zu unterscheiden sind und somit eine eigenständige Kategorie darstellen. Plakativ kann das Problem der Rechtsnatur von Obliegenheiten auch durch „die Frage nach dem Pflichtcharakter von Obliegenheiten" umschrieben werden.[140]

---

136 ***Götz***, JuS 1961, S. 56 ff. (57).

137 ***Larenz/Wolf***, § 13, Rn. 36 f., S. 234 f.; ***Kramer*** in **MüKo**, BGB, Einl. vor § 241, Rn. 50; ***Teichmann*** in **Soergel**, BGB, Vor § 241, Rn. 7; ***Götz***, JuS 1961, S. 56 ff. (57).

138 Auch *Reimer Schmidt* beschäftigt sich mit den zur Einordnung privatversicherungsrechtlichen Obliegenheiten vertretenen Auffassungen, um unter Einbeziehung dieser zu einem für die allgemeine Zivilrechtsdogmatik geltenden Obliegenheitsbegriff zu gelangen; vgl. ***Reimer Schmidt***, Obliegenheiten, S. 106 ff. (108), 317 (unter 17.).

139 ***Raab***, Austauschverträge mit Drittbeteiligung, S. 150 ff.

140 So bspw. ***Henß***, Obliegenheiten, S. 17.

aa. Die Voraussetzungs- oder Bedingungstheorie

Die Vertreter der ursprünglich für den Bereich des Privatversicherungsrechts entwickelten „Voraussetzungs- oder Bedingungstheorie[141]" unterscheiden im Rahmen der vorstehenden Fragestellung streng zwischen echten Rechtspflichten einerseits und Obliegenheiten andererseits. Zwar wird zuerkannt, dass beiden Kategorien die Aufoktroyierung eines bestimmten Tuns oder Unterlassens gemeinsam ist. Jedoch bestünden insofern entscheidende Unterschiede zwischen Rechtspflicht und Obliegenheit, als die Erfüllung einer Rechtspflicht stets im Interesse des Berechtigten, die Erfüllung der Obliegenheit hingegen stets im Interesse des von ihr Belasteten liege.[142] Das Interesse des Obliegenheitsbelasteten resultiere daraus, dass dieser die ihm angedrohte Sanktion gerade zu vermeiden versuche. Andererseits habe die Gegenseite kein Interesse an der Erfüllung der Obliegenheit durch den Belasteten, da sich die angedrohte Sanktion der Leistungsfreiheit für sie als positiven Umstand darstelle.[143] Die Einhaltung einer Obliegenheit sei vor dem Hintergrund der drohenden Rechtsfolge einer Obliegenheitsverletzung – welche im Privatversicherungsrecht zumeist in der Leistungsfreiheit der Gegenseite bestehe[144] – lediglich Voraussetzung für die Erhaltung des Anspruchs aus dem jeweiligen Schuldverhältnis (bzw. dem Versicherungsvertrag).[145] Obliegenheiten seien demnach als zum Vertragsinhalt erhobene Voraussetzungen für die Bewirkung oder den Umfang der Leistung oder das sonstige Tun des Versicherers aufzufassen und aus diesem Grunde streng von den Rechtspflichten zu unterscheiden.[146]

Unterstützt wird die Argumentation dieser Ansicht durch einen Verweis auf die Rechtsfolgenseite der Obliegenheiten. So bestünde im Gegensatz zu den Rechtspflichten bei Obliegenheiten nicht die Möglichkeit diese einzuklagen oder bei Verletzung dieser einen Schadensersatzanspruch geltend zu machen.[147] Dies resultiere ebenfalls aus der, im Gegensatz zu den echten Pflichten bestehenden, unterschiedlichen Interessenlage bezüglich der Erfüllung der Obliegenheiten

---

141 ***RGZ* 58**, S. 324 ff. (326); **62**, S. 190 ff. (192); **97**, S. 279 ff. (281); **133**, S. 317 ff. (322); ***BGHZ* 24**, S. 378 ff. (382); ***BGH***, VersR 1995, S. 80 ff. (81); ***Schwintowski*** in **BerlinerKomm**, § 6, Rn. 15 ff. (17); ***Römer*** in **Römer/Langheid,** VVG, § 6, Rn. 2; ***Hübner***, VersR 1978, S. 981 ff. (981).

142 ***Wegmann***, Obliegenheiten, S. 35.

143 ***Wegmann***, Obliegenheiten, S. 35.

144 Vgl. bzgl. der Rechtsfolgenanordnung einer Obliegenheitsverletzung insbesondere § 6 Abs. 1, S. 1 VVG.

145 Daher der Begriff der *Voraussetzungs*theorie; ***Bruck/Möller***, VVG, § 6, Anm. 10 aa) aaa); ***Deutsch***, Versicherungsvertragsrecht, S. 146, Rn. 197; ***Hübner***, VersR 1978, S. 981 ff. (981).

146 ***Deutsch***, Versicherungsvertragsrecht, S. 146, Rn. 197.

147 ***Schwintowski*** in **BerlinerKomm**, § 6, Rn. 19; ***Wegmann***, Obliegenheiten, S. 35.

und sei als entscheidender Unterschied zu den echten Pflichten aufzufassen.[148] So könne die Verletzung einer Obliegenheit nie einen Schadensersatzanspruch des Versicherers auslösen, da durch sie nur der Versicherungsnehmer sich selbst schädigt, nicht aber den Versicherer.[149] Ausdruck und Begriffsmerkmal einer Obliegenheit sei es demgemäß insbesondere, dass das jeweils in Rede stehende Verhaltensgebot nicht durch Androhung eines Schadensersatzanspruchs gesichert wird, sondern lediglich anders geartete Rechtsnachteile, wie der Schmälerung oder gar der Verlust einer günstigen Rechtsposition (insbesondere die Leistungsfreiheit der Gegenseite) zu befürchten seien.[150]
Nach allem wäre dieser Auffassung folgend die bereits oben plakativ formulierte Frage nach dem Pflichtcharakter von Obliegenheiten mit einem klaren „nein" zu beantworten.

bb. Die Verbindlichkeitstheorie

Eine der Voraussetzungstheorie konträre Auffassung vertreten die Anhänger der sogenannten „Verbindlichkeitstheorie". Auch diese Ansicht wurde ursprünglich für den Bereich des Privatversicherungsrechts entwickelt. Hier werden Obliegenheiten zumeist als Bestandteil bzw. Unterfall der Rechtspflichten und nicht als ein von den Rechtspflichten zu unterscheidendes Rechtsinstitut verstanden.[151] Begründet wird diese Ansicht damit, dass die Einteilung von Obliegenheiten als eigenes Rechtsinstitut nicht der Begrifflichkeit des Versicherungsrechtes bzw. des Vertragversicherungsgesetzes (VVG) entspreche. So würden im Versicherungsrecht die Begrifflichkeiten Pflichten und Obliegenheiten synonym verwendet,[152] was es letztlich verbiete, den Begriff der Obliegenheit als Ausgangspunkt zur Begründung eines neuen Rechtsbegriffs bzw. einer neuen rechtlichen Kategorie zu verwenden. Vielmehr folge aus der synonymen Verwendung der Begrifflichkeiten ein Indiz dafür, dass Pflichten und Obliegenheiten keine wesensmäßigen Unterschiede aufweisen.[153] Ebenso sei bereits der methodische Ansatz der dargestellten Voraussetzungstheorie insofern verfehlt, als diese in dogmatisch nicht zu begründender Weise von der Rechtsfolgenseite her auf die Rechtsnatur der Obliegenheiten schließe.[154] So sei es schlichtweg methodisch nicht möglich von der Frage der Einklagbarkeit der Obliegenheiten aus Rückschlüsse auf deren Rechtsnatur zu ziehen. Darüber hinaus sei es allgemein aner-

148 ***Wegmann***, Obliegenheiten, S. 35; ***Bruck/Möller***, VVG, § 6, Anm. 7.

149 ***Bruck/Möller***, VVG, § 6, Anm. 7.

150 ***Bruck/Möller***, VVG, § 6, Anm. 10, aa) aaa).

151 ***Prölss*** in **Prölss/Martin**, VVG, § 6, Rn. 30 f.; ***Richter***, Privatversicherungsrecht, S. 148 f.; ***Weyers/Wandt***, Versicherungsvertragsrecht, S. 107 ff. (108), Rn. 400 ff. (406); ***Wegmann***, Obliegenheiten, S. 43.

152 § 6 Abs. 3 S. 2, 33 Abs. 2, 35 b; 41 Abs. 1, 62, 69 Abs. 1 und 3, 153 VVG.

153 ***Prölss*** in ***Prölss/Martin***, VVG, § 6, Rn. 30 f.

154 ***Prölss*** in ***Prölss/Martin***, VVG, § 6, Rn. 30.

kannt, dass es auch Verbindlichkeiten gebe, die den Charakter einer Pflicht behalten würden, obwohl sie nicht einklagbar seien (unselbständige Nebenpflichten bzw. weitere Verhaltenspflichten[155]). Letztlich nehme die Voraussetzungstheorie unzulässigerweise und methodisch verfehlt das, was logisch nur eine Folge sein könne (Rechtsfolge), in die Definition auf.[156]
Weiterhin ergebe sich auch aus der Gesetzesbegründung zum VVG, dass der Gesetzgeber mit den Obliegenheiten gerade keine neue rechtliche Kategorie von Verhaltensanforderungen habe schaffen wollen. So werde im Rahmen der Gesetzesbegründung zum VVG die Hauptverpflichtung des Versicherungsnehmers, die Pflicht zur Prämienzahlung, als „eine der wichtigsten Obliegenheiten" bezeichnet. Damit werde unbefangen davon ausgegangen, dass die Verletzung „der dem Versicherungsnehmer obliegenden Pflichten einen Schadensersatzanspruch des Versicherers begründet".[157]
Im Ergebnis seien Obliegenheiten demnach als echte Rechtspflichten zu qualifizieren, die – soweit die erzwungene Erfüllung Leistungswert habe – einklagbar seien und deren Verletzung Schadensersatzansprüche auslösen könnten, soweit es sich nicht nur um abschließend geregelte, die Entstehung von Schadensersatzansprüchen damit ausschließende Verhaltensnormen handele.[158]
Dieser Ansicht folgend wäre demnach die Frage nach dem Pflichtcharakter von (privatversicherungsrechtlichen) Obliegenheiten eindeutig zu bejahen. Zugleich wird das Bestehen von Unterschieden zwischen Rechtspflicht und Obliegenheit auf der Rechtsfolgenseite abgelehnt und dadurch die Existenz der Obliegenheiten als eigene rechtliche Kategorie negiert.

cc. Die Pflichtenlehre *Reimer Schmidts* als vermittelnde Auffassung

Durch die Darstellung der beiden gegenläufigen Ansichten zur Rechtsnatur von (privatversicherungsrechtlichen) Obliegenheiten wird deutlich, dass die bereits oben dargestellte Pflichtenlehre *Reimer Schmidts* als eine zwischen den beiden dargestellten „Extrem-Ansichten" vermittelnde Auffassung anzusehen ist. Denn *Schmidt* geht – wie dargelegt – aufgrund einer rechtspsychologischen Betrachtungsweise davon aus, dass Obliegenheiten der Pflichtcharakter zwar nicht gänzlich abgesprochen werden kann; gleichzeitig hebt *Schmidt* damit die Obliegenheiten jedoch nicht auf die Stufe der echten Rechtspflichten (in der Terminologie *Schmidts* „Verbindlichkeiten"), sondern sieht diese lediglich als Pflichten im weitesten Sinne an, die sich in Abgrenzung zu den echten Rechtspflichten durch

---

155 Vgl. zum Begriff der weiteren Verhaltenspflichten, bzw. unselbständigen Nebenpflichten die Ausführungen auf S. 23 ff..
156 ***Prölss*** in ***Prölss/Martin***, VVG, § 6, Rn. 30.
157 ***Prölss*** in ***Prölss/Martin***, VVG, § 6, Rn. 30.
158 ***Wegmann***, Obliegenheiten, S. 38, 43; ***Prölss*** in ***Prölss/Martin***, VVG, § 6, Rn. 30.

eine mindere Zwangsintensität auszeichnen.[159] Grundsätzlich ist die Frage nach dem Pflichtcharakter von Obliegenheiten nach der Lehre *Reimer Schmidts* damit zwar zu bejahen. Dies führt aber nicht zu den gleichen, aufgezeigten Konsequenzen auf der Rechtsfolgenseite, die durch die Vertreter der Verbindlichkeitstheorie gezogen werden. Vielmehr werden Obliegenheiten entgegen der Verbindlichkeitstheorie bezüglich der Rechtsfolgenanordnungen eindeutig unterhalb der echten vertraglichen Pflichtenschwelle angesiedelt. Auch *Schmidt* geht davon aus, dass bei Vorliegen von Obliegenheiten im Gegensatz zu echten Rechtspflichten weder Erfüllungs- noch Schadensersatzansprüche, sondern lediglich anders geartete Rechtsnachteile, wie die Schmälerung oder der Verlust einer günstigen Rechtsposition in Betracht kommen. Bezüglich der in Betracht kommenden Rechtsfolgen stimmt *Schmidt* also mit der dargestellten Voraussetzungstheorie überein, erkennt jedoch den grundsätzlichen Pflichtcharakter der Obliegenheiten durchaus an.

dd. Die Ansicht *Raabs*

Nach einer auf *Raab* zurückgehenden Ansicht erfüllen Obliegenheitstatbestände grundsätzlich alle Voraussetzungen einer Rechtspflicht.[160] Lediglich auf der Rechtsfolgenseite bestünden insofern erhebliche Unterschiede zwischen Obliegenheiten und Rechtspflichten, als bei Verletzung von Obliegenheitstatbeständen weder die Möglichkeit der Klage auf Erfüllung, noch ein sekundärer Schadensersatzanspruch in Betracht komme. Die unterschiedliche Rechtsfolgenanordnung resultiere jedoch entgegen einiger Stimmen in der Literatur[161] nicht aus einer den Obliegenheiten zugrundeliegenden und im Verhältnis zu den Rechtspflichten unterschiedlichen Interessenlage, sondern lediglich daraus, dass es bei Obliegenheitsverletzungen eines eigenständig durchsetzbaren Erfüllungs- oder Schadensersatzanspruches schlichtweg nicht bedürfe.[162]

Bezüglich der den Obliegenheiten zugrundeliegenden Interessenlage führt *Raab* aus, dass es verfehlt bzw. zu kurz gegriffen sei, ausschließlich von der Rechtsfolgenanordnung der Obliegenheitstatbestände aus auf die zugrundeliegende Interessenlage zu schließen, ohne auch die durch den Tatbestand statuierte Ver-

---

159 Vgl. hierzu die Ausführungen auf S. 32 f.; Durch die Anknüpfung an die Zwangsintensität bei der Abgrenzung von echten Rechtspflichten und Obliegenheiten wird die Pflichtenlehre *Reimer Schmidts* teilweise auch als „Rechtszwangtheorie" bezeichnet; so bspw. bei ***Deutsch***, Versicherungsvertragsrecht, S. 146 f., Rn. 198; ***Wegmann***, Obliegenheiten, S. 36 f.

160 So die eindeutige Formulierung bei ***Raab***, Austauschverträge mit Drittbeteiligung, S. 152.

161 *Raab* wendet sich in seinen Ausführungen insbesondere gegen die Ansichten *Reimer Schmidts* und *Wielings*; vgl. insoweit ***Reimer Schmidt***, Obliegenheiten, S. 104 (unter II.); ***Wieling***, AcP 176 (1976), S. 335 ff. (345 ff., 348).

162 ***Raab***, Austauschverträge mit Drittbeteiligung, S. 154.

haltensnorm bzw. den dadurch verfolgten „normativen Sollzustand“ zu berücksichtigen.[163] Zwar bestehe die typische Rechtsfolge der Obliegenheitstatbestände darin, eine bereits bestehende günstige Rechtsposition des Obliegenheitsbelasteten (bis hin zum vollständigen Verlust) zu kürzen, was grundsätzlich den Schluss nahe legen würde Obliegenheiten als „Verhaltensanforderung im eigenen Interesse des Obliegenheitsbelasteten“ zu qualifizieren, weil die Vermeidung der nachteiligen Rechtsfolge selbstverständlich im Interesse des durch sie Benachteiligten liege; jedoch werde durch ein solches Verständnis des Obliegenheitsbegriffs der „normative Sollzustand“ der jeweiligen Verhaltensregel bzw. das aus diesem resultierende Interesse des Obliegenheitsbegünstigten gänzlich missachtet und damit der eigentliche Charakter der Obliegenheiten missverstanden. Auch der Obliegenheitsbegünstigte habe ein Interesse an der Erfüllung der Obliegenheit durch den Belasteten. Dieses Interesse ergebe sich daraus, dass auch die durch einen Obliegenheitstatbestand aufgegebenen Verhaltensanforderungen den Zweck verfolgen, für eine ordnungsgemäße Abwicklung des jeweiligen Schuldverhältnisses bzw. für eine planmäßige Abwicklung des jeweiligen Vertragsprogramms zu sorgen. Dies liege auch im Interesse des Obliegenheitsbegünstigten, da diesem an der planmäßigen Abwicklung des Vertragprogramms gelegen sei bzw. sein müsse.[164] Letztlich dürfe der von dem Obliegenheitstatbestand verfolgte „normative Sollzustand“ bei der Interessenanalyse nicht nur nicht unberücksichtigt bleiben, sondern solle vornehmlich in die Erörterung der Interessenlage einfließen. Der „normative Sollzustand“ bestehe dabei in der Erfüllung der Obliegenheit. Die entscheidende Fragestellung im Rahmen der auch von *Raab* für erheblich gehaltenen Interessenanalyse laute nach *Raab* daher, „wessen Interesse die Erfüllung der Obliegenheit zugute komme“.[165] Die Beantwortung dieser Frage falle allerdings letztlich bei Obliegenheit und Rechtspflicht gleich aus.

Zur Verdeutlichung verweist *Raab* insbesondere auf das Beispiel des Obliegenheitstatbestandes des § 377 HGB. Diesbezüglich führt *Raab* aus, dass zwar grundsätzlich derjenige Kaufmann, der die gelieferte Ware nicht untersucht und daher einen bestehenden Mangel nicht rechtzeitig anzeigt, zunächst nur sich selbst schädige, weil er in diesem Fall keinerlei Gewährleistungsansprüche mehr geltend machen könne; jedoch müsse berücksichtigt werden, dass die Untersuchungs- und Rügeobliegenheit des § 377 HGB gewährleisten soll, dass im kaufmännischen Verkehr rasche Klarheit über das Bestehen von Mängeln an der Kaufsache geschaffen wird, da es mit den besonderen Bedürfnissen des kaufmännischen Warenverkehrs unvereinbar sei, wenn der Verkäufer sich längere Zeit nach Ablieferung der Kaufsache noch Ansprüchen wegen angeblicher

163 ***Raab***, Austauschverträge mit Drittbeteiligung, S. 152.
164 ***Raab***, Austauschverträge mit Drittbeteiligung, S. 152.
165 Vgl. ***Raab***, Austauschverträge mit Drittbeteiligung, S. 152.

Mängel ausgesetzt sähe.[166] Der normative Sollzustand liege demnach im Interesse des Obliegenheitsbegünstigten (Verkäufer), dem an der Rechtsklarheit bezüglich gegebenenfalls bestehender Gewährleistungsansprüche gelegen sei bzw. gelegen sein müsse. Durch die Anknüpfung an den „normativen Sollzustand" des jeweiligen Obliegenheitstatbestandes werde also deutlich, dass die den Obliegenheiten zugrunde liegende Interessenlage mit der bei den Rechtspflichten vorhandenen identisch sei. Auch die Obliegenheiten dienten den Interessen eines anderen, nämlich denen des Obliegenheitsbegünstigten.[167]
Trotz der insoweit identischen Interessenlage unterscheiden sich Obliegenheiten und Rechtspflichten nach *Raab* entscheidend auf der Rechtsfolgenseite. Nur ergebe sich dies nicht aus Interessenunterschieden, sondern lediglich aus dem Umstand, dass es bei Obliegenheitsverletzung – anders als bei Verletzung von Rechtspflichten – der Schaffung eines eigenständig durchsetzbaren Anspruchs des Obliegenheitsbegünstigten nicht bedürfe.[168] Bei den echten Rechtspflichten lasse sich das Erfüllungsinteresse nur durch einen eigenständigen Anspruch verwirklichen. So müsse beispielsweise dem Käufer die Möglichkeit gegeben werden, im Wege der Leistungsklage die Übereignung und Übergabe der Kaufsache erzwingen zu können. Gelinge ihm dies nicht, so müsse es ihm vorbehalten bleiben, einen eigenständig durchsetzbaren Schadensersatzanspruch geltend machen zu können. Nach allem folge also aus dem Interesse des Berechtigten das Erfordernis diesem eine zusätzliche, selbständig durchsetzbare Rechtsposition zu verschaffen.[169]
Bei den Obliegenheiten gestalte sich die Situation jedoch insofern anders, als die durch die Obliegenheitstatbestände auferlegten Verhaltensanforderungen regelmäßig und typischerweise mit einer Inanspruchnahme des Obliegenheitsbegünstigten durch den Obliegenheitsbelasteten verknüpft seien. Aus diesem Grund reiche es hier aus, wenn der Umfang oder der Inhalt der Inanspruchnahme durch den Obliegenheitsbelasteten von Gesetzes wegen (bis hin zum Verlust des Anspruchs) gekürzt werde. Der Schaffung eines eigenständig durchsetzbaren Erfüllungs- oder Schadensersatzanspruchs bedürfe es hier nicht.[170] Dies resultiere auch daraus, dass Obliegenheiten Ausdruck einer dahingehenden Wertentscheidung seien, dass dem Begünstigten die Inanspruchnahme nur zugemutet werden könne, wenn sich der Obliegenheitsbelastete seinerseits redlich verhalte und auf

---

166 ***Raab***, Austauschverträge mit Drittbeteiligung, S. 153; ***BGHZ* 101**, S. 49 ff. (53); ***BGH***, WM 1998, S. 936 ff. (938); ***K. Schmidt***, Handelsrecht, § 29 III 1. c), S. 794 f.; ***Hopt*** in **Baumbach/Hopt**, HGB, § 377, Rn. 1.

167 ***Raab***, Austauschverträge mit Drittbeteiligung, S. 152.

168 Vgl. zu den folgenden Ausführungen ***Raab***, Austauschverträge mit Drittbeteiligung, S. 153 ff.

169 ***Raab***, Austauschverträge mit Drittbeteiligung, S. 154.

170 ***Raab***, Austauschverträge mit Drittbeteiligung, S. 154.

die berechtigten Interessen des Begünstigten Rücksicht nähme (venire contra factum proprium).[171]

Im Ergebnis ist demnach auch die Ansicht *Raabs* ähnlich wie die *Reimer Schmidts* als eine zu den beiden Extremansichten (Verbindlichkeits- und Voraussetzungstheorie) vermittelnde Auffassung anzusehen. Der entscheidende Unterschied zur Pflichtenlehre *Reimer Schmidts* besteht hierbei darin, dass *Raab* die Obliegenheiten eindeutig in den Bereich der echten Rechtspflichten einordnet, während *Schmidt* aufgrund der minderen Zwangswirkung der Obliegenheiten eine Einordnung unterhalb der Schwelle der Verbindlichkeiten (echte Rechtspflichten) befürwortet. Die oben aufgeworfene Fragestellung nach dem Pflichtcharakter der Obliegenheiten ist demnach auch der Ansicht *Raabs* folgend eindeutig zu bejahen. Gleichzeitig erkennt aber auch *Raab* an, dass bei Obliegenheiten weder die Möglichkeit einer Klage auf Erfüllung besteht, noch bei Obliegenheitsverletzungen ein Schadensersatzanspruch des Berechtigten in Betracht kommt.

ee. Stellungnahme

(1.) Praktische Relevanz des Streits über die Rechtsnatur von Obliegenheiten

Durch die Darstellung der zur Rechtsnatur bzw. zum Pflichtcharakter von Obliegenheiten vertretenen Ansichten wird deutlich, dass diese erhebliche Auswirkungen auf die in Betracht kommenden Sanktionen haben. So geht beispielsweise die Verbindlichkeitstheorie aufgrund ihrer Einordnung der (privatversicherungsrechtlichen) Obliegenheiten in den Bereich der Pflichten eindeutig davon aus, dass bei Verletzungen von (privatversicherungsrechtlichen) Obliegenheiten grundsätzlich auch Schadensersatzansprüche der Gegenseite in Betracht kommen,[172] was nach den übrigen dargestellten Ansichten (mit jeweils divergierender Begründung) nicht möglich sein soll.

Der Streit um die rechtsdogmatische Einordnung von Obliegenheiten hat demnach entgegen vereinzelter Stimmen in der Literatur[173] nicht nur lediglich begriffsjuristische Bedeutung, sondern entfaltet durchaus auch für die praktische Behandlung von Obliegenheiten seine Wirkung. Zwar wird vereinzelt darauf hingewiesen, dass die Erörterung der Rechtsnatur von Obliegenheiten deshalb zumindest nur geringe praktische Relevanz habe, weil sich die dargestellten Ansichten durch gegenseitige Zugeständnisse und Zulassung von Ausnahmen auf

171 ***Raab***, Austauschverträge mit Drittbeteiligung, S. 154.

172 So bspw. ***Wegmann***, Obliegenheiten, S. 38, 43; ***Prölss*** in **Prölss/Martin**, VVG, § 6, Rn. 30.

173 In diese Richtung gehend bspw. ***Weyers/Wandt***, Vertragsversicherungsrecht, S. 108, Rn. 404.

der Rechtsfolgenseite einander annähern würden;[174] jedoch wird hierdurch verkannt, dass nur durch die eindeutige Klärung der Rechtsnatur der Obliegenheiten eine solide Grundlage geschaffen werden kann, um auf dem Boden dieser eine in sich stimmige und dogmatisch stringente Lösung hinsichtlich der in Betracht kommenden Rechtsfolgenanordnungen, insbesondere für den im Rahmen der vorliegenden Abhandlung relevanten Bereich der Unterlassung von Mitwirkungshandlungen seitens des Gläubigers, zu ermöglichen. Die Zuerkennung von Ausnahmen kann zwar in Einzelfällen ein geeignetes Mittel sein, um im Rahmen der Behandlung von Obliegenheiten auf der Rechtsfolgenseite zu sach- und interessengerechten Ergebnissen zu gelangen. In der Regel geht dies aber zu Lasten einer auch dogmatisch stimmigen Lösung. Aus diesem Grunde und aufgrund der Bedeutung des Obliegenheitsbegriffs als verlässliche Grundlage für die nachfolgend noch darzustellenden Probleme ist es angezeigt, das Problem der Rechtsnatur von Obliegenheiten bzw. die Frage nach dem Pflichtcharakter von Obliegenheiten nicht als begriffsjuristisch zu verwerfen, sondern zu erörtern und einer Lösung zuzuführen.

(2.) Obliegenheiten als eigenständige rechtliche Kategorie?

Verallgemeinernd können die Auffassungen, die zu diesem Problem vertreten werden, in zwei Lager geteilt werden. Auf der einen Seite stehen die Verbindlichkeitstheorie und die Ansicht *Raabs*, welche die Existenz von Obliegenheiten als eigenständige rechtliche Kategorie schlussendlich in unterschiedlicher Konsequenz negieren. Auf der anderen Seite stehen die sog. Obliegenheitstheorien[175] (Voraussetzungstheorie, Pflichtenlehre *Reimer Schmidts*), die in unterschiedlichen Nuancen und durch divergierende Begründungen eine solche Kategorie anerkennen.

Die Beantwortung der Frage, ob eine Unterscheidung von Verhaltensanforderungen durch die Begriffe Rechtspflicht und Obliegenheit im Sinne der Schaffung einer eigenen rechtlichen Kategorie angezeigt ist, hat sich daran zu orientieren, dass nur dann, wenn zwischen den von den Begrifflichkeiten erfassten Verhaltensanforderungen so große wesensmäßige Unterschiede bestehen, dass diese nicht mehr durch den Begriff der Rechtspflicht angemessen charakterisiert werden können, eine derartige Untergliederung rechtstechnisch- und praktisch erforderlich ist.

174 ***Weyers/Wandt***, Vertragsversicherungsrecht, S. 108, Rn. 404; insbesondere die Vertreter der Verbindlichkeitstheorie verweisen wie gesehen darauf, dass eine Klagbarkeit von Obliegenheiten nur dann in Betracht kommt, soweit die erzwungene Erfüllung „Leistungswert" hat; vgl. auch die Ausführungen auf S. 37 f..

175 Begrifflichkeit bei ***Bruck/Möller***, VVG, § 6, Anm. 9.

(a.) Terminologie und Systematik des Gesetzes

Ausgehend von dieser Prämisse ist zunächst darauf hinzuweisen, dass die dargestellte Einschätzung der Vertreter der Verbindlichkeitstheorie, (privatversicherungsrechtliche) Obliegenheiten aufgrund der Terminologie und der Systematik des VVG als echte Rechtspflichten zu qualifizieren und damit auch das für die echten Pflichten geltende Rechtsfolgensystem[176] für anwendbar zu erklären, aus mehreren Gründen als nicht unproblematisch erscheint.

So ist der Rekurs auf den Gesetzestext bzw. die Terminologie des VVG zur Begründung einer Ansicht bezüglich der Rechtsnatur von (privatversicherungsrechtlichen) Obliegenheiten im Ergebnis als nur wenig hilfreich einzustufen.[177] Zwar spricht das VVG von „Pflicht" nicht nur bei echten Rechtspflichten, sondern auch bei Obliegenheiten;[178] jedoch erscheint es mehr als zweifelhaft aus diesem Umstand zu schließen, dass der Gesetzgeber willentlich die Begriffe Pflicht und Obliegenheit synonym verwendet, um damit zum Ausdruck zu bringen, dass die genannten Begriffe einander entsprechen bzw. der Begriff der Obliegenheit dem Begriff der (Rechts-) Pflicht unter- oder zuzuordnen ist.[179] Wenn dies die Intention des Gesetzgebers gewesen wäre, hätte dieser sein Ziel wesentlich einfacher und effektiver durch eine dahingehend eindeutige und einheitliche Formulierung des Gesetzestextes erreichen können. Eine solche ist allerdings gerade nicht ersichtlich. Der Rekurs auf die Terminologie des VVG kann vielmehr ebenso als ein Indiz dafür gewertet werden, dass der Gesetzgeber es der Rechtslehre und Rechtsprechung überlassen wollte, die Terminologie der Obliegenheit weiter zu konkretisieren und auszuformen. Eine abschließende Wertung des Gesetzgebers für oder gegen die Schaffung einer neuen rechtlichen Kategorie durch die Einführung der Terminologie „Obliegenheit" ist also nicht ersichtlich.[180] Lediglich tendenziell kann festgehalten werden, dass die fehlende Definition des Obliegenheitsbegriffs im VVG eher für eine Offenheit des Gesetzes diesbezüglich spricht und damit zugleich nicht für die Negierung einer eigenständigen rechtlichen Kategorie der Obliegenheiten herangezogen werden kann.

Die synonyme Verwendung der Begrifflichkeiten „Pflicht" und „Obliegenheit" kann demnach sowohl in die eine, als auch in die andere Richtung ausgelegt werden, weshalb aus dem von der Verbindlichkeitstheorie vorgenommenen Rekurs auf den Gesetzestext des VVG keine Schlussfolgerungen gezogen werden

---

176 Klage auf Erfüllung und Möglichkeit der Geltendmachung von Schadensersatzansprüchen.

177 So auch ***Weyers/Wandt***, Versicherungsvertragsrecht, S. 108, Rn. 405.

178 Beispielhaft sei insoweit auf den Text von § 62 VVG („Der Versicherungsnehmer ist verpflichtet... Hat der Versicherungsnehmer diese Obliegenheit verletzt...") verwiesen; ebenso ***Weyers/Wandt***, Versicherungsvertragsrecht, S. 108, Rn. 405.

179 So aber die Vertreter der Verbindlichkeitstheorie; vgl. ***Prölss*** in **Prölss/Martin**, VVG, § 6, Rn. 30;

180 ***Weyers/Wandt***, Versicherungsvertragsrecht, S. 108, Rn. 405.

können.[181] Gleiches gilt auch für die Systematik und Terminologie des BGB und HGB. Auch hier ist keine Definition des Obliegenheitsbegriffs vorhanden, die insofern fruchtbar gemacht werden könnte.[182]

(b.) Die Interessenanalyse

Entscheidendere Bedeutung scheint vielmehr der den Begriffen der „Rechtspflicht" und „Obliegenheit" zugrundeliegenden Interessenlage zuzukommen. Feststehender Ausgangspunkt einer dahingehenden Interessenanalyse ist die Prämisse, dass Rechtspflichten im Interesse eines anderen übernommen werden. Das Erfüllungsinteresse liegt bei den echten Rechtspflichten nicht bei dem von diesen Belasteten, sondern bei dem von ihr Begünstigten. Bezüglich der Obliegenheiten wird jedoch aus den Darstellungen der Ansichten deutlich, dass die den Obliegenheiten zugrunde liegende Interessenlage differenzierter betrachtet werden muss. Eine der den Rechtspflichten gleichende eindeutige und zweifelsfreie Interessenanalyse ist bei den Obliegenheiten aufgrund verschiedener, im Folgenden aufzuzeigender Aspekte nicht möglich.

Insofern ist der Ansicht *Raabs* folgend zunächst zuzugeben, dass es als nicht möglich erscheint aus dem Umstand, dass der Obliegenheitsbelastete versucht, die für ihn negativen Rechtsfolgen des Obliegenheitstatbestandes zu vermeiden, zu schließen, Obliegenheiten seien ein Gebot des *ausschließlich* eigenen Interesses (des Obliegenheitsbelasteten).[183] Ein solches Verständnis des Obliegenheitsbegriffs würde missachten, dass sowohl die Rechtspflicht als auch die Obliegenheit eine Verhaltensanforderung aufgibt, deren Statuierung grundsätzlich im Interesse der gegnerischen Partei liegt. Dies ergibt sich in aller Regel aus dem von *Raab* angeführten „normativen Sollzustand" der jeweiligen Vorschrift.[184] Beispielhaft kann insoweit einerseits auf die Mitverschuldensregel des § 254 Abs. 1 BGB verwiesen werden, welche im Allgemeinen als Obliegenheit und nicht als Rechtspflicht qualifiziert wird.[185] Denn Sinn und Zweck des § 254 Abs. 1 BGB und damit der „normative Sollzustand" dieser Obliegenheit ist es, den Schädiger nur zum Ersatz desjenigen Schadens zu verpflichten, der auf seinem Verschulden beruht. Die Statuierung des Verhaltensgebotes des § 254 Abs. 1

---

181 So auch ***Weyers/Wandt***, Versicherungsvertragsrecht, S. 108, Rn. 405.

182 Insbesondere kann die zumeist verwendete Überschrift des § 377 HGB („Untersuchungs- und Rüge*pflicht*") nicht entscheidend herangezogen werden, da es sich hierbei lediglich um eine redaktionelle Überschrift des jeweiligen Verlegers des Gesetzestextes handelt.

183 So vor allem die dargestellte Voraussetzungstheorie; vgl. die Ausführungen auf S. 36 f. und ***BGHZ* 24**, S. 378 ff. (382); ***BGH***, VersR 1995, S. 80 ff. (81); ***Schintowski*** in **BerlinerKomm**, VVG, § 6, Rn. 15 ff. (17); ***Römer*** in **Römer/Langheid**, VVG, § 6, Rn. 2.

184 Vgl. ***Raab***, Austauschverträge mit Drittbeteiligung, S. 153.

185 Vgl. ***Heinrichs*** in **Palandt**, BGB, § 254, Rn. 1.

BGB, erfolgt demnach grundsätzlich im Interesse des Schädigers und damit nicht im Interesse desjenigen, der das aufgestellte Verhaltensgebot zu erfüllen hat (Obliegenheitsbelasteter), sondern im Interesse des von dem Verhaltensgebot Begünstigten (Obliegenheitsbegünstigter). Insoweit entsprechend der Vertreter der dargestellten Voraussetzungstheorie davon zu sprechen, Obliegenheiten seien Gebote des ausschließlich eigenen Interesses des Obliegenheitsbelasteten, erscheint demnach als nicht möglich.

Entsprechend der dargelegten Situation des § 254 Abs. 1 BGB erfolgt auch die Auferlegung des Verhaltensgebotes des § 254 Abs. 2 BGB im Interesse des von dieser Obliegenheit Begünstigten. Denn das durch diese Vorschrift zu Lasten des Geschädigten aufgestellte Gebot, die Entstehung oder Erhöhung des Schadens nach Möglichkeit zu verhindern, liegt grundsätzlich im Interesse des Schädigers, der in diesem Fall als Obliegenheitsbegünstigter zu qualifizieren ist und daran interessiert ist, dass die ihn treffende Schadensersatzverpflichtung möglichst gering gehalten wird. Sinn und Zweck des § 254 Abs. 2 BGB ist es nur denjenigen Schaden in die Schadensersatzpflicht einzubeziehen, der aus der schädigenden Handlung des Schadensersatzverpflichteten resultiert und denjenigen Schaden von der Ersatzpflicht auszuschließen, der lediglich dadurch verursacht wurde, dass der Geschädigte als Obliegenheitsbelasteter es vorwerfbar unterlassen hat den Schaden abzuwenden. Die Statuierung der Schadensminderungsobliegenheit des § 254 Abs. 2 BGB sowie der durch die Schadensminderungsobliegenheit verfolgte „normative Sollzustand" liegt also grundsätzlich ebenfalls im Interesse des von ihr Begünstigten. Insoweit ergeben sich also keinerlei Unterschiede zu § 254 Abs. 1 BGB.[186]

Gleiches ergibt sich auch im von *Raab* angeführten Beispiel des § 377 HGB. Denn im Rahmen des § 377 HGB kann es grundsätzlich nicht bestritten werden, dass die Untersuchungs- und Rügeobliegenheit von ihrem Ausgangspunkt her statuiert wird, um einer in zeitlicher Hinsicht bestehenden Rechtsunsicherheit bezüglich des Bestehens von Mängeln an der Kaufsache entgegenzuwirken und damit die Schnelligkeit und Einfachheit des Handelsverkehrs zu fördern und zu gewährleisten.[187] Dies hat letztlich auch Auswirkungen auf die der Obliegenheit des § 377 HGB zugrunde liegende Interessenlage. Denn stellt man insoweit auf einen „Idealkaufmann" ab, dem an der planmäßigen Abwicklung des Vertragsprogramms gelegen ist, so ist grundsätzlich ein Interesse seinerseits an der Be-

---

186 Dies resultiert darüber hinaus schon daraus, dass § 254 Abs. 2 BGB als Unterfall des Mitverschuldens des § 254 Abs. 1 BGB zu qualifizieren ist, weshalb sich innerhalb der Absätze des § 254 BGB hinsichtlich der Interessenlage schon rein logisch keine wesentliche Divergenzen ergeben können.

187 Einhellige Ansicht; vgl. nur ***K. Schmidt***, Handelsrecht, § 29 III 1. c), S. 794 f.; ***BGHZ*** 101, S. 49 ff. (53); BGH, WM 1998, S. 936 ff. (938); ***Hopt*** in **Baumbach/Hopt**, HGB, § 377, Rn. 1; vgl. auch ***Raab***, Austauschverträge mit Drittbeteiligung, S. 153.

seitigung der Rechtsunsicherheit bzgl. des Bestehens von Mängeln an der Kaufsache nicht bestreitbar.[188]
Aus diesem Grunde ist insbesondere der dargestellten Voraussetzungstheorie der Vorwurf zu machen, dass diese die aus dem „normativen Sollzustand“ der jeweiligen Verhaltensanforderung resultierenden Interessen unberücksichtigt lässt und demnach durch das alleinige Abstellen des aus der Vermeidung der für den Obliegenheitsbelasteten negativen Rechtsfolge resultierenden Interesses des Obliegenheitsbelasteten nur einen Teil der den Obliegenheiten zugrundeliegenden Interessenlage zu erfassen vermag.[189]
Entsprechend der Situation des § 377 HGB verhält es sich im Rahmen der privatversicherungsrechtlichen Obliegenheit des § 6 VVG. Denn Hintergrund der Anzeigeobliegenheit des Versicherten ist es, der Versicherung die Möglichkeit zu geben den bei dem Versicherten eingetretenen Schadensfall zeitnah dahingehend zu überprüfen, ob dieser die Leistungsverpflichtung der Versicherung auslöst oder nicht. Dabei hat die Versicherung ein erhebliches Interesse daran, dass ihr die Überprüfung des Schadensfalls durch die Anzeige des Versicherten möglichst zeitnah ermöglicht wird, da oftmals nur durch eine zeitnahe Überprüfung die Aufklärung des dem Schadensfall zugrundeliegenden Sachverhaltes Erfolg versprechend und möglich ist. Auch hier liegt die Auferlegung der Obliegenheit des § 6 VVG und damit der durch die Obliegenheit intendierte „normative Sollzustand“ im Interesse des von der Obliegenheit Begünstigten.

Auf der anderen Seite ist jedoch ebenso zu berücksichtigen, dass im Rahmen einer Interessenanalyse ein ausschließliches Abstellen auf den „normativen Sollzustand“ des jeweiligen Tatbestandes dazu führen würde, dass die in der Geschäftswirklichkeit tatsächlich bestehende, faktische Interessenlage gänzlich missachtet werden würde.
Betrachtet man insofern das oft verwendete Beispiel des § 377 HGB, so ist diesbezüglich festzustellen, dass es dem Verkäufer einer Ware nach Übergabe der Kaufsache an den Käufer faktisch doch zumindest gleichgültig sein wird, ob der Käufer seiner Untersuchungs- und Rügeobliegenheit nachkommt oder nicht.[190]
Insbesondere für den Fall, dass tatsächlich Mängel an der verkauften Ware bestehen, wird der Verkäufer hoffen, dass der Käufer es unterlässt, die Ware rechtzeitig zu untersuchen und die entsprechenden Mängel anzuzeigen. Denn in diesem Fall tritt die für den Verkäufer günstige Folge der sogenannten „Genehmigungsfiktion“ bezüglich der gelieferten (mangelhaften) Ware ein. Für den Fall tatsächlich bestehender Mängel an der Kaufsache ist diese Genehmigungsfiktion für den Verkäufer eindeutig günstiger, als wenn der Käufer seiner Untersu-

188 So auch ***Raab***, Austauschverträge mit Drittbeteiligung, S. 152 a.E.
189 In diesem Sinne auch ***Raab***, Austauschverträge mit Drittbeteiligung, S. 152 f.
190 In diesem Sinne auch ***Wieling***, AcP 176 (1976), S. 334 ff. (348).

chungs- und Rügeobliegenheit nachkommt, die bestehenden Mängel anzeigt und seine in diesem Falle bestehenden Sachmängelgewährleistungsansprüche geltend macht. Auch wenn man gegen eine solche Sichtweise anführen könnte, dass diese nur für den „bösgläubigen" Verkäufer gelten kann, so ist doch zu berücksichtigen, dass gerade dies der Geschäftswirklichkeit entspricht. Denn die Geschäftswirklichkeit ist durch Aktivitäten geprägt, die auf Gewinnerzielung ausgerichtet sind. Mögliche, gewinnbringende Vorteile werden gesucht und ausgenutzt. Ein Verzicht auf diese, zugunsten einer „moralisch" einwandfreien aber weniger gewinnträchtigen Lösung, wird hingegen nur selten stattfinden.[191]

Vor diesem Hintergrund wird deutlich, dass das alleinige Abstellen auf den normativen Sollzustand des jeweiligen Obliegenheitstatbestandes schon alleine deshalb als nicht möglich erscheint, weil die faktisch bestehenden Interessen der Geschäftswirklichkeit gänzlich missachtet werden würden.

Darüber hinaus ergibt sich aus einer Analyse sonstiger, klassischer Obliegenheiten, dass es sich bei der Obliegenheit des § 377 HGB um einen Ausnahmefall handelt, der als Ausgangspunkt einer allgemeingültigen Interessenanalyse eher ungeeignet ist. Dies resultiert weniger aus dem Umstand, dass § 377 HGB dem Sonderprivatrecht des HGB entspringt als vielmehr daraus, dass bei den sonstigen, „klassischen" Obliegenheiten nach Auferlegung dieser kaum ein Interesse des Obliegenheitsbegünstigten an der Erfüllung der Obliegenheit hergeleitet werden kann.

Blickt man insoweit auf die Obliegenheit des § 254 Abs. 1 BGB so ist festzustellen, dass derjenige, dem ein Mitverschulden zur Last gelegt werden kann, in erster Linie sich selbst schädigt und nicht etwa Interessen der Gegenseite verletzt. Denn dem durch einen Schadensersatzanspruch Belasteten wird es nach Entstehung des Schadensersatzanspruchs zumindest gleichgültig sein, ob sich der Schadensersatzberechtigte ein Mitverschulden zurechnen lassen muss oder nicht. Berücksichtigt man hier die in der Geschäftswirklichkeit bestehenden Interessen, so wird klar, dass der Schadensersatzbelastete sogar darauf hoffen wird, dass der Anspruch der Gegenseite möglichst gering ist. Letztlich bedeutet dies, dass es dem Schadensersatzbeanspruchten sehr gelegen kommt, wenn der Schadensersatzberechtigte an der Schadensentstehung mitgewirkt hat. Denn in diesem Falle greift die Mitverschuldensregel des § 254 Abs. 1 BGB, welche zu einer Kürzung des vormals bestehenden (Schadensersatz-) Anspruchs führt. Ein Interesse des Obliegenheitsbegünstigten an der Erfüllung der Obliegenheit des § 254 Abs. 1 BGB durch den Belasteten ist insofern hingegen nicht ersichtlich. Selbst wenn man hier auf einen gesetzestreuen und durch moralisch schützenswerte Charaktereigenschaften geprägten Obliegenheitsbegünstigten abstellen

---

191 Der Obliegenheitsbegünstigte hat hier also eher ein Interesse an der *Nicht*erfüllung der Obliegenheit.

würde, wäre die Konstruierung eines solchen Interesses an der Erfüllung der Verhaltensanforderung des § 254 Abs. 1 BGB mehr als abwegig.
Gleiches gilt hinsichtlich der Schadensminderungsobliegenheit des § 254 Abs. 2 BGB als Unterfall des Mitverschuldens nach § 254 Abs. 1 BGB. Zwar könnte insoweit darauf abgestellt werden, dass der Obliegenheitsbegünstigte ein Interesse an der Erfüllung der Obliegenheit durch den von ihr belasteten Geschädigten hat, weil dies im Fall von § 254 Abs. 2 BGB dazu führt, dass sich der ersatzfähige Schaden des Obliegenheitsbelasteten und damit die Verpflichtung des Obliegenheitsbegünstigten von vorneherein verringert. Diesbezüglich ist jedoch zu beachten, dass § 254 Abs. 2 BGB eine in zeitlicher Hinsicht andere Situation regelt als § 254 Abs. 1 BGB. Denn § 254 Abs. 1 BGB bezieht sich auf ein Mitverschulden des Obliegenheitsbelasteten im Zeitpunkt des schädigenden Ereignisses, während in der Situation des § 254 Abs. 2 BGB das schädigende Ereignis bereits stattgefunden hat und es insoweit „nur noch" um die Verringerung bzw. Abwendung des Schadens geht. Der relevante Zeitpunkt auf den in einer Interessenanalyse im Rahmen des § 254 Abs. 2 BGB abzustellen ist, ist also im Verhältnis zu § 254 Abs. 1 BGB auf den Zeitpunkt nach dem schädigenden Ereignis zu verschieben. In diesem Zeitpunkt aber wird das faktische Interesse des Obliegenheitsbegünstigten (Schädiger) dahin gehen, dass der Obliegenheitsbelastete (Geschädigter) die Möglichkeit den Schaden zu verringern oder abzuwenden entgegen der Verhaltensanforderung des § 254 Abs. 2 BGB nicht genutzt hat, da sich in diesem Fall die Verpflichtung des von der Obliegenheit begünstigten Schädigers verringert. Die Situation des § 254 Abs. 2 BGB entspricht also letztlich der im Rahmen des § 254 Abs. 1 BGB aufgezeigten.
Ähnliches ergibt sich auch aus einem Blick auf die privatversicherungsrechtlichen Obliegenheiten. Betrachtet man hier die in § 6 VVG angesprochene Rechtsfolge der Verletzung einer vertraglichen Obliegenheit, also die in der Regel im Versicherungsvertrag vereinbarte Leistungsfreiheit des Versicherers,[192] so wird deutlich, dass der Versicherer nach dem Eintritt des Schadensfalles faktisch keinerlei Interesse daran hat, dass der Versicherte seinen Obliegenheiten nachkommt, da ansonsten der Versicherungsfall eintreten würde und der Versicherer leisten müsste. Das Interesse des Versicherers geht also eher dahin, dass der

192 Es bleibt darauf hinzuweisen, dass § 6 VVG nicht selbst die Rechtsfolgen der Verletzung einer vertraglichen Obliegenheit regelt, sondern voraussetzt, dass für den Fall einer Obliegenheitsverletzung eine Leistungsfreiheit des Versicherers im Versicherungsvertrag vereinbart ist (vgl. Wortlaut des § 6 Abs. 1 VVG: „Ist im Vertrag bestimmt, dass bei Verletzung einer Obliegenheit (...) der Versicherer von der Verpflichtung zur Leistung frei sein soll..."). § 6 VVG bestimmt lediglich die Voraussetzungen, unter denen sich der Versicherer dann auf die vereinbarte Leistungsfreiheit berufen kann. Durch § 6 VVG wird jedoch deutlich, dass in der Regel im Versicherungsvertrag für den Fall einer Obliegenheitsverletzung seitens des Versicherten die Leistungsfreiheit des Versicherers vorgesehen ist.

Versicherte seinen Obliegenheiten nicht nachkommt, um so die Leistungsverpflichtung aus dem Versicherungsvertrag unabhängig davon abzuwenden, ob die übrigen vertraglichen Voraussetzungen der Leistungspflicht des Versicherers vorliegen oder nicht. Ein Interesse der Versicherung dahingehend, das der Versicherer nach Eintritt des Schadensfalles seiner Obliegenheit aus § 6 VVG nachkommt, ist in der Geschäftswirklichkeit hingegen – insbesondere für den Fall, dass die übrigen Voraussetzungen des Versicherungsfalls gegeben sind – als abwegig zu bewerten.[193]

Nach allem wird deutlich, dass der von *Raab* zur Begründung seiner Ansicht vorrangig ins Feld geführte § 377 HGB insoweit einen Ausnahmefall darstellt, als in diesem Fall – soweit man auf einen „Idealkaufmann" abstellt – auch bzgl. der Erfüllung der von dieser Vorschrift aufgegebenen Verhaltensanforderung dahingehend argumentiert werden könnte, dass dem Verkäufer weiterhin daran gelegen ist, dass der Käufer seiner Untersuchungs- und Rügeobliegenheit nachkommt, um den insoweit unerwünschten Zustand der Rechtsunsicherheit bzgl. des Bestehens von Mängeln an der Kaufsache möglichst zeitnah zu beseitigen. Ein solches Interesse kann allerdings bei den übrigen hier verwendeten Beispielen der Obliegenheitstatbestände kaum hergeleitet werden. Denn hier geht es nicht um die Beseitigung einer in zeitlicher Hinsicht bestehenden Rechtsunsicherheit, sondern um die Berücksichtigung von für den „Obliegenheitsbelasteten" nachteiligen Handlungen, die für den „Obliegenheitsbegünstigten" lediglich vorteilhaft sind. Darüber hinaus ist auch bzgl. § 377 HGB darauf hinzuweisen, dass das aus dem „normativen Sollzustand" resultierende Interesse an der Beseitigung der Rechtsunsicherheit hinsichtlich des Bestehens von Mängeln an der Kaufsache in der Regel aufgrund der Geschäftswirklichkeit und der damit einhergehenden Gewinnerzielungsabsicht hinter dem Interesse an der Erlangung des Vorteils durch die Genehmigungsfiktion zurücktritt. Denn entscheidend für das Verhalten des Obliegenheitsbelasteten ist die Vermeidung des Nachteils und nicht die Förderung der Einfachheit und Schnelligkeit des Handelsverkehrs. Zwar könnte hiergegen angeführt werden, dass sich diese Interessenlage lediglich als „Rechtsreflex" der durch die Obliegenheitstatbestände angeordneten Rechtsfolge darstellt und insoweit nicht mit in die Interessenanalyse eingestellt werden dürfte,[194] jedoch hängt das Verhalten des Obliegenheitsbelasteten und damit die Entscheidung, ob er der ihm auferlegten Verhaltensanforderung nachkommt oder nicht, entscheidend von der drohenden Rechtsfolge ab, sodass diese mit in die Interessenanalyse einzubeziehen ist.
Ähnliches gilt für das Interesse des Obliegenheitsbegünstigten. Sein Interesse an der Förderung der Schnelligkeit und Einfachheit des Handelsverkehrs wird

---

193 Ähnlich auch ***Bruck/Möller***, VVG, § 6, Anm. 5.
194 In diesem Sinne ***Raab***, Austauschverträge mit Drittbeteiligung, S. 153.

– wie nachgewiesen – vom Interesse an der Erlangung des Vorteils durch die Genehmigungsfiktion des § 377 HGB bei unterlassener oder nicht rechtzeitiger Rüge durch den Obliegenheitsbelasteten überlagert. Er hofft also sogar, dass der Obliegenheitsbelastete der aufgegebenen Verhaltensanforderung des § 377 HGB nicht nachkommt.

Durch die Herleitung und Darstellung der denkbaren, divergierenden Interessenanalysen wird deutlich, dass die Lösung des Problems in einem vermittelnden Ansatz liegt. Denn weder das ausschließliche Abstellen auf die eine noch auf die andere Möglichkeit der Interessenanalyse führt zu befriedigenden Ergebnissen. Nur durch eine Verbindung der dargestellten Möglichkeiten kann der Charakter der Obliegenheiten bzw. die diesen zugrunde liegende Interessenlage angemessen und vollständig erfasst werden.
Auszugehen ist dabei von der Überlegung, dass Rechtspflichten und Obliegenheiten insofern Gemeinsamkeiten aufweisen, als sie vom Belasteten ein bestimmtes Verhalten, im Sinne eines Tuns oder Unterlassens fordern. In beiden Fällen wird dieses Verhalten zunächst im Interesse des von der Obliegenheit oder der Rechtspflicht „Begünstigten" auferlegt. Denn ausgehend vom „normativen Sollzustand" der jeweiligen Verhaltensnorm kann das Interesse des durch die Verhaltensanforderung Begünstigten niemals ausgeschlossen werden, da die Statuierung der jeweiligen Verhaltensanforderung zunächst im Interesse des von ihr Begünstigten liegt. Insofern kann auf die Ausführungen *Raabs* verwiesen werden.[195]
Der Unterschied zwischen Rechtspflicht und Obliegenheit kommt allerdings auf einer zweiten Ebene zum Tragen. Denn nach Auferlegung der Verhaltensvorschrift liegt die Beobachtung des aufgegebenen Verhaltens bei einer *Rechtspflicht* nach wie vor im (fremden) Interesse des Begünstigten, während sie bei einer Obliegenheit nur noch[196] bzw. zumindest vornehmlich[197] im (eigenen) Interesse des Belasteten liegt.[198] Der Verkäufer einer Ware ist auch nach Abschluss des Kaufvertrages weiterhin an dem Erhalt des Kaufpreises (Rechtspflicht des Käufers aus § 433 Abs. 2 BGB), der Käufer an dem Erhalt einer mangelfreien Sache interessiert. Hingegen wird es einem zu Schadensersatz Verpflichteten nicht nur gleichgültig sein, ob der Schadensersatzbegünstigte seiner Obliegenheit aus § 254 Abs. 1 BGB nachkommt, sondern er wird sogar darauf hoffen, dass dem Obliegenheitsbegünstigten ein Mitverschulden zur Last

---

195 ***Raab***, Austauschverträge mit Drittbeteiligung, S. 151 ff.
196 Bspw. bei § 254 BGB.
197 Bspw. bei § 377 HGB.
198 So für den Bereich des Privatversicherungsrechts auch ***Möller*** in **Bruck-Möller**, VVG, § 6, Rn. 5 (unter 2. a).

gelegt werden kann, um zu einer Kürzung des bestehenden Schadensersatzanspruchs zu gelangen.
Nach allem wird deutlich, dass zwischen dem Interesse an der Auferlegung einer Verhaltensanforderung *(Auferlegungs- oder Statuierungsinteresse)* und dem Interesse an der Beobachtung oder Erfüllung der Verhaltensanforderung *(Beobachtungs- oder Erfüllungsinteresse)* unterschieden werden muss, und beide „Arten des Interesses" im Rahmen einer Analyse der dem jeweiligen Tatbestand zugrundeliegenden Interessenlage zu berücksichtigen sind. Der von *Raab* zitierte „normative Sollzustand" der jeweiligen Verhaltensanforderung geht im Ergebnis im *Auferlegungsinteresse* auf. Hier ist die Frage entscheidend, wessen Interessen die Auferlegung der jeweiligen Verhaltensregel zugute kommen soll. Diesbezüglich ergeben sich – nachgewiesenermaßen – keine entscheidenden Unterschiede zwischen Obliegenheiten und Rechtspflichten. Denn Verhaltensregeln werden immer zumindest auch im Interesse eines anderen auferlegt. Anders gestaltet sich allerdings die Situation im Rahmen des *Beobachtungsinteresses*. Entscheidend ist hier die Frage, in wessen Interesse die Beobachtung oder Erfüllung der jeweiligen Verhaltensregel nach deren Auferlegung liegt. Diesbezüglich bleibt festzuhalten, dass die Beobachtung von Obliegenheiten anders als die Beobachtung der Rechtspflichten in der Regel ausschließlich (bspw. bei § 254 Abs. 1 BGB und den privatversicherungsrechtlichen Obliegenheiten) und nur in Ausnahmefällen (bspw. bei § 377 HGB) zumindest vornehmlich im Interesse des Obliegenheitsbelasteten liegt. Hier finden die in der Geschäftswirklichkeit faktisch bestehenden Interessen der Beteiligten Berücksichtigung, die ebenfalls zwingend in eine Interessenanalyse einzustellen sind. Diesen Umstand verkennt auch die Verbindlichkeitstheorie, die zwar eindeutig erkennt, dass auch den Obliegenheitstatbeständen ein rechtliches Sollen zugrunde liegt, jedoch übersieht, dass die Interessenlage bezüglich der Beobachtung des statuierten Verhaltensgebotes bei Obliegenheiten und echten Rechtspflichten im oben aufgezeigten Sinne divergiert.

(c.) Die Rechtsfolgenseite

Weiterhin entscheidend gegen eine Einordnung der Obliegenheiten als echte Rechtspflicht und damit gegen die Negierung der Obliegenheiten als eigenständige rechtliche Kategorie spricht, dass insbesondere auf der Rechtsfolgenseite der Obliegenheiten erhebliche Struktur- und Wesensunterschiede zu den Rechtspflichten bestehen. Hervorzuheben ist insoweit insbesondere, dass entgegen den Feststellungen der Verbindlichkeitstheorie nach allgemeiner und (zumindest im Ergebnis) richtiger Ansicht grundsätzlich weder Schadensersatzansprüche bei Verletzung von Obliegenheiten in Betracht kommen, noch auf Erfül-

lung von Obliegenheiten geklagt werden kann.[199] Lediglich die Begründung der unterschiedlichen Rechtsfolgenanordnungen divergiert in der Literatur stellenweise. So wird vereinzelt darauf hingewiesen, dass zwar durchaus auf der Rechtsfolgenseite erhebliche Unterschiede zwischen Rechtspflichten und Obliegenheiten bestehen, diese jedoch nicht isoliert als entscheidendes Abgrenzungskriterium der dogmatisch zu unterscheidenden Kategorien der Rechtspflichten und Obliegenheiten gelten könnten. Die Unterschiede in der Rechtsfolge seien lediglich ein „indizieller Anknüpfungspunkt" dafür seien, dass der Leistungsverpflichtete im Verletzungsfalle rechtswidrig handele, während dem Obliegenheitsbelasteten kein Vorwurf der Rechtswidrigkeit gemacht werden könne, wenn er sich gegen die Wahrnehmung der Obliegenheit, also seiner eigenen Interessen entscheide.[200] Der entscheidende Unterschied zwischen Rechtspflicht und Obliegenheit sei demnach darin zu erblicken, dass derjenige, der eine Rechtspflicht verletzt, rechtswidrig handele, während derjenige, der sich gegen die Wahrnehmung einer Obliegenheit entscheidet, „sich wirtschaftlich kalkulierend in den Bahnen des Rechts" bewege.[201]
Einer solchen Ansicht ist zunächst zuzugeben, dass im Rahmen von Verletzungshandlungen gegen Obliegenheitstatbestände der Vorwurf eines rechtswidrigen Verhaltens kaum erfolgreich geführt werden kann. Allerdings kann auch dies nicht isoliert zur Abgrenzung von Obliegenheiten und Rechtspflichten herangezogen werden, sondern muss – um in der Terminologie *Martineks*[202] zu bleiben – ebenfalls als „indizieller Anknüpfungspunkt" zur Unterscheidung der beiden rechtlichen Kategorien Rechtspflicht und Obliegenheit angesehen werden. Denn auch der nicht erfolgreich führbare Vorwurf rechtswidrigen Verhaltens im Falle der Verletzung von durch Obliegenheitstatbeständen auferlegten Verhaltensanforderungen resultiert letztlich aus der den Obliegenheiten zugrundeliegenden Interessenlage. Weil die Beobachtung der jeweiligen Obliegenheit (vornehmlich) im Interesse des Obliegenheitsbelasteten liegt und äquivalent dazu die Verletzung des Verhaltensgebotes (vornehmlich) eigene und nicht fremde Interessen berührt, kann nicht von einem rechtswidrigen Verhalten des sich selbst Schädigenden gesprochen werden. Denn Selbstgefährdungen und Selbst-

---

199 So die einhellige Ansicht; vgl. ***Schwintowski*** in **BerlinerKomm**, § 6, Rn. 19; ***Deutsch***, Versicherungsvertragsrecht, S. 146, Rn. 196; ***Larenz/Wolf***, BGB AT, § 13, Rn. 36 f., S. 234 f.; ***Kramer*** in **MüKo**, BGB, Einl. vor § 241, Rn. 50; ***Teichmann*** in **Soergel**, BGB, Vor § 241, Rn. 7; ***Götz***, JuS 1961, S. 56 ff. (57); ***Raab***, Austauschverträge mit Drittbeteiligung, S. 151 f.

200 ***Martinek***, AcP 198 (1998), S. 229 ff. (336); ***Kramer*** in **MüKo**, BGB, Vor § 241, Rn. 50.

201 ***Martinek***, AcP 198 (1998), S. 229 ff. (336).

202 ***Martinek***, AcP 198 (1998), S. 229 ff. (336).

schädigungen werden von der Rechtsordnung weder verboten, noch kann ein solches Verhalten als rechts- oder pflichtwidrig eingestuft werden.[203]
Weiterhin ist darauf hinzuweisen, dass es den Obliegenheitsbelasteten in der Praxis weniger interessieren wird, ob sein Verhalten als rechtswidrig einzustufen ist. Sein hauptsächliches Augenmerk richtet sich vielmehr auf die ihm drohenden nachteiligen Rechtsfolgen für den Fall einer Obliegenheitsverletzung.[204] Allein aus praktischen Erwägungen und aus dem Umstand heraus, dass auch die Frage nach einem rechtswidrigen Verhalten des gegen einen Obliegenheitstatbestand Verstoßenden lediglich als „indizieller Anknüpfungspunkt" zur Unterscheidung von Rechtspflichten und Obliegenheiten herangezogen werden kann, ergibt sich demnach, dass im Rahmen von Obliegenheiten der Vorwurf rechtswidrigen Verhaltens zwar nicht erfolgreich geführt werden kann, dies jedoch nicht als entscheidendes Abgrenzungskriterium herangezogen werden sollte.
Zumeist wird hingegen zutreffend darauf verwiesen, dass die unterschiedliche Rechtsfolgenanordnung aus der dargestellten, den rechtlichen Kategorien Rechtspflicht und Obliegenheit zugrundeliegenden, unterschiedlichen Interessenlage resultiert.[205] Wie bereits erörtert besteht bei Obliegenheiten im Gegensatz zu Rechtspflichten eine insofern „gespaltene Interessenlage", als die Erfüllung bzw. Beobachtung der Obliegenheiten vornehmlich im eigenen Interesse des Obliegenheitsbelasteten liegt und nicht wie bei den Rechtspflichten in fremden. Zwar kann in Einzelfällen eine Situation eintreten, in der auch das Interesse der Gegenseite („Obliegenheitsbegünstigten") so große Bedeutung gewinnt, dass die Interessenlage zumindest mit der bei den Rechtspflichten bestehenden vergleichbar ist;[206] jedoch ist dies als Sondersituation zu bewerten, in der die Frage gestellt werden muss, ob in diesen Fällen das Festhalten an einer Obliegenheit noch als sinnvoll bzw. interessengerecht zu bewerten ist.[207]
In der Regel allerdings ist – wie bereits erörtert – davon auszugehen, dass das Beobachtungs- oder Erfüllungsinteresse bei den Obliegenheiten im Unterschied zu den Rechtspflichten beim Obliegenheitsbelasteten liegt.[208] Denn dieser schützt mit der Erfüllung der Verhaltensanforderung seine eigenen Vermögensinteressen und sichert gleichzeitig den Bestand seines Leistungsinteresses gegenüber dem „Gläubiger" der Obliegenheit. In diesem Sinne wird auch oftmals zutreffend formuliert, die Beobachtung einer Obliegenheit sei ein Gebot, welches pri-

---

203 ***Heinrichs*** in **Palandt**, BGB, § 254, Rn. 1.

204 In diesem Sinne auch ***Fuchs***, Kooperationspflichten, S. 87.

205 Vgl. hierzu insbesondere die Ausführungen von ***Reimer Schmidt***, Obliegenheiten, S. 312 ff. (insbes. S. 314 f.); ebenso ***Scheube***, Auftraggebermitwirkung, S. 40 ff.; ***Kramer*** in **MüKo**, BGB, Einl. zu §§ 241 ff., Rn. 50 m.w.N.

206 Hierauf wird insbesondere im dritten Hauptteil der Abhandlung („Besonderheiten des BGB Bauvertrages") einzugehen sein.

207 Hierzu ebenfalls im dritten Hauptteil der vorliegenden Abhandlung.

208 Vgl. insoweit die Ausführungen auf S. 45 ff..

mär im eigenen Interesse besteht und nur sekundär die Interessen der Gegenseite tangiert.[209] Schon hieraus wird deutlich, dass ein klagbarer Anspruch des „Obliegenheitsbegünstigten" auf Erfüllung der Obliegenheit nicht in Betracht kommen kann.[210] Das Fehlen eines Erfüllungsanspruchs ist insofern die konsequente Fortführung der sich aus der Interessenlage ergebenden Besonderheiten der Obliegenheitstatbestände.

Zwar könnte bezüglich der fehlenden Klagbarkeit von Obliegenheiten eingewendet werden, dass dies keinen erheblichen Unterschied zu den Rechtspflichten darstellt, weil auch die Existenz von echten Rechtspflichten, die nicht im Klagewege erzwungen werden können (weitere Verhaltenspflichten bzw. unselbständige Nebenpflichten), allgemein anerkannt ist;[211] jedoch würde hierbei außer Acht gelassen werden, dass bei den bereits dargestellten weiteren Verhaltenspflichten bzw. deren Verletzung, anders als bei einer Verletzung von Obliegenheiten, zumindest ein sekundärer Schadensersatzanspruch in Betracht kommt. Gerade die Bedeutung der Statuierung eines Schadensersatzanspruchs wurde bereits als eines der entscheidenden Merkmale einer echten Rechtspflicht herausgearbeitet.[212] Dieses entscheidende Element fehlt jedoch der Obliegenheit aufgrund der ihr eigenen, besonderen („gespaltenen") Interessenlage.

Trotzdem bedarf es im Rahmen von Obliegenheitstatbeständen selbstverständlich des Schutzes der Gegenseite durch eine Sanktionierung der Verletzungshandlung seitens des Obliegenheitsbelasteten, welche in der Kürzung oder dem Verlust einer vormals dem Obliegenheitsbelasteten zustehenden günstigen Rechtsposition besteht. Die Legitimation einer solchen Sanktionierung ergibt sich wie gesehen jedoch nicht daraus, dass dem gegen den Obliegenheitstatbestand Verstoßenden der Vorwurf pflicht- oder rechtswidrigen Verhaltens gemacht werden könnte, sondern daraus, dass eine Geltendmachung des gesamten dem Obliegenheitsbelasteten vormals zustehenden Anspruchs einen Verstoß gegen das Verbot widersprüchlichen Verhaltens (venire contra factum proprium) bedeuten würde.

Festzuhalten ist ebenfalls, dass, auch wenn man der Ansicht *Raabs* folgen wollte und die den Rechtspflichten und Obliegenheiten zugrundeliegenden Interessenlagen als gleich einstuft, im Ergebnis die Möglichkeit der Klage auf Erfüllung der Obliegenheit oder bei Verletzung der Obliegenheit einen – über die speziell angedrohten Rechtsfolgen hinausgehenden – Schadensersatzanspruch geltend zu

209 ***Deutsch***, Versicherungsvertragsrecht, S. 146, Rn. 196;

210 Letztlich dürfte bei Klage auf Erfüllung der (privatversicherungsrechtlichen) Obliegenheit zumindest das Rechtsschutzbedürfnis fehlen (h.M.); ***Behrens***, Drittzurechnung, S. 75; ***Leonhardt***, Repräsentantendoktrin, S. 53; **a.A.:** ***Ehrenzweig***, VersicherungsvertragsR, S. 174 f.; ***Wegmann***, Obliegenheiten, S. 43.

211 In diesem Sinne bspw. argumentierend ***Wegmann***, Obliegenheiten, S. 39.

212 Vgl. insoweit die Zusammenfassung der Erörterung des Begriffs der Rechtspflichten auf S. 26 f..

machen, zu negieren ist. Dies ergibt sich der Ansicht *Raabs* folgend zwar nicht aus der den Obliegenheiten zugrundeliegenden Interessenlage, sondern aus dem Umstand, dass es im Rahmen der Obliegenheitsverletzung eines eigenständig durchsetzbaren Schadensersatzanspruchs der Gegenseite schlichtweg nicht bedarf,[213] jedoch kommt auch *Raab* letztlich zum gleichen – zutreffenden – Ergebnis, wie die in der vorliegenden Abhandlung favorisierte Sichtweise.
Hieraus wird deutlich, dass bezüglich der bei Obliegenheitstatbeständen in Betracht kommenden Rechtsfolgen insofern eine einhellige und zutreffende Ansicht erkennbar ist, als die Möglichkeit der Klage auf Erfüllung der Obliegenheit oder bei Verletzung der Obliegenheit die Geltendmachung eines Schadensersatzanspruchs allgemein abgelehnt wird.

(d.) Die Unterscheidung nach der Rechtsfolgenseite als methodisch verfehlter Ansatz der Kategorisierung von Obliegenheiten und Pflichten?

Dem Einwand der Vertreter der Verbindlichkeitstheorie, ein im Rahmen der Abgrenzung von Rechtspflichten und Obliegenheiten getätigter Rekurs auf die (unterschiedlichen) Rechtsfolgen stelle einen methodisch erheblichen Fehler dar, muss entgegengehalten werden, dass sich Obliegenheiten und Rechtspflichten gerade auf der Rechtsfolgenseite erheblich unterscheiden und nur auf dieser Ebene überhaupt eine einigermaßen klare Abgrenzung der – wie nachgewiesen – zu unterscheidenden Begrifflichkeiten erfolgen kann.
Darüber hinaus müssen die unterschiedlichen Rechtsfolgen in Zusammenschau mit der ausführlich dargestellten Interessenlage betrachtet werden. Die bei den Obliegenheiten eingeschränkten Rechtsfolgemöglichkeiten, die lediglich in der Kürzung oder im Verlust einer vormals bestehenden, günstigen Rechtsposition liegen, resultieren aus der den Obliegenheiten zugrundeliegenden, im Verhältnis zu den Rechtspflichten divergierenden Interessenlage. Entscheidender Anknüpfungspunkt der Abgrenzung ist also die divergierende Interessenlage, die mit den unterschiedlichen Möglichkeiten der Rechtsfolgenanordnungen einhergeht.
Wenn insoweit bspw. *Wahl* lediglich pauschal und ohne nähere Begründung behauptet, die Rechtsfolgenseite sei als Aspekt der dogmatischen Einordnung ungeeignet,[214] so stellt dies lediglich eine undifferenzierte Übernahme der Ansicht *Müller-Foells* dar,[215] die im Ergebnis unzutreffend ist. Im Rahmen der Einordnung der Mitwirkungshandlungen des Bestellers im BGB-Werkvertrag begnügt sich *Wahl* insgesamt damit, bereits bestehende Ansichten in der Rechtsprechung

---

213 ***Raab***, Austauschverträge mit Drittbeteiligung, S. 153 ff.

214 ***Wahl***, Die Haftung des Auftraggebers im Bauwerkvertrag, S. 35.

215 ***Wahl***, Die Haftung des Auftraggebers im Bauwerkvertrag, S. 35 mit Verweis auf ***Müller-Foell***, Mitwirkung des Bestellers beim Werkvertrag, S. 49 ff..

und Literatur kurz zu skizzieren,[216] ohne sich aber substantiell mit diesen auseinanderzusetzen.
Insbesondere den Umstand des zwingenden Zusammenhangs der Interessenanalyse mit der Rechtsfolgenanordnung übersieht *Wahl* gänzlich. Eine detaillierte Auseinandersetzung mit den hieraus resultierenden Folgen nimmt *Wahl* nicht vor.
Darüber hinaus ist hinsichtlich der Rechtsfolgenseite festzuhalten, dass die Rechtsfolgenanordnung entscheidende Bedeutung für das tatsächliche Verhalten des Obliegenheitsbelasteten hat und schon aus diesem Grunde im Rahmen einer in die Definition einfließenden Interessenanalyse beachtet werden muss. Auch wenn dies kein dogmatisches Argument darstellen mag, so muss doch zugegeben werden, dass der Obliegenheitsbelastete sein Augenmerk auf die möglichen Rechtsfolgen einer Obliegenheitsverletzung legen wird.[217] Nach allem lässt sich die Unterscheidung der Kategorien Obliegenheit und Rechtspflicht auch aus diesem Grunde am verlässlichsten anhand der unterschiedlichen Rechtsfolgen treffen.[218]

(e.) Das Verschuldenserfordernis im Rahmen von Obliegenheiten

Ein weiterer Unterschied der Kategorien Rechtspflicht und Obliegenheit ergibt sich aus einem divergierenden Verständnis des „Verschuldenserfordernisses".
Insbesondere durch *Wieling*[219] ist eindrucksvoll nachgewiesen worden, dass bei Obliegenheitstatbeständen von einem „echten Verschulden" selbst dann nicht gesprochen werden kann, wenn im Rahmen des konkreten Obliegenheitstatbestandes auf ein „Verschulden" rekurriert wird. Auch dies ergibt sich aus der faktisch bestehenden, den Obliegenheitstatbeständen zugrundeliegenden (gespaltenen) Interessenlage. Insofern kann zur Verdeutlichung auf das Beispiel der Schadensminderungs- bzw. Schadensabwendungsobliegenheit des § 254 BGB abgestellt werden, in dessen Absatz 2 eindeutig auf ein „Verschulden" verwiesen wird.[220] „Verschulden" im Sinne des § 254 BGB bedeutet aber nicht – wie sonst – eine vorwerfbare, rechtswidrige Verletzung einer gegenüber einem anderen oder der Allgemeinheit bestehenden Rechtspflicht, sondern muss vielmehr als „vorwerfbarer Verstoß gegen Gebote des (vornehmlich) eigenen Interesses" verstanden werden.[221] Denn nur wenn der durch § 254 Abs. 2 BGB Obliegenheitsbelastete seiner Schadensminderungs- bzw. Schadensabwendungsobliegenheit nachkommt, kann dieser den vollen Anspruch geltend machen. Verletzt er

216 ***Wahl***, Die Haftung des Auftraggebers im Bauwerkvertrag, S. 25 – 35.
217 In diesem Sinne auch ***Fuchs***, Kooperationspflichten, S. 87.
218 a.A. ***Wahl***, Die Haftung des Auftraggebers im Bauwerkvertrag, S. 35.
219 ***Wieling***, AcP 176 (1976), S. 334 ff. (insbes. S. 345 ff.).
220 Vgl. insoweit § 254 II BGB „Dies gilt auch dann, wenn sich das *Verschulden* des Beschädigten darauf beschränkt, dass...".
221 ***Heinrichs*** in **Palandt**, BGB, § 254, Rn. 1.

also die durch § 254 Abs. 2 BGB aufgegebene Verhaltensanforderung, so verletzt er seine eigenen Interessen. Die Geltendmachung des gesamten Schadens, trotz des Verstoßes gegen die ihm auferlegte Verhaltensanforderung, würde gegen das Verbot widersprüchlichen Verhaltens („venire contra factum proprium") verstoßen, welches – wie bereits angesprochen – als rechtspolitische Grundlage auch dieses Obliegenheitstatbestandes anzusehen ist.[222] Wenn im Rahmen eines Obliegenheitstatbestandes demnach auf ein notwendiges „Verschulden" abgestellt wird, so ist damit nicht ein „echtes Verschulden" gemeint, sondern vielmehr lediglich ein „Verschulden gegen sich selbst"[223].

(f.) Zwischenergebnis

Nach alledem ist als Zwischenergebnis festzuhalten, dass Obliegenheiten aufgrund ihrer wesensmäßigen Eigenheiten nicht als echte Rechtspflichten, sondern lediglich als Rechtspflichten im weitesten Sinne qualifiziert werden können.
Die insbesondere von der Verbindlichkeitstheorie vorgenommene Einordnung der Obliegenheiten als echte Rechtspflicht wird den offensichtlich bestehenden Unterschieden zwischen Obliegenheiten und echten Rechtspflichten hinsichtlich der zugrundeliegenden Interessenlage, der Rechtsfolgenanordnung, des divergierenden Verständnisses des Verschuldens und der Unterschiede bzgl. des Vorwurfs rechtswidrigen Verhaltens nicht gerecht.
Die Ansicht *Raabs* kommt zwar zumindest bzgl. der Rechtsfolgenanordnungen ebenfalls zu diesem Ergebnis, jedoch ist entgegen dieser Ansicht das *Beobachtungsinteresse* und damit die in der Geschäftswirklichkeit faktisch bestehende Interessenlage bzgl. der Beobachtung des Obliegenheitstatbestandes mit in die Interessenanalyse einzubeziehen.
Auf der anderen Seite ist jedoch ebenso darauf hinzuweisen, dass auch die Voraussetzungstheorie dem Gesamtcharakter der Obliegenheiten nicht ganz gerecht wird. Denn in Ausnahmefällen wie bspw. im Rahmen der Untersuchungs- und Rügeobliegenheit des § 377 HGB reicht es nicht aus, lediglich die aus der Vermeidung der negativen Rechtsfolge für den Obliegenheitsbelasteten resultierenden Interessen zu berücksichtigen, sondern es muss auch das aus dem „normativen Sollzustand" resultierende Interesse des Obliegenheitsbegünstigten an der Beobachtung bzw. Erfüllung der Obliegenheit beachtet und mit in die Interessenanalyse einbezogen werden.
Darüber hinaus liegt eine weitere Schwäche der im Rahmen des Privatversicherungsrechts entwickelten Voraussetzungstheorie darin, dass diese die Obliegen-

---

222 ***Wieling***, AcP 176 (1976), S. 334 ff. (349); ***Heinrichs*** in **Palandt**, BGB, § 254, Rn. 1.

223 ***Heinrichs*** in **Palandt**, BGB, § 254, Rn. 1; ***BGHZ*** 3, S. 46 ff. (49); **57**, 137 ff. (145); ***BGH***, NJW 1970, S. 944 ff. (946).

heiten zu weit von den Pflichten entfernt.[224] Obliegenheiten sind nicht lediglich bloße Voraussetzungen für die Erhaltung eines Anspruchs aus dem jeweiligen Schuldverhältnis,[225] sondern geben eine bestimmte Verhaltensanforderung vor, die zumindest insoweit den Rechtspflichten gleicht, als auch diese eine Zwangswirkung entfaltet. Insofern kann auf *Reimer Schmidt* verwiesen werden, der die Obliegenheiten in den Bereich teleologischer Nötigungstatbestände (allerdings schwächerer Zwangswirkung) einordnet.[226]

Letztlich handelt es sich bei Obliegenheiten zwar um Pflichten im weitesten Sinne. Die Frage nach dem Pflichtcharakter von Obliegenheiten ist also zunächst eindeutig zu bejahen.

Jedoch sind Obliegenheiten in entscheidenden Bereichen auf der Rechtsfolgenseite nicht dem Begriff der „echten Rechtspflichten" gleichgestellt. Wie bereits dargelegt,[227] besteht bei Obliegenheiten im Unterschied zu den „echten Rechtspflichten" aufgrund der besonderen Interessenlage[228] gerade kein Erfüllungs- oder Schadensersatzanspruch, so dass Obliegenheiten zwar rein formal als *Rechtspflichten im weitesten Sinne* zu qualifizieren sind, in ihrem eigentlichen Wesen jedoch eindeutig unterhalb der Schwelle der echten Rechtspflichten anzusiedeln sind. Nach dem Vorstehenden vermag die Pflichtenlehre *Reimer Schmidts* das Wesen und die Struktur von Obliegenheiten am besten zu erfassen.

Nach allem sind Obliegenheiten dadurch zu charakterisieren, dass es sich um Verhaltensanforderungen handelt, deren *Auferlegung* zwar ähnlich den Rechtspflichten den Interessen des Begünstigten dient, deren *Beobachtung* und Erfüllung jedoch im Unterschied zu den Rechtspflichten (zumindest) vornehmlich im Interesse des Obliegenheitsbelasteten liegt.

Negativ können die Obliegenheiten von der Rechtsfolgenseite aus von den echten Rechtspflichten dadurch unterschieden werden, dass dem „Obliegenheitsbegünstigten" regelmäßig weder Erfüllungsansprüche oder Klage- und Vollstreckungsmöglichkeiten, noch Schadenersatzansprüche bei Verletzung der Obliegenheiten zustehen. Dem Obliegenheitsbelasteten werden vielmehr für den Fall der Nichtbeachtung andere Rechtsnachteile in Aussicht gestellt. Anzuführen ist

---

224 In diese Richtung ebenfalls argumentierend ***Deutsch***, Versicherungsvertragsrecht, S. 146, Rn. 197.

225 So aber eindeutig die Vertreter der Voraussetzungstheorie; vgl. die entsprechenden Ausführungen im Rahmen der Darstellung der Voraussetzungstheorie auf S. 36 ff. und ***Bruck/Möller***, VVG, § 6, Anm. 10 aa) aaa); ***Deutsch***, Versicherungsvertragsrecht, S. 146, Rn. 197; ***Hübner***, VersR 1978, S. 981 ff. (981).

226 Vgl. ***Reimer Schmidt***, Obliegenheiten, S. 315 (unter 10.).

227 Vgl. hierzu die Ausführungen auf S. 52 ff..

228 In der Terminologie *Reimer Schmidts*: „gespaltene Interessenlage", vgl. ***Reimer Schmidt***, Obliegenheiten, S. 315.

insbesondere die Minderung einer bereits bestehenden günstigen Rechtsstellung bis hin zu deren Verlust.[229]

Insofern stellt die Obliegenheit terminologisch nur eine *Vertragspflicht im weitesten Sinne* dar, nämlich eine Art *„Pflicht gegenüber sich selbst*".

III. Zusammenfassung und Fazit der für die vorliegende Arbeit relevanten Grundlagen

Vertragliche Schuldverhältnisse umfassen grundsätzlich sowohl Haupt- und Nebenpflichten, als auch reine Obliegenheiten. Bei Obliegenheiten handelt es sich dabei nach allgemeiner und zutreffender Ansicht[230] nicht um echte Rechtspflichten, also Leistungs*pflichten* einschließlich Haupt- und Nebenleistungs*pflichten* einerseits und weiteren Verhaltens*pflichten* andererseits. Obliegenheiten sind keine Verhaltens*pflichten*, die in erster Linie einer anderen Person gegenüber bestehen, sondern vielmehr weitere Verhaltensanforderungen, die hauptsächlich im eigenen Interesse zu beachten sind. Bei Obliegenheiten und Pflichten handelt es sich also jeweils um eigenständige rechtliche Kategorien von Verhaltensanforderungen, die sich insbesondere bzgl. der Interessenlage und bzgl. der Rechtsfolgenmöglichkeiten erheblich unterscheiden.

Im weiteren Verlauf der vorliegenden Abhandlung ist demnach zwischen den Begriffen Rechtspflicht und Obliegenheit im oben angeführten Sinne zu unterscheiden und von dem dargelegten Verständnis der verschiedenen Begrifflichkeiten auszugehen.

229 Vgl. insoweit bspw. die Regelungen der §§ 300 ff. BGB.

230 Vgl. zum Begriff der Obliegenheiten ***Kramer*** in **MüKo**, BGB, Einl. vor § 241, Rn. 50 f.; ***Teichmann*** in **Soergel**, BGB, vor § 241, Rn. 7 f.; ***Heinrichs*** in **Palandt**, BGB, Vor. § 241, Rn. 13; ***Larenz***, SchuldR I, § 31 I a Fn. 2; ***Wieling***, AcP 176, S. 334 ff.; ***Reimer Schmidt***, Obliegenheiten, S. 314 ff.

D. Die grundsätzliche rechtsdogmatische Einordnung der Mitwirkungshandlungen des Gläubigers unter besonderer Berücksichtigung des Werkvertragsrechts

Nachdem im ersten Teil der Abhandlung die für die rechtsdogmatische Einordnung der Mitwirkungshandlungen des Gläubigers entscheidenden Begrifflichkeiten der „Rechtspflicht" und „Obliegenheit" erläutert wurden, soll in diesem Teil des Beitrags auf dem Boden der dargestellten Termini untersucht werden, ob es sich bei den denkbaren Mitwirkungshandlungen des Gläubigers nach der Grundkonzeption des BGB um echte Rechtspflichten oder um bloße Gläubigerobliegenheiten handelt. Dabei liegt das besondere Augenmerk auf dem Werkvertragsrecht des BGB, da gerade in diesem Bereich – wie noch zu zeigen sein wird – den Mitwirkungshandlungen des Gläubigers erhöhte Bedeutung zukommt. Gleichzeitig stellt das Werkvertragsrecht den Ansatzpunkt für die später noch zu erfolgende Darstellung der sich speziell im Bauvertragsrecht stellenden Problematiken dar.

Durch die Darstellung der für diesen Beitrag relevanten Grundlagen ist deutlich geworden, dass eine entsprechende Kategorisierung der Mitwirkungshandlungen des Gläubigers bzw. des Bestellers erhebliche Bedeutung für die in Betracht kommenden Rechtsfolgenanordnungen hat. Denn handelt es sich um eine echte Rechtspflicht, so kann deren Erfüllung – den dargestellten Begrifflichkeiten entsprechend – klagbar und deren Verletzung mit einem Schadensersatzanspruch der Gegenseite bewehrt sein; handelt es sich hingegen um eine (bloße) Gläubigerobliegenheit, so wäre die Möglichkeit auf deren Erfüllung zu klagen ebenso zu negieren, wie die Möglichkeit der Geltendmachung eines Schadensersatzanspruchs im Verletzungs- oder Unterlassungsfalle. Denn wie gesehen kommt bei der Verletzung von Obliegenheitstatbeständen lediglich die Kürzung oder der Verlust einer vormals bestehenden, günstigen Rechtsposition des Obliegenheitsbelasteten in Betracht, nicht jedoch ein eigenständig durchsetzbarer, auf Erfüllung oder Schadensersatz gerichteter Anspruch der Gegenseite.[231]

Lediglich für vereinzelte Mitwirkungshandlungen – wie beispielsweise die im Kaufvertragsrecht gem. § 433 Abs. 2 BGB und im Werkvertragsrecht gem. § 640 Abs. 1 S. 1 BGB statuierte Abnahme*pflicht* des Käufers bzw. des Bestellers[232] – kann die hier in Frage stehende Einordnung eindeutig durch einen Rekurs auf das Gesetz vorgenommen werden. Für die meisten Mitwirkungshandlungen des Gläubigers gestaltet sich eine entsprechende Qualifizierung als Rechtspflicht oder Obliegenheit jedoch wesentlich schwieriger, da es zumeist an einer ausdrücklichen gesetzlichen Regelung diesbezüglich fehlt.

---

231 Vgl. hierzu die Ausführungen im Rahmen der Grundlagen bzw. im Rahmen der Darstellung der gefundenen Ergebnisse auf S. 58 ff..

232 Vgl. insbesondere zur Abnahme im Werkvertragsrecht als „Hauptpflicht" des Bestellers die Ausführungen von ***Büdenbender***, JuS 2001, S. 625 ff. (628).

Da also ein Rekurs auf eine eindeutige gesetzliche Regelung ausscheidet, muss hier auf die allgemeine gesetzliche Ausgangslage bezüglich der Einordnung und Behandlung von Mitwirkungshandlungen des Gläubigers zurückgegriffen werden bzw. die Einordnung anhand der bereits oben ausführlich dargestellten und hier entscheidenden Begrifflichkeiten der „Rechtspflicht" und „Obliegenheit" vorgenommen werden.
Diesbezüglich soll im Rahmen der vorliegenden Abhandlung jedoch kein (auch nicht nahezu) vollständiger historischer Abriss gezeichnet werden,[233] sondern lediglich auf diejenige Modellvorstellung eingegangen werden, die auch tatsächlich als Grundlage der Regelungen des BGB angesehen werden kann. Im weiteren Verlauf des Beitrags soll anhand der historischen Modellvorstellung überprüft werden, ob diese bzw. deren konkrete gesetzliche Umsetzung dazu geeignet ist, auch die in der heutigen Rechtswirklichkeit bestehenden Problemlagen bezüglich der Behandlung von Mitwirkungshandlungen des Gläubigers angemessen zu lösen.

I. Die gesetzliche Ausgangslage der Einordnung und Behandlung von Mitwirkungshandlungen des Gläubigers

Einen ersten Ansatzpunkt der Auseinandersetzung mit der gesetzlichen Ausgangslage bezüglich der rechtsdogmatischen Einordnung und Behandlung der Mitwirkungshandlungen des Gläubigers bzw. Bestellers bietet die dem Gesetz in diesem Bereich zugrunde liegende Modellvorstellung.

1. Die der gesetzlichen Ausgangslage zugrunde liegende Modellvorstellung

Insoweit ist entscheidend an die Ausführungen *Kohlers* anzuknüpfen, der sich insbesondere in zwei längeren Abhandlungen[234] entgegen einer vormals häufig vertretenen Auffassung[235] dafür ausgesprochen hat, die Mitwirkungshandlungen

233 Diesbezüglich kann auf die ausführliche Darstellungen von *Müller-Foell* und *Hüffer* verwiesen werden; vgl. ***Müller-Foell***, Die Mitwirkung des Bestellers beim Werkvertrag, S. 14 ff.; ***Hüffer***, Leistungsstörungen durch Gläubigerhandeln, S. 8 ff.

234 ***Kohler***, „Annahme und Annahmeverzug" in JhJb 17 (1879), S. 261 ff. und „Der Gläubigerverzug" in ArchBürgR 13 (1897), S. 149 ff.

235 Insbesondere die Vertreter der sog. „culpa-Theorie"; vgl. ***Carl Otto v. Madai***, „Die Lehre von der Mora", S. 227 ff.; *v. Madai* geht letztlich eindeutig davon aus, dass auch die Mitwirkungshandlungen des Gläubigers als echte Rechtspflichten einzustufen sind. In abgeschwächter Form ebenfalls die „culpa-Theorie" vertretend, bzw. an die Vorstellungen Kohlers ablehnend: ***Windscheid***, „Lehrbuch des Pandektenrechts", Bd. II, § 345, Nr. 3 (S. 282); ***v. Schey***, „Begriff und Wesen der Mora Creditoris im österreichischen und gemeinen Recht", S. 94 f.

des Gläubigers nicht als Rechtspflicht zu qualifizieren oder auszugestalten.[236] Nach der Modellvorstellung *Kohlers* handelt es sich bei der Mitwirkung des Gläubigers zur Leistung, welcher Gestalt sie auch sein möge, lediglich um ein Recht und nicht um eine den Gläubiger bindende (Rechts-) Pflicht.[237] Die Annahme der Leistung wird demnach als Recht „wie jede anderwärtige Benutzung eines Vermögensgutes" verstanden.[238]

Die Ansicht *Kohlers* ergibt sich dabei aus einem Verständnis des Schuldverhältnisses, welches insbesondere dadurch geprägt ist, dass die Positionen der am Vertragsschluss beteiligten Parteien – also Schuldner und Gläubiger – grundsätzlich strikt zu trennen und jegliche Vermengungen dieser Positionen nach Möglichkeit zu vermeiden sind.

So verweist *Kohler* zur Begründung seiner Ansicht einerseits darauf, dass die Annahme einer Mitwirkungs*pflicht* des Gläubigers zu der unannehmbaren Folge führen würde, dass der Gläubiger zum „Sklaven" des Schuldners werde bzw. die Stellung des Gläubigers im jeweiligen Schuldverhältnis als Forderungsberechtigter durch die Zuerkennung einer zugleich in seiner Person bestehenden „Schuldnerstellung" missachtet werden würde.[239] Ebenso stellt *Kohler* darauf ab, dass sich auch aus dem „Rechtsbewusstsein"[240] bzw. aus der „Lebensanschauung"[241] keinerlei Anhaltspunkte für die Annahme einer Mitwirkungs*pflicht* des Gläubigers ergäben. Zwar erkennt *Kohler* grundsätzlich an, dass insbesondere im Werkvertragsrecht stellenweise auch dem (Werk-) Unternehmer ein eigenes Interesse an der Werkerstellung zuzuerkennen sei, weil durch das fertig hergestellte Werk beispielsweise sein Ruf gesteigert werde oder sich seine Konkurrenzfähigkeit erhöhe;[242] jedoch führe dies nicht dazu, dass aufgrund dieses Interesses des Werkunternehmers eine (Rechts-) Pflicht des Bestellers zur Mitwirkung bestehe, da nicht mit jedem Interesse des einen Kontrahenten auch eine Pflicht der Gegenseite einherginge, diesem Interesse entsprechend zu handeln.[243]

---

236 Dass sich die Auffassung *Kohlers* letztlich zumindest im Grundsatz durchgesetzt hat, lässt sich schon den Motiven des ersten Entwurfs des BGB zu § 254 BGB, der dem heutigen § 293 BGB entspricht, entnehmen; vgl. insoweit ***Mugdan***, *Mot. Bd. II*, S. 37 f.

237 ***Kohler***, JhJb 17 (1879), S. 261 ff. (268).

238 Vgl. hierzu auch, ***Wiedemann*** in **Soergel**, BGB, Vor § 293, Rn. 1.

239 ***Kohler***, JhJb 17 (1879), S. 261 ff. (280); eine auf die Vermengung der Positionen von Gläubiger und Schuldner gerichtete Ansicht bezeichnet *Kohler* durchaus provokant als einen der „fundamentalsten Irrtümer in der Lehre des Obligationenrechts"; vgl. ***Kohler***, JhJb, 17, S. 261 ff. (267).

240 ***Kohler***, JhJb 17 (1879), S. 261 ff., 271.

241 ***Kohler***, ArchBürgR 13 (1897), S. 149.

242 ***Kohler***, JhJb 17 (1879), S. 261 ff., 278.

243 ***Kohler***, ArchBürgR 13 (1897), S. 149 ff. (165).

Einer dahingehenden Pflicht bedürfe es letztlich auch gar nicht, weil dem Interesse des Werkunternehmers durch den diesem zustehenden Vergütungsanspruch ausreichend Rechnung getragen werden könne.[244] Denn immerhin könne der Unternehmer auch dann, wenn er wegen der unterlassenen Mitwirkung des Gläubigers seine Werkleistung nicht erbringen kann, seinen Lohn abzüglich dessen, was er an Auslagen und Aufwendungen erspart hat, und abzüglich dessen, was er anderweitig verdienen konnte, beanspruchen.[245]
Unterstützt wird diese Modellvorstellung *Kohlers* auch durch Ausführungen anderer Autoren.
Anzuführen ist insoweit insbesondere *Mommsen*, der ebenfalls eine Pflicht des Gläubigers die Leistung des Schuldners anzunehmen oder anderweitig bei der Schulderfüllung mitzuwirken, negiert. Explizit formuliert *Mommsen*: „Der Gläubiger wird durch die Obligation nicht in gleicher Weise verpflichtet, wie der Schuldner zur Erfüllung. Es steht ihm vielmehr frei, ob er die Herrschaft, welche das obligatorische Verhalten ihm einräumt, ausüben will oder nicht".[246]
Zusammenfassend kann demnach die Modellvorstellung *Kohlers* damit umschrieben werden, dass dem Gläubiger bzw. Besteller keinerlei Pflicht (zur Mitwirkung) zukommen soll.[247] Hierdurch wird ein Bild des Gläubigers gezeichnet, welches insbesondere dadurch geprägt ist, dass dem Gläubiger gleichsam als „Herr des Schuldverhältnisses" ein Eingriff in seine Vermögensdisposition durch die Zuerkennung einer Rechtspflicht zur Mitwirkung nicht zugemutet werden kann.
Zwar ist diese Modellvorstellung nicht unbestritten geblieben,[248] jedoch ergibt sich sowohl aus den Motiven zum BGB, in denen ausdrücklich hervorgehoben wird, dass der Entwurf nicht von einer Pflicht des Gläubigers zur Mitwirkung bei der Leistungserbringung des Schuldners ausgeht,[249] als auch vor allem aus der noch darzustellenden Regelungssystematik des BGB in diesem Bereich (insbesondere die Regelungen der §§ 293 ff. und § 640 f. BGB), dass sich die Auffassung *Kohlers* zumindest im Grundsatz durchgesetzt hat.
Schlussendlich bleibt demnach festzuhalten, dass die Annahme einer Mitwirkungspflicht des Gläubigers bei der Leistungserbringung durch den Schuldner eindeutig in der den gesetzlichen Regelungen des BGB zugrundeliegenden Modellvorstellung negiert wird. Auch wenn den entscheidenden Ausführungen[250] zu dieser Modellvorstellung selbstverständlich noch nichts Explizites bezüglich

244 ***Kohler***, ArchBürgR 13 (1897), S. 149 ff. (168).
245 ***Kohler***, JhJb, 17 (1879), S. 261 ff. (371); ***ders.***, ArchBürgR 13 (1897), 149 ff. (249)
246 ***Mommsen***, Obligationenrecht, S. 134.
247 ***Kohler***, ArchBürgR 13 (1897), S. S. 149 ff. (164).
248 Insbesondere namhafte Autoren wie *v. Madai* haben sich für eine gegenteilige Auffassung ausgesprochen; vgl. ***v. Madai***, Lehre von der Mora, S. 227 ff.
249 ***Mugdan,*** *Mot. Bd. II*, S. 37 f.
250 Vgl. ***Kohler***, JhJb, 17 (1879), S. 261 ff.; ***ders.***, ArchBürgR 13 (1897), 149 ff.

einer Einordnung der Mitwirkungshandlungen des Gläubigers als „Obliegenheit“ entnommen werden kann,[251] so ist doch in jedem Fall festzuhalten, dass es sich zumindest im Grundsatz nicht um echte Rechtspflichten handeln soll, die den Gläubiger in seiner Position als „Herr des Schuldverhältnisses“ beeinträchtigt.

2. Die gesetzlichen Regelungen der §§ 293 – 304 BGB, §§ 433 Abs. 2, 640 Abs. 1 und § 642 f. BGB

Wie bereits angedeutet hat sich die soeben dargestellte Modellvorstellung zumindest im Grundsatz auch in den gesetzlichen Regelungen des BGB durchgesetzt. Dies ergibt sich – wie bereits angesprochen – sowohl aus den Motiven des ersten Entwurfes zu § 254 BGB (§ 293 BGB heutige Fassung)[252] als auch vor allem aus dem Regelungszusammenhang der §§ 293 ff., 642 ff. BGB, welcher im Folgenden aufgrund seiner Bedeutung für die noch darzustellenden speziellen Problemlagen des vorliegenden Beitrags näher dargestellt werden soll.

a. Die allgemeinen Regelungen der §§ 293 – 304 BGB

Anknüpfungspunkt für die Darstellung der gesetzlichen Umsetzung der soeben dargestellten Modellvorstellung *Kohlers* sind insbesondere die allgemeinen Regelungen des Gläubigerverzugs, also die Regelungen der §§ 293 ff. BGB.
Nach diesen Vorschriften bewirkt das Unterlassen einer erforderlichen Mitwirkungshandlung des Gläubigers den sogenannten „Gläubiger-“ oder „Annahmeverzug“[253]. Dabei ordnet das Gesetz die (unterlassene) Mitwirkungshandlung nach einhelliger Ansicht – der dargestellten Modellvorstellung *Kohlers* und den ausführlich erörterten Begrifflichkeiten der Rechtspflicht und Obliegenheit folgend – grundsätzlich nicht als eine echte Rechtspflicht, sondern als eine (bloße) Gläubigerobliegenheit ein.[254]
Zwar könnte man insbesondere unter Bezugnahme auf einige – noch darzustellende – Urteile des BGH[255] anführen, dass gerade die Einordnung der Mitwirkungshandlungen als Obliegenheit der Modellvorstellung *Kohlers* widerspreche, weil die Obliegenheiten der durch *Reimer Schmidt* entwickelten Terminologie entsprechend zumindest als Rechtspflichten minderer Zwangsintensität zu qualifizieren seien und ihnen demnach der Pflichtcharakter nicht gänzlich abgespro-

---

251 Die Einführung der rechtlichen Kategorie der Obliegenheiten für die allgemeine Zivilrechtsdogmatik erfolgte wie gesehen erst zeitlich nach den Ausführungen von *Kohlers* und *Mommsen* durch *Reimer Schmidt* im Jahre 1953; vgl. insoweit die ausführliche Darstellung der Lehre *Reimer Schmidts* auf S. 27 ff..

252 ***Mugdan,*** *Mot. Bd. II*, S. 37 f.

253 Vgl. die amtliche Überschrift von § 293 BGB.

254 Vgl. nur ***Ernst*** in **MüKo**, BGB, § 293, Rn. 1; ***Heinrichs*** in **Palandt**, BGB, § 293, Rn. 1; ***BGH***, NJW-RR 1988, S. 1265 f. (1266).

255 Insbesondere ***BGHZ*** **11**, S. 80 ff; **50**, S. 175 ff.

chen werden könne; jedoch würde eine solche Einschätzung letztlich den Sinn und Gesamtzusammenhang des dargestellten Obliegenheitsbegriffs missverstehen.

Denn wie durch die Erläuterung des Begriffs der Obliegenheit deutlich wurde, sind diese zwar als eine den Rechtspflichten verwandte rechtliche Kategorie angesehen, jedoch nicht als eine diesen entsprechende. Der Gläubiger wird auch durch den Rekurs auf den durch *Reimer Schmidt* in die allgemeine Zivilrechtsdogmatik eingeführten Begriff der Obliegenheit – wie im Folgenden dargelegt wird – nicht, wie im Falle der Annahme einer Mitwirkungs*pflicht*, zum „Schuldner" einer Mitwirkungshandlung.

aa. Die Rechtsfolgenseite

Deutlich wird die Einordnung des Annahmeverzugs als Obliegenheit insbesondere durch einen Blick auf die Rechtsfolgenseite der §§ 293 ff. BGB.

Denn im Gleichklang mit dem vorstehend erörterten Begriff der Obliegenheit besteht für den „Obliegenheitsbegünstigten" auf der Rechtsfolgenseite weder die Möglichkeit, auf die Erfüllung der jeweiligen Obliegenheit zu klagen, noch enthalten die Regelungen der §§ 293 ff. BGB einen entsprechenden Schadensersatzanspruch im Unterlassungs- oder Verletzungsfalle. Vielmehr wird nach dem Rechtsfolgensystem der §§ 300 ff. BGB lediglich die Minderung oder der Verlust einer vormals bestehenden, günstigen Rechtsposition angeordnet.[256]

Zwar ist durch § 304 BGB auch eine Regelung gegeben, durch die für den Fall des Vorliegens der Voraussetzungen des Gläubigerverzugs (§ 293 BGB) ein Ersatzanspruch des Schuldners für Mehraufwendungen statuiert wird, jedoch handelt es sich bei diesem Anspruch eben nicht um einen umfassenden Schadensersatzanspruch, sondern um einen auf den Ausgleich bestimmter Nachteile beschränkten und zweckgebundenen Ersatzanspruch.[257] Ersetzt werden nach dem Wortlaut der Vorschrift nur solche Mehraufwendungen, die der Schuldner „für das erfolglose Angebot sowie für die Aufbewahrung und Erhaltung des geschuldeten Gegenstandes machen musste". Anderweitige, von den in § 304 BGB aufgezählten Zwecken unabhängige Schäden sind von der Rechtsfolgenanordnung des § 304 BGB nicht erfasst,[258] weshalb eine Qualifizierung des § 304 BGB als Schadensersatzanspruch ausscheidet.[259] Insbesondere Kosten, die aus dem Vorhalten von Betrieb und Arbeitskraft resultieren, werden grundsätzlich nicht er-

---

256 Vgl. insoweit bspw. die Haftungsmilderung des Schuldners gem. § 300 Abs. 1 BGB, die Modifikation der Gefahrtragungsregeln bzgl. der Leistungsgefahr gem. § 300 Abs. 2 BGB oder die Schuldnerschutzvorschriften der §§ 300 – 301 BGB.

257 ***Löwisch*** in **Staudinger**, BGB, § 304, Rn. 1.

258 Zu Einzelheiten der ersatzfähigen Schäden iSd § 304 BGB vgl. ***Ernst*** in **MüKo**, BGB, § 304, Rn. 2 und ***Löwisch*** in **Staudinger**, BGB, § 304, Rn. 2 ff.

259 Einhellige Ansicht; vgl. nur ***Heinrichs*** in **Palandt**, BGB, § 304, Rn. 1 (§ 300, Rn. 1); ***Ernst*** in **MüKo**, BGB, § 304, Rn. 1.

setzt.[260] Zwar resultiert aus § 304 BGB im Ergebnis ein eigenständig durchsetzbarer Anspruch des Obliegenheitsbegünstigten auf Ersatz seiner Mehraufwendungen, der sowohl durch eine Leistungsklage, als auch im Wege des Zurückbehaltungsrechts nach § 273 geltend gemacht werden kann,[261] jedoch ist dieser als – von einem Schadensersatzanspruch zu unterscheidender – obliegenheitsspezifischer Ersatzanspruch anzusehen, der sich daraus legitimiert, dass der Schuldner nicht mit zusätzlichen Kosten belastet werden soll, die sich aus dem „Annahmeverzug" des Gläubigers ergeben.[262]
Die Rechtsfolgenseite stimmt also mit den dargestellten Merkmalen des Obliegenheitsbegriffs überein.

bb. Interessenanalyse

Im Rahmen der Darstellung der Grundlagen wurde bereits ausführlich erörtert, dass auch der Interessenanalyse für die Einordnung verschiedener Verhaltensanforderungen als Rechtspflicht oder Obliegenheit erhebliche Bedeutung zukommt.[263] Insoweit ist noch einmal darauf hinzuweisen, dass sich die Interessenlagen bei Rechtspflichten und Obliegenheiten insoweit unterscheiden, als das „Beobachtungsinteresse", also das Interesse an der Beobachtung bzw. Erfüllung der jeweiligen Verhaltensanforderungen nach deren Auferlegung bei Obliegenheiten zumindest vornehmlich beim Obliegenheitsbelasteten liegt und im Gleichklang hierzu der Obliegenheitsbegünstigte kaum ein Interesse daran hat, dass der Obliegenheitsbelastete der ihm aufgegebenen Verhaltensanforderung nachkommt. Insoweit sei noch einmal auf die im Rahmen der Grundlagen angeführten Beispiele des § 254 BGB und des § 377 HGB verwiesen.[264]
Bezüglich der den §§ 293 ff. BGB zugrundeliegenden Interessenlage gestaltet sich die Situation jedoch – wie im Folgenden gezeigt wird – abweichend.
Anknüpfungspunkt einer Interessenanalyse sind hier die Verhaltensanforderungen, die durch § 293 BGB aufgegeben werden. § 293 BGB gibt dem „Obliegenheitsbelasteten" nach seinem Wortlaut auf, die ihm ordnungsgemäß angebotene Leistung auch anzunehmen, da ansonsten die für ihn negativen Rechtsfolgen des Gläubigerverzugs (insbes. die der §§ 300 ff. BGB) ausgelöst werden.
Aufgrund der Anknüpfung des § 293 BGB an die „Annahme" der Leistung durch den Gläubiger werden die §§ 293 ff. BGB in der Regel als „Annahmeverzug" bezeichnet.[265] Insoweit ist allerdings darauf hinzuweisen, dass die Terminologie des „Annahmeverzugs" etwas irreführend ist. Denn die Regelungen der §§

260 *Löwisch* in **Staudinger**, BGB, § 304, Rn. 1.
261 *Löwisch* in **Staudinger**, BGB, § 304, Rn. 9.
262 Aus diesem Grunde sind auch nur die objektiv erforderlichen Mehraufwendungen ersatzfähig; vgl. *Ernst* in **MüKo**, BGB, § 304, Rn. 1.
263 Vgl. insoweit die Ausführungen in Teil C. der vorliegenden Arbeit auf S. 45 ff..
264 Vgl. insoweit die Ausführungen auf S. 45 ff..
265 So insbesondere auch die amtliche Überschrift des § 293 BGB.

293 ff. BGB betreffen nicht nur die (nicht erfolgte) Annahme der Leistung durch den Gläubiger, sondern jegliche Unterlassung von Mitwirkungshandlungen seitens des Gläubigers, die zur Erfüllung erforderlich sind.[266] Demnach ist die Nichtannahme der Leistung also als Unterfall der Unterlassung von Mitwirkungshandlungen seitens des Gläubigers zu qualifizieren.[267] Aus diesem Grunde wird der Begriff des „Gläubigerverzugs“ dem Regelungsinhalt der §§ 293 ff. BGB besser gerecht, weshalb für den vorliegenden Beitrag diese Terminologie verwendet wird.

Auszugehen ist bei einer dem Gläubigerverzug zugrundeliegenden Interessenanalyse demnach vom allgemeinen Fall der Unterlassung von Mitwirkungshandlungen seitens des Gläubigers, welche auch die (Nicht-) Annahme der Leistung mit einschließt.

Bezüglich einer insoweit vorzunehmenden Interessenanalyse ist zunächst darauf hinzuweisen, dass auch hier das *Auferlegungsinteresse* beim Obliegenheitsbegünstigten liegt. Insofern ergeben sich also weder Besonderheiten zu den bereits oben analysierten Obliegenheiten noch wesentliche Unterschiede zu den Rechtspflichten.

Entscheidende Bedeutung kommt demnach auch hier der Ebene des *Beobachtungsinteresses* zu. Diesbezüglich ist festzuhalten, dass der Obliegenheitsbegünstigte im Unterschied zu sonstigen Obliegenheiten[268] auch an der Beobachtung bzw. Erfüllung der erforderlichen Mitwirkungshandlung durch den Gläubiger ein erhebliches Interesse hat. Dieses Interesse resultiert insbesondere aus dem Umstand, dass die Mitwirkung seitens des Gläubigers eine Voraussetzung für das Freiwerden von der Leistungspflicht seitens des Schuldners bildet.[269] Denn der Schuldner wird durch den Annahmeverzug nicht von seiner Leistungspflicht befreit, sondern bleibt vielmehr weiterhin zur Leistung verpflichtet, soweit und solange ihre Nachholung noch möglich ist.[270]

Zwar ist insoweit darauf hinzuweisen, dass auch nach dem Rechtsfolgensystem der §§ 300 ff. BGB der Gläubiger, der eine erforderliche Mitwirkungshandlung unterlässt, erhebliche Nachteile erfährt, die sich spiegelbildlich als Vorteile für den Schuldner erweisen.[271] Jedoch sind durch §§ 293 ff. BGB (bzw. §§ 300 ff. BGB) ausgelöste Vorteile für den Schuldner, auf die dieser in gleicher Art und Weise hoffen wird, wie dies bereits für § 254 BGB und § 377 HGB nachgewie-

---

266 Dies ergibt sich auch aus § 259 S. 2 BGB; vgl. auch ***Wiedemann*** in **Soergel**, BGB, § 293, Rn. 3, 8; ***Ernt*** in **MüKo**, BGB, § 293, Rn. 1.

267 Vgl. auch ***Heinrichs*** in **Palandt**, BGB, § 293, Rn. 1; ***Fikentscher***, SchuldR, § 46 I, Rn. 380, S. 259 f.

268 Vgl. insoweit die Analyse der Beispiele der § 254 BGB und § 377 HGB auf S. 45 ff..

269 ***Larenz***, SchuldR I, § 25, S. 389.

270 ***Larenz***, SchuldR I, § 25, S. 388.

271 Beispielhaft sei insoweit auf die Haftungsminderung zugunsten des Schuldners gemäß § 300 Abs. 1 BGB verwiesen.

sen wurde,[272] eben nicht ersichtlich, da das primäre Anliegen des Schuldner dahingeht, von seiner Leistungspflicht frei zu werden. Dies erfordert aber in der Regel eine gewisse Mitwirkung des Gläubigers, auf die der Schuldner letztlich hoffen wird. Denn nur dann kann der Schuldner seinen Gegenleistungsanspruch geltend machen und durchsetzen können. Das primäre Interesse des Obliegenheitsbegünstigten richtet sich demnach hier auf die Erfüllung der Obliegenheit durch den Belasteten und nicht, wie dies bspw. für § 377 HGB oder § 254 Abs. 1 BGB nachgewiesen wurde,[273] auf die Nichterfüllung derselben.

Die Interessenanalyse als solche weicht also von der oben für die übrigen Obliegenheiten angeführten ab, sodass man grundsätzlich am Vorliegen einer Obliegenheit zweifeln könnte.

Entscheidend ist jedoch, dass der Gesetzgeber durch die §§ 293 ff. BGB und insbesondere durch die §§ 300 ff. BGB eine eindeutige Wertentscheidung dahingehend getroffen hat, dass dem dargelegten Interesse des Schuldner an der Erfüllung der Mitwirkungshandlung durch den Gläubiger keine entscheidende Bedeutung zukommen bzw. das Interesse des Schuldners einen nur reduzierten Schutz erfahren soll. Dies ergibt sich einerseits aus der bereits dargestellten Modellvorstellung *Kohlers*,[274] welche sich in den §§ 293 ff. BGB widerspiegelt und andererseits aus der bereits dargestellten Rechtsfolgensystematik, die weder eine Klage auf Erfüllung der jeweiligen Mitwirkungshandlung zulässt, noch die Möglichkeit der Geltendmachung eines Schadensersatzanspruchs im Unterlassungsfalle vorsieht.[275]

Schließlich kann zwar ein Interesse des Obliegenheitsbegünstigten an der Erfüllung der Obliegenheit durch den Belasteten nicht negiert werden, jedoch wird dieses Interesse nicht gleich den Rechtspflichten geschützt, weshalb sich auch hier entscheidende Unterschiede zu dem dargestellten Begriff der Rechtspflichten ergeben. Es ist eine eindeutige Wertentscheidung des Gesetzgebers dahingehend ersichtlich, dass den Modellvorstellungen *Kohlers* folgend die zur Leistungserbringung erforderlichen Mitwirkungshandlungen des Gläubigers grundsätzlich nicht als echte Rechtspflichten, sondern als unter der Schwelle der echten Rechtspflichten angesiedelte Obliegenheiten zu qualifizieren sind, der Gläubiger also nicht zum Schuldner einer vorzunehmenden Mitwirkungshandlung wird, sondern lediglich dazu berechtigt ist diese vorzunehmen oder auch zu unterlassen.

---

272 Vgl. insoweit die Ausführungen auf S. 45 ff..

273 Vgl. insoweit die Ausführungen auf S. 45 ff..

274 Vgl. insoweit ***Kohler***, ArchBurgR 13 (1879), S. 149 ff. (164); ***Mommsen***, Obligationenrecht, S. 134; ***Mugdan,*** *Mot. Bd. II*, S. 37 f. und die Ausführungen auf S. 62 ff. der vorliegenden Abhandlung.

275 Insbesondere ist § 304 BGB wie gesehen nicht als echter Schadensersatzanspruch zu qualifizieren; vgl. oben S. 66 f..

Als **Zwischenergebnis** bleibt demnach festzuhalten, dass sich die Modellvorstellung *Kohlers*, welche sich insbesondere dadurch auszeichnet, dass die Position von Gläubiger und Schuldner nach Möglichkeit nicht vermengt werden sollten, in den allgemeinen gesetzlichen Regelungen der §§ 293 ff. BGB durchgesetzt hat.
Bei den erforderlichen Mitwirkungshandlungen des Gläubigers handelt es sich grundsätzlich nicht um echte Rechtspflichten, deren Erfüllung klagbar und deren Verletzung mit einem Schadensersatzanspruch bewehrt wäre, sondern um bloße Obliegenheiten, die unterhalb der Schwelle der echten Rechtspflichten anzusiedeln sind und deren Verletzung bzw. Unterlassung auf der Rechtfolgenseite lediglich die Minderung einer günstigen Rechtsposition des Obliegenheitsbelasteten bis hin zu deren Verlust nach sich ziehen.[276]

b. Die Ausnahmefälle der §§ 433 Abs. 2 und 640 Abs. 1 S. 1 BGB

Gleichzeitig ist jedoch darauf hinzuweisen, dass von diesem Grundsatz erhebliche Ausnahmen im Kauf- und Werkvertragsrecht durch die Statuierung einer Pflicht des Käufers bzw. des Werkbestellers zur Abnahme der Kaufsache bzw. des Werkes gemacht wurden. Auch wenn *Kohler* selbst in den Regelungen des BGB einen „legislativen Sieg" für seine – jede Pflicht des Gläubigers ablehnende – Auffassung sieht,[277] so ist doch zu berücksichtigen, dass sich im Hinblick auf die §§ 433 Abs. 2 und 640 Abs. 1 S. 1 BGB die von ihm forcierte Auffassung nicht bzw. nur teilweise durchgesetzt hat. Denn die fehlende Abnahme der Leistung seitens des Gläubigers ist zwar als Unterfall des Unterlassens von erforderlichen Mitwirkungshandlungen seitens des Gläubigers zunächst vom Anwendungsbereich der §§ 293 ff. BGB erfasst, jedoch kommt der Abnahme im Kauf- und Werkvertragsrecht durch die §§ 433 Abs. 2 und 640 Abs. 1 S. 1 BGB gleichzeitig der Charakter einer Pflicht zu. Insofern weist diese spezielle Form der Mitwirkungshandlung des Gläubigers also eine Doppelnatur auf.[278] Sie ist einerseits eine Obliegenheit, deren Unterlassung auch ***unverschuldet*** zu den Konsequenzen der §§ 293 ff. BGB führt, andererseits jedoch gleichzeitig gem. § 433 Abs. 2 bzw. § 640 Abs. 1 S. 1 BGB eine Rechtspflicht, deren ***schuldhafte*** Verletzung den Anwendungsbereich der für die Rechtspflichten entwickelten Rechtsfolge- und Klagemöglichkeiten führt. Die Rechtsstellung des Gläubigers ist in den gegenseitigen Verträgen des Kauf- und Werkvertrags also gedanklich zweigeteilt. Einerseits soll der Gläubiger bezüglich der von dem anderen Ver-

---

276 einhellige Ansicht; vgl. nur ***Heinrichs*** in **Palandt**, BGB, § 293, Rn. 1; ***Hager*** in **Erman**, BGB, Vor §293, Rn. 1; ***Löwisch*** in **Staudinger**, BGB, Vorbem. §§ 293 – 304, Rn. 1; ***Larenz***, SchuldR I, § 25 I, S. 387 ff.

277 ***Kohler***, ArchBürgR 13 (1897), S. 149 ff. (150).

278 Vgl. ***Medicus***, SchuldR I, S. 214, Rn. 441; ***Löwisch*** in **Staudinger**, BGB, Vorbem. zu §§ 293 – 304, Rn. 12.

tragsteil zu erbringenden Leistung ausschließlich zur Entgegennahme berechtigt, nicht aber verpflichtet sein; andererseits ist er im Hinblick auf die Gegenleistung und auf die Vertragsdurchführung insgesamt zur Abnahme verpflichtet.[279]
Warum von dem den §§ 293 ff. BGB zugrundeliegenden Prinzip beim Kauf- und Werkvertrag bzgl. der „Abnahme" (§§ 433 Abs. 2 und 640 Abs. 1 S. 1 BGB) abgewichen wurde, wird in den Motiven mit erstaunlicher Kürze behandelt.
Zur Abnahmepflicht des Käufers heißt es im Rahmen der Motive lediglich, dass sie „zweifellos in den meisten Fällen schon nach dem Inhalt des Vertrages" gegeben sei.[280] Würde man diese Selbstverständlichkeit jedoch nicht auch ausdrücklich durch eine gesetzliche Regelung klarstellen, so könne dies dahingehend missverstanden werden, dass die Abnahmepflicht als „naturale negotii"[281] eben nicht bestehe bzw. verneint sei.
Zur Abnahmepflicht des Werkbestellers wird lediglich ausgeführt, dass diese in „Analogie zur Abnahmepflicht des Käufers" stehe.[282]
Dieser Einschätzung kann jedoch aufgrund der unterschiedlichen Bedeutung der Abnahmebegriffe in § 433 Abs. 2 BGB und § 640 BGB nicht gefolgt werden. Denn während sich die „Abnahme" in § 433 Abs. 2 BGB lediglich auf die körperliche Entgegennahme der Kaufsache bezieht,[283] resultieren aus dem Abnahmebegriff des § 640 Abs. 1 S. 1 BGB weiterreichende Konsequenzen. Die Abnahme im Sinne des § 640 Abs. 1 S. 1 BGB weist insofern eine weitere Doppelnatur auf, als diese nicht nur die körperliche Wegnahme bzw. Abnahme des Werkes umfasst,[284] sondern ebenfalls eine Erklärung des Bestellers enthält, dass dieser das Werk als eine im wesentlichen dem Vertrag entsprechende Erfüllung anerkennt (sog. Billigungsfunktion).[285] In diesem Sinne – also unter Berufung auf die „Billigungsfunktion" der Abnahme im Werkvertragsrecht – wurde in den Protokollen die in den Motiven niedergelegte Auffassung korrigiert.[286]

Zusammenfassend ist festzuhalten, dass es sich bei den Mitwirkungshandlungen des Gläubigers nach den allgemeinen Regeln des BGB nicht um Rechtspflichten, sondern um bloße Gläubigerobliegenheiten handelt, bei deren Verlet-

---

279 ***Wiedemann*** in **Soergel**, BGB, Vor § 293, Rn. 17.

280 ***Mugdan,*** *Mot. Bd. II*, S. 176.

281 Also frei übersetzt als „selbstverständlicher Vertragsbestandteil".

282 ***Mugdan,*** *Mot. Bd. II*, S. 273.

283 Grundlegend hierzu ***RGZ*** **56**, S. 173 ff.; **57**, S. 105 ff.; ebenso ***Weidenkaff*** in **Palandt**, BGB, § 433, Rn. 43; ***Westermann*** in **MüKo**, BGB, § 433, Rn. 78 f..

284 Soweit eine solche überhaupt möglich ist.

285 ***Sprau*** in **Palandt**, BGB, § 640, Rn. 3; ***Busche*** in **MüKo**, BGB, § 640, Rn. 2; ***BGHZ*** **48**, S. 257 ff. (262); ***Hüffer***, S. 40; vgl. zur „Billigungsfunktion" auch die ausführliche Darstellung bei ***Teichmann*** in **Soergel**, BGB, § 640, Rn. 2, 3.

286 Vgl. ***Prot. Bd. II***, S. 315 f.

zung keine Schadensersatzansprüche des insoweit Berechtigten, sondern lediglich anders geartete Rechtsnachteile in Betracht kommen, die zumeist in der Kürzung oder gar dem Verlust einer vormals bestehenden, günstigen Rechtsposition liegen. Lediglich bezüglich einzelner Mitwirkungshandlungen, wie der „Abnahmepflicht" des Käufers und des Bestellers, sieht das Gesetz – wie bereits angesprochen – von diesem Grundsatz abweichend eine Rechtspflicht vor (vgl. § 433 Abs. 2 BGB und § 640 Abs. 1 S. 1 BGB).

c. Die speziellen Regelungen des Werkvertragsrechts (§§ 642, 643 BGB)

Spezielle Ausprägungen des Annahme- bzw. Gläubigerverzugs nach den §§ 293 ff. BGB finden sich insbesondere im Rahmen des für diese Abhandlung entscheidenden Bereiches des Werkvertragsrechts.[287] Neben der bereits angesprochenen ausnahmsweise durch Gesetz statuierten Pflicht des Bestellers, das hergestellte Werk abzunehmen (vgl. § 640 Abs. 1 S. 1 BGB), besteht im Rahmen dieser Vorschriften insbesondere auf der Rechtsfolgenseite eine auffällige Abweichung zu den allgemeinen Regeln.
Den entscheidenden Anknüpfungspunkt bildet insofern die Norm des § 642 BGB, welche einen Sonderregelungscharakter gegenüber § 304 BGB aufweist[288] und – wie noch zu zeigen sein wird – für die vorliegende Abhandlung entscheidende Bedeutung entfaltet. Aus diesem Grunde wird im Folgenden die Norm des § 642 BGB, ausgehend von deren grundsätzlichen Rekurs auf die allgemeinen Regeln des Gläubigerverzugs (§§ 293 ff. BGB), näher dargestellt.

aa. Der grundsätzliche Rekurs des § 642 BGB auf die allgemeinen Regeln

Auch im Rahmen des Werkvertragsrechts wird für den Fall des Unterlassens einer Mitwirkungshandlung seitens des Gläubigers, der Modellvorstellung *Kohlers* entsprechend, an die allgemeinen Regeln des „Gläubigerverzugs" angeknüpft.
Ausgangspunkt ist insoweit – wie bereits oben angesprochen – die Vorschrift des § 642 BGB, in der schon nach dem Wortlaut auf den „Verzug der Annahme" und damit bezüglich der Voraussetzungen der (besonderen) Rechtsfolgenanordnung des § 642 BGB auf die allgemeinen Regeln der §§ 293 ff. BGB verwiesen wird.[289]
Schon hieraus ergibt sich, dass auch im Werkvertragsrecht die Mitwirkungshandlungen des Gläubigers (abgesehen von der Abnahme*pflicht* des Bestellers

---

287 Darüber hinaus findet sich eine weitere Sonderregelung auch in § 375 HGB, auf die jedoch im Rahmen der vorliegenden Abhandlung aufgrund des insoweit eindeutig gesetzten Schwerpunktes nicht näher eingegangen werden soll.

288 Zum Sonderregelungscharakter des § 642 BGB im Verhältnis zu § 304 BGB vgl. ***Busche*** in **MüKo**, BGB, § 642, Rn. 1.

289 Vgl. § 642 I BGB „..., wenn der Besteller durch das Unterlassen der Handlung in den *Verzug der Annahme* kommt,...".

gemäß § 640 Abs. 1 S. 1 BGB) im Gleichklang zu den allgemeinen Regelungen der §§ 293 ff. BGB grundsätzlich nicht als echte Pflichten, sondern als bloße Obliegenheiten anzusehen sind.[290]
Eine unmittelbare Folge dieser Einordnung ist, dass die Erfüllung der Mitwirkungshandlungen vom Unternehmer mangels einer Rechtspflicht seitens des Bestellers nicht im Klagewege erzwungen werden kann und damit zugleich ein Anspruch des Unternehmers auf Vertragsdurchführung ausgeschlossen ist.[291] Zu begründen ist dies für die speziellen Konstellationen des Werkvertragsrechts unter anderem damit, dass der Abschluss eines Werkvertrages für den Besteller eine schwerwiegende Prognoseentscheidung bedeutet, deren Korrektur möglich sein soll.[292] Denn anders als beispielsweise im Rahmen eines Kaufvertrages, bei dem es um den punktuellen Austausch körperlich bereits hergestellter Sachen geht, muss im Rahmen eines Werkvertrages das geschuldete Werk erst noch hergestellt werden, was häufig eines längeren Zeitraumes bedarf. Innerhalb dieses Zeitraumes besteht das grundsätzliche Risiko für den Besteller, dass eine Situation eintritt, in der sich das herzustellende Werk als für seine Zwecke unbrauchbar erweist, ohne jedoch zugleich mangelhaft zu sein.[293] Für diesen Fall sichert die Annahme einer Gläubigerobliegenheit dem Besteller die Möglichkeit seine vormals getroffene Entscheidung zu revidieren; denn mangels bestehender Rechtspflicht kann er nicht auf Vornahme der Mitwirkungshandlung, bzw. auf Vertragsdurchführung verklagt werden. Zwar wird diese Möglichkeit auch durch das freie Kündigungsrecht des Bestellers aus § 649 BGB gesichert, jedoch ist es letztlich nicht einzusehen, warum der Besteller nur kündigen, nicht aber die tatsächliche Erstellung des Werkes blockieren können soll.[294]
Soweit der Werkunternehmer in Ausnahmefällen ein besonderes Interesse daran hat, das Werk unter allen Umständen zu vollenden, weil dieses bspw. für ihn werben soll, ist dieser auf die grundsätzliche Möglichkeit zu verweisen, eine dahingehende explizite, vertragliche Vereinbarung mit dem Besteller zu treffen.[295]

---

290 Vgl. ***Larenz***, SchuldR II/1, § 53 III; ***BGHZ*** 11, S. 80 ff. (83); ***BGHZ*** 50, S. 175 ff. (176); ***Locher***, S. 60 f., Rn. 133; ***Teichmann*** in **Soergel**, BGB, § 642, Rn. 2; ***Soergel*** in **MünchKomm**, BGB, § 642, Rn. 17; ***Büdenbender***, JuS 2001, S. 625 (629); **a.A.** im Sinne einer echten „Schuldnerpflicht" ***Glanzmann*** in **RGRK**, BGB, § 631, Rn. 46; ***Schwenker*** in **Erman**, BGB, § 642, Rn. 2, 8; ***Fikentscher***, Schuldrecht, § 80 III 3.

291 Vgl. nur ***Larenz***, Schuld R II/1, § 53 III; ***Peters*** in **Staudinger**, BGB, § 642, Rn. 18; ***Nicklisch***, BB 1979, S. 533 (534).

292 Vgl. hierzu ***Peters*** in **Staudinger**, BGB, § 642, Rn. 18.

293 Beispielsweise sollte ein Besteller nicht gezwungen sein, bei einem Portrait mitzuwirken, welches seinem Geschmack widerspricht.

294 In diesem Sinne auch ***Peters*** in **Staudinger**, BGB, § 642, Rn. 18.

295 ***Peters*** in **Staudinger**, BGB, § 642, Rn. 19; zur Möglichkeit der vertraglichen Vereinbarung einer Mitwirkungspflicht vgl. die Ausführungen in Teil E der vorliegenden Abhandlung auf S. 160 f..

bb. Die grds. Rechtsfolgenanordnung des § 642 BGB und die ratio legis der Vorschrift

Auffallend ist allerdings, dass das Werkvertragsrecht bezüglich der Rechtsfolgenanordnung im Bereich des „Gläubigerverzugs“ insbesondere durch die Norm des § 642 BGB über die allgemeinen Regelungen der §§ 293 ff. BGB (insbesondere des § 304 BGB) hinausgeht. So billigt § 642 BGB im Unterschied zu § 304 BGB dem Unternehmer nicht nur einen Anspruch auf Ersatz seiner Mehraufwendungen zu, die er durch das erfolglose Angebot sowie für die Aufbewahrung und Erhaltung des geschuldeten „Gegenstandes“ (vgl. insoweit den Wortlaut des § 304 BGB) getätigt hat, sondern statuiert unabhängig von einem Verschulden seitens des Gläubigers ein Recht auf „angemessene Entschädigung“[296] seitens des Schuldners.[297]

Der Unternehmer erhält somit einen Ausgleich nicht nur für nutzlose Mehraufwendungen im Sinne des § 304 BGB, sondern auch für versäumte Arbeitszeit sowie dafür, dass er seine für die Werkerstellung erforderlichen Produktionsmittel weiter bereithält,[298] wobei sich die Höhe der Entschädigung nach § 642 Abs. 2 BGB richtet. Insoweit ist § 642 BGB also als Sonderregelung zu § 304 BGB aufzufassen,[299] die diese zwar nicht verdrängt, die Rechtsfolgenanordnung aber ergänzt bzw. erweitert.[300]

Hier drängt sich die Frage auf, wie diese Abweichung zu den allgemeinen Regeln der §§ 293 ff. BGB bzw. zu § 304 BGB zu legitimieren ist. Gleichzeitig bildet diese Fragestellung den Ansatzpunkt für eine grundsätzliche Auseinandersetzung mit dem Normzweck bzw. der ratio legis des § 642 BGB. Zur Erörterung dieser Fragestellung ist an die grundsätzlichen Besonderheiten von Werkverträgen im Gegensatz zu anderen Vertragstypen, wie bspw. dem Kauf- und Dienstvertrag anzuknüpfen.

(1.) Vergleich zum Kaufvertragsrecht

Ausgangspunkt ist insoweit die Situation des Kaufvertragsrechts, in der den Mitwirkungshandlungen des Gläubigers – abgesehen von der speziellen Mitwirkungshandlung der Abnahme (§ 433 Abs. 2 BGB) – im Vergleich zum Werkvertragsrecht nur untergeordnete Bedeutung zukommt, da im Bereich von Kaufverträgen der Gläubiger den Eintritt des vertraglichen Erfolges hauptsächlich

---

296 Vgl. insoweit den Wortlaut des § 642 Abs. 1 BGB: „...eine *angemessene Entschädigung* verlangen.“.

297 Vgl. auch ***Vygen***, Bauvertragsrecht, S. 396 f., Rn. 621.

298 ***Larenz***, Schuld R II/1, § 53 III, S. 370; vgl. auch ***Sprau*** in **Palandt**, BGB, § 642, Rn. 5; ***Schwenker*** in **Erman**, BGB, § 642, Rn. 5; zur Frage des konkreten Unterschieds des Entschädigungsanspruchs des § 642 BGB im Verhältnis zu § 304 BGB sogleich auf S. 75 ff..

299 ***Busche*** in **MüKo**, BGB, § 642, Rn. 5.

300 ***Peters*** in **Stadinger**, BGB, § 642, Rn. 29; ***Schwenker*** in **Erman**, BGB, § 642, Rn. 1.

nur dadurch verzögern oder verhindern kann, dass er die Sache nicht zum vorhergesehenen Zeitpunkt annimmt.[301]
Im Bereich des Werkvertragsrechts hingegen, welches sowohl durch kaufrechtliche als auch dienstvertragsrechtliche Elemente geprägt ist, gewinnen die Mitwirkungshandlungen des Gläubigers eine andere, gewichtigere Bedeutung. Beim Werkvertrag gehört bereits die Herstellung des Werkes als solche zur Erfüllungspflicht des Unternehmers. Aus diesem Grunde kann der Besteller, anders als der Käufer, den Eintritt des vertraglichen Erfolges nicht nur dadurch verzögern, dass er die Sache nicht zum vorhergesehenen Zeitpunkt annimmt, sondern auch dadurch, dass er „bei dem Beginn oder während der Herstellung des Werkes" Mitwirkungshandlungen unterlässt.[302]
Denn häufig ist die Mitwirkungshandlung des Bestellers bereits zur Vornahme der vom Werkunternehmer geschuldeten Leistungshandlung erforderlich, weil diese von dem Unternehmer in der Vermögenssphäre des Bestellers vorzunehmen ist und der Besteller damit das Leistungssubstrat zur Verfügung stellen muss.[303]
Unterbleibt eine solche Mitwirkungshandlung, so würde der Besteller zwar auch nach den allgemeinen Vorschriften (§§ 293 ff. BGB) in Annahmeverzug geraten; er hätte dem Unternehmer jedoch lediglich die Mehraufwendungen für das erfolglose Angebot seiner Arbeitsleistungen zu erstatten (vgl. § 304 BGB).[304] Kosten, die durch versäumte Arbeitszeit sowie dadurch entstehen, dass der Werkunternehmer seine Produktionsmittel weiter bereithält, blieben insofern jedoch – zumindest soweit man vom Wortlaut des § 304 BGB ausgeht – unberücksichtigt.[305]
Dies ist angesichts des im Gegensatz zum Kaufvertrag bestehenden und aus der Vorleistungspflicht des Unternehmers[306] resultierenden erhöhten Erfolgsrisikos[307], welches der Unternehmer beim Werkvertrag zu tragen hat, schon in den Motiven[308] als „offenbare Unbilligkeit" angesehen worden.[309]

---

301 ***Heinrichs*** in **Palandt**, BGB, § 293, Rn. 1 verweist insoweit darauf, dass der Gläubigerverzug dann vorliegt, „wenn die Erfüllung des Schuldverhältnisses dadurch verzögert wird, dass der Gläubiger die seinerseits erforderliche Mitwirkung, *insbesondere* die Annahme der Leistung, unterlässt."

302 ***Teichmann*** in **Soergel**, BGB, § 642, Rn. 1.

303 Vgl. ***Schwenker*** in **Erman**, BGB, § 642, Rn. 1; ***Busche*** in **MüKo**, BGB, § 642, Rn. 1; ***Teichmann*** in **Soergel**, BGB, § 642, Rn. 1f.; ***Peters*** in **Staudinger**, BGB, § 642, Rn. 1 ff.; ***Raab***, JZ 2001, S. 249 ff. (252).

304 ***Schwenker*** in **Erman**, BGB, § 642, Rn. 1.

305 Vgl. ***Larenz***, SchuldR II/1, § 53 III c, S. 370.

306 Kritisch zur Vorleistungspflicht des Unternehmers im später relevanten Bereich des Bauvertragsrecht ***Sienz***, BauR 2004, S. 10 ff..

307 Der Gegenleistungsanspruch des Unternehmers auf Entrichtung des Werklohns wird gem. § 641 Abs. 1 S. 1 BGB grds. erst mit der Abnahme des Werkes fällig. Insofern

Aus diesem Grunde geht die Rechtsfolgenanordnung des § 642 BGB über die des § 304 BGB hinaus. Hier soll dafür entschädigt werden, dass der Unternehmer Arbeitskraft und Kapital bereithält sowie dafür, dass seine zeitliche Disposition durchkreuzt wird.[310]

(2.) Vergleich zum Dienstvertrag (insbesondere § 615 BGB)

Ähnlich wie im Werkvertragsrecht ist die Situation des Schuldners auch im Bereich des Dienstvertragsrechts gelagert. Auch hier besteht für den Schuldner (bzw. Dienstpflichtigen) die erhöhte Gefahr, dass er vergebens Arbeitszeit aufwendet und Sachmittel bereithält, weil das Leistungssubstrat nicht oder nicht ordnungsgemäß bereitsteht.[311] Für den Dienstvertrag sieht deshalb § 615 BGB vor, dass der Dienstpflichtige bei Annahmeverzug des Gläubigers (bzw. des-Dienstberechtigten) den Anspruch auf Vergütung für die infolge des Verzuges nicht geleisteten Dienste behält, ohne zur Nachleistung verpflichtet zu sein.[312] Der Dienstpflichtige wird hinsichtlich der Gegenleistung letztlich so gestellt, als wenn die geschuldete Dienstleistung ordnungsgemäß erbracht worden wäre; sein Vergütungsanspruch bleibt also insoweit – trotz einer nicht erbrachten Dienstleistung – bestehen (Lohnausfallprinzip).[313]

Diese Lösung scheidet für den Bereich des Werkvertrages jedoch aus, da der Werkunternehmer anders als der Dienstpflichtige nicht eine in Zeitabschnitten bemessene Dienstleistung, sondern einen durch die zu erbringende Leistung herbeizuführenden *Erfolg* schuldet.[314] Der Anspruch auf den Werklohn kann ihm aufgrund der Erfolgsbezogenheit des Werkvertragsrechts nicht schon deswegen zustehen, weil es wegen einer Störung in der Sphäre des Bestellers zu einer Leistungsverzögerung gekommen ist. Den vereinbarten Werklohn erhält der Werkunternehmer vielmehr nur, wenn er das Werk mangelfrei hergestellt hat und dadurch den geschuldeten Leistungserfolg herbeigeführt hat.[315]

Nicht zumutbar wäre es dem Werkunternehmer allerdings, wenn er, obwohl er wegen des Unterbleibens einer Mitwirkungshandlung zusätzliche Arbeitszeit

---

ist der Unternehmer also vorleistungspflichtig. Vgl. auch ***Sprau*** in **Palandt**, BGB, § 641, Rn. 2.

308 ***Mugdan,*** *Mot. Bd II,* S. 277.

309 Vgl. auch ***Schwenker*** in **Erman**, BGB, § 642, Rn. 1.

310 ***Sprau*** in **Palandt**, BGB, § 642, Rn. 5.

311 ***Raab***, JZ 2001, S. 249 (252).

312 Insoweit ist darauf hinzuweisen, dass § 615 BGB nach einhelliger Ansicht keine Anspruchsgrundlage enthält, sondern lediglich bewirkt, dass der Primäranspruch bestehen bleibt; vgl. insoweit ***Weidenkaff*** in **Palandt**, BGB, § 615, Rn. 3; ***Belling*** in **Erman**, BGB, § 615, Rn. 34.

313 ***Weidenkaff*** in **Palandt**, BGB, § 615, Rn. 3; ***Belling*** in **Erman**, BGB, § 615, Rn. 34.

314 Vgl. insoweit § 631 Abs. 2 BGB.

315 ***Sprau*** in **Palandt**, BGB, Einf. v. § 631, Rn. 1.

aufwenden musste, lediglich den vereinbarten Werklohn verlangen könnte.[316] Aufgrund dessen sieht das Gesetz in § 642 BGB eine Entschädigung für den Mehraufwand vor, der insoweit die Rechtsfolgenanordnung der allgemeinen Vorschrift des § 304 BGB in der oben beschriebenen Weise erweitert.

(3.) Zusammenfassung

Der Vergleich zu den Situationen in Kauf- und Werkverträgen macht deutlich, dass der Unternehmer im Rahmen von Werkverträgen im Vergleich zum Kaufvertragsrecht ein erhöhtes Erfolgsrisiko zu tragen hat. Gleichzeitig erscheint eine Berücksichtigung dieses Risikos durch eine dem § 615 BGB entsprechende Regelung jedoch nicht möglich. Aus dieser Grundsituation legitimiert sich auch die Regelung des § 642 BGB. Diese Norm gibt dem Unternehmer einen Anspruch auf „angemessene Entschädigung für Nachteile", die ihm infolge der Unterlassung von Mitwirkungshandlungen und der dadurch ausgelösten Verzögerung durch Nichtauslastung seiner Kapazitäten entstanden sind.[317] Die Entschädigung hat demnach den **Charakter einer Zusatzvergütung,**[318] für die die Vergütungsmaßstäbe die Grundlage bildet und welche sich wiederum aus dem erhöhten Erfolgsrisiko des Werkunternehmers erklären lässt.

cc. Ersetzbarkeit von Wagnis- und Gewinnanteilen iRd § 642 BGB

Mit dem Vorstehenden ist zwar die grundsätzliche Legitimation der im Verhältnis zu § 304 BGB besonderen, erweiterten Rechtsfolgenanordnung dargelegt, jedoch ist der *konkrete Umfang* des „Entschädigungsanspruchs" des § 642 BGB noch nicht hinreichend beschrieben. Insbesondere die (umstrittene) Frage, ob auch Wagnis- und Gewinnanteile im Rahmen des § 642 ersatzfähig sind, bedarf aufgrund noch aufzuzeigender Auswirkungen auf die Rechtsnatur des Anspruchs aus § 642 BGB und daraus folgender Rückschlüsse hinsichtlich der Rechtsnatur von Mitwirkungshandlungen des Bestellers im Werkvertragsrecht einer weitergehenden Erörterung.
Grundsätzlich ist bzgl. der Wagnis- und Gewinnanteile festzuhalten, dass die Rechtsprechung des BGH diese entgegen einiger Urteile der obergerichtlichen Rechtsprechung[319] nunmehr eindeutig nicht als von § 642 BGB erfasst ansieht,[320] während sich insbesondere ein Großteil der baurechtlichen Literatur für eine Be-

---

316 Vgl. ***Raab***, JZ 2001, S. 249 (252).

317 ***Nicklisch***, BB 1979, S. 533.

318 ***Raab***, JZ 2001, S. 249 ff. (252); ebenso den Vergütungscharakter des § 642 BGB anerkennend ***Kapellmann/Schiffers***, Rn. 1649; ***Döhring***, in Festschrift für Jagenburg, S. 111 ff. (117).

319 Vgl. insoweit bspw. ***OLG Düsseldorf***, NJW-RR 1996, S. 1507 f. (1508); ***OLG München***, BauR 1980, S. 274 f. (275); ***OLG Celle***, NJW-RR 2000, S. 234.

320 Vgl. insoweit insbesondere die Ausführungen des BGH in seiner *„Voruntemehmer II-Entscheidung"*; siehe ***BGHZ*** **143**, S. 32 ff. (40).

rücksichtigung zumindest der Gewinnanteile im Rahmen des Entschädigungsanspruchs des § 642 BGB ausspricht.[321]

Bezüglich dieser beiden „Extrempositionen“ ist zunächst darauf hinzuweisen, dass die Erwägung des BGH den Wagnisanteil im Rahmen von § 642 BGB auszuklammern durchaus als sachgerecht angesehen werden kann. Denn wenn der Anwendungsbereich des § 642 BGB eröffnet ist, der Besteller also einer erforderlichen Mitwirkungshandlung nicht nachgekommen ist und der Unternehmer deshalb tatsächlich nicht gearbeitet hat bzw. nicht arbeiten konnte, so kann sich auch kein Wagnis verwirklichen, welches der Unternehmer im Rahmen des Anspruchs aus § 642 BGB geltend machen könnte.[322]
Schwieriger gestaltet sich die Situation allerdings hinsichtlich des Gewinnanteils.
Insoweit ist zunächst an die Norm des § 642 Abs. 2 BGB anzuknüpfen, in der grundsätzliche Bemessungskriterien für die Berechnung des aus § 642 BGB folgenden Anspruchs festgeschrieben sind.
Insbesondere der Rekurs des § 642 Abs. 2 BGB auf die „vereinbarte Vergütung“ erlangt Bedeutung für die Beantwortung der Frage, ob auch Gewinnanteile des Unternehmers im Rahmen des Anspruchs aus § 642 BGB zu berücksichtigen sind. Denn die „vereinbarte Vergütung“ erfasst im Geschäftsverkehr nicht nur Fixkosten wie Material- und Lohnkosten, sondern auch den kalkulatorischen Gewinn des Unternehmers.[323] Durch den Rekurs des § 642 Abs. 2 BGB auf die für die Werkherstellung zu entrichtende „vereinbarte Vergütung“ ist also zumindest auch der kalkulatorische Gewinn des Unternehmers für die Errichtung des Werkes mit einzubeziehen.
Für den konkreten Anwendungsfall des § 642 BGB bedeutet dies, dass, wenn die Werkherstellung aufgrund einer unterlassenen Mitwirkungshandlung des Bestellers sich entgegen der ursprünglichen zeitlichen Disposition des Unternehmers verlängert, nicht nur die Kosten im Rahmen des § 642 BGB ersatzfähig sind, welche dadurch entstehen, dass der Unternehmer Lohnkosten für sein Personal zu entrichten hat, die in der ursprünglichen Kostenrechnung nicht berücksichtigt wurden, sondern zusätzlich auch der für die Arbeiten berechnete Gewinn des Unternehmers aufgeschlagen werden kann. Wenn also beispielsweise ein Leistungsverzeichnis eine Position für die Baustelleneinrichtung und deren Vergütung nach Zeiteinheiten (Tag/Monat) vorsieht, so ist diese Vergütung ein-

321 Vgl. ***Kleine-Möller***, NZBau, 2000, S. 401 ff. (404); ***Motzke*** in **Beck'scher VOB/B-Komm.**, § 6 Nr. 6, Rn. 31; ***Kapellmann*** in **Kapellmann/Schiffers**, Rn. 1210.

322 In diesem Sinne dem BGH bzgl. der „Vorunternehmer II-Entscheidung“ (***BGHZ*** **143**, S. 32 ff.) zustimmend ***Kleine-Möller***, NZBau, 2000, S. 401 ff. (404).

323 Ebenso für den speziellen Bereich des Bauvertragsrechts ***Kleine-Möller***, NZBau 2000, S. 401 ff. (404); im Ergebnis ebenfalls zustimmend ***Döhring***, in Festschrift für Jagenburg, S. 111 ff. (116 f.).

schließlich des darin enthaltenen Gewinnanteils auch der Berechnung des Anspruchs aus § 642 BGB zugrunde zu legen.[324]
Besondere Bedeutung gewinnt dies für den Fall, dass es im Ergebnis – bspw. aufgrund einer berechtigten Kündigung des Unternehmers gem. § 643 BGB – zu einer Vertragsdurchführung gar nicht mehr kommt.[325] Würde man in einer solchen Situation den hinsichtlich des Vertrages kalkulierten Gewinn unberücksichtigt lassen, so würde dies zu der – aufgrund des erhöhten Erfolgsrisikos des Unternehmers und dem eindeutigen Rekurs des § 642 Abs. 2 BGB auf die „vereinbarte Vergütung" – kaum zu rechtfertigenden Folge führen, dass der Unternehmer lediglich seine aufgebrachten Kosten ersetzt verlangen kann, also im Ergebnis lediglich so stehen würde, als hätte er den Vertrag nie abgeschlossen. Insbesondere in diesen Fällen hat sich die obergerichtliche Rechtsprechung eindeutig dafür ausgesprochen, den entgangenen Gewinn hinsichtlich des schließlich nicht mehr durchgeführten Vertrages in die Berechnung des Anspruchs aus § 642 BGB einzubeziehen, um so dem aus der Vorleistungspflicht des Unternehmers resultierenden erhöhten Erfolgsrisiko Rechnung tragen zu können.[326]
Der entgangene Gewinn, der sich hinsichtlich eines aufgrund der unterlassenen Mitwirkungshandlung des Bestellers nicht mehr durchgeführten Vertrages ergibt, ist also durchaus im Rahmen des § 642 BGB ersatzfähig.[327] Damit wird dem auch aus dem Rekurs des § 642 Abs. 2 BGB auf die „vereinbarte Vergütung" resultierenden Zusatzvergütungscharakter des § 642 BGB und dem erhöhten Erfolgsrisiko des Unternehmers im Werkvertragsrecht genüge getan und entsprochen.

Problematisch erscheint jedoch, ob ein anderweitig entgangener Gewinn, der daraus resultiert, dass der Unternehmer sein vergeblich eingesetztes Personal nicht *anderweitig* gewinnbringend einsetzen kann, in die Berechnung des Anspruchs aus § 642 BGB einzubeziehen ist.
Diesbezüglich wird insbesondere in der baurechtlichen Literatur darauf verwiesen, dass § 642 BGB der Gedanke zugrunde liege, dass der Unternehmer zwar aufgrund der grundsätzlichen Einordnung der Mitwirkungshandlungen des Bestellers als Obliegenheit keinen Anspruch auf Herstellung des Werkes, wohl aber aufgrund des aus seiner Vorleistungspflicht resultierenden erhöhten Risikos einen Anspruch auf den durch die Werkherstellung zu realisierenden Unterneh-

---

324 Zu diesem Beispiel vgl. auch ***Kleine-Möller***, NZBau 2000, S. 401 ff. (404).

325 Insoweit ist darauf hinzuweisen, dass der Entschädigungsanspruch des Unternehmers gem. § 642 BGB nach Maßgabe des § 645 Abs. 1 BGB bestehen bleibt.

326 Vgl. insoweit bspw. ***OLG Düsseldorf***, NJW-RR 1996, S. 1507 f. (1508); ***OLG München***, BauR 1980, S. 274 f. (275); ***OLG Celle***, NJW-RR 2000, S. 234.

327 So eindeutig auch ***Müller-Foell***, Mitwirkung des Bestellers im Werkvertragsrecht, S. 118.

mergewinn habe.[328] Wenn aber bei, aus einer Unterlassung oder Verletzung einer Mitwirkungsobliegenheit des Bestellers resultierenden, verlängerten Herstellungsphase Maschinen und Geräte sowie Personal an einem bestimmten Herstellungsort gebunden würden, die bei ordnungsgemäßer Mitwirkung des Bestellers anderweitig produktiv und gewinnbringend hätten eingesetzt werden können, so schmälere der anderweitig „entgangene Gewinn" das wirtschaftliche Ergebnis der in der Ausführung verzögerten Werkherstellung.[329] Aus diesem Grunde müsse man schließlich den entgangenen Gewinn als von § 642 BGB erfasst ansehen.

Darüber hinaus wird vereinzelt darauf abgestellt, dass, wenn Gewinnanteile des Unternehmers im Rahmen des § 642 BGB ausgeklammert sein sollten, die Rechtsfolgenseite des § 304 BGB durch die nach herrschender Meinung gebotene erweiterte Auslegung des § 304 BGB hinsichtlich des Einsatzes von Arbeitskraft faktisch mit dem des § 642 BGB übereinstimmen würde, und demnach die Sonderregelung des § 642 BGB ihr eigentliches Ziel, nämlich eine aufgrund des aus der Vorleistungspflicht des Unternehmers resultierenden erhöhten Erfolgsrisikos gebotene Besserstellung des Unternehmers im Verhältnis zu § 304 BGB, verfehlen würde.[330] Denn wenn man mit der herrschenden Meinung davon ausgehe, dass nach § 304 BGB auch ein Entgelt für den Einsatz der eigenen Arbeitskraft verlangt werden kann, soweit die Leistung zum gewerblichen oder beruflichen Tätigkeitsfeld des Schuldners gehört,[331] müsse berücksichtigt werden, dass dies in besonders wichtigen Bereichen des Werkvertragsrechts, wie bspw. im Bauvertragsrecht, regelmäßig der Fall sein werde, da zumindest die grundsätzliche Möglichkeit bestehe, unter die von § 304 BGB erfassten Mehrkosten sowohl die Kosten für das Anfahren des Leistungsortes mit Material und gewerblichen Mitarbeitern, als auch das längere Vorhalten der Baustelleneinrichtungen, jeweils reduziert um den konkreten Aufwand, zu subsumieren. Wenn § 642 BGB darüber hinaus entschädigen solle, so bliebe nicht mehr viel mehr übrig als die angesprochenen Gewinnanteile.[332]

Gerade die vorstehende Argumentation bildet jedoch einen Ansatzpunkt für eine gegenteilige Sichtweise. Zwar ist es grundsätzlich zutreffend, dass, soweit man die extensive Auslegung des § 304 BGB in der oben beschriebenen Weise befürwortet und gleichzeitig Gewinnanteile *vollständig* als nicht von § 642 BGB erfasst ansieht, kaum noch etwas übrig bleibt um die Rechtsstellung des Unter-

---

328 Insoweit kann auf die Ausführungen zur ratio legis des § 642 verweisen werden; vgl. die Ausführungen auf S. 74 ff..

329 So ***Kleine-Möller***, NZBau, 2000, S. 401 ff. (404).

330 So insbesondere ***Döring*** in Festschrift für Jagenburg, S. 111 ff. (116 f.).

331 Vgl. nur ***Heinrichs*** in **Palandt**, BGB, § 304, Rn. 2; ***Hager*** in **Erman**, BGB, § 304, Rn. 2; ***Ernst*** in **MüKo**, BGB, § 304, Rn. 2.

332 ***Döring*** in Festschrift für Jagenburg, S. 111 ff. (116 f.).

nehmers im Verhältnis zu § 304 BGB durch § 642 BGB zu verbessern; auch aus diesem Grunde ist es in der oben beschriebenen Weise geboten, die Gewinnanteile hinsichtlich eines aufgrund einer unterlassenen Mitwirkungshandlung seitens des Bestellers letztlich nicht durchgeführten Vertrages mit in die Berechnung des Anspruchs aus § 642 BGB einzubeziehen. Jedoch ergibt sich bereits hieraus, dass § 642 BGB auch ohne Einbeziehung eines *anderweitigen* Gewinns durchaus über § 304 BGB hinausgeht. Denn von § 304 BGB, der lediglich die (Gläubiger-) verzugsbedingten *Mehraufwendungen* des Unternehmers, also allenfalls die aufgewendeten Lohnkosten berücksichtigt, ist keinerlei entgangener Gewinn erfasst. Damit ist die Frage, ob auch *anderweitig* entgangene Gewinne von § 642 BGB erfasst sind, jedoch noch nicht beantwortet.
Hinsichtlich eines *anderweitig* entgangenen Gewinns, der daraus resultiert, dass der Unternehmer seine wirtschaftliche Kraft nicht anderweitig gewinnbringend einsetzen kann, ist darauf hinzuweisen, dass die Einbeziehung dieses Gewinns in den Anwendungsbereich des § 642 BGB dazu führen würde, dass der Anspruch aus § 642 BGB zumindest hinsichtlich der ersatzfähigen Schäden gefährlich nahe in den Bereich eines echten Schadensersatzanspruchs gerückt werden würde. Denn wenn nahezu alle Schäden von § 642 BGB erfasst werden, dann liegt grundsätzlich die Vermutung nahe, dass es sich bei § 642 BGB, ähnlich der Gefährdungshaftung des § 833 BGB oder der Garantiehaftung des § 1 ProdHaftG, um einen verschuldensunabhängigen Schadensersatzanspruch handelt.[333]
Hinsichtlich eines solchen Verständnisses des § 642 BGB ist jedoch vor allem zu berücksichtigen, dass die Einbeziehung jeglichen entgangenen Gewinns eine kaum zu rechtfertigende Abweichung von dem im BGB grundsätzlich geltenden Verschuldensprinzip[334] darstellen und im Ergebnis dazu führen würde, dass die bereits oben dargestellte und vom Gesetzgeber intendierte grundsätzliche Einordnung der Mitwirkungshandlungen des Gläubigers als Obliegenheit[335] für den Bereich des Werkvertragsrechts erneut in Frage gestellt werden müsste.[336]
Denn bereits im Rahmen der Grundlagen wurde eindeutig herausgestellt, dass sich Obliegenheiten insbesondere dadurch auszeichnen, dass auf der Rechtsfolgenseite weder die Möglichkeit besteht auf Erfüllung der jeweilig aufgegebenen Verhaltensanforderung zu klagen noch ein Schadensersatzanspruch im Falle der Verletzung der Verhaltensanforderung in Betracht kommt.[337] Lässt man aber im

---

333 In diesem Sinne geht bspw. auch ***Teichmann*** in **Soergel**, BGB, § 642, Rn. 6 davon aus, dass es sich bei § 642 BGB um einen echten Schadensersatzanspruch handelt.

334 Vgl. zu Einzelheiten des Verschuldensprinzips des BGB auch ***Fikentscher***, SchuldR, § 53 I, S. 319.

335 Vgl. ***Mugdan,*** *Mot. Bd. II*, S. 37.

336 Auf diese Gefahr weist auch ***Müller-Foell***, Mitwirkung des Bestellers beim Werkvertrag, S. 118 hin.

337 Vgl. zu den Begriffsmerkmalen der Obliegenheit insbes. die Ausführungen auf S. 58 ff..

Rahmen des § 642 BGB den Ersatz jeglichen entgangenen Gewinns zu und stellt damit die Rechtsfolge des § 642 BGB derjenigen einer echten Rechtspflichtverletzung gleich, so würde ein entscheidendes Wesensmerkmal der Obliegenheiten im Rahmen der Mitwirkungshandlungen des Bestellers im Werkvertragsrecht wegfallen.
Gerade vor dem Hintergrund, dass sich die Interessenanalyse hinsichtlich der Mitwirkungshandlungen des Bestellers nicht von der im Rahmen der §§ 293 ff. BGB gegebenen unterscheidet,[338] wird deutlich, dass eine Ausweitung des § 642 BGB zu einem (echten) Schadensersatzanspruch dazu führen würde, dass sich die Einordnung der Mitwirkungshandlungen des Bestellers als Obliegenheiten wohl nicht länger aufrecht erhalten ließe. Denn zwei entscheidende Wesensmerkmale der Obliegenheiten, die ihnen zugrunde liegende, typische Interessenlage und das Fehlen eines Schadensersatzanspruchs im Verletzungsfalle, würden den Mitwirkungshandlungen des Bestellers im Werkvertragsrecht fehlen. Zwar könnte man insoweit darauf verweisen, dass auch den §§ 293 ff. BGB eine Interessenlage zugrundeliegt, die sich von klassischen bspw. versicherungsvertragsrechtlichen Obliegenheiten unterscheidet und der Gläubigerverzug des allgemeinen Leistungsstörungsrechts trotz alledem einhellig als Obliegenheit und nicht als Rechtspflicht qualifiziert wird. Jedoch würde durch die Erweiterung des § 642 BGB zu einem echten Schadensersatzanspruch ein weiterer Umstand hinzutreten, der die Einstufung der Mitwirkungshandlungen des Bestellers als Obliegenheiten nahezu unmöglich machen würde.[339]
Dieses Ergebnis erscheint jedoch vor dem Hintergrund der durch den Rekurs auf die Regelungen der §§ 293 ff. BGB eindeutigen Intention des Gesetzgebers, die Mitwirkungshandlungen des Gläubigers (bzw. hier des Bestellers) auch im Rahmen des Werkvertragsrechts lediglich als Obliegenheiten und nicht als echte Rechtspflichten einzuordnen, als paradox.

Hieraus wird deutlich, dass die Frage des konkreten Umfangs des Anspruchs aus § 642 BGB bzw. die Frage, ob auch entgangener Gewinn von § 642 BGB erfasst ist nicht alleine anhand der Bemessungskriterien des § 642 Abs. 2 BGB beantwortet werden kann, sondern vielmehr auch vor dem Hintergrund der Anknüpfung des § 642 Abs. 1 BGB an die allgemeinen Regeln des Gläubigerverzugs gem. §§ 293 ff. BGB gesehen werden muss.

---

338 Hier wie dort hat der „Obliegenheitsbegünstigte" regelmäßig auch nach Auferlegung der jeweiligen Verhaltensanforderung ein Interesse an der Erfüllung der Mitwirkungshandlung durch den „Obliegenheitsbelasteten". Dies gilt zumindest dann, wenn die jeweils in Rede stehende Mitwirkungshandlung des Bestellers für die Leistungserbringung des Unternehmers erforderlich ist.

339 Denn gerade das Fehlen eines Schadensersatzanspruchs im Falle der Obliegenheitsverletzung wurde bereits als entscheidendes Kriterium der Abgrenzung von Obliegenheit und Rechtspflicht herausgearbeitet. Vgl. insoweit auch die Ausführungen auf S. 58 ff..

Ausgangspunkt ist insoweit, dass es sich bei den Mitwirkungshandlungen des Bestellers den §§ 293 ff. BGB entsprechend auch im Werkvertragsrecht nicht um echte Rechtspflichten, sondern um bloße Obliegenheiten handelt und insoweit die Geltendmachung eines echten, allumfassenden Schadensersatzanspruchs nicht möglich sein soll. Im Rahmen der „Auslegung" der Bewertungskriterien des § 642 Abs. 2 BGB ist dies zu berücksichtigen, sodass einer extensive Sichtweise des § 642 BGB, die dahingeht jeglichen entgangenen Gewinn als von § 642 BGB erfasst anzusehen, entgegenzutreten ist.[340]
Hinzu kommt, dass die Berücksichtigung auch solcher entgangener Gewinne, die daraus resultieren, dass der Unternehmer seine wirtschaftliche Kraft nicht anderweitig gewinnbringend einsetzen kann, wie bereits angedeutet eine kaum zu rechtfertigende Abweichung vom im BGB grundsätzlich geltenden Verschuldensprinzip[341] bedeuten würde.[342]
Insoweit kann auch auf die Parallelregelungen für den Bereich des Bauvertragsrechts nach der VOB/B verwiesen werden. Insbesondere durch die Regelung des § 6 Nr. 6 VOB/B wird deutlich, dass entgangener Gewinn im Rahmen von Bauverträgen, die unter Zugrundelegung der VOB/B abgeschlossen wurden, nur dann vom (Schadens-) Ersatzanspruch des § 6 Nr. 6 VOB/B erfasst sein soll, wenn dem schädigenden Vertragsteil Vorsatz oder zumindest grobe Fahrlässigkeit, also ein qualifiziertes Verschulden zur Last gelegt werden kann.
Würde man demnach im Rahmen des verschuldensunabhängigen Ersatzanspruchs des § 642 BGB davon ausgehen, dass sämtlicher entgangener Gewinn erfasst ist, so würde dies zu der kaum annehmbaren Folge führen, dass in einem nahezu gleichen Sachverhalt[343] die Rechtsfolgenanordnung eines verschuldensunabhängigen Tatbestandes über die eines verschuldensabhängigen hinausgeht.
Berücksichtigt man zusätzlich, dass nach der Rechtsprechung des BGH der Anspruch aus § 642 BGB auch bei einem aufrechterhaltenen VOB/B-Bauvertrag (neben dem Anspruch aus § 6 Nr. 6 VOB/B) zur Anwendung gelangt,[344] so wird deutlich, dass bei Einbeziehung jedes entgangenen Gewinns in den Anspruch aus § 642 BGB die Regelung des § 6 Nr. 6 VOB/B faktisch bedeutungslos werden würde.
Aus diesem und aus den vorgenannten Gründen ist im Ergebnis festzuhalten, dass entgangene Gewinne, die in der oben beschriebenen Weise aus anderen Bauaufträgen resultieren, im Rahmen von § 642 BGB auszuklammern sind.

---

340 So auch ***Müller-Foell***, Mitwirkung des Bestellers beim Werkvertrag, S. 118.

341 Vgl. zu Einzelheiten des Verschuldensprinzips des BGB ***Fikentscher***, SchuldR, § 53 I, S. 319.

342 Ebenso ***Müller-Foell***, Mitwirkung des Bestellers beim Bauvertrag, S. 118.

343 Der einzige Unterschied besteht in der Einbeziehung der VOB/B in den jeweiligen Bauvertrag.

344 Vgl. insbesondere die „Vorunternehmer II-Rechtsprechung" des BGH in ***BGHZ* 143**, S. 33 ff. (39).

Vor diesem Hintergrund muss auch die Entscheidung *BGHZ 143, S. 33 ff. (Vorunternehmer II)* gesehen werden, in welcher der BGH den entgangenen Gewinn als nicht von § 642 BGB erfasst ansah. Denn in dieser Entscheidung ging es um eine Fallgestaltung, in der das versprochene Werk schließlich vom Unternehmer hergestellt wurde, der Vergütungsanspruch also – wenn auch zeitverzögert – entstand und vom Besteller auch entrichtet wurde. Wenn der BGH in einer solchen Situation eindeutig darauf verweist, dass entgangener Gewinn vom Ersatzanspruch des § 642 BGB nicht erfasst werde,[345] so ist dies nicht dahingehend zu verstehen, dass jeglicher kalkulierter Gewinn des Unternehmers auszuschließen ist,[346] sondern lediglich dahingehend, dass entgangener Gewinn aus *anderen Werkerstellungsaufträgen* unberücksichtigt zu bleiben hat.[347]
Von einer versehentlichen Abweichung des BGH in dieser Entscheidung hinsichtlich der dargestellten obergerichtlichen Rechtsprechung[348] kann also insoweit schon deshalb nicht gesprochen werden, weil die Sachverhaltsgestaltung hier entscheidend divergiert.[349] Ebenso erscheint es aus diesem Grunde nicht angebracht die Entscheidung *BGHZ 143, S. 33 ff.* für eine pauschale Ablehnung der Einbeziehung von entgangenem Gewinn im Rahmen des § 642 BGB heranzuziehen bzw. zu zitieren.[350]

dd. Zusammenfassung

Zusammenfassend kann für den Bereich des Werkvertragsrechts festgestellt werden, dass es sich bei den Mitwirkungshandlungen des Bestellers im Gleichklang zu der Situation im Kaufrecht grundsätzlich – abgesehen von der in § 640 BGB statuierten Abnahmepflicht – um Obliegenheiten handelt, deren Erfüllung nicht einklagbar ist und deren Verletzung bzw. Unterlassung grundsätzlich nicht mit einem Schadensersatzanspruch des Unternehmers sanktioniert werden kann. Insbesondere handelt es sich bei § 642 BGB nach herrschender und zutreffender Ansicht nicht um einen (echten) Schadensersatzanspruch, sondern lediglich um einen obliegenheitsspezifischen Entschädigungsanspruch mit Zusatzvergütungs-

345 Vgl. ***BGHZ* 143**, S. 33 ff. (40).

346 So aber bspw. ***Maxem***, BauR 2003, S. 952 ff. (954).

347 In diesem Sinne auch ***Vygen*** in **Vygen/Schubert/Lang**, S. 255 ff., Rn. 359 ff. (362); Im Ergebnis so auch die neuere Rspr. zu diesem Problem; vgl. ***BGH***, BauR 2004, S. 1621 ff. (1622).

348 Vgl. ***OLG Düsseldorf***, NJW-RR 1996, S. 1507 f. (1508); ***OLG München***, BauR 1980, S. 274 f. (275); ***OLG Celle***, NJW-RR 2000, S. 234.

349 **a.A. *Kapellmann*** in **Kapellmann/Schiffers**, Einheitspreisvertrag, S. 763 f., Rn. 1650.

350 So aber zumindest scheinbar ***Sprau*** in **Palandt**, BGB, § 642, Rn. 5.

charakter, der sich aus dem erhöhten Erfolgsrisiko, bzw. der Vorleistungspflicht des Werkunternehmers legitimiert.[351]

Entgangener Gewinn ist als Teil der vereinbarten Vergütung iSd § 642 Abs. 2 BGB bei der Berechnung des Anspruchs aus § 642 BGB grundsätzlich in der oben beschriebenen Weise zu berücksichtigen.[352]

Nicht ersatzfähig ist allerdings ein anderweitig entgangener Gewinn, der daraus resultiert, dass die durch den Unternehmer bereitgestellte wirtschaftliche Kraft nicht anderweitig (im Rahmen der Herstellung eines anderen Werkes) gewinnbringend eingesetzt werden kann, also aus einem *anderen Werkerstellungsauftrag* stammt.

II. Möglichkeit der Geltendmachung eines Schadensersatzanspruchs trotz Vorliegens einer Obliegenheitsverletzung? - Entwicklungen in Literatur und Rechtsprechung

In Rechtsprechung und Literatur ist die soeben dargestellte grundsätzliche Einordnung der Mitwirkungshandlungen des Gläubigers im Werkvertragsrecht als bloße Obliegenheiten weitestgehend unbestritten geblieben.[353] Dennoch ist immer wieder der Versuch unternommen worden trotz der grundsätzlichen Anerkennung des „Obliegenheitsmodells“ und der daraus resultierenden, eingeschränkten Rechtsfolgealternativen auch für den Fall des Unterlassens einer Mitwirkungsobliegenheit zu einem Schadensersatzanspruch des insoweit Berechtigten zu gelangen.

---

351 Vgl. ***Larenz***, SchuldR II/1, § 53 III, S. 370; ***Sprau*** in **Palandt**, BGB, § 642, Rn. 5; ***Peters*** in **Staudinger**, BGB, § 642, Rn. 24; **a.A.** ***Teichmann*** in **Soergel**, BGB, § 642, Rn. 6; ***Oberhauser*** in Festgabe für Steffen Kraus, S. 151 ff. (151 f.).

352 So im Ergebnis auch ***OLG Düsseldorf***, NJW-RR 1996, S. 1507 f. (1508); ***OLG München***, BauR 1980, S. 274 f. (275); ***OLG Celle***, NJW-RR 2000, S. 234; ***Peters*** in **Staudinger**, BGB, § 642, Rn. 25; a.A. nunmehr entgegen der Vorauflage ***Sprau*** in **Palandt**, BGB, § 642, Rn. 5.

353 Vgl. insoweit nur ***Sprau*** in **Palandt**, BGB, § 642, Rn. 2; ***Busche*** in **MüKo**, BGB, § 642, Rn. 2 ff.; ***Mansel*** in **Jauernig**, Anmerk. zu §§ 642, 643, Rn. 1; ***BGHZ*** **11**, S. 80 ff. (83, 88 f.); **50**, S. 175 ff. (178); ***BGH***, VersR 1960, S. 693 f. (694); **a.A.**: ***Hartmann***, Die unterlassene Mitwirkung des Gläubigers, S. 50; die Erheblichkeit des Begriffs der „Obliegenheit“ bezweifelnd bzw. negierend ***Hüffer***, Leistungsstörungen durch Gläubigerhandeln, S. 224 ff. (225).

1. Die Rechtsprechung des BGH

Insbesondere im Rahmen der Rechtsprechung des BGH[354] ist es in einigen Situationen des Werkvertragsrechts scheinbar als unbillig empfunden worden, die Mitwirkungshandlungen des Gläubigers lediglich und ausschließlich als Obliegenheiten einzuordnen und damit bezüglich der Rechtsfolgen nur auf die beschränkten Möglichkeiten der §§ 642 f. BGB zurückgreifen zu können. Aus diesem Grunde hat der BGH in mehreren Entscheidungen versucht, die Rechtsfolgen eines Verstoßes gegen eine Obliegenheit in bestimmten Situationen durch die Zuerkennung eines Schadensersatzanspruchs aus positiver Vertragsverletzung[355] (pVV) zu erweitern.

Insofern ist insbesondere auf drei verschiedene BGH Entscheidungen[356] zu verweisen, die im Folgenden ihrer chronologischen Abfolge entsprechend dargestellt und sodann einer kritischen Überprüfung unterzogen werden sollen.

a. Darstellung der Entwicklungen in der Rechtsprechung

aa. Die Entscheidung BGHZ 11, S. 80 ff.

Grundlegend ist insoweit an die Entscheidung *BGHZ 11, S. 80 ff.*[357] anzuknüpfen.[358]

Gegenstand dieser Entscheidung war die Erfüllung eines Werkvertrages in der Form eines Schiff-Frachtvertrages. Die Klägerin hatte sich verpflichtet, einen Dampfer in New York anzudienen, um von dort aus die Ladung der Beklagten

---

354 Zwar könnte grundsätzlich bzgl. der Erweiterung der Rechtsfolgen von Mitwirkungsverletzungen des Gläubigers bzw. des Bestellers auch an die Rechtsprechung des Reichsgerichts angeknüpft werden, jedoch ist im Rahmen dieser weder bezüglich der rechtsdogmatischen Einordnung der Mitwirkungshandlungen des Gläubigers noch bezüglich der Rechtsfolgenanordnungen eine einheitliche Linie ersichtlich. Allenfalls von der Tendenz her versuchte auch das Reichsgericht zu einer verschärften Haftung des Bestellers zu gelangen. Vgl. bspw. ***RGZ*** **53**, S. 221 ff.; **104**, S. 15 ff.; **152**, S. 119 ff.; **166**, S. 134 ff.; **168**, S. 321 ff. Letztlich wurde allerdings, von einigen Ausnahmefällen abgesehen, an der Einordnung der Bestellermitwirkung als Obliegenheit und den damit verbundenen Sanktionen des Annahmeverzugs festgehalten. Eine ausführliche Darstellung der Rechtsprechung des Reichsgerichts findet sich bei ***Hüffer***, Leistungsstörungen durch Gläubigerhandeln, S. 41 ff. und ***Müller-Foell***, Mitwirkung des Bestellers beim Werkvertrag, S. 28 ff.

355 Seit der Schuldrechtsmodernisierung hat das vormals gesetzlich nicht geregelte Rechtsinstitut der positiven Vertragsverletzung (pVV) eine positiv gesetzliche Regelung in § 280 Abs. 1 BGB gefunden.

356 ***BGHZ*** **11**, S. 80 ff. (Urteil vom 13.11.1953); ***BGH***, VersR 1960, S. 693 ff. (Urteil vom 20.06.1960); ***BGHZ*** **50**, S. 175 ff. (Urteil vom 16.05.1968).

357 BGH Urteil vom 13.11.1953 (I ZR 140/52).

358 Eine ausführliche Besprechung dieses Urteils findet sich bei ***Götz***, JuS 1961, S. 56 ff. (57); vgl. auch die Urteilsanmerkungen von ***Lehmann***, JZ 1954, S. 238 ff. (240); vgl. auch ***Müller-Foell***, Mitwirkung des Bestellers beim Werkvertrag, S. 39 ff.; ***Hüffer***, Leistungsstörungen durch Gläubigerhandeln, S. 49 f.

zu verfrachten, was letztlich auch geschah. Die Beladung erfolgte jedoch nicht vereinbarungsgemäß.
Zunächst hatte die Beklagte der Klägerin eine nicht existierende Beladungsfirma genannt. Eine daraufhin von der Beklagten benannte andere Firma erklärte, mit der Durchführung der Beladung nichts zu tun zu haben. Dem Verlangen der Klägerin, die Beladung bis zum nächsten Tag vorzunehmen oder Garantieerklärungen einer Bank oder der Bundesregierung beizubringen, kam die Beklagte nicht nach.
Daraufhin teilte die Klägerin der Beklagten mit, dass sie infolge des Verhaltens der Beklagten den Vertrag als nicht erfüllt ansehe. Sie zog daraufhin das Schiff zurück und forderte Ersatz der Kosten für die vergebliche Beorderung des Schiffes zum vereinbarten Verladungshafen.
Der BGH sprach der Klägerin daraufhin einen Anspruch aus dem Gesichtspunkt der positiven Vertragsverletzung (pVv) zu, weil die Beklagte durch die von ihr gezeigte Unzuverlässigkeit den Vertragszweck gefährdet und der Klägerin das Festhalten am Vertrag unzumutbar gemacht habe.[359]
Gleichzeitig nahm der BGH den ihm vorliegenden Fall zum Anlass, sich auch allgemein zum Kreis der Vertragspflichten zu äußern, indem er feststellte, dass zur Erfüllung einer Vertragsverbindlichkeit alles das gehöre, was aus dem Vertrag vom Vertragsschuldner verlangt werden könne. In diesem weiten Sinne umfasse die Verbindlichkeit nicht nur alle Haupt- und Nebenpflichten, wie Vorbereitungs- und Obhutspflichten, Auskunfts- und Anzeigepflichten, Mitwirkungspflichten usw., sondern auch die sogenannten reinen „Gläubigerobliegenheiten", zu denen beim Werkvertrag die zur Herstellung des Werkes erforderlichen Handlungen des Gläubigers (§ 642 BGB) zu zählen seien; derartige Handlungen seien „Sache des Gläubigers", ohne dass jedoch insoweit eine echte „Verpflichtung" entstehe. Jede schuldhafte Leistungsstörung, die durch eine Verletzung dieser im weitesten Sinne aufzufassenden „Vertragspflichten" den Vertragsgegner schädige, begründe eine Verpflichtung zum Schadensersatz.[360]
Nach dem BGH stehe dem auch nicht entgegen, dass die Beklagte als Charterin nicht verpflichtet gewesen sei, der Klägerin als Verfrachterin die nach dem Vertrage zu befördernden Güter zu liefern, bzw. dass es sich bei der für die Güterbeförderung an sich erforderlichen Mitwirkung der Beklagten nur um eine mitwirkende Gläubigerhandlung, also um eine bloße Gläubigerobliegenheit gehandelt habe.[361] Begründet wird dies vom BGH insbesondere damit, dass es in Rechtsprechung und Rechtslehre anerkannt sei, dass im Rahmen von Werkverträgen auch hinsichtlich derartiger Gläubigerobliegenheiten die Möglichkeit der Heran-

---

359 *BGHZ* 11, S. 80 ff. (82).
360 *BGHZ* 11, S. 80 ff. (83).
361 *BGHZ* 11, S. 80 ff. (88 f.).

ziehung des Rechtsinstituts der positiven Vertragsverletzung (pVv) bestünde.[362] Zwar führe die Nichtbeladung hinsichtlich der Beförderungsleistung durch den Verfrachter grundsätzlich zum Annahmeverzug des Befrachters. Beruhe die Nichtbeladung aber darüber hinaus auf einem den Vertragszweck gefährdenden, schuldhaften Verhalten des Befrachters, so könne durchaus auch eine nach allgemeinen Grundsätzen des BGB zu beurteilende positive Vertragsverletzung gegeben sein. Insoweit entspreche die Rechtslage der Rechtsprechung zu § 642 BGB, nach der § 642 BGB nur die Rechtsfolgen des Annahmeverzugs beim Unterbleiben der zur Herstellung des Werkes erforderlichen Gläubigermitwirkung behandele, während bei einem insoweit vorliegenden Verschulden des Bestellers auch Ansprüche aus und aufgrund positiver Vertragsverletzung gegeben sein könnten.[363]
In tatsächlicher Hinsicht bejahte der BGH die genannten Voraussetzungen. Die Beklagte habe falsche Angaben gemacht und sich wiederholt als unzuverlässig gezeigt. Angesichts dessen und des dem Verfrachter obliegenden Vorleistungsrisikos sei es der Klägerin nicht zumutbar gewesen, länger am Vertrag festzuhalten. Die Klägerin sei damit berechtigt gewesen, ihr Schiff zurückzuziehen und Schadensersatz aus dem Gesichtspunkt der positiven Vertragsverletzung zu verlangen.[364]
Hieraus wird deutlich, dass der BGH in dieser Entscheidung die grundsätzliche Einordnung der Mitwirkungshandlungen des Bestellers als Obliegenheit weder bestritt noch in Zweifel zog.
Gleichzeitig jedoch erweiterte er die traditionell für eine Obliegenheitsverletzungen im Rahmen eines Werkvertrages vorgesehenen Rechtsfolgen der §§ 642 ff. BGB erheblich, indem er unter Zugrundelegung des Rechtsinstituts der positiven Vertragsverletzung der Klägerin auch einen Schadensersatzanspruch zusprach.

bb. Die Entscheidung BGH, VersR 1960, S. 693 f.

In der Entscheidung *BGH, VersR 1960, S. 693 f.* ging es ebenfalls um eine Fallgestaltung, in der ein Befrachter nicht ablud.
Dieser Fall unterscheidet sich allerdings insofern von dem in *BGHZ 11, S. 80 ff.* entschiedenen, als hier der Befrachter nicht abladen konnte, weil die hierzu erforderliche Ladeanlage schadhaft war. Aus diesem Grunde bot der Befrachter dem Verfrachter die Aufhebung des Vertrages ohne jegliche Regresspflicht für den Verfrachter an.

---

362 Insoweit verweist der BGH insbesondere auf eine Entscheidung des Reichsgerichts aus ***RGZ***, 106, S. 22 ff. (26) und auf die Ausführungen von ***Stoll***, AcP 136 (1936), S. 277 ff. (282-285).

363 ***BGHZ*** **11**, S. 80 ff. (89).

364 ***BGHZ*** **11**, S. 80 ff. (86 ff.).

Der BGH konnte in diesem Verhalten letztlich keine positive Vertragsverletzung erblicken, die wesentlich genug gewesen wäre, um dem vertragstreuen Teil einen Schadensersatzanspruch wegen Nichterfüllung zu gewähren.[365]
Allerdings hat sich das Gericht durch die dieser Entscheidung zugrunde liegende Fallgestaltung dazu veranlasst gesehen, seine in *BGHZ 11, S. 80 ff.* getätigten Äußerungen zum Verhältnis zwischen Obliegenheit und positiver Vertragsverletzung dahingehend zu präzisieren bzw. abzuwandeln, dass die Nichterfüllung einer bestellerseitigen Mitwirkungsobliegenheit zwar als solche nicht, wie durch das vorstehende Urteil nahegelegt, die Folgen einer schuldhaften Forderungsverletzung auslösen könne. Jedoch könne in der Nichterfüllung einer Obliegenheit gleichzeitig eine schuldhafte Nicht- oder Schlechterfüllung der „allgemeinen Treuepflicht jedes Vertragsteils" liegen, deren Verletzung den ganzen Vertragszweck ernstlich gefährde.[366] Dies bilde den Anknüpfungspunkt für die Anwendung des Rechtsinstituts der positiven Vertragsverletzung, mittels dessen ein Schadensersatzanspruch der Gegenseite hergeleitet werden könne.
Der BGH besserte also in dieser Entscheidung seine zuvor dargestellte Rechtsprechung insoweit nach, als er die Begründung des Schadensersatzanspruchs aus positiver Vertragsverletzung nicht nur konkretisierte, sondern auswechselte. Während in *BGHZ 11, S. 80 ff.* noch allein auf die Obliegenheitsverletzung als solche abgestellt wurde, sieht der BGH nunmehr die Begründung des Schadensersatzanspruchs in einem Rekurs auf die aus § 242 BGB folgende allgemeine Vertragstreuepflicht, deren schuldhafte Verletzung zur Anwendung des Rechtsinstituts der positiven Vertragsverletzung und damit zu einem Schadensersatzanspruch führe.
Hervorzuheben ist, dass der BGH auch im Rahmen dieser Entscheidung an der grundsätzlichen Einordnung der Mitwirkungshandlungen des Bestellers als Obliegenheit festhielt. Denn der BGH begründete die Anwendung der positiven Vertragsverletzung nicht etwa damit, dass die Mitwirkungs*obliegenheit* der Beklagten in der dem Urteil zugrundeliegenden Fallgestaltung ausnahmsweise zu einer Pflicht erstarke, sondern damit, dass das Verhalten der Beklagten neben einer Obliegenheitsverletzung auch – zugleich – als Verletzung einer aus § 242 BGB folgenden Treuepflicht qualifiziert werden könne, aus der unter Anwendung der positiven Vertragsverletzung ein Schadensersatzanspruch der Gegenseite resultiere.[367]

---

365 ***BGH***, VersR 1960, S. 693 f. (694).
366 ***BGH***, VersR 1960, S. 693 f. (694).
367 Vgl. ***BGH***, VersR 1960, S. 693 f. (640).

cc. Die Entscheidung BGHZ 50, S. 175 ff.

Der letzten hier erheblichen Entscheidung[368] lag eine Fallgestaltung zugrunde, in der ein Unternehmer eine Rechenmaschine herstellen sollte, zu deren Fertigstellung der Besteller bestimmte Daten anzugeben hatte, was er aber später ohne erkennbaren Grund verweigerte. Der Unternehmer klagte daraufhin den Werklohn für die Rechenanlage ein.

Der BGH gab der Klage statt, sprach dem Unternehmer also keinen Schadensersatzanspruch, sondern ohne jegliche Einschränkung den vollen Vergütungsanspruch zu, obwohl der Unternehmer die Maschine nicht fertig gestellt und aus diesem Grunde auch nicht an den Besteller ausgeliefert hatte.

Zur Begründung dieser Entscheidung führte der BGH aus, dass der Unternehmer auch vor Fertigstellung des Werkes die Bezahlung des Werklohnes verlangen könne, wenn der Besteller die Erfüllung des Vertrages grundlos und endgültig ablehne.[369] Insbesondere sei der Unternehmer in diesem Falle der endgültigen Verweigerung einer dem Besteller obliegenden „Mitwirkungspflicht" nicht auf die Rechte aus den §§ 642 ff. BGB beschränkt. Vielmehr könne er in diesem Falle auch Erfüllung durch Vorauszahlung des Werklohnes beanspruchen. Darüber hinaus könne der Besteller bei einer solchen Sach- und Rechtslage dem Verlangen des Unternehmers auf Zahlung des Werklohnes nicht die Einrede der mangelnden Fälligkeit oder des nicht erfüllten Vertrags entgegensetzen, da es als widersinnig einzustufen sei, wenn dem Besteller zu Lasten des Unternehmers Rechte zugebilligt würden, deren Ausübung dieser von vorneherein ablehnt. Dem stehe es auch nicht entgegen, dass es sich auch im vorliegenden Falle nur um die Verweigerung von Gläubigerobliegenheiten handele.

Insoweit verweist der BGH in dieser Entscheidung auf das bereits dargestellte Urteil *BGHZ 11, S. 80 ff.*, in dem eindeutig dargelegt worden sei, dass zu den Verbindlichkeiten aus einem Schuldverhältnis auch die sog. Gläubigerobliegenheiten gehörten, deren Verletzung dem Unternehmer alle Rechtsbehelfe gewähren würden, die ihm bei Zuwiderhandeln des Vertragspartners gegen solche Verbindlichkeiten zustünden. Daneben habe er noch die zusätzlichen Rechte aus den §§ 642 ff. BGB.

Die in dieser Entscheidung gefundenen Grundsätze würden nicht nur dann gelten, wenn der Unternehmer neben den Rechten aus §§ 642 ff. BGB solche aus positiver Vertragsverletzung herleite, sondern auch dann, wenn der Unternehmer Erfüllung verlange. Die diesen Fällen zugrundeliegenden Interessenlagen würden sich insoweit nicht unterscheiden. So sei es ein unerträgliches und mit Treu und Glauben nicht zu vereinbarendes Ergebnis, wenn es dem Besteller freistehen sollte, durch willkürliche Nichterfüllung seiner Gläubigerobliegenheiten den Unternehmer zur Kündigung des Vertrages zu zwingen.

---

368 ***BGHZ* 50**, S. 175 ff.

369 ***BGHZ* 50**, S. 175 ff. (176 ff.).

Letztlich sei demnach der Besteller zur Zahlung des Werklohnes zu verurteilen, ohne dass es eines Eingehens darauf bedürfe, ob sich der Besteller wegen schuldhafter Verletzung seiner „Mitwirkungspflicht" so behandeln lassen muss, als wären die Fertigstellung und die Abnahme erfolgt.
Auffällig an der vorliegenden Entscheidung ist einerseits, dass der BGH im Rahmen seiner Urteilsbegründung lediglich auf die Entscheidung *BGHZ 11, S. 80 ff.* verweist und dadurch zu dieser Rechtsprechung zurückkehrt, ohne die in *BGH, VersR 1960, S. 693 f.* gemachten Präzisierungen bzw. Klarstellungen bezüglich des Verhältnisses von Obliegenheitsverletzungen und Schadensersatzansprüchen aus positiver Vertragsverletzung mit einzubeziehen.[370] Insoweit kann also von einer Rückkehr des BGH zu den bereits in *BGHZ 11, S. 80 ff.* aufgestellten Grundsätzen bzw. von einer Aufgabe seiner Rechtsprechung in *BGH, VersR 1960, S. 693 f.* gesprochen werden.
Darüber hinaus ist andererseits hervorzuheben, dass der BGH insofern über die Entscheidung *BGHZ 11, S. 80 ff.* hinausging, als er dem Unternehmer trotz der infolge verweigerter Mitwirkung unterbliebenen Fertigstellung des Werkes den vollen Vergütungsanspruch zusprach.

b. Zusammenfassung der Entwicklungen in der Rechtsprechung des BGH

Zusammenfassend kann hinsichtlich der Rechtsprechung des BGH festgestellt werden, dass zumindest insofern eine einheitliche Linie ersichtlich ist, als an der Einordnung der Mitwirkungshandlungen des Bestellers als Obliegenheiten zwar grundsätzlich festgehalten wird,[371] in scheinbarem Widerspruch zu dieser Einordnung jedoch die Rechtsfolgenseite dahingehend erweitert wird, dass in bestimmten Situationen des Unterlassens einer Mitwirkungshandlung zusätzlich auf einen Schadensersatzanspruch der Gegenseite aus positiver Vertragsverletzung[372] zurückgegriffen wird. Das grundsätzliche Festhalten an der Einordnung der Mitwirkungshandlungen des Bestellers als Obliegenheiten dokumentiert sich in den dargestellten Urteilen des BGH insbesondere dadurch, dass die Einklagbarkeit der jeweils in Rede stehenden Mitwirkungshandlung aufgrund ihrer Obliegenheitsqualität jeweils negiert wurde. Denn insoweit verweist der BGH dar-

---

370 Konkret verweist der BGH in Gleichklang zu ***BGHZ* 11**, S. 80 ff. (insbes. S. 83) darauf, dass „zu den Verbindlichkeiten aus einem Schuldverhältnis auch die im § 642 BGB erwähnten Gläubigerobliegenheiten" gehören und dass ihre Verletzung daher dem Unternehmer alle die Rechtsbehelfe gewährte, „die ihm bei Zuwiderhandlung des Vertragspartners gegen sonstige Verbindlichkeiten zustehen". Vgl. ***BGHZ* 50**, S. 175 ff. (178 f.).

371 Dies lässt sich schon den eindeutigen Formulierungen in den entsprechenden Urteilen entnehmen; vgl. ***BGHZ* 11**, S. 80 ff. (83, 88 f.); ***BGH***, VersR 1960; S. 693 f. (694); ***BGHZ* 50**, S. 175 ff. (178).

372 Heute § 280 Abs. 1 BGB n.F..

auf, dass Gläubigerobliegenheiten, zu denen beim Werkvertrag auch die zur Herstellung des Werkes erforderlichen Handlungen des Gläubigers (§ 642 BGB) gehörten, „Sache des Gläubigers" seien, ohne dass insoweit jedoch eine „echte Verpflichtung" im Sinne einer Schuldnerpflicht entstehe.[373]

Differenzen bestehen hingegen hinsichtlich der Begründung der Anwendung des Rechtsinstituts der positiven Vertragsverletzung in den beschriebenen Fällen. Während in der dargestellten Grundsatzentscheidung noch darauf verwiesen wurde, dass auch aus einer Obliegenheitsverletzung als solcher ein Schadensersatzanspruch der Gegenseite resultieren könne,[374] stellte der BGH zwischenzeitlich darauf ab, dass das Rechtsinstitut der positiven Vertragsverletzung dann Anwendung finden könne, wenn sich das Unterlassen der Mitwirkungshandlung gleichzeitig als Verletzung der „allgemeinen vertraglichen Treuepflicht" darstelle, welche insoweit die grundsätzlich vorliegende Obliegenheit überlagere.[375]

Bezüglich der in der Grundsatzentscheidung angegebenen Begründung ist zunächst darauf hinzuweisen, dass diese schon auf den ersten Blick als kaum mit dem dargestellten Obliegenheitsbegriff vereinbar erscheint.[376]

Denn schon durch die Darstellung des entscheidend durch *Reimer Schmidt*[377] dargestellten Begriffs der Obliegenheit ist deutlich geworden, dass im Falle einer Obliegenheitsverletzung im Unterschied zu der Verletzung einer echten Rechtspflicht kein Schadensersatzanspruch der Gegenseite in Betracht kommt.[378]

Aber auch die – mittlerweile wieder verworfene – Begründung des BGH in *BGH, VersR 1960 S. 693 f.* scheint die im Verhältnis zum dargestellten Obliegenheitsbegriff bestehenden Widersprüchlichkeiten nicht ganz beseitigen zu können. Denn auch hier wird einerseits ausdrücklich davon ausgegangen, dass die Mitwirkungshandlungen des Bestellers als Obliegenheiten zu qualifizieren sind, andererseits jedoch ein Schadensersatzanspruch der Gegenseite über den

---

373 ***BGHZ* 11**, S. 80 ff. (83); auf die Begründung in BGHZ 11, S. 80 ff. verweisend ***BGHZ* 50**, S. 175 ff. (178 f.); in **BGH**, VersR 1960, S. 693 f. (694) heißt es insoweit: „Die Nichterfüllung einer Obliegenheit, die *keine Schuldnerverpflichtung zum Inhalt hat*, löst zwar als solche nicht die Folgen einer schuldhaften Forderungsverletzung aus. Es kann aber darin eine schuldhafte Nicht- oder Schlechterfüllung der allgemeinen Vertragstreuepflicht jedes Vertragsteils liegen, deren Verletzung den ganzen Vertragszweck gefährdet."

374 ***BGHZ* 11**, S. 80 ff.; ebenso unter Verweis auf die vorstehende Entscheidung BGHZ 50, S. 175 ff. (178 f.).

375 ***BGH***, VersR 1960, S. 693 f. (620).

376 *Wertheimer* verweist insoweit darauf, dass durch eine derartige Vorgehensweise die Grenzen zwischen schuldrechtlicher Verpflichtung und bloßer Obliegenheit verwischt werden; vgl. ***Wertheimer***, JuS 1993, S. 646 ff. (650).

377 Zur Pflichtenlehre *Reimer Schmidts* vgl. die Ausführungen im Rahmen der Grundlagen auf S. 27 ff. und ***Reimer Schmidt***, Obliegenheiten, 1953.

378 Vgl. hierzu die Ausführungen im Rahmen der vorliegenden Abhandlung auf S. 32 f.

Umweg des Verstoßes gegen die „allgemeine vertragliche Treuepflicht" konstruiert.
Auffällig ist weiterhin, dass der BGH zwar grundsätzlich die Schwächen seiner Rechtsprechung in *BGHZ 11, S. 80 ff.* erkannte und diese auch durch eine Auswechslung der Begründung zu beheben versuchte, letztlich jedoch seit der Entscheidung *BGHZ 50, S. 175 ff.* wieder zur Begründung der Grundsatzentscheidung zurückgekehrt ist. Dies verdeutlicht nicht nur ein Blick auf die zuletzt dargestellte Entscheidung *BGHZ 50, S. 175 ff. (178 f.)*, sondern auch ein Blick auf die neuere Rechtsprechung, in der ebenfalls auf die in *BGHZ 11, S. 80 ff.* angegebene Begründung des BGH Bezug genommen wird.[379]
Sowohl das Abstellen auf eine die Obliegenheit als solche überlagernde „allgemeine vertragliche Treuepflicht", deren Verletzung zu einer Schadensersatzverpflichtung aus positiver Vertragsverletzung führen soll, als auch – und vor allem – eine dahingehende Begründung, dass auch aus einer Obliegenheitsverletzung als solcher eine Schadensersatzverpflichtung aus positiver Vertragsverletzung resultieren könne, scheint demnach zumindest auf den ersten Blick dem ausführlich erörterten Obliegenheitsbegriff zu widersprechen, weshalb eine kritische Auseinandersetzung mit der dargestellten Rechtsprechung als unumgänglich erscheint.

2. Entwicklungen in der Literatur

a. Darstellung der Entwicklungen in der Literatur

Auch in der Literatur ist die angesprochene Rechtsprechung des BGH als Anlass dazu genommen worden, die Problematik der Behandlung von durch den Gläubiger unterlassenen Mitwirkungshandlungen insbesondere bezüglich der in Betracht kommenden Rechtsfolgenanordnungen erneut zu untersuchen. Ziel der Erörterungen der Literatur ist es dabei im Gleichklang zur Rechtsprechung des BGH in bestimmten, als „unbillig" empfundenen Situationen zu einer verschärften Haftung des Gläubigers bzw. des Bestellers zu gelangen. Lediglich die hierzu verwendeten Lösungswege und Begründungen divergieren teilweise.
Dabei gehen die vorgeschlagenen Lösungsmöglichkeiten zumeist entsprechend der Rechtsprechung des BGH davon aus, dass die Mitwirkungshandlungen des Gläubigers auch im Werkvertragsrecht grundsätzlich nicht als echte Rechts-

---

379 vgl. insoweit insbesondere die Entscheidung ***BGH***, WM 1986, S. 73 f. (74), in der der BGH unter ausdrücklichem Verweis auf ***BGHZ* 11**, S. 80 ff. feststellt, dass zu den Verbindlichkeiten des Vertragsschuldners nicht nur alle Haupt- und Nebenpflichten, sondern auch die als Gläubigerobliegenheiten zu qualifizierenden Handlungen des Bestellers gehören, die zur Herstellung des Werkes im Rahmen eines Werkvertrages erforderlich sind; ähnlich auch die Entscheidungen ***BGH***, NJW 1972, S. 99 f. (100); ***BGHZ* 88**, S. 240 ff. (248); ***BGH***, WM 1986, S. 73 f. (74); ***BGH***, NJW-RR 1988, S. 1396 f. (1397); ***BGH***, NJW 1990, S. 3008 f. (3009).

pflichten, sondern als bloße Gläubigerobliegenheiten zu qualifizieren sind.[380] Ausgehend von dieser scheinbar feststehenden Prämisse wird sodann durch verschiedene Überlegungen versucht in Situationen, in denen der Mitwirkungshandlung des Bestellers eine erhöhte Bedeutung zukommt oder die Verletzung der Mitwirkungshandlung im Einzelfall so wesentlich ist, dass die dem Schuldner bei Gläubigerverzug gewährten Erleichterungen und der Anspruch auf Ersatz der Mehraufwendungen (§ 304 BGB; § 642 BGB) zum Schutz des Schuldners nicht ausreichen, abweichend von den „traditionell" vorgesehenen Rechtsfolgen einer Obliegenheitsverletzung eine verschärfte Haftung des Bestellers (insbesondere eine Schadensersatzverpflichtung) zu konstruieren. Ausgangspunkt solcher Situationen sind auch im Rahmen der Ausführungen der Literatur die durch den BGH entschiedenen Sachverhaltskonstellationen.
Erste Stellungnahmen zu der vom BGH proklamierten Möglichkeit der Statuierung eines Schadensersatzanspruchs aus positiver Vertragsverletzung (pVv) im Falle des Unterlassens einer Mitwirkungshandlung seitens des Bestellers finden sich dementsprechend in den Urteilsbesprechungen bzw. Urteilsrezensionen von *Lehmann*[381] und *Götz*[382], die sich sowohl kritisch zu dem dargestellten Grundsatzurteil *BGHZ 11, S. 80 ff.* äußern als auch alternative Lösungsmöglichkeiten vorschlagen, um zu dem grundsätzlich – nach Auffassung beider Autoren – „begrüßenswerten" Ergebnis des BGH zu gelangen.
Neben diesen speziell auf die BGH-Entscheidung *BGHZ 11, S. 80 ff.* zugeschnittenen Kommentaren finden sich auch in der Literatur weiterreichende Stellungnahmen, welche das beschriebene Problem durch intensivere Untersuchungen zu lösen versuchen. Insbesondere die Ausführungen von *Hartmann*[383] und *Hüffer*[384] sind in diesem Zusammenhang zu nennen und darzustellen.

aa. Die Ansicht *Lehmanns* – Überlagerung der Obliegenheit durch eine aus § 242 BGB folgende „Vertragstreuepflicht"

Wie bereits angedeutet hat sich zunächst *Lehmann* kritisch mit der dargestellten Rechtsprechung des BGH auseinandergesetzt und anhand der ersten Grundsatzentscheidung[385] einen zwar im Ergebnis gleichen, jedoch bezüglich der Begründung divergierenden Lösungsweg vorgeschlagen.

---

380 So bspw. ***Lehmann***, JZ 1954, S. 238 ff.; ***Götz***, JuS 1961, S. 56 ff.; **anders hingegen *Hartmann***, Die unterlassene Mitwirkung des Gläubigers, S. 47 ff.; die Erheblichkeit des Begriffs der Obliegenheit negierend ***Hüffer***, Leistungsstörungen durch Gläubigerhandeln, S. 220 ff.

381 ***Lehmann***, JZ 1954, S. 238 ff. (240).

382 ***Götz***, JuS 1961, S. 56 ff.

383 Vgl. ***Hartmann***, „Die unterlassene Mitwirkung des Gläubigers: Ein Beitrag zum Recht der Leistungsstörungen", 1997.

384 Vgl. ***Hüffer***, „Leistungsstörungen durch Gläubigerhandeln", 1976.

385 ***BGHZ* 11**, S. 80 ff.

Auch *Lehmann* geht im Gleichklang zur angesprochenen Rechtsprechung des BGH zunächst eindeutig von der Prämisse aus, dass es sich bei den Mitwirkungshandlungen des Gläubigers im Werkvertragsrecht grundsätzlich nicht um echte Rechtspflichten, sondern um „bloße“ Gläubigerobliegenheiten handelt.[386] Im Falle der Unterlassung von Mitwirkungshandlungen durch den Gläubiger kämen demnach grundsätzlich keine Schadensersatzansprüche der Gegenseite, sondern lediglich anders geartete Rechtsnachteile, wie insbesondere die Kürzung einer bereits bestehenden, günstigen Rechtsposition des Obliegenheitsbelasteten in Betracht.

Vor dem Hintergrund dieses Ausgangspunktes hält *Lehmann* die Rechtsprechung des BGH in *BGHZ 11, S. 80 ff.* zumindest hinsichtlich der durch den BGH verwendeten Begründung für bedenklich. Denn die BGH-Rechtsprechung lege in der genannten Entscheidung nahe, dass sich aus der Verletzung eines Obliegenheitstatbestandes als solchen Schadensersatzansprüche der Gegenseite aus positiver Vertragsverletzung ergeben könnten.[387] Dies sei jedoch nach ständiger Rechtsprechung und aufgrund der gesetzlichen Einordnung der Mitwirkungshandlungen des Bestellers als Obliegenheiten bzw. aufgrund der daraus folgenden stark eingeschränkten Rechtsfolgenmöglichkeiten eben nicht möglich.[388]

Andererseits erkennt jedoch auch *Lehmann* an, dass in bestimmten Ausnahmesituationen, in denen das Unterlassen der jeweiligen Mitwirkungshandlung die Durchführung des Vertrages bzw. den Vertragszweck gefährdet, die Regelungen der §§ 642 ff. BGB nicht genügen, um einen ausreichenden Schutz des Unternehmers vor Mitwirkungsverletzungen des Bestellers zu gewährleisten. In diesen Fällen sei es erforderlich auch den Anwendungsbereich eines Schadensersatzanspruch aus positiver Vertragsverletzung (§ 280 Abs. 1 BGB n.F.) zu eröffnen. Allerdings könne dieser entgegen den Ausführungen des BGH in *BGHZ 11, S. 80 ff.* nicht aus einer Obliegenheitsverletzung als solcher resultieren, da die bloße Nichterfüllung einer im eigentlichen Sinne nicht geschuldeten Obliegenheit nicht die Folgen einer schuldhaften Forderungsverletzung auslösen könne. Dies schließe aber nicht aus, ein schuldhaftes, den Vertragszweck gefährdendes Verhalten des Bestellers bei der ihm obliegenden Mitwirkung zu-

---

386 **Lehmann**, JZ 1954, S. 238 ff. (240).

387 Insbesondere die Formulierung des BGH, dass zur Erfüllung einer Vertragsverbindlichkeit alles das gehöre, was aus dem Vertrage vom Vertragsschuldner verlangt werden könne und demgemäß die Verbindlichkeiten nicht nur alle Haupt- und Nebenpflichten umfassen, sondern auch die sogenannten reinen Gläubigerobliegenheiten, zu denen z.B. beim Werkvertrag die zur Herstellung des Werkes erforderlichen Handlungen des Gläubigers (§ 642 BGB) zu zählen seien (vgl. ***BGHZ*** **11**, S. 80 ff. (83), nimmt *Lehmann* als Anlass zu dieser Schlussfolgerung; vgl. **Lehmann**, JZ 1954, S. 238 ff. (240).

388 **Lehmann**, JZ 1954, S. 238 ff. (240).

gleich als Verletzung einer schuldrechtlichen Treuepflicht (Schutzpflicht) zu qualifizieren und dem Unternehmer aus dem Gesichtspunkt der positiven Vertragsverletzung (§ 280 Abs. 1 BGB n.F.) heraus einen über § 642 BGB hinausgehenden Anspruch auf das volle Erfüllungsinteresse zu gewähren. Solche Treuepflichten habe jeder der Vertragsbeteiligten, auch derjenige dem eine Gläubigerstellung zukomme, zu erfüllen.[389]
Lehmann will also die positive Vertragsverletzung nicht – wie es der BGH in *BGHZ 11, S. 80 ff.* und *75, S. 175 ff.* zu tun scheint – an die Verletzung der Obliegenheit als solchen knüpfen, sondern ausdrücklich an eine die Obliegenheit überlagernde bzw. zugleich bestehende allgemeine vertragliche Treuepflicht.[390]
Es bleibt damit zwar bei der rechtlichen Einordnung der Mitwirkungshandlungen des Bestellers als Gläubigerobliegenheiten. Deren Erfüllung soll allerdings in die allgemeine vertragliche Treuepflicht des Bestellers eingebunden und aus diesem Grunde einer Sanktionierung mittels eines Schadensersatzanspruchs aus pVv zugänglich sein.
Hinzuweisen bleibt darauf, dass der Lösungsvorschlag *Lehmanns* nicht dahingehend missverstanden werden darf, dass die Mitwirkungshandlung des Bestellers ausnahmsweise zu einer echten Schuldnerpflicht erstarkt und aus diesem Grunde der Sanktionierung durch einen Schadensersatzanspruch aus pVv zugänglich ist. Vielmehr soll das Unterlassen einer Mitwirkungs*obliegenheit* als solchen in bestimmten Fällen (Gefährdung des Vertragszwecks) als Verstoß gegen die allgemeine Vertragstreuepflicht qualifiziert werden, um auf diesem Wege den Anwendungsbereich der pVv eröffnen zu können.
Eine Bestätigung dieser Ansicht findet sich in der weiteren Rechtsprechung des BGH, der in seiner ebenfalls dargestellten zweiten Entscheidung zu diesem Problemkreis *Lehmann* folgend feststellte, dass sich die Anwendung der positiven Vertragsverletzung aus einer die Mitwirkungsobliegenheit überlagernde allgemeinen Vertragstreuepflicht bzw. aus einem schuldhaften Verstoß gegen diese ergebe.[391]
Auch wenn der BGH – wie gesehen – in den folgenden Entscheidungen diese Präzisierungen des Verhältnisses von Obliegenheitsverletzungen und Schadensersatzansprüchen aus positiver Vertragsverletzung nicht mehr anführt bzw. nicht mehr darauf verweist,[392] so scheinen die Ausführungen *Lehmanns* diesbezüglich in der Rechtsprechung des BGH doch zumindest zwischenzeitlich Beachtung gefunden zu haben.[393]

---

389 ***Lehmann***, JZ 1954, S. 238 ff. (240).

390 In diesem Sinne auch ***Kreuzer/Stehle***, JA 1986, S. 69 ff. (76 f.);

391 Vgl. hierzu ***BGH***, VersR 1960, S. 693 ff. (640).

392 Vgl. insbesondere ***BGHZ* 50**, S. 175 ff.

393 So bezieht sich der BGH in der angesprochenen Entscheidung auch explizit auf die Ausführungen Lehmanns; vgl. ***BGH***, VersR 1960, S. 693 ff. (694).

bb. Die Ansicht von *Götz* – Anwendung der §§ 321 (analog), 326 BGB a.F.

Eine ausführlichere Erörterung der Möglichkeit der Statuierung eines Schadensersatzanspruchs im Falle einer Obliegenheitsverletzung findet sich bei *Götz*, der sich im Rahmen einer Besprechung des Urteils *BGHZ 11, S. 80 ff.* nicht ausschließlich auf das angegebene Urteil bezieht, sondern auch allgemein das Verhältnis von Obliegenheitstatbeständen und Schadensersatzansprüchen kurz erörtert.[394]

Entgegen der von *Lehmann* dargelegten Ansicht und entgegen der BGH-Rechtsprechung hält *Götz* jedoch letztlich schon die Anwendung des Rechtsinstituts der positiven Vertragsverletzung zur Begründung eines Schadensersatzanspruchs im Falle von Obliegenheitsverletzungen, gleich ob sich diese auch als Verletzung einer Vertragstreuepflicht darstellt, für fehlerhaft.

Im Gleichklang zu *Lehmann* wendet auch *Götz* sich zunächst gegen die seiner Ansicht nach unzutreffende Schlussfolgerung des BGH, dass die „schuldhafte" Verletzung einer Obliegenheit als positive Vertragsverletzung zu qualifizieren sei.[395] Dass dies eben nicht der Fall sei, ergebe sich bereits aus dem auf *Reimer Schmidt* zurückgehenden Verständnis des Obliegenheitsbegriffs. Obliegenheiten seien danach zwar grundsätzlich als „Pflichten minderer Zwangsintensität" zu charakterisieren; jedoch sei gleichzeitig zu beachten, dass damit „keinesfalls ein Brückenschlag zur echten Rechtspflicht" und den daraus resultierenden Rechtsfolgemöglichkeiten erfolgt sei.[396] Schließlich könne nur die Verletzung einer – rechtsgeschäftlich oder gesetzlich begründeten – Rechtspflicht Schadensersatzansprüche wegen Leistungsstörung auslösen. Die Verletzung einer bloßen Gläubigerobliegenheit hingegen reiche insofern nicht aus. Die Missachtung dieses Aspekts durch den BGH sei als ein entscheidender Mangel der angesprochenen Rechtsprechung zu bewerten.[397]

Andererseits wendet *Götz* sich jedoch auch gegen den insbesondere von *Lehmann* vorgeschlagenen Lösungsweg, einen Schadensersatzanspruch aus positiver Vertragsverletzung über die (schuldhafte) Verletzung einer – die Obliegenheit überlagernde – allgemeinen vertraglichen Treuepflicht zu konstruieren. Unabhängig von der Frage, ob eine solche allgemeine Treuepflicht bestehe oder nicht,[398] sei schon die Anwendung der positiven Vertragsverletzung verfehlt, weil dieses Rechtsinstitut nur dann angewendet werden könne, wenn insoweit keine positiv gesetzlich geregelte Lösungsmöglichkeit bzw. „keine spezialgesetzliche Regelung"[399] eingreife oder herangezogen werden könne.

---

394 Vgl. die ausführliche Besprechung des Urteils *BGHZ 11, S. 80 ff.* von ***Götz*** in JuS 1961, S. 56 ff.

395 ***Götz***, JuS 1961, S. 56 ff. (57).

396 ***Götz***, JuS 1961, S. 56 ff. (57).

397 ***Götz***, JuS 1961, S. 56 ff. (57).

398 Letztlich erkennt auch *Götz* eine solche an; vgl. ***Götz***, JuS 1961, S. 56 ff. (58).

399 ***Götz***, JuS 1961, S. 56 ff. (58).

Eine solche positiv gesetzlich geregelte Lösungsmöglichkeit sei letztlich in der Vorschrift des § 321 BGB a.F.[400] zu erblicken, welche im Rahmen des vom BGH entschiedenen Falles analog heranzuziehen sei und zur unmittelbaren Anwendung des § 326 BGB a.F.[401] führe.[402]
Unter Bezugnahme auf den der Entscheidung *BGHZ 11, S. 80 ff.* zugrundeliegenden Sachverhalt führt *Götz* aus, dass derjenige, der durch sein Verhalten dem Vorleistungspflichtigen begründeten Anlass dazu gebe, dass nach dem Abschluss des Vertrages in seinen Vermögensverhältnissen eine wesentliche Verschlechterung eingetreten sei, durch die der Anspruch auf die Gegenleistung gefährdet werde, eine Interessenlage schaffe, die in ihrer Grundsituation der von § 321 BGB a.F. erfassten gleiche. Denn in beiden Fällen gehe es um die für die Übernahme einer Vorleistungspflicht unerlässliche Vertrauensgrundlage, die sowohl durch objektive als auch durch subjektive Momente beeinträchtigt werden könne.[403]
Aus diesem Grunde sei es geboten, dem Vorleistungspflichtigen im Wege der Analogie auch dann den durch § 321 BGB a.F. vorgesehenen gesetzlichen Schutz zukommen zu lassen, wenn aufgrund des Verhaltens des Vorleistungsberechtigten der Anspruch auf die Gegenleistung subjektiv gefährdet erscheint. Dabei seien die aus § 321 BGB a.F. folgenden Schutzmöglichkeiten nicht nur auf ein Leistungsverweigerungsrecht zu begrenzen, sondern auch auf einen entsprechenden Erfüllungsanspruch auszuweiten, der sich auch auf eine Siche-

---

400 Die Vorschrift des § 321 BGB a.F. lautete:
„Wer aus einem gegenseitigen Vertrage vorzuleisten verpflichtet ist, kann, wenn nach dem Abschlusse des Vertrages in den Vermögensverhältnissen des anderen Teiles eine wesentliche Verschlechterung eintritt, durch die der Anspruch auf die Gegenleistung gefährdet wird, die ihm obliegende Leistung verweigern, bis die Gegenleistung bewirkt oder Sicherheit für sie geleistet wird."

401 Die Vorschrift des § 326 BGB a.F. lautete:
Abs. 1 „Ist bei einem gegenseitigen Vertrage der eine Teil mit der ihm obliegenden Leistung im Verzuge, so kann ihm der andere Teil zur Bewirkung der Leistung eine angemessene Frist mit der Erklärung bestimmen, dass er die Annahme der Leistung nach dem Ablaufe der Frist ablehne. Nach dem Ablaufe der Frist ist er berechtigt, Schadensersatz wegen Nichterfüllung zu verlangen oder von dem Vertrage zurückzutreten, wenn nicht die Leistung rechtzeitig erfolgt ist; der Anspruch auf Erfüllung ist ausgeschlossen. Wird die Leistung bis zum Ablaufe der Frist teilweise nicht bewirkt, so findet die Vorschrift des § 325 Ans. 1 Satz 2 entsprechende Anwendung."
Abs. 2 „Hat die Erfüllung des Vertrages infolge des Verzugs für den anderen Teil kein Interesse, so stehen ihm die im Absatz 1 bezeichneten Rechte zu, ohne dass es der Bestimmung einer Frist bedarf."
Die Norm des § 326 BGB a.F. ist nunmehr in § 281 und § 323 BGB n.F. aufgegangen.

402 Vgl. zum folgenden ***Götz***, JuS 1961, S. 56 ff. (58 f.).

403 ***Götz***, JuS 1961, S. 56 ff. (59).

rungsleistung beziehen könne.[404] Der Unternehmer sei in einem solchen Fall dazu berechtigt, eine sofortige Sicherheitsleistung zu fordern. Werde diese Sicherheitsleistung nicht innerhalb einer zuvor gesetzten Frist, welche zugleich die den Verzug herbeiführende Mahnung beinhalte, geleistet, so sei der Anwendungsbereich des § 326 Abs. 1 BGB a.F. eröffnet, so dass sich ein entsprechender Schadensersatzanspruch direkt aus der Vorschrift des § 326 BGB a.F. ergebe.
Demnach rechtfertige sich die der Klägerin durch den BGH in *BGHZ 11, S. 80 ff.* zugesprochene Schadensersatzforderung also nicht aus dem insoweit nachrangigen Rechtsinstitut der positiven Vertragsverletzung, sondern aus einer (direkten) Anwendung des § 326 BGB a.F. über § 321 BGB a.F. analog.

cc. Die Ansicht *Hartmanns* – Aus § 242 BGB folgende allgemeine Mitwirkungs*pflicht*

Ein weiterer Lösungsweg ist insbesondere durch *Hartmann*[405] vorgeschlagen worden, der einen möglichen Schadensersatzanspruch nicht nur in Sonder- oder Ausnahmesituationen zulassen will, sondern generell davon ausgeht, dass unterbliebene Mitwirkungshandlungen des Gläubigers bzw. des Bestellers Schadensersatzverpflichtungen nach sich ziehen.
Zur Begründung seiner Ansicht verweist *Hartmann* insbesondere darauf, dass sich in der Regel, und nicht nur ausnahmsweise aus § 242 BGB eine allgemeine Vertragstreuepflicht ergebe, die der Besteller dann verletze, wenn er Mitwirkungshandlungen nicht wie erforderlich erbringt. Dies resultiere daraus, dass ein Vertragpartner bei Abschluss des Vertrages nicht nur die Erfüllung seiner Hauptleistungspflichten verspreche, sondern sich von Gesetzes wegen (§ 242 BGB) ebenfalls dazu verpflichte das vorgesehene Handlungsprogramm einzuhalten, durch das der Vertragszweck (Leistungsaustausch) erreicht werden soll.[406] Aus der damit immer gegebenen Pflicht zur Vertragsdurchführung ergebe sich stets und unmittelbar die Verpflichtung des Bestellers, zur Vertragsdurchführung notwendige Mitwirkungshandlungen zu erbringen.[407] Dieser Umstand eröffne den Anwendungsbereich des Rechtsinstituts der positiven Vertragsverletzung (pVv) und damit die Möglichkeit der Sanktionierung der unterlassenen Mitwirkungshandlung mit einem Schadensersatzanspruch.
Der entscheidende Unterschied dieses Lösungsweges zu der dargestellten Ansicht *Lehmanns* ist darin zu erblicken, dass *Hartmann* nicht nur in Sondersituationen oder Ausnahmefällen der Unterlassung bestellerseitigen Mitwirkungshandlungen einen über das gesetzliche Obliegenheitsmodell hinausgehenden

---

404 *Götz*, JuS 1961, S. 56 ff. (58 f.).
405 ***Hartmann***, Die unterlassene Mitwirkung des Gläubigers, S. 47 ff.
406 ***Hartmann***, Die unterlassene Mitwirkung des Gläubigers, S. 49.
407 ***Hartmann***, Die unterlassene Mitwirkung des Gläubigers, S. 52 f.; ***Lachmann***, BauR 1990, S. 409 ff. (411).

Schadensersatzanspruch zu statuieren versucht, sondern bereits die Geltung des „Obliegenheitsmodells" als solches in Zweifel zieht und schließlich in der Regel davon ausgeht, dass eine Mitwirkungspflicht als Nebenleistungspflicht des Bestellers anzunehmen ist.[408] *Hartmann* knüpft hinsichtlich der Statuierung eines Schadensersatzanspruchs also nicht an eine Obliegenheits-, sondern eindeutig an eine Pflichtverletzung an, die den Anwendungsbereich des § 242 BGB eröffnet. Der Unterschied der Lösungsansätze von *Lehmann* und *Hartmann* besteht also vor allem in den unterschiedlichen Konsequenzen, die aus der Annahme einer Treuepflichtverletzung des Bestellers für die Frage der rechtlichen Einordnung der Auftraggebermitwirkung gezogen werden. Insoweit steht das grundsätzliche Festhalten am Obliegenheitscharakter der Bestellermitwirkung (so *Lehmann*) der Annahme des Pflichtcharakters der Bestellermitwirkung (so *Hartmann*) gegenüber.[409]

dd. Die Ansicht *Hüffers* – Anwendung des § 326 BGB a.F. analog

Auch im Rahmen der Monographie *Hüffers*[410] wird die dargestellte Rechtsprechung des BGH kritisch beurteilt und – aus diesem Grunde – ausführlich ein zu der genannten Rechtsprechung divergierender Lösungsweg der Begründung eines Schadensersatzanspruchs im Falle der Unterlassens einer erforderlichen Mitwirkungshandlung seitens des Gläubigers bzw. des Bestellers, vorgeschlagen.

Bezüglich der dargestellten Rechtsprechung des BGH verweist *Hüffer* in Gleichklang zu den vorstehenden Autoren darauf, dass der BGH insbesondere in den Entscheidungen *BGHZ 11, S. 80 ff.* und *BGHZ 50, S. 175 ff.* zwar grundsätzlich mit dem durch *Reimer Schmidt* entscheidend geprägten Obliegenheitsbegriff arbeite, jedoch die dadurch zwingend zu ziehenden Schlussfolgerungen, nämlich die Negierung eines Schadensersatzanspruchs im Falle einer Obliegenheitsverletzung, missachte.[411] Letztlich gehe demnach durch den Lösungsweg des BGH die durch *Reimer Schmidt* erzielte terminologische Differenzierung der Begriffe Rechtspflicht und Obliegenheit gänzlich verloren.[412]

Durch den Verweis auf die insoweit bestehenden Unstimmigkeiten der BGH-Rechtsprechung versucht *Hüffer* allerdings nicht ähnlich den vorstehenden Autoren zu begründen, dass die Mitwirkungshandlungen zwingend entweder als Obliegenheit oder als Rechtspflicht zu qualifizieren seien und die dadurch in

---

408 *Hartmann* verweist konkret darauf, dass es eine „unzutreffende Prämisse" sei, dass das Gesetz für den Regelfall von der bloßen Mitwirkungsobliegenheit ausgehe; vgl. ***Hartmann***, Die unterlassene Mitwirkung des Gläubigers, S. 50.

409 Zu diesem Ergebnis kommt auch ***Scheube***, Auftraggebermitwirkung, S. 68.

410 Insbesondere ***Hüffer***, Leistungsstörungen durch Gläubigerhandeln, S. 220 ff.

411 ***Hüffer***, Leistungsstörungen durch Gläubigerhandeln, S. 224.

412 Vgl. hierzu unter besonderer Bezugnahme auf ***BGHZ* 11**, S. 80 ff. und ***BGHZ* 50**, S. 175 ff. ***Hüffer***, Leistungsstörungen durch Gläubigerhandeln, S. 225.

Betracht kommenden Rechtsfolgenanordnungen eingehalten werden müssten; vielmehr soll es nach *Hüffer* im Rahmen der vorliegenden Problematik erst gar nicht auf die rechtsdogmatische Einordnung der Mitwirkungshandlungen als Rechtspflicht oder Obliegenheit ankommen.[413] Zur Begründung dieser These verweist *Hüffer* zunächst darauf, dass mit dem Begriff der „Obliegenheit" für die konkreten Fragen aus dem Bereich der Vertragsverletzungen nichts gewonnen sei, weil der Begriff der „Obliegenheit" infolge seiner fehlenden tatbestandsmäßigen Umschreibung keine Entscheidung darüber ermögliche, wann nur eine Obliegenheit und wann auch daneben oder stattdessen eine „echte" Rechtspflicht missachtet sei.[414]

Gerade der Umstand, dass es nach einhelliger Ansicht in manchen Situationen als unbillig empfunden werde, im Fall einer Obliegenheitsverletzung nicht zu der Statuierung eines Schadensersatzanspruchs gelangen zu können, spreche dafür, dass dem Obliegenheitsbegriff insbesondere für die Frage, ob es möglich sei, einen Schadensersatzanspruch im Falle des Unterlassens einer erforderlichen Mitwirkungshandlung durch den Besteller zu statuieren, keine entscheidende Bedeutung zukomme bzw. zukommen solle.

Die Unerheblichkeit des von *Reimer Schmidt* entwickelten Begriffs der Obliegenheit für die in Rede stehende Problematik zeige sich am deutlichsten darin, dass der BGH insbesondere in den Entscheidungen *BGHZ 11, S. 80 ff.* und *50, S. 175 ff.* zwar grundsätzlich die Mitwirkungshandlungen des Bestellers als Obliegenheit qualifiziere, sich aber durch die Statuierung eines Schadensersatzanspruchs aus positiver Vertragsverletzung nicht an die von *Reimer Schmidt* vorgenommene Begrenzung der Rechtsfolgen für Obliegenheitsverletzungen halte.[415] Zwar werde diese durch den BGH vorgenommene Vermengung von Obliegenheitsverletzung und positiver Vertragsverletzung in *BGH, VersR 1960, S. 693* durch das Abstellen auf eine die Obliegenheit überlagernde „allgemeine Treuepflicht" vermieden; jedoch werde dadurch die Überflüssigkeit des Obliegenheitsbegriffs in den dargestellten Fällen nur noch signifikanter. Denn insbesondere durch diese Entscheidung werde deutlich, dass es allein auf die Verletzung der „allgemeinen Treuepflicht" ankomme. Dem Obliegenheitsbegriff als solchem komme demnach keine Bedeutung zu.

---

413 Vgl. zu den nachfolgenden Ausführungen ***Hüffer***, Leistungsstörungen durch Gläubigerhandeln, S. 224 ff.

414 ***Hüffer***, Leistungsstörungen durch Gläubigerhandeln, S. 225.

415 Nach *Reimer Schmidt* kommt für den Fall von Obliegenheitsverletzungen eben kein Schadensersatzanspruch, sondern nur ein anders gearteter Rechtsnachteil, wie insbesondere die Kürzung oder der Verlust einer günstigen Rechtsposition des Obliegenheitsbelasteten in Betracht. Vgl. hierzu die ausführliche Darstellung der Lehre *Reimer Schmidts* auf S. 27 ff. der vorliegenden Abhandlung.

Durch die Analyse der Rechtsprechung des BGH werde deutlich, dass es am Ergebnis nichts geändert hätte und die Begründung klarer geworden wäre, wenn der BGH ganz auf den Obliegenheitsbegriff verzichtet und sich nur auf die angesprochene „allgemeine Treuepflicht" bezogen hätte.[416]
Andererseits beurteilt *Hüffer* allerdings auch die in *BGH, VersR 1960, S. 690 ff.* angegebene Begründung des BGH bezüglich des von diesem angenommenen Schadensersatzanspruchs kritisch. Insbesondere die Herleitung des Schadensersatzanspruchs aus dem Rechtsinstitut der positiven Vertragsverletzung wird von *Hüffer* als unzutreffend bewertet. Denn im Rahmen dieses Lösungsansatzes komme es unzutreffender Weise entscheidend darauf an, dass eine Mitwirkungs- oder eine anderweitige (Treue-) Pflicht des Bestellers bestehe, die erst den Anwendungsbereich der positiven Vertragsverletzung eröffne. Demnach knüpfe auch eine dahingehende Ansicht zumindest insoweit an die rechtsdogmatische Einordnung der Mitwirkungshandlungen des Gläubigers an, als darauf abgestellt werde, dass es sich bei diesen grundsätzlich um Obliegenheiten handele, die jedoch in bestimmten Situationen (auch) den Charakter einer echten Pflicht aufweise würden bzw. sich die Verletzung einer Obliegenheit als Pflichtverletzung darstellen könne.
Die Frage der Statuierung eines Schadensersatzanspruchs in den vom BGH beschriebenen Fällen soll nach *Hüffer* jedoch gerade gänzlich unabhängig von einem Abstellen auf eine Obliegenheits- oder Pflichtverletzung zu beantworten sein, die allerdings für die Anwendung der positiven Vertragsverletzung erhebliche Bedeutung entfalte.[417]
Darüber hinaus sei das Rechtsinstitut der positiven Vertragsverletzung nur dann anzuwenden, wenn sich anderweitige sachgerechte Lösungen nicht finden ließen. Dies gelte insbesondere für die von der Rechtsprechung angegebene Pflicht der Parteien zur Erreichung des gemeinsamen Zwecks zusammenzuwirken.[418]
Auch *Hüffer* verweist also insoweit auf die bereits von *Götz* angesprochene „Subsidiarität" der positiven Vertragsverletzung gegenüber anderen (positiv gesetzlich geregelten) Lösungswegen.
Einen solchen erblickt *Hüffer* dabei ähnlich wie *Götz* in der Norm des § 326 BGB a.F..

---

416 ***Hüffer***, Leistungsstörungen durch Gläubigerhandeln, S. 225.

417 Darüber hinaus verweist *Hüffer* darauf, dass die Annahme einer Mitwirkungspflicht zumindest einigen Bedenken ausgesetzt sei; vgl. insoweit ***Hüffer***, Leistungsstörungen durch Gläubigerhandeln, S. 222 ff. Insbesondere werde durch die Konstruierung einer Pflicht des Gläubigers oder des Bestellers zur Mitwirkung die von Gesetzes wegen vorgenommene grundsätzliche Einordnung der Mitwirkungshandlungen des Gläubigers, bzw. des Bestellers als Obliegenheit letztlich unterlaufen; vgl. ***Hüffer***, Leistungsstörungen durch Gläubigerhandeln, S. 223.

418 ***Hüffer***, Leistungsstörungen durch Gläubigerhandeln, S. 222.

Bezüglich der Anwendung des § 326 BGB a.F. auf die in Rede stehenden Sachverhaltskonstellationen verweist *Hüffer* zunächst auf das Problem der grundsätzlichen Anwendungsvoraussetzung der Norm, welche insoweit insbesondere das Vorliegen eines (Schuldner-) Verzugs voraussetze. Anders als *Götz*, der dieses Problem durch die Konstruierung eines Verzugstatbestandes über § 321 BGB a.F. analog zu lösen versucht, stellt *Hüffer* allerdings darauf ab, dass § 326 BGB a.F. ein allgemeiner Rechtsgedanke dahingehend entnommen werden könne, dass für den Fall, dass ein Vertragspartner durch sein Verhalten Zweifel darüber erregt, ob es zur Vertragsdurchführung kommen wird, der andere Teil dazu berechtigt sein solle, den „vertragsuntreuen" Teil auf Nichterfüllung festzulegen und statt der Durchführung des Vertrages die Liquidation desselben zu verlangen.[419] Aufbauend auf diesem allgemeinen in § 326 BGB a.F. enthaltenen Rechtsgedanken, erscheine die Verzugsvoraussetzung des § 326 BGB a.F. als verzichtbar, da hierin nur ein charakteristischer und praktisch besonders wichtiger Fall der Ungewissheit über die Vertragsdurchführung liege. Im Ergebnis könne demnach im Rahmen einer analogen Anwendung des § 326 BGB a.F. die Voraussetzung des Verzuges des Auftraggebers durch dessen „mangelnde Erfüllungsbereitschaft" ersetzt werden. Diese mangelnde Erfüllungsbereitschaft könne sich demnach auch aus anderen Verhaltensweisen, „namentlich auch daraus ergeben, dass ein Teil des gegenseitigen Vertrages bei der Vorleistung des anderen Teils nicht mitwirkt".[420]
Hiermit bezieht sich *Hüffer* insbesondere auf die vom BGH entschiedenen und auch im Rahmen der vorliegenden Abhandlung bereits dargestellten Sachverhaltskonstellationen.[421]
Der entscheidende Unterschied dieses Lösungsweges zu dem von *Götz* vorgeschlagenen besteht mithin darin, dass *Hüffer* bereits die Erheblichkeit der Einordnung der jeweiligen Mitwirkungshandlung des Gläubigers bzw. Bestellers als Obliegenheit oder echte Rechtspflicht für die in Betracht kommenden Rechtsfolgenanordnungen bestreitet, während *Götz* eindeutig von einer grundsätzlichen Einordnung als Obliegenheit ausgeht und diese Einordnung auch für bedeutsam erklärt.

ee. Zusammenfassung der Entwicklungen in der Literatur

Durch die Darstellung der Entwicklungen in der Literatur ist deutlich geworden, dass im Gleichklang mit der bereits dargestellten Rechtsprechung des BGH anscheinend auch in der Literatur ein Bedürfnis erkannt wird, in bestimmten Situationen von Obliegenheitsverletzungen einen Schadensersatzanspruch des „Obliegenheitsbegünstigten" zu konstruieren.

---

419 Vgl. ***Hüffer***, Leistungsstörungen durch Gläubigerhandeln, S. 240.
420 ***Hüffer***, Leistungsstörungen durch Gläubigerhandeln, S. 240.
421 Vgl. insoweit die Darstellung der BGH-Rechtsprechung auf S. 86 ff.

Während allerdings im Rahmen der Rechtsprechung diesbezüglich mit unterschiedlicher Begründung ausschließlich auf das Rechtsinstitut der positiven Vertragsverletzung verwiesen wird, wird durch einige Literaturstimmen insbesondere auch ein möglicher Lösungsweg über § 326 BGB a.F. vorgeschlagen.
Eine einheitliche Linie der Literatur ist insoweit erkennbar, als die Rechtsprechung des BGH und dabei insbesondere die Urteile *BGHZ 11, S. 80 ff.* und *50, S. 175 ff.* zwar nicht wegen des dort gewonnenen Ergebnisses, aber doch bezüglich der durch den BGH in diesen Entscheidungen verwendeten Begründung auf allgemeine Ablehnung stößt. Insbesondere der Umstand, dass der BGH im Rahmen der Anwendung des Rechtsinstituts der positiven Vertragsverletzung und einem daraus resultierenden Schadensersatzanspruch an die Obliegenheitsverletzung als solche anknüpfen will, wird in der Literatur zumeist als nicht hinnehmbar bzw. verfehlt bewertet.
Trotz alledem erkennt – wie bereits angesprochen – auch die Literatur ein Bedürfnis an, dem „Obliegenheitsbegünstigten" durch die Zuerkennung eines Schadensersatzanspruchs in bestimmten Situationen einen – über die traditionell vorgesehenen Rechtsfolgen einer Obliegenheitsverletzung – hinausgehenden Schutz zukommen zu lassen.
Die Statuierung eines Schadensersatzanspruchs im Falle des Unterlassens von Mitwirkungshandlungen seitens des Gläubigers bzw. des Bestellers, erscheint allerdings vor dem Hintergrund des bereits ausführlich dargestellten Verständnisses des Obliegenheitsbegriffs zumindest bedenklich. Denn wie gesehen sind auch die Mitwirkungshandlungen des Bestellers grundsätzlich als Obliegenheit zu qualifizieren. Demnach dürfte bei konsequenter Anwendung des Obliegenheitsbegriffs eigentlich nicht auf einen, über die „traditionell" vorgesehenen Rechtsfolgen einer Obliegenheitsverletzung hinausgehenden, Schadensersatzanspruch zurückgegriffen werden.
Eine kritische Auseinandersetzung auch mit der dargestellten Entwicklung in der Literatur ist aus diesem Grunde unumgänglich.

3. Kritische Würdigung der Entwicklungen in Rechtsprechung und Literatur

a. Schadensersatzanspruch aus einer Obliegenheitsverletzung? – Insbesondere BGHZ 11, S. 80 ff. und BGHZ 50, S. 175 ff.

Ein erster Ansatzpunkt der kritischen Würdigung der Entwicklungen in Rechtsprechung und Literatur bietet die als Grundsatzentscheidung zu qualifizierende Rechtsprechung des BGH in *BGHZ 11, S. 80 ff.*.[422]

---

422 Zwar könnte bezüglich der Anwendung der Grundsätze der positiven Vertragsverletzung (pVv) auch an die insoweit grundsätzlich einschlägige Rechtsprechung des Reichsgerichtes angeknüpft werden, jedoch ist im Rahmen dieser weder bezüglich der rechtsdogmatischen Einordnung der Mitwirkungshandlungen des Gläubigers, noch be-

Gerade vor dem Hintergrund, dass der BGH nach kurzzeitiger Auswechslung der Begründung[423] letztlich wieder durch die Entscheidung *BGHZ 50, S. 175 ff.* zu seiner in dieser Entscheidung vertretenen Auffassung zurückgekehrt ist, wird deutlich, dass der BGH unter bestimmten, in den betreffenden Entscheidungen dargelegten Situationen auch an eine Obliegenheitsverletzung als solche einen Schadensersatzanspruch aus positiver Vertragsverletzung (bzw. nunmehr aus § 280 Abs. 1 BGB n.F.) knüpfen will. Insbesondere die konkret vom BGH in diesen Entscheidungen verwendeten Formulierungen[424] machen deutlich, dass der BGH nicht etwa wie in *BGH, VersR 1960, S. 693 f.* auf eine die Obliegenheit überlagernde Treuepflicht (-verletzung) abstellt, sondern die Schadensersatzverpflichtung direkt aus der Verletzung des Obliegenheitstatbestandes des § 642 BGB ableitet, ohne auch nur ansatzweise in Zweifel zu ziehen, dass es sich bei der Mitwirkungshandlung des Bestellers um eine Obliegenheit handelt. Vielmehr geht der BGH sowohl in *BGHZ 11, S. 80 ff.* als auch in *BGHZ 50, S. 175 ff.* eindeutig davon aus, dass auch die Mitwirkungshandlungen des Bestellers der durch *Reimer Schmidt* in die allgemeine Zivilrechtsdogmatik eingeführten Terminologie entsprechend als Obliegenheit zu qualifizieren sind.[425]
Hierzu hat jedoch bereits insbesondere *Lehmann*[426] zutreffen darauf verwiesen, dass die Verknüpfung einer Obliegenheitsverletzung mit einem Schadensersatzanspruch des „Obliegenheitsbegünstigten" zumindest insofern keinen Bestand haben kann, als ausschließlich bezüglich der Begründung der Anwendung des

---

züglich des damit zusammenhängenden Rekurses auf das Rechtsinstitut der pVv eine einheitliche Linie erkennbar (***RGZ* 53**, S. 221 ff.; **104**, S. 15 ff.; **152**, S. 119 ff.; **166**, S. 134 ff.; **168**, S. 321 ff.). Lediglich von der Tendenz her ist erkennbar, dass das RG versuchte zu einer verschärften Bestellerhaftung zu gelangen, um damit den Interessen des Unternehmers besser gerecht werden zu können. Vgl. zur Entwicklung der Rechtsprechung des RG die ausführlichen Darstellungen bei ***Hüffer***, Leistungsstörungen durch Gläubigerhandeln, S. 41 ff.; ***Müller-Foell***, Mitwirkung des Bestellers beim Werkvertrag, S. 28 ff.

423 vgl. ***BGH***, VersR, S. 693 f.

424 Vgl. insbes. die folgenden Formulierungen in ***BGHZ* 11**, S. 80 ff. (83): „Zur Erfüllung einer Vertragsverbindlichkeit gehört alles, was aus dem Vertrag vom Vertragsschuldner verlangt werden kann. In diesem weiten Sinne umfasst die Verbindlichkeit nicht nur alle Haupt- und Nebenpflichten, wie Vorbereitungs- und Obhutspflichten, Auskunfts- und Anzeigepflichten, Mitwirkungspflichten usw., sondern auch die sog. reinen „Gläubigerobliegenheiten", zu denen z.B. beim Werkvertrag die zur Herstellung des Werkes erforderlichen Handlungen des Gläubigers (§ 642 BGB) zu zählen sind, derartige Sachen sind „Sache des Gläubigers", ohne dass jedoch insoweit eine echte „Verpflichtung" entsteht. Jede schuldhafte Leistungsstörung, die durch eine Verletzung dieser im weitesten Sinne aufzufassenden „Vertragspflichten" den Vertragsgegner schädigt, begründet eine Verpflichtung zum Schadensersatz."

425 Vgl. ***BGHZ* 11**, S. 80 ff. (83, 88 f.); ***BGHZ* 50**, S. 175 ff. (178).

426 ***Lehmann***, JZ 1954, S. 238 ff. (240).

Rechtsinstituts der positiven Vertragsverletzung an die Obliegenheitsverletzung als solche angeknüpft wird.[427]

Dies ergibt sich bereits aus dem ausführlich dargestellten und hergeleiteten Verständnis des auch dieser Abhandlung zugrundeliegenden Begriffes der „Obliegenheit" in Abgrenzung zu dem Begriff der „Rechtspflicht". Insoweit kann im Rahmen der vorliegenden Arbeit entscheidend auf die im Rahmen der Grundlagen erfolgte, ausführliche Darstellung des Obliegenheitsbegriffs zurückgegriffen werden.[428] Dort wurde eindeutig herausgearbeitet, dass aus Verletzungen von Obliegenheitstatbeständen, insbesondere aufgrund der den Obliegenheiten zugrundeliegenden, typischen („gespaltenen Interessenlage") keine Schadensersatzforderung der Gegenseite resultieren kann. Denn Obliegenheiten zeichnen sich gerade dadurch aus, dass diese nicht mit einer Schadensersatzforderung bewehrt sind, sondern bei Verletzungen der aufgestellten Verhaltensanforderung lediglich anders geartete Rechtsnachteile, wie die Kürzung oder der Verlust der vormals bestehenden Rechtsposition in Betracht kommen. Die Annahme des BGH, dass sich aus einer Obliegenheitsverletzung als solchen Schadensersatzansprüche des insoweit Berechtigten ergeben können, führt demnach im Ergebnis dazu, dass der von *Reimer Schmidt* für den Bereich des allgemeinen Zivilrechts entwickelte Begriff der Obliegenheiten zwar grundsätzlich in die Rechtsprechung des BGH Eingang gefunden hat und auch insoweit grundsätzlich nicht in Frage gestellt wurde, gleichzeitig jedoch nicht konsequent genug angewendet wurde.

b. Schadensersatzansprüche aus einer Verletzung der die Obliegenheit überlagernde allgemeinen Vertragstreuepflicht? – Insbesondere die Ansicht Lehmanns und BGH, VersR 1960 S. 693 ff.

Ein Schadensersatzanspruch könnte sich allerdings – wie von *Lehmann*[429] vorgeschlagen und zwischenzeitlich durch die BGH Rechtsprechung[430] aufgegriffen – durch die in der Obliegenheitsverletzung gleichzeitig gegebene Verletzung einer allgemeinen vertraglichen Treuepflicht ergeben, die insoweit die grundsätzlich gegebene Obliegenheit überlagert.

Hierzu ist zunächst festzuhalten, dass die ablehnende Haltung von *Götz* gegenüber einer Anwendung des Rechtsinstituts der positiven Vertragsverletzung über eine solche Treuepflicht zumindest für die heutige Rechtslage keinen Bestand mehr haben kann. Zur Begründung seiner ablehnenden Haltung beruft sich *Götz*

427 So auch die überwiegenden Stimmen in der Literatur; vgl. bspw. ***Hüffer***, Leistungsstörungen durch Gläubigerhandeln, S. 225; ***Scheube***, Auftraggebermitwirkung im VOB/B-Bauvertrag, S. 63 f.; ***Fuchs***, Kooperationspflichten, S. 88 f.

428 Vgl. die Darstellungen in Teil C der vorliegenden Abhandlung auf S. 26 ff..

429 ***Lehmann***, JZ 1954, S. 238 ff.

430 ***BGH***, VersR 1960, S. 693 f.

insbesondere darauf, dass die Anwendung des Rechtsinstituts der positiven Vertragsverletzung nur dann in Betracht kommt, wenn insoweit keine speziellere, sich direkt aus dem Gesetz ergebende Lösungsmöglichkeit herangezogen werden kann, die sich nach *Götz* für den vorliegenden Fall aus §§ 321 analog, 326 BGB a.F. ergibt. Durch die nunmehr geltende Regelung des § 280 I BGB n.F. hat das Rechtsinstitut der positiven Vertragsverletzung jedoch ebenfalls eine gesetzliche Regelung erfahren,[431] sodass ein von *Götz* angenommenes Rangverhältnis jedenfalls für die heutige Rechtslage keinen Bestand mehr haben kann.[432] Durch die Neuregelung des Leistungsstörungsrechts und insbesondere durch die Schaffung des neuen § 280 Abs. 1 – 3 BGB, der insoweit alle denkbaren Pflichtverletzungen erfasst,[433] bedarf es eines wie von *Götz* ausgearbeiteten Konstrukts nicht mehr.

Eine Ansicht, die in den vom BGH entschiedenen Fallgestaltungen einen Schadensersatzanspruch an die schuldhafte Verletzung einer die Obliegenheit überlagernde „allgemeinen Vertragstreuepflicht" knüpfen will,[434] löst allerdings in anderer Hinsicht erhebliche Bedenken aus.

So bereitet bereits der aus § 242 BGB abgeleitete Begriff der „allgemeinen Vertragstreuepflicht" insoweit Schwierigkeiten, als dieser weder in seiner Reichweite noch in Art und Umfang seiner Verletzungssanktionen von vorneherein klar bestimmt ist und daher je nach Belieben von Rechtsprechung und Literatur zielorientiert ausgeweitet werden kann.[435] Gerade das für die vorliegende Abhandlung entscheidende Beispiel des Unterlassens von Mitwirkungshandlungen macht deutlich, dass der Begriff der „allgemeinen Vertragstreuepflicht" herangezogen werden kann, um zu einem vom Gesetz eigentlich nicht vorgesehenen Ergebnis zu gelangen.[436] Denn wie die Darstellung der gesetzlichen Ausgangssituation der Behandlung von Mitwirkungshandlungen des Gläubigers bzw. des Bestellers zeigt, sind diese grundsätzlich als Obliegenheiten anzusehen. Dem dargestellten Begriff der Obliegenheit folgend soll im Fall der Unterlassung oder fehlerhaften Erbringung dieser demnach gerade kein Schadensersatzanspruch in Betracht kommen. Diese Grundaussage des Gesetzes wird durch das Abstellen auf den inhaltlich extrem dehnbaren Begriff der „allgemeinen Vertragstreuepflicht" bzw. aus der über diesen Begriff anwendbaren positiven Vertragsverletzung (§ 280 I BGB n.F.) und dem daraus resultierenden Schadensersatzanspruch

---

431 ***Heinrichs*** in **Palandt**, BGB, § 280, Rn. 5.

432 In diesem Sinne auch ***Mayerhöfer***, MDR 2002, S. 549 ff. (536).

433 § 280 BGB n.F. als zentrale Anspruchsnorm für Pflichtverletzungen; vgl. ***Heinrichs*** in **Palandt**, BGB, § 280, Rn. 2.

434 So insbesondere ***Lehmann***, JZ 1954, S. 238 ff. (240) und ***BGH***, VersR 1960, S. 693 ff.

435 Auf diesen Umstand weist auch ***Müller-Foell***, Mitwirkung des Bestellers beim Werkvertrag, S. 101 in aller Deutlichkeit hin.

436 So auch ***Scheube***, Auftraggebermitwirkung, S. 69.

des „Obliegenheitsbegünstigten" umgangen.
Zwar ist grundsätzlich zuzugeben, dass – wie noch zu zeigen sein wird[437] – Situationen auftreten können, in denen die gesetzliche Ausgangssituation als nur wenig interessengerecht eingestuft werden muss; auch erscheint der Begriff der „allgemeinen Vertragstreuepflicht" durch die Anknüpfungsmöglichkeit an einen Schadensersatzanspruch aus § 280 Abs. 1 BGB im Verletzungsfalle als grundsätzlich geeignet, um in diesen Situationen zu angemessenen Ergebnissen zu gelangen; jedoch ist zu beachten, dass die Reichweite des Begriffes der „allgemeinen Vertragstreuepflicht" insoweit bedenklich erscheint, als in nahezu jeder Situation des Unterlassens von Mitwirkungshandlungen die „allgemeine Pflicht zur Vertragstreue" verletzt zu sein scheint. Denn in nahezu jedem der Fälle des Unterlassens von Mitwirkungshandlungen wird die Durchführung des Vertrages zumindest erschwert und dadurch gefährdet, sodass bei einem schuldhaften Verstoß gegen eine Mitwirkungsobliegenheit nicht nur ausnahmsweise, sondern *in der Regel* zugleich ein Verstoß gegen die Vertragstreuepflicht gegeben sein wird. Es käme also im Ergebnis zu einer Umkehr des Verhältnisses von Regel und Ausnahme bzw. zu einer regelmäßigen und aus diesem Grunde nicht zu billigenden Umgehung des gesetzlich vorgesehenen Obliegenheitsmodells. Unterstützt wird diese Sichtweise vor dem Hintergrund der Bedeutung des § 242 BGB als Generalklausel, aus der der Begriff der „Vertragstreuepflicht" abgeleitet wird. Insoweit ist eindeutig zu betonen, dass § 242 BGB keine Ermächtigung zu einer Billigkeitsjustiz enthält. § 242 BGB gibt dem Richter nicht die Befugnis, die sich aus Vertrag oder Gesetz ergebenden Rechtsfolgen im Einzelfall durch vermeintlich „billigere" oder „angemessenere" zu ersetzen.[438] Zwar entspricht es allgemeiner und zutreffender Ansicht, dass § 242 BGB eine pflichtenbegründende Funktion dahingehend zukommt den Pflichtenkanon im Schuldverhältnis zu präzisieren und auszuweiten,[439] jedoch sollte diese pflichtenbegründende Funktion aufgrund der drohenden Gefahr der „Billigkeitsjustiz" ihre Grenze zumindest dort finden, wo gesetzliche Systeme weitestgehend unterlaufen werden oder eine Pflichtenbegründung als „contra legem" erscheint. Eine solche nicht zu billigende Vorgehensweise scheint aber durch die im Ergebnis regelmäßig mögliche Statuierung eines Schadensersatzanspruchs über § 242 BGB i.V.m. pVv (§ 280 Abs. 1 BGB n.F.) trotz Vorliegens einer Obliegenheitsverletzung gegeben zu sein. Es handelt sich also zumindest um eine – sehr weitgehende – Umgehung eines gesetzlichen Systems, die vor dem Hintergrund der Vermeidung einer „Billigkeitsjustiz" kaum gerechtfertigt werden kann.

---

437 Vgl. insoweit die Ausführungen im ersten und zweiten Hauptteil.

438 ***Heinrichs*** in **Palandt**, BGB, § 242, Rn. 2; ***RGZ*** **131**, S. 158 ff. (177); ***BGH***, NJW 1985, S. 2579 ff. (2580); ***Gernhuber***, JuS 1983, S. 764 ff. (767).

439 Vgl. insoweit nur ***Hartmann***, Die unterlassene Mitwirkung des Gläubigers, S. 47; ***Gernhuber***, JuS 1983, S. 764 ff. (765).

Ebenso muss berücksichtigt werden, dass die im Rahmen der Bewertung der BGH-Rechtsprechung in *BGHZ 11, S. 80 ff. und 50, S. 175 ff.* aufgezeigten Widersprüchlichkeiten zwischen dem Festhalten an der rechtlichen Einordnung der Bestellermitwirkungen als Obliegenheit und der gleichzeitigen Gewährung von Schadensersatzansprüchen über das Rechtsinstitut der pVv nur scheinbar gelöst, letztlich aber lediglich verlagert werden.[440] Denn wie gesehen gehen sowohl *Lehmann* als auch die Rechtsprechung des BGH davon aus, dass die Mitwirkung des Bestellers als Obliegenheit zu qualifizieren ist, die Erfüllung der Mitwirkung also dem Besteller anheim gestellt ist. Es bleibt allerdings unbeachtet, dass soweit im Zusammenhang mit der Bestellermitwirkung auf die allgemeine Vertragstreuepflicht abgestellt wird, der Besteller sich in einer Schuldner- und nicht mehr in einer Gläubigerposition befindet. Denn handelt es sich um eine Treuepflicht, so ist deren Erfüllung auch geschuldet.[441]

Neben den dargestellten Bedenken hinsichtlich des Begriffs der „allgemeinen Vertragstreuepflicht" und den Gefahren, die aus der Anwendung dieses Begriffs resultieren, stellt sich der Lösungsvorschlag *Lehmanns* aus diesem Grunde als in sich inkonsequent dar.

Insgesamt muss hinsichtlich der Statuierung eines Schadensersatzanspruchs trotz Vorliegens einer Obliegenheitsverletzung über den aus § 242 BGB folgenden Begriff der „allgemeinen Vertragstreuepflicht" festgehalten werden, dass auch durch eine solche Vorgehensweise die im Rahmen der BGH-Rechtsprechung aufgezeigten systematischen Widersprüchlichkeiten nicht beseitigt werden können und demnach die hier vorgeschlagene Konstruierung eines Schadensersatzanspruchs trotz Vorliegens einer Obliegenheitsverletzung im Ergebnis abzulehnen ist.[442]

c. Unerheblichkeit der rechtsdogmatischen Einordnung der Mitwirkungshandlungen des Gläubigers als Obliegenheit oder echte Rechtspflicht? – Die Ansicht Hüffers

Auch die Ansicht *Hüffers*, der im Rahmen seiner Abhandlung ein Rechtsfolgensystem entwickelt, mittels dessen in bestimmten Situationen von Verletzungen oder Unterlassungen von Mitwirkungshandlungen ein Schadensersatzanspruch konstruiert wird, vermag schließlich nicht zu überzeugen.

Neben Problemen, die sich daraus ergeben, dass *Hüffer* eindeutige Anwendungsvoraussetzungen des § 326 BGB a.F. (wie die Verzugsvoraussetzung) als nicht entscheidend bewertet und letztlich durch die „mangelnde Erfüllungsbereitschaft" des Auftraggebers ersetzt, stößt seine Ansicht insbesondere insoweit

440 ***Schwenker*** in **Erman**, BGB, § 642, Rn. 10; ***Müller-Foell***, Mitwirkung des Bestellers, S. 61.

441 ***Teichmann*** in **Soergel**, BGB, § 642, Rn. 7.

442 Im Ergebnis ebenso ***Scheube***, Auftraggebermitwirkung, S. 67.

auf erhebliche Bedenken, als die Negierung der Bedeutung des Obliegenheitsbegriffs letztlich als Mittel zum Zweck erscheint, um die von ihm forcierte Analogie als nicht systemwidrig erscheinen zu lassen.
Hüffer hat erkannt, dass unter Zugrundelegung der grundsätzlichen Einordnung der Mitwirkungshandlungen des Bestellers als Obliegenheit kaum ein Weg denkbar ist, einen Schadensersatzanspruch für den Fall von unterlassenen Mitwirkungshandlungen des Gläubigers zu konstruieren, ohne dem Vorwurf der Systemwidrigkeit ausgesetzt zu sein.
Einen möglichen Weg der systemkonformen Statuierung eines Schadensersatzanspruchs im Falle der Verletzung einer Mitwirkungshandlung seitens des Gläubigers erblickt *Hüffer* zutreffend darin, die grundsätzliche Einordnung als Obliegenheit in bestimmten Fällen durch eine Einordnung als Mitwirkungspflicht zu ersetzen. Da die Annahme einer Mitwirkungspflicht jedoch einigen Bedenken ausgesetzt sei und sich letztlich wohl kaum begründen ließe,[443] nimmt *Hüffer* von einem solchen Lösungsweg eindeutig Abstand, ohne sich jedoch ausführlich damit zu beschäftigen, ob verlässliche Abgrenzungskriterien entwickelt werden können, anhand derer die angesprochenen Ausnahmesituationen des Erstarkens einer Gläubigerobliegenheit zu einer echten Schuldnerpflicht systemgerecht ermittelt werden können.
Letztlich sieht *Hüffer* aus diesem Grunde in der Negierung der Erheblichkeit des Obliegenheitsbegriffs bzw. in der Ablehnung der Erheblichkeit der Einordnung der jeweilig in Rede stehenden Mitwirkungshandlung in die Kategorien Obliegenheit und Pflicht den einzigen Weg systemkonform zu einem Schadensersatzanspruch zu gelangen. Und tatsächlich kann dem Lösungsweg *Hüffers* letztlich – soweit man die Erheblichkeit des Obliegenheitsbegriffs tatsächlich negiert – ein solcher Vorwurf nicht gemacht werden. Aber gerade dies ist der Ansatzpunkt einer kritischen Auseinandersetzung mit dem Lösungsvorschlag *Hüffers*.
Denn dieser umgeht den Vorwurf der Systemwidrigkeit letztlich schlicht durch die Negierung der Erheblichkeit des gesamten Systems als solchen, ohne dieses jedoch detailliert in seinem Kern anzugreifen. Vielmehr verweist *Hüffer* im Rahmen seiner Feststellungen schlicht darauf, dass die dargestellte Rechtsprechung des BGH verdeutliche, dass dem Obliegenheitsbegriff keine entscheidende Bedeutung zukommen sollte.[444] Einerseits deshalb, weil durch diese die durch *Reimer Schmidt* entwickelten Grundsätze unterlaufen würden, und andererseits, weil gerade das zwischenzeitliche Abstellen auf die die Obliegenheit überlagernde „allgemeine vertragliche Treuepflicht" zeige, dass die von *Reimer Schmidt* vorgenommene Kategorisierung nicht durchgehalten werden könne.[445]
Gerade hierin ist jedoch die entscheidende Schwäche der Argumentation *Hüffers*

---

443 So *Hüffer* selbst; vgl. ***Hüffer***, Leistungsstörungen durch Gläubigerhandeln, S. 222 f.
444 Vgl. ***Hüffer***, Leistungsstörungen durch Gläubigerhandeln, S. 225.
445 ***Hüffer***, Leistungsstörungen durch Gläubigerhandeln, S. 224 f..

zu erblicken. Denn beide von der Rechtsprechung konstruierten Möglichkeiten der Statuierung eines Schadensersatzanspruchs in den in Rede stehenden Fällen wurden bereits als dem Obliegenheitsbegriff nicht entsprechend bewertet.[446] Insofern erscheint es mehr als zweifelhaft unzutreffende Ansichten dazu zu verwenden die Erheblichkeit einer gesamten rechtlichen Kategorie zu negieren. Die Erheblichkeit der Kategorie Obliegenheit ergibt sich eben aus deren konsequenten und nicht inkonsequenten Anwendung.
Eine solche konsequente Anwendung der Kategorie Obliegenheiten führt in den vorliegenden Fällen dazu, dass die Statuierung eines Schadensersatzanspruchs der Gegenseite grundsätzlich als nicht möglich erscheint und deshalb nur dann in Betracht kommt, wenn ausnahmsweise ein Fall vorliegt, in dem die Obliegenheit zu einer echten Rechtspflicht erstarkt. Der Ansicht *Hüffers* kann insofern ebenfalls nicht gefolgt werden, sodass es nach wie vor entscheidend auf die rechtsdogmatische Einordnung der Mitwirkungshandlungen des Gläubigers als Obliegenheit oder echte Rechtspflicht ankommt.

d. Regelmäßiges Vorliegen einer Mitwirkungspflicht? – Die Ansicht Hartmanns

Letztlich kann auch die dargestellte Ansicht *Hartmanns* nicht überzeugen.
Zwar ist zunächst zuzugeben, dass Widersprüchlichkeiten und Probleme, die aus dem nebeneinander von Obliegenheitsverletzung und der Gewährung eines Schadensersatzanspruchs hier nicht entstehen, weil *Hartmann* die Anwendung des Rechtsinstituts der pVv (bzw. § 280 Abs. 1 BGB n.F.) eindeutig an die zu einer echten Rechtspflicht erstarkten Mitwirkungshandlung knüpft, jedoch liegt in der regelmäßigen Annahme echter Mitwirkungspflichten letztlich eine systemwidrige Umgehung des gesetzlichen Systems bzw. Obliegenheitsmodells.[447]
Schließlich kann nicht übersehen werden, dass die den §§ 642, 293 ff. BGB zugrunde liegende gesetzgeberische Entscheidung gegen eine Pflicht des Gläubigers, den Schuldner bei seiner Leistung zu unterstützen, unterlaufen wird, wenn man in dem Ausbleiben der Mitwirkung generell eine positive Vertragsverletzung und damit doch einen Pflichtverstoß sieht.[448]
Ebenso kann die Ansicht *Hartmanns* als Beispiel dafür herangezogen werden, dass die Konstruierung eines Schadensersatzanspruchs im Falle der Unterlassung einer Mitwirkungshandlungen des Gläubigers über den aus § 242 BGB resultierenden, inhaltlich zu unbestimmten Begriff der „allgemeinen Vertrags-

---

446 Vgl. insoweit die Ausführungen auf S. 106 ff..

447 Zwar negiert *Hartmann* bereits, dass eine eindeutige Einordnung der Mitwirkungshandlungen des Gläubigers als Obliegenheit gegeben sei (vgl. ***Hartmann***, Die unterlassene Mitwirkung des Gläubigers, S. 50), jedoch wurde dies im Rahmen des vorliegenden Beitrags bereits eindeutig herausgearbeitet.

448 So auch ***Hüffer***, Leistungsstörungen durch Gläubigerhandeln, S. 223.

treuepflicht“ zu einer „Billigkeitsjustiz“ führen kann, die von der Generalklausel des § 242 BGB nicht mehr gedeckt ist.
Darüber hinaus führt die Annahme einer regelmäßigen Rechtspflicht aber nicht nur dazu, dass das gesetzliche System der §§ 642 ff. BGB gänzlich und aus diesem Grunde in nicht zu billigender Weise unterlaufen wird. Eine solche Vorgehensweise wird auch den vielfältigen Möglichkeiten der denkbaren Bestellermitwirkungen und ihrer aus der Vielschichtigkeit resultierenden unterschiedlichen Bedeutung für die Leistungserfüllung des Unternehmers nicht gerecht.[449] Denn wenn hinsichtlich des gesetzlichen „Obliegenheitsmodells“ kritisch darauf verwiesen wird, dass dieses den in der modernen Vertragspraxis auftauchenden Bestellermitwirkungen nicht gerecht wird,[450] so muss dies auch für die pauschale Einordnung der Bestellermitwirkungen als aus § 242 BGB folgende Pflichten gelten.
Letztlich kann ein angemessener und systemkonformer Lösungsweg demnach nur darin bestehen, Mitwirkungshandlungen des Gläubigers durch ein flexibles und zugleich zuverlässiges System in Ausnahmefällen als Rechtspflicht auszugestalten und somit den Anwendungsbereich eines Schadensersatzanspruchs zu eröffnen.
Darzulegen in welchen konkreten Situationen, anhand welchen methodischen Ansatzes, bzw. mittels welcher Abgrenzungskriterien dies vorgenommen werden bzw. möglich sein soll, ist Aufgabe des vorliegenden Beitrags.[451]

e. Zusammenfassung und Fazit

Zusammenfassend bleibt demnach festzuhalten, dass keine der dargestellten Ansichten in der Lage ist, durch eine entsprechend durchgreifende Begründung einen Schadensersatzanspruch im Falle von Unterlassungen von Mitwirkungshandlungen des Gläubigers bzw. des Bestellers, zu gewähren. Zwar scheint in den insbesondere durch den BGH entschiedenen bzw. in mit diesen vergleichbaren Sachverhaltskonstellationen ein Bedürfnis zu bestehen, die traditionell vorgesehenen Rechtsfolgen durch einen Schadensersatzanspruch zu erweitern; jedoch kann ein solcher nur durch die ausnahmsweise Statuierung einer echten Mitwirkungspflicht des Bestellers konstruiert werden, nicht jedoch durch eine die Obliegenheit überlagernde, also zugleich bestehende „allgemeine Vertragstreuepflicht“, im Rahmen derer zwar grundsätzlich am Obliegenheitsmodell festgehalten wird, zugleich aber die hierfür traditionell vorgesehenen Rechtsfolgen in systemwidriger Weise erweitert werden.

---

449 In diesem Sinne auch ***Scheube***, Auftraggebermitwirkung, S. 69.
450 So nur beispielhaft für den Bereich des Bauvertragsrechts ***Müller-Foell***, Mitwirkung des Bestellers beim Werkvertrag, S. 89 f.; ***Nicklisch***, BB 1979, S. 533 ff. (537 ff.).
451 Vgl. insoweit die Ausführungen im 1. und 2. Hauptteil der vorliegenden Arbeit.

III. Fazit der grundsätzlichen rechtsdogmatischen Einordnung der Mitwirkungshandlungen des Gläubigers im Werkvertragsrecht

Durch die Darstellungen der grundsätzlichen rechtsdogmatischen Einordnung der Mitwirkungshandlungen des Gläubigers ist deutlich geworden, dass auch für den – für die vorliegende Abhandlung entscheidenden – Bereich des Werkvertragsrechts sowohl nach der diesem Bereich des BGB zugrundeliegenden Modellvorstellung, als auch nach den durch diese Modellvorstellung entscheidend geprägten gesetzlichen Regelungen der §§ 293 ff., 642 ff. BGB davon auszugehen ist, dass es sich bei Mitwirkungshandlungen des Bestellers nicht um echte Rechtspflichten, sondern um bloße Gläubigerobliegenheiten handelt. Lediglich für die Abnahme*pflicht* des Bestellers nach § 640 BGB besteht insoweit eine eindeutige gesetzliche Ausnahme.

Unmittelbare Folge dieser gesetzlichen Einordnung der Mitwirkungshandlungen des Bestellers ist, dem ausführlich dargestellten Begriff der „Obliegenheit" folgend, dass bei einer Verletzung einer Mitwirkungsobliegenheit seitens des Bestellers grundsätzlich kein Schadensersatzanspruch der Gegenseite, sondern nur die speziell für die Verletzung einer Mitwirkungshandlung vorgesehenen Rechtsfolgenanordnungen der §§ 642 ff. BGB[452] in Betracht kommen.

Bezüglich der Möglichkeit, ausnahmsweise auch auf einen Schadensersatzanspruch der Gegenseite zurückzugreifen, ist herausgearbeitet worden, dass die insoweit insbesondere vom BGH vorgeschlagenen und von der Literatur weiterentwickelten Lösungsmöglichkeiten aufgrund ihrer Systemwidrigkeit nicht greifen. Sowohl die Anknüpfung an einen aus der Obliegenheitsverletzung als solchen resultierenden Schadensersatzanspruch aus positiver Vertragsverletzung, bzw. § 280 Abs. 1 BGB, als auch der Rekurs auf eine die Obliegenheit überlagernde „allgemeine vertragliche Treuepflicht" unterläuft letztlich die durch das Gesetz vorgenommene Negierung einer insoweit bestehenden Rechtspflicht.

Aber auch die Ansicht *Hüffers*, der die Statuierung eines Schadensersatzanspruchs in den genannten Fällen unabhängig von einer rechtsdogmatischen Einordnung der Mitwirkungshandlungen des Gläubigers vornehmen will, vermag den Widerspruch der gesetzlichen Ausgangslage zu der Statuierung eines Schadensersatzanspruchs nicht aufzulösen.[453]

Letztlich hängt die Möglichkeit der Sanktionierung der Verletzung einer Mitwirkungshandlung seitens des Gläubigers bzw. Bestellers demnach davon ab, ob die insoweit grundsätzlich bestehende Mitwirkungs*obliegenheit* zu einer echten Mitwirkungs*pflicht* erstarken zu lassen, um so auf die für die Verletzung von Rechtspflichten vorgesehenen Rechtsfolgen zurückgreifen zu können. Problematisch erscheint allerdings, anhand welcher Abgrenzungskriterien die „Wande-

---

452 Insbesondere der Entschädigungsanspruch des § 642 BGB.

453 So auch ***Scheube***, Auftraggebermitwirkung, S. 66 in Fn. 297.

lung“ oder das „Erstarken“ einer Mitwirkungs*obliegenheit* zu einer Mitwirkungs*pflicht* vorzunehmen ist.

Eindeutig ist insoweit lediglich, dass nur in absoluten Ausnahmefällen und nicht regelmäßig[454] das Erstarken einer Mitwirkungs*obliegenheit* zu einer Mitwirkungs*pflicht* angenommen werden kann, um die gesetzliche Ausgangslage nicht in unangemessener Weise zu unterlaufen und sich so dem Vorwurf der Systemwidrigkeit auszusetzen.

Aufgabe der vorliegenden Abhandlung ist es demnach zu klären, in welchen (Ausnahme-) Fällen die Heraufstufung der jeweiligen Mitwirkungshandlung des Gläubigers von einer bloßen Obliegenheit zu einer echten Rechtspflicht angezeigt ist bzw. mittels welcher Kriterien eine solche Entscheidung zu treffen ist. Diese Frage ist aufgrund der erhöhten Bedeutung der Mitwirkungshandlungen des Bestellers für den Bereich des Bauvertrags nach BGB und VOB/B insbesondere für das zivile Baurecht und die Baupraxis relevant. Dieser Themenkomplex bildet den Hauptteil der vorliegenden Abhandlung.

---

454 Wie dies bspw. *Hartmann* vorschlägt; vgl. die Ausführungen auf S. 100 f. und ***Hartmann***, Die unterlassene Mitwirkung des Gläubigers, S. 47 ff.

E. Erster Hauptteil: Die Besonderheiten des BGB-Bauvertrages im Bezug auf die Behandlung von Mitwirkungshandlungen des Auftraggebers

Nachdem nunmehr die werkvertragsrechtlichen Grundlagen der Behandlung von aus einer fehlerhaften Mitwirkung des Auftraggebers resultierenden Leistungsstörungen dargestellt wurden, soll in diesem Teil der vorliegenden Abhandlung untersucht werden, ob die für den Bereich des allgemeinen Werkvertragsrechts dargestellte Einordnung der Mitwirkungshandlungen des Bestellers als Obliegenheiten („Obliegenheitsmodell“) auch für den Bereich der BGB-Bauverträge aufrecht erhalten werden kann.

Denn insbesondere vor dem Hintergrund der aus dem Obliegenheitsmodell resultierenden, eingeschränkten Rechtsfolgemöglichkeiten hinsichtlich der Sanktionierung von durch den Besteller nicht oder nur schlecht erbrachten Mitwirkungshandlungen und dem zugleich steigenden Interesse des Werkunternehmers an der fehlerfreien und termingerechten Mitwirkung des Bestellers wird vielfach vertreten, dass das „Obliegenheitsmodell“ im Rahmen von Bauverträgen zu unbilligen Ergebnissen führe und aus diesem Grunde nicht mehr haltbar bzw. zu modifizieren sei.[455] Demgemäß wird oftmals darauf verwiesen, dass das Obliegenheitsmodell einer Abwandlung dahingehend bedürfe, dass in bestimmten Situationen – insbesondere in Fällen von Werkverträgen mit Langzeitcharakter, wie dem Bauvertrag – eine Heraufstufung der Mitwirkungsobliegenheiten zu echten Rechtspflichten zu erfolgen habe, um auf diesem Wege zu einer Erweiterung der Rechtsfolgealternativen zu gelangen und so dem gesteigerten Interesse des Werkunternehmers an der fehlerfreien Erbringung der Mitwirkungshandlung durch den Besteller besser gerecht werden zu können.[456]

Das Problem ob, in welchen konkreten Situationen und auf welchem Wege eine Modifizierung des „Obliegenheitsmodells“ vorzunehmen ist, bildet auch im Rahmen der vorliegenden Abhandlung – wie bereits im Rahmen der Einleitung angesprochen – die zentrale Fragestellung, die es zu lösen gilt.

Eine Erörterung dieses Problemkreises soll in der vorliegenden Abhandlung exemplarisch am Beispiel des Bauvertrages erfolgen.

Zur Beantwortung der vorstehenden, zentralen Fragestellung ist es zunächst erforderlich, die Besonderheiten von BGB-Bauverträgen im Unterschied zu anderen Werkverträgen herauszuarbeiten und die auf dem Boden dieser Besonderheiten in Rechtsprechung und Literatur hinsichtlich der Behandlung von Mitwirkungshandlungen des Bestellers entwickelten Lösungsansätze einer kritischen Beurteilung zu unterziehen.

---

455 Vgl. nur ***Nicklisch***, BB 1979, S. 533 ff.; ***Müller-Foell***, Mitwirkung des Bestellers beim Werkvertrag, S. 68 ff., 111; ***Fuchs***, Kooperationspflichten der Bauvertragsparteien, S. 354 ff.; ***Scheube***, Auftraggebermitwirkung, S. 72 f.; ***Teichmann*** in **Soergel**, BGB, § 642, Rn. 7.

456 So bspw. ***Nicklisch***, BB 1979, S. 533 ff. (544).

Dabei bleiben für diesen Teil der Abhandlung die möglicherweise bestehenden Besonderheiten der Bauverträge, die unter Einbeziehung der VOB/B geschlossen werden (VOB/B-Bauverträge), zunächst unberücksichtigt. Denn auch wenn aus dem Gesichtspunkt der praktischen Relevanz heraus im Rahmen der Erstellung eines Bauwerkes dem VOB/B-Bauvertrag eine wesentlich höhere Bedeutung zukommt als dem BGB-Bauvertrag,[457] so ist doch nicht außer Acht zu lassen, dass auch der VOB/B-Bauvertrag auf dem gesetzlichen Grundmodell des Werkvertrages (§ 631 BGB) aufbaut. Aus diesem Grunde beruhen auch die später noch zu erörternden VOB/B-bauvertragsspezifischen Problemlagen hinsichtlich der Behandlung von (schlecht oder nicht erbrachten) Auftraggebermitwirkungen zumeist auf den bestehenden Schwierigkeiten beim Umgang mit den Auftraggebermitwirkungen im BGB-Bauvertrag.[458]
Wenn also die Besonderheiten des Bauvertrages bei der Behandlung von aus einer fehlerhaften Mitwirkung des Bestellers resultierenden Leistungsstörung aufgezeigt werden sollen, so erscheint es nicht nur aufgrund des für diese Abhandlung gewählten deduktiven Darstellungsansatzes als notwendig, zunächst isoliert die Besonderheiten des BGB-Bauvertrages und deren Auswirkungen auf die Behandlung bzw. rechtsdogmatische Einordnung der Auftraggebermitwirkung zu erarbeiten.

I. Die grundsätzlichen Besonderheiten des BGB-Bauvertrages

Grundsätzlich ist insoweit zunächst festzuhalten, dass auch Bauverträge, also das Vertragsverhältnis zwischen Auftraggeber und Auftragnehmer, welches den Auftragnehmer zur Ausführung von Bauleistungen und den Auftraggeber zur Vergütung dieser Leistungen verpflichtet, nach einhelliger Ansicht[459] als Werkverträge im Sinne des § 631 BGB zu qualifizieren sind. Unmittelbare Konsequenz dieser Einordnung ist der Umstand, dass auch der Auftragnehmer eines Bauvertrages das vereinbarte Ergebnis der Bauarbeiten, also einen bestimmten Erfolg in Form der Herstellung des vereinbarten Bauwerkes, und nicht etwa (nur) eine von dem Erfolg unabhängige Arbeitsleistung schuldet.[460]
Vom Ausgangspunkt her stimmt der Bauvertrag also mit anderen Formen des Werkvertrages überein, so dass man davon ausgehen könnte, dass sich der Bauvertrag von anderen Werkverträgen hauptsächlich durch den Vertragsgegens-

---

457 *Peters* geht bspw. davon aus, dass ca. 80 % der Bauverträge unter Einbeziehung der VOB/B abgeschlossen werden; vgl. ***Peters*** in **Staudinger**, BGB, Vorbem. zu §§ 631 ff., Rn. 91.

458 Ebenso ***Teichmann*** in **Soergel**, BGB, § 642, Rn. 11.

459 Vgl. nur ***Sprau*** in **Palandt**, BGB, Einf. vor § 631, Rn. 16; ***Peters*** in **Staudinger**, BGB, Vorbem. zu §§ 631 ff., Rn. 78; ***Busche*** in **MüKo**, BGB, § 631, Rn. 111.

460 ***Kleine-Möller*** in **Kleine-Möller/Merl/Oelmaier**, S. 7, § 2, Rn. 3.

tand – nämlich die Herstellung eines Bauwerkes – unterscheidet.[461] Eine solche Sichtweise erscheint jedoch aufgrund einiger noch aufzuzeigender Aspekte als zu pauschal bzw. zu kurz gegriffen. Insbesondere der Umstand, dass die Herstellung eines Bauwerkes einige Zeit in Anspruch nimmt und sich oftmals, je nach Größe oder Komplexität des Bauwerkes, über Monate oder Jahre hinweg erstreckt, bildet einen ersten Ansatzpunkt für die im Folgenden vorzunehmende Herleitung und Darstellung der Besonderheiten des BGB-Bauvertrages im Unterschied zu Werkverträgen geringeren Umfangs.

1. Langzeitcharakter von BGB-Bauverträgen

Wie bereits im Rahmen der grundsätzlichen rechtsdogmatischen Einordnung der Mitwirkungshandlungen des Gläubigers dargestellt wurde, ist die Konzeption des BGB-Werkvertragsrechts (§§ 631 ff. BGB) entscheidend durch die Modellvorstellungen *Kohlers* geprägt worden.[462]

Dieser ging davon aus, dass die Positionen von Gläubiger (Besteller bzw. Auftraggeber) auf der einen und Schuldner (Unternehmer) auf der anderen Seite auch im Werkvertragsrecht grundsätzlich strikt zu trennen sind. Dabei sollte dem Auftraggeber in seiner Position als Gläubiger gleichsam eine Stellung als „Herr des Schuldverhältnisses" zukommen, die sich insbesondere dadurch auszeichnet, dass sich der Besteller – abgesehen von der Ausnahme der Abnahme gem. § 640 BGB – keinerlei Pflicht ausgesetzt sieht, eine bestimmte Mitwirkungshandlung zur Erreichung des Vertragszieles vornehmen zu müssen.[463]

Hinsichtlich einer solchen Sichtweise der Stellung des Bestellers im Werkvertrag ist allerdings festzuhalten, dass sich diese hauptsächlich an Werkverträgen geringen Umfangs orientiert und dadurch insbesondere solche Werkverträge vor Augen hat, die aufgrund ihrer geringen Komplexität durch einen einmaligen punktuellen Leistungsaustausch (hergestelltes Werk gegen vereinbarte Vergütung) geprägt sind. So verweist *Kohler* im Rahmen seiner Ausführungen vornehmlich auf klassische Werkverträge geringeren Umfangs, wie das Besohlen von Schuhen oder die Herstellung eines Portraits.[464] Derartige Werkverträge geringeren Umfangs zeichnen sich insbesondere dadurch aus, dass die Vertragsabwicklung zeitnah erfolgen kann, der Leistungsaustausch also nicht auf einen

---

461 So scheinbar ***Kleine-Möller*** in **Kleine-Möller/Merl/Oelmaier**, S. 7, § 2, Rn. 3. ***Peters*** in **Staudinger**, BGB, § 642, Rn. 18 geht insoweit davon aus, dass Besonderheiten zwar erkennbar sind, diese aber keine Auswirkungen auf die im Rahmen der vorliegenden Abhandlung zentrale „Mitwirkungsproblematik" haben.

462 Zur ausführlichen Darstellung der Modellvorstellungen *Kohlers* vgl. die Ausführungen im Rahmen der grundsätzlichen rechtsdogmatischen Einordnung der Mitwirkungshandlungen des Gläubigers auf S. 62 f..

463 Dies gilt selbstverständlich nicht für die per Gesetz festgeschriebene Pflicht des Bestellers, das hergestellte Werk abzunehmen (§ 640 BGB).

464 Vgl. ***Kohler***, BügerlR, § 138 II; vgl. auch ***Nicklisch***, JZ 1984, S. 757 ff. (757).

längeren Zeitpunkt ausgerichtet ist, sondern eher kurzfristig möglich ist. Dementsprechend sind explizite, die Herstellungsphase des Werkes betreffende Regelungen im Werkvertragsrecht des BGB als nicht erforderlich angesehen worden und fehlen aus diesem Grunde. Die Regelungen der §§ 631 ff. BGB gehen hinsichtlich des Leistungsaustauschs gem. § 641 BGB vielmehr vom starren System der Vorleistungspflicht des Unternehmers und der anschließenden vollen Vergütungspflicht des Bestellers aus. Zusätzlich soll der Werkunternehmer gem. § 644 BGB bis zur Abnahme die Vergütungsgefahr tragen.[465] Der Phase der Herstellung des versprochenen Werkes durch den Unternehmer kommt also nach der gesetzlichen Grundkonzeption des Werkvertragsrechts keine entscheidende Bedeutung zu. Nach dem BGB-Modell ist der Leistungsaustausch (Werkerfolg gegen Vergütung) in einem einzigen Zeitpunkt, dem der Abnahme, zentriert.[466]

Die heutige Vertrags- und Geschäftswirklichkeit allerdings wird zunehmend durch komplexere Werkverträge größeren Volumens geprägt, bei denen insbesondere die zeitliche Komponente der Werkherstellung eine ungleich größere Rolle spielt.
Typisches Beispiel eines solchen Werkvertrages ist der Bauvertrag, welcher zwar grundsätzlich den allgemeinen Regelungen der §§ 631 ff. BGB unterworfen ist, sich jedoch in für die Werkherstellung entscheidenden Bereichen erheblich von den genannten kleineren Werkverträgen unterscheidet. So sind die Parteien eines Bauvertrages in der Regel aufgrund des notwendig längeren Zeitraumes der Erstellung des Bauwerkes wesentlich länger rechtlich gebunden, als dies bspw. bei einem Vertrag über das Besohlen eines Paares Schuhe der Fall wäre. Aufgrund dieser längerfristigen rechtlichen Bindung der Vertragsparteien kann bei einem Bauvertrag zumindest insoweit nicht von einem punktuellen Leistungsaustausch gesprochen werden, als es beim Bauvertrag eben nicht nur um die kurzfristige Herstellung eines einzelnen Bildes oder um die Besohlung eines einzelnen Paares Schuhe geht. Gegenstand eines Bauvertrages ist nicht die kurzfristige oder zumindest in einem überschaubaren Zeitraum realisierbare Werkerstellung, sondern vielmehr ein komplexes Gefüge technisch-

465 Vgl. zur Vorleistungspflichtigkeit des Unternehmers bspw. ***Sprau*** in **Palandt**, BGB, § 641, Rn. 2.

466 Aus diesem Grunde kommt bspw. *Nicklisch* zu dem Ergebnis, dass die Phase der Herstellung des Werkes nach dem BGB-Modell im Prinzip irrelevant ist; vgl. ***Nicklisch***, JZ 1984, S. 757 ff. (760). An diesem Grundmodell hat auch das am 01.01.2002 in Kraft getretene Schuldrechtsmodernisierungsgesetz nichts Wesentliches geändert. Die zunächst verfolgte Idee einer Totalrevision wurde insbesondere wegen der unabsehbaren Auswirkungen auf das Bauvertragsrecht fallengelassen. Die Änderungen beziehen sich vielmehr nahezu ausschließlich auf den Bereich des Mängelgewährleistungsrechts; vgl. hierzu ***Lorenz/Riehm***, Schuldrecht, S. 353 ff. (Rn. 623 ff.).

wirtschaftlich miteinander verknüpfter Lieferungen und Leistungen, welche in der Regel nur innerhalb eines längeren Zeitraumes erbracht werden können.[467] Durch die Verbindung der zu erbringenden Einzelleistungen im auf die erfolgreiche Herstellung des Endproduktes (Bauwerk) ausgerichteten Bauvertrag, verstärkt sich diese Langfristigkeit der zu erbringenden Einzelleistungen noch weiter, weshalb beim Bauvertrag überwiegend von einem Vertrag mit *Langzeitcharakter* gesprochen wird und auch gesprochen werden kann.[468]

Ähnlich wie bei Dauerschuldverhältnissen kommt im Rahmen eines Bauvertrages demnach dem Zeitmoment eine essentielle Bedeutung zu.[469] Aus diesem Grunde wird der Bauvertrag häufig mit Dauerschuldverhältnissen, wie dem Miet- oder Gesellschaftsvertrag verglichen bzw. in der Nähe dieser angesiedelt. In diesem Sinne bezeichnet insbesondere *v. Gierke* den Werkvertrag als eine Art Zwischenform, der je nach seiner konkreten Ausgestaltung einmal dem einfachen und gesetzlichen Modell des (punktuellen) Austauschvertrags und einmal dem Dauerschuldverhältnis näher komme.[470] Da der Erfolg der Werkleistung allein geschuldet sei, sei der Werkvertrag zwar grundsätzlich kein Dauerschuldverhältnis; die Verpflichtung zur Werkherstellung erzeuge aber ein „vorbereitendes Schuldverhältnis, das auf Dauer bis zur Erfüllung angelegt" sei. Demgemäß spricht *v. Gierke* von einem dem Werkvertrag „eingebauten dauernden Schuldverhältnis", welches bei einzelnen Formen von Werkverträgen eine ungleiche Rolle spiele, also bspw. beim Bauvertrag höhere Bedeutung erlange als im Falle des Besohlens von Schuhen.[471]

Herauszustellen bleibt allerdings, dass sich die Grundstrukturen von Werkverträgen – welcher Art sie auch sein mögen – im Ergebnis doch erheblich von denen der Dauerschuldverhältnisse unterscheiden.[472] Denn bei üblichen Dauerschuldverhältnissen wie Miete, Pacht, Leihe, Darlehen und Arbeitsverhältnissen wird der Vertrag ständig während der Dauer erfüllt. Der Umfang der Gesamtleistung hängt hierbei von der Länge der Zeit ab, während die Leistungen fortgesetzt werden.[473] Beim hier in Rede stehenden, auf „Herstellung" eines Bauwerkes gerichteten Werkvertrag hingegen, erfolgen zwar auch ständig (Einzel-) Leistungen; erfüllt und das angestrebte Ziel erreicht wird aber erst zu einem Zeitpunkt, in dem zugleich der Vertrag endet. Das Ziel bestimmt also über die

---

467 ***Schlotke*** in **Nicklisch**, Der komplexe Langzeitvertrag, S. 377 ff. (384).

468 Grundlegend zu den sog. „*komplexen Langzeitverträgen*" vor allem ***Nicklisch***, BB 1979, S. 533 ff. (insbes. S. 538 f.); ***ders.***, JZ 1984, S. 757 ff.

469 vgl. auch ***Meurer***, MDR 2001, S. 848 ff. (852); ***Nicklisch***, JZ 1984, S. 757 ff. (757, 762); ***ders.***, NJW 1985, S. 2361 ff. (2362).

470 Vgl. ***v. Gierke***, JhJb 64 (1914), S. 355 ff. (395-397).

471 ***v. Gierke***, JhJb 64 (1914), S. 355 ff. (396).

472 Vgl. hierzu auch ***Fuchs***, Kooperationspflichten der Bauvertragsparteien, S. 150 ff.

473 Vgl. hierzu auch ***Medicus***, SchuldR I, S. 6 f., Rn. 11.

Zeit. Es handelt sich um ein „zieldeterminiertes Zeitverhältnis mit wachsender Erfüllungsnähe“.[474]

2. Rahmencharakter von BGB-Bauverträgen

Aus dem aufgezeigten Langzeitcharakter der BGB-Bauverträge folgt ein zusätzlicher Aspekt, der als weiterer, entscheidender Unterschied des Bauvertrages im Verhältnis zu den „klassischen“ Werkverträgen geringeren Umfangs aufgefasst werden kann.

Schon im Rahmen von Werkverträgen geringeren Umfangs streben die Vertragsparteien in der Regel danach, alle Umstände und Eventualitäten der Werkherstellung vertraglich zu erfassen, um so gegebenenfalls auftretenden Meinungsverschiedenheiten vorzubeugen und bestehendes Konfliktpotential zu minimieren. Bei einem „klassischen“, also von der Modellvorstellung *Kohlers* ins Auge gefassten Werkvertrag geringeren Umfangs, erscheint dies auch weitestgehend möglich, da es hier meist um die kurz- oder mittelfristige Erbringung überschaubarer Leistungen geht.

Auch beim durch eine extrem lange und konfliktanfällige Phase der Bauausführung („Langzeitcharakter“) gekennzeichneten Bauvertrag ist den Vertragsparteien daran gelegen, durch entsprechende vertragliche Planungen und Vereinbarungen ein möglichst genaues und umfassendes Vertragswerk zu schaffen.[475] Dies gilt für den Bauvertrag sogar in gesteigertem Maße. Denn je länger die Phase der Werkherstellung andauert, desto wichtiger wird eine entsprechende Detailplanung, um das mit der Länge der Bauausführungsphase steigende Konfliktpotential zu minimieren.

Diesem Streben der Vertragsparteien sind bei einem Bauvertrag jedoch schon rein faktisch Grenzen gesetzt. Denn die tatsächlich zu erbringenden einzelnen Werkleistungen, sowie die Höhe der Vergütung können oftmals – aufgrund der unüberschaubaren zeitlichen Dauer der (Bau-) Werkherstellung – zum Zeitpunkt des Vertragsschlusses noch gar nicht festgelegt werden, so dass die vertragliche Vereinbarung und die ihr zugrunde liegende Projektplanung in erheblichem Umfang nur *Rahmencharakter* haben.[476]

Dies resultiert einerseits aus dem bereits dargestellten „Langzeitcharakter“ des Bauvertrages, aber auch daraus, dass es bei Bauverträgen zumeist um die individuelle Einzelanfertigung von Bauwerken geht, bei denen die Detailplanung unter Berücksichtigung der speziellen Wünsche des Bestellers, der örtlichen Gege-

---

474 ***Schlotke*** in **Nicklisch**, Der komplexe Langzeitvertrag, S. 377 ff. (387).

475 ***Nicklisch***, JZ 1984, S. 757 ff. (762).

476 Zum Rahmencharakter der Bauverträge vgl. auch ***Schwarze***, BauR 2004, S. 895 ff. (902); ***Nicklisch***, JZ 1984, S. 757 ff. (762).

benheiten und des neuesten Standes der Technik erst noch durchgeführt werden muss.[477]
Zwar könnte insoweit darauf abgestellt werden, dass sich die Bedeutung dieses Aspektes dadurch verringert, dass heutzutage bspw. beim Hausbau vermehrt auf katalogisierte Fertighäuser zurückgegriffen wird, bei denen die Detailplanung weitestgehend schon vor Beginn der Bauausführungsphase stattfindet. Jedoch bleibt zu berücksichtigen, dass auch nach Vertragsabschluss die Projektplanung hinsichtlich der Errichtung eines solchen Bauwerkes notwendigerweise noch für Änderungen bzgl. Einzel- und Detailfragen offen ist. Dabei kann es sich sowohl um Änderungen handeln, die sich im Laufe der Projektausführung aufgrund vorher nicht bedachter, örtlicher Gegebenheiten als zwingend geboten oder als empfehlenswert erweisen, als auch um solche, die auf den Wünschen des Bestellers beruhen, dem vertraglich ein Recht zur Änderung der vertraglichen Leistung – und sei es nur bzgl. kleinerer Einzelleistungen – zugesichert worden ist.[478]
Darüber hinaus ist bei Bauverträgen mit einer Herstellungsphase, die sich über mehrere Jahre erstreckt, zu berücksichtigen, dass sich in der Zeit zwischen Vertragsschluss und Vollendung des Werkes die wirtschaftlichen, rechtlichen und technischen Bedingungen der Herstellung unvorhersehbar ändern können und der Vertrag aus diesem Grunde einer Anpassung bedarf.[479]
Festzuhalten bleibt, dass den Parteien eines Bauvertrages grundsätzlich daran gelegen ist, einen möglichst detaillierten Vertrag abzuschließen, um das aus den aufgezeigten Unsicherheits- und Änderungsaspekten resultierende Konfliktpotential weitestgehend ausschließen bzw. minimieren zu können.[480] Trotz aller Erfahrung und Voraussicht wird es bei einem Bauvertrag jedoch faktisch nicht möglich sein, alle denkbaren Entwicklungen und ihre Verästelungen zu erkennen, bzw. diese schon zum Zeitpunkt des Vertragsschlusses zu berücksichtigen. Das Modell des vollständigen Vertrages stellt daher lediglich ein Fernziel dar, dessen Erreichen die Vertragsparteien zwar anstreben sollten, jedoch im Ergebnis zumindest im Bereich des Bauvertrages kaum verwirklichen können.[481] Der dargestellte Rahmencharakter des Bauvertrages und das hieraus resultierende erhöhte Konfliktpotential kann in der Geschäftswirklichkeit also auch durch eine möglichst genaue Vertragsgestaltung nicht gänzlich ausgeschlossen, sondern allenfalls minimiert werden.[482]

---

477 ***Nicklisch***, JZ 1984, S. 757 ff. (762).

478 ***Nicklisch***, JZ 1984, S. 757 ff. (762).

479 ***Kleine-Möller*** in **Kleine-Möller/Merl/Oelmaier**, S. 9, § 2, Rn. 19.

480 Vgl. hierzu auch ***Fuchs***, Kooperationspflichten der Bauvertragsparteien, S. 108 f., der insoweit auf den aus einer ökonomischen Analyse des Rechts stammenden Begriff des *„fully specified contract"* abstellt.

481 ***Fuchs***, Kooperationspflichten der Bauvertragsparteien, S. 109.

482 Selbst wenn man jedoch – zugegebenermaßen wirklichkeitsfremd – von der Möglichkeit eines solchen „fully specified contract" ausgeht, bleibt zu berücksichtigen, dass

3. Kooperationscharakter

Als weiterer entscheidender Unterschied des BGB-Bauvertrages zu Werkverträgen geringeren Umfangs ist der in Rechtsprechung[483] und Literatur[484] vielzitierte *Kooperationscharakter* der Bauverträge anzuführen.
Gerade der Kooperationscharakter der Bauverträge wird in Literatur und Rechtsprechung oftmals als entscheidende Besonderheit des Bauvertrages im Verhältnis zu anderen Werkverträgen geringeren Umfangs aufgefasst.[485] Aus diesem Grunde ist es angezeigt den Kooperationscharakter des Bauvertrages näher zu erörtern und zu hinterfragen.

a. Der Kooperationscharakter von Bauverträgen nach der Lehre *Nicklischs*

Herausgestellt wurde der Kooperationscharakter des Bauvertrages erstmals durch *Nicklisch* im Rahmen einer Auseinandersetzung mit den bereits angesprochenen (komplexen) Langzeitverträgen im Jahre 1979.[486]
Langzeit- sowie Rahmencharakter des Bauvertrages machen nach *Nicklisch* während der gesamten Vertragsdurchführung eine mehr oder minder intensive und vertrauensvolle *Kooperation* der Vertragspartner notwendig, um die Werkerstellung möglich zu machen und für beide Vertragspartner erfolgreich gestalten zu können.[487] Aus diesem Grunde müsse der Bauvertrag im Unterschied zu den von *Kohler* ins Auge gefassten „klassischen“ Werkverträgen geringeren Umfangs in zwei verschiedene und voneinander zu trennende Phasen eingeteilt werden, nämlich in die Phase der Werkherstellung und die Phase der Abnahme.[488] Denn während dem gesetzlichen Modell des Werkvertrages grundsätzlich ein Verständnis zu Grunde liege, das durch einen einmaligen und punktuellen Leistungsaustausch geprägt sei und damit der rechtliche Schwerpunkt des Werkvertragsrechts auf der Phase der Abnahme liege, komme im Bauvertrag gerade der hiervon zu trennenden Phase der Werkherstellung aufgrund des hier-

---

die Gestaltung eines solchen Vertrages enorm hohe Informations- und Beratungskosten verursacht (sog. „*Transaktionskosten*“), die in der Regel dazu führen, dass das Zustandekommen eines solchen Vertrages schon an der Bereitschaft der Parteien scheitert, die hohen Kosten der Vertragsgestaltung zu tragen; vgl. hierzu ***Kern***, JuS 1992, S. 13 ff. (13, 15); ***Fuchs***, Kooperationspflichten der Bauvertragsparteien, S. 109.

483 ***BGHZ* 133**, S. 44 ff. (47); ***BGHZ* 143**, S. 89 ff. (93).

484 ***Nicklisch***, BB 1979, S. 533 ff. (533 f., 537 f.); ***Müller-Foell***, Mitwirkung des Bestellers beim Bauvertrag, S. 85 ff.; ***Schwarze***, „Das Kooperationsprinzip des Bauvertragsrechts“, 2003; ***Fuchs***, „Die Kooperationspflichten der Bauvertragsparteien“, 2003; ***Meurer***, MDR 2001, S. 848 ff.; ***Grieger***, BauR 2000, S. 969 ff.; ***Schuhmann***, BauR 2003, S. 162 ff.

485 Vgl. insoweit die vorstehenden Nachweise in Fn. 483 und 484.

486 Vgl. insoweit den grundlegenden Aufsatz ***Nicklischs*** in BB 1979, S. 533 ff.

487 ***Nicklisch***, JZ 1984, S. 757 ff. (763).

488 ***Nicklisch***, BB 1979, S. 533 ff. (538).

für erforderlichen und erheblich längeren Zeitraumes eine gesteigerte Bedeutung zu, die den Bauvertrag abweichend vom gesetzlichen Ausgangsmodell in die Nähe der Dauerschuldverhältnisse bringe.[489] Hieraus resultiere eine vom gesetzlichen Ausgangsmodell des Werkvertragsrechts und der dargestellten Modellvorstellung *Kohlers*[490] divergierende Doppelstellung des Bauherrn.[491] Zum einen sei er zum Zeitpunkt der Abnahme des Werkes als Gläubiger gleichsam „Herr des Schuldverhältnisses", wie es auch der Wertung des BGB entspreche; zum anderen aber sei er entgegen der Wertung des BGB und entgegen der Modellvorstellung *Kohlers* vor der Abnahme gleichsam *Kooperationspartner* des Schuldners und daher dazu „verpflichtet", den Schuldner bei der Herstellung des Werkes zu unterstützen und mitzuwirken.[492]
Dies resultiere auch daraus, dass die Offenheit des Projekts bzw. der Bauwerksherstellung und die damit zusammenhängenden Unwägbarkeiten (Rahmencharakter) ein ständiges Kommunizieren zwischen den Vertragspartnern erfordere, welches dem Informationsaustausch, der Klärung von Problemen, dem Schließen von Vertragslücken und oft auch der Beilegung von Meinungsverschiedenheiten diene und die vertragsgemäße Herstellung des versprochenen (Bau-) Werkes erst ermögliche.[493]
Der Bauvertrag erfordert also nach dem Verständnis *Nicklischs* in erhöhtem Maße ein Zusammenwirken der am Vertrag beteiligten Parteien, um der Komplexität des Bauvertrages gerecht werden zu können und das hieraus resultierende, insbesondere in der Phase der Bauausführung auftretende, erhöhte Konfliktpotential bewältigen und die Werkherstellung seitens des Schuldners ermöglichen zu können.
Die dargelegte Doppelrolle des Bestellers eröffne schließlich zumindest die Möglichkeit, dass der Besteller als Gläubiger der Gesamtleistung zugleich zum Schuldner der während der Herstellungsphase erforderlichen Kooperations- und Mitwirkungshandlungen werde.[494]
Der *Kooperationscharakter* des Bauvertrages als Langzeitvertrag scheint also schon nach den grundsätzlichen Ausführungen und Ansätzen *Nicklischs* erhebliche Auswirkungen auf die, für die vorliegende Arbeit entscheidende, Mitwirkungsproblematik zu haben.

---

489 Vgl. auch ***Nicklisch***, JZ 1984, S. 757 ff. (762 f.); ***ders.***, BB 1979, S. 533 ff. (538).
490 Vgl. insoweit die Ausführungen in Teil D der vorliegenden Abhandlung auf S. 62 f..
491 ***Nicklisch***, BB 1979, S. 533 ff. (537).
492 ***Nicklisch***, BB 1979, S. 533 ff. (538).
493 ***Nicklisch***, JZ 1984, S. 757 ff. (763).
494 ***Nicklisch***, BB 1979, S. 533 ff. (539).

b. Der Kooperationscharakter von Bauverträgen im Rahmen der Rechtsprechung – die Grundsatzentscheidung BGHZ 133, S. 44 ff.

Im Rahmen der Rechtsprechung des BGH wurde der von Nicklisch angeführte Kooperationscharakter als Wesensmerkmal des Bauvertrages erstmals im Jahre 1996[495] herausgestellt.

Insoweit ist zwar zunächst darauf hinzuweisen, dass die hier in Rede stehende und im folgenden darzustellende Entscheidung des BGH einen Bauvertrag betrifft, der unter Einbeziehung der VOB/B geschlossen wurde und demnach auf den ersten Blick nicht zur Erörterung der Besonderheiten der BGB-Bauverträge im Verhältnis zu anderen Werkverträgen geringeren Umfangs herangezogen werden kann; jedoch entspricht es zutreffender und einhelliger Ansicht in Rechtsprechung[496] und Literatur[497], dass die Geltung des Kooperationscharakters nicht nur auf VOB/B-Bauverträge beschränkt ist, sondern auch für BGB-Bauverträge Bedeutung entfaltet, soweit sich diese nicht nur auf kurzfristige handwerkliche Leistungen beschränken, also ebenfalls einen Langzeitcharakter aufweisen. Die zu den VOB/B-Bauverträgen hinsichtlich des Kooperationscharakters ergangenen Entscheidungen können also auch für den für diesen Teil der vorliegenden Abhandlung relevanten Bereich der BGB-Bauverträge fruchtbar gemacht werden.

Dem also auch für den Bereich der BGB-Bauverträge relevanten, grundlegenden Urteil *BGHZ 133, S. 44 ff.* lag eine Fallgestaltung zugrunde, in der der Auftragnehmer als Nachunternehmer des Auftraggebers auf Grundlage der VOB/B Trockenbauarbeiten zu erbringen hatte. Der Auftragnehmer begehrte unter anderem die Zahlung einer weiteren Vergütung in Höhe von rund 150.000 DM wegen angeblich nicht vom vertraglichen Leistungsumfang erfassten, vom Auftraggeber nachträglich angeordneten und vom Auftragnehmer erbrachten Leistungen.

Die Vorinstanz[498] hatte die Klage mit der Begründung abgewiesen, es könne offen bleiben, ob es sich bei den vom Auftragnehmer erbrachten und berechneten Leistungen um im Vertrag nicht vorgesehene Zusatzleistungen handele, da es der Auftragnehmer zumindest versäumt habe, dem Auftraggeber vor Beginn der

---

495 ***BGHZ*** 133, S. 44 ff.

496 ***OLG Düsseldorf***, NZBau 2000, S. 427 ff. (427); ***OLG Köln***, NJW-RR 2002, S. 15 ff. (18).

497 Auch *Nicklisch* unterscheidet in seinen grundlegenden Ausführungen hinsichtlich des Kooperationscharakters nicht zwischen VOB/B-Bauvertrag und BGB-Bauvertrag; vgl. ***Nicklisch***, BB 1979, S. 533 ff. (537 f.); ***ders.***, JZ 1984, S. 757 ff. (763 f.); vgl. auch ***Schuhmann***, BauR 2003, S. 162 ff. (165); ***Schmitz***, BauR 2000, S. 1126 ff. (1128); ***Wagner***, NJW 2001, S. 2128 ff. (2129); ***Grieger***, BauR 2000, S. 969 ff. (970); ***Meurer***, MDR 2001, S: 848 ff. (849); ***Maas***, IBR 2001, S. 108.

498 ***OLG Hamm***, Urt. V. 31.08.1994 (12 U 63/92).

Ausführung der Leistung seine Vergütungsansprüche gem. § 2 Nr. 6 Abs. 1 S. 2 VOB/B anzukündigen und somit eine Voraussetzung zur Entstehung des Anspruchs nicht erfüllt sei.

Der BGH hob dieses Urteil auf und verwies den Rechtsstreit zur weiteren Sachaufklärung an das Berufungsgericht zurück. Zur Begründung führte er im Wesentlichen aus, § 2 Nr. 6 Abs. 1 S. 2 VOB/B regele die Rechtsfolgen einer unterlassenen Ankündigung nicht ausdrücklich. Zwar sei nach überwiegender Ansicht im Schrifttum[499] und im Einklang zu den Ausführungen der Vorinstanz die Ankündigung eine Voraussetzung für die Entstehung des Vergütungsanspruchs, jedoch bedürfe diese Annahme einer Präzisierung dahingehend, dass die Rechtsfolgen einer unterlassenen Anzeige erst durch die gebotene Auslegung unter Bewertung der Interessenlage ermittelt werden müsse.[500]

Im Rahmen dieser Auslegung stellte der BGH erstmals eindeutig fest, dass der **„Bauvertrag als Langzeitvertrag einer Kooperation beider Vertragsparteien“** bedürfe.[501] Aus dieser Kooperation würden Informations-, Mitwirkungs- und Rügeobliegenheiten und -pflichten erwachsen, in dessen Rahmen auch die Pflicht zur Ankündigung nach § 2 Nr. 6 Abs. 1 S. 2 VOB/B zu sehen sei, wenn die Ausführung von Anordnungen des Auftraggebers nach § 1 Nr. 4 VOB/B zu Mehrleistungen und damit zu einer erhöhten Vergütungsforderung führen solle.[502]

Hinsichtlich der im Rahmen dieser Entscheidung zugrundeliegenden Sachverhaltsgestaltung relevanten und in § 2 Nr. 6 Abs. 1 S. 2 VOB/B festgeschriebenen unternehmerseitigen Ankündigung der im Vertrag nicht vorgesehenen Leistung, führte der BGH aus, dass diese grundsätzlich dem Interesse des Auftraggebers diene, der häufig nicht überblicken könne, ob eine seinerseits erfolgte Anordnung einer Leistung zu Kostenerhöhungen führe oder nicht. Daher solle der Auftraggeber vom Auftragnehmer über drohende Kostenerhöhungen rechtzeitig informiert werden, um dementsprechend disponieren zu können.

Andererseits seien jedoch auch die berechtigten Interessen des Bauunternehmers, die sich insbesondere daraus ergäben, dass gewerbliche Bauleistungen in der Regel nicht ohne Vergütung zu erwarten seien, zu berücksichtigen. Ebenso müsse der Auftragnehmer in zumutbarer Weise Gelegenheit haben, seine Ankündigung eines zusätzlichen Anspruchs vorzubereiten.

Dieser Zweck der Klausel begrenze nach dem BGH zugleich deren Anwendungsbereich.[503] Ausgehend von der Funktion der Ankündigung *„im Kooperati-*

---

499 Der BGH verweist insoweit vor allem auf ***Keldungs*** in **Ingenstau/Korbion**, VOB/B, § 2 Nr. 6, Rn. 13 f.; ***Riedl*** in **Heiermann/Riedl/Rusan**, VOB/B, § 2, Rn. 130.

500 ***BGHZ*** **133**, S. 44 ff. (46 f.).

501 ***BGHZ*** **133**, S. 44 ff. (47).

502 Vgl. insoweit auch ***Langen*** in **Langen/Schiffers**, Bauplanung und Bauausführung, S. 444, Rn. 1359.

503 ***BGHZ*** **133**, S. 44 ff. (47).

onsverhältnis der Vertragspartner" sei ein Verlust des Vergütungsanspruchs für zusätzliche Leistungen dann nicht gerechtfertigt, wenn und soweit die Ankündigung im konkreten Fall für den Schutz des Auftraggebers entbehrlich und daher ohne Funktion gewesen sei. Im Rahmen dieser Auslegung benachteilige der Anspruchsverlust bei unterlassener Ankündigung den Unternehmer grundsätzlich nicht unangemessen, sondern entspreche vielmehr dem „*Kooperationscharakter des Bauvertrages*". Lediglich in Ausnahmefällen, die der BGH in dieser Entscheidung ausführlich darlegt, könne eine Situation eintreten, in der der Verlust des Vergütungsanspruchs ausnahmsweise nicht eintrete.[504]

Hinzuweisen bleibt hinsichtlich dieses Urteils darauf, dass der BGH lediglich den „Kooperationscharakter" des Bauvertrages bzw. das Bedürfnis der Kooperation der Vertragspartner hervorhob und aus diesem „Kooperationsverhältnis" Informations-, Mitwirkungs- und Rügeobliegenheiten bzw. –pflichten entwickelte, ohne jedoch die Ankündigungspflicht aus § 2 Nr. 6 Abs. 1 S. 2 VOB/B einer dieser Obliegenheiten oder Pflichten zuzuordnen oder diese näher zu spezifizieren.
Insoweit lehnt der BGH seine Argumentation stark an die dargestellten Ausführungen *Nicklischs* an, der ebenfalls lediglich den „Kooperationscharakter" des Bauvertrages als Langzeitvertrag, aus welchem sich die auch vom BGH aufgezählten Pflichten und Obliegenheiten ergeben sollten, herausstellte.[505]

c. Fazit der Ausführungen in Literatur und Rechtsprechung

Aus der Darstellung der Ausführungen in Literatur und Rechtsprechung zum Kooperationscharakter wird deutlich, dass die erfolgreiche Durchführung eines Bauvertrages erheblich von einem gemeinschaftlichen Zusammenwirken der am Vertrag beteiligten Parteien abhängt. Während bei Werkverträgen geringeren Umfangs die Positionen von Gläubiger (bzw. Besteller) und Schuldner (bzw. Werkunternehmer) weitestgehend getrennt werden können, hängt die erfolgreiche Bauwerksherstellung aufgrund ihrer Langwierigkeit und Komplexität in erhöhtem Maße von der Kooperation der Vertragspartner und damit auch von der Mitwirkung des Bestellers ab. Die Mitwirkungshandlungen des Bestellers erhalten im Rahmen eines Bauvertrages mit Langzeitcharakter aufgrund ihrer Notwendigkeit für die Bauwerkserrichtung eine gesteigerte Bedeutung, die letztlich dazu führt, dass die Stellung des Bestellers als „Herr des Schuldverhältnisses" zumindest aufgeweicht wird. Der Besteller wird zum Kooperationspartner des

504 Vgl. insoweit die entsprechenden Ausführungen des BGH in ***BGHZ* 133**, S. 44 ff. (47 ff.); vgl. hierzu auch ***Kapellmann/Schiffers***, Einheitspreisvertrag, S. 393 ff., Rn. 921 ff.

505 Vgl. insoweit insbes. die Ausführungen auf S. 124 ff. und ***Nicklisch***, BB 1979, S. 533 ff. (537 ff.).

Werkunternehmers und ist aus diesem Grunde in erhöhtem Maße für die erfolgreiche Bauwerkserrichtung mitverantwortlich.

4. Zusammenfassung der grundsätzlichen Besonderheiten des BGB-Bauvertrages im Verhältnis zu anderen Werkverträgen geringeren Umfangs

Zusammenfassend kann hinsichtlich der Besonderheiten des BGB-Bauvertrages im Verhältnis zu anderen BGB-Werkverträgen festgehalten werden, dass der Werkherstellungs- bzw. Bauausführungsphase bei Bauverträgen eine im Verhältnis zu sonstigen (kleineren) Werkverträgen erheblich gewichtigere Bedeutung zukommt.
Wesensmerkmale wie Langzeit- und Rahmencharakter des Bauvertrages erfordern es letztlich, dass die am Vertrag beteiligten Parteien kooperativ die Vertragsdurchführung begleiten und fördern. Dies gilt in verstärktem Maße auch für den Auftraggeber, dessen Mitwirkung bei der Bauwerkherstellung eine wesentliche Bedeutung zukommt.
Langzeit-, Rahmen- und Kooperationscharakter des Bauvertrages haben insbesondere auch auf die Frage der Einordnung der Mitwirkungshandlungen des Auftraggebers als Obliegenheiten oder Pflichten erhebliche Auswirkungen. Denn die genannten Wesensmerkmale des BGB-Bauvertrages sind Ausdruck der erhöhten Anforderungen, die an die Vertragsparteien und insbesondere an den Auftraggeber und seine Mitwirkung gestellt werden. Im Rahmen einer im Folgenden noch vorzunehmenden Einordnung der Mitwirkungshandlungen des Auftraggebers im Bauvertrag bzw. im Rahmen der Entwicklung von Kriterien hierzu, wird dies zu berücksichtigen sein.

II. Auswirkungen der Besonderheiten des BGB-Bauvertrages auf die Mitwirkungsproblematik

Nachdem die grundsätzlichen Besonderheiten der Bauverträge im Verhältnis zu Werkverträgen geringeren Umfangs herausgearbeitet wurden, soll nunmehr die Frage geklärt werden, welche Auswirkungen diese Besonderheiten auf die, für die vorliegende Abhandlung entscheidende, Mitwirkungsproblematik haben, bzw. ob aufgrund der dargelegten Besonderheiten des Bauvertrages eine Modifizierung der rechtlichen Einordnung der Mitwirkungshandlungen als Obliegenheiten zu erfolgen hat. Denn insbesondere im Rahmen der Literatur wird vielfach vertreten, dass das Obliegenheitsmodell den Besonderheiten des Bauvertrages und der daraus resultierenden gesteigerten Bedeutung der bestellerseitigen Mitwirkungshandlungen nicht gerecht wird und aus diesem Grunde einer Modifizierung bedarf.[506] Um einen Überblick über den Meinungsstand hinsichtlich

---

506 Vgl. insoweit nur bspw. die Ausführungen ***Nicklischs***, BB 1979, S. 533 ff. und die nachfolgende Darstellung der insoweit relevanten Ansichten.

der Modifizierung des Obliegenheitsmodells im Bauvertragsrecht zu erhalten und später auf dem Boden dieser einen eigenen Lösungsansatz entwickeln zu können, werden im Folgenden die bisher vorgeschlagenen Lösungsansätze dargestellt.

1. Bisherige Lösungsansätze hinsichtlich der Modifizierung des Obliegenheitsmodell im Bauvertragsrecht

Im Rahmen der Darstellung der bisher vorgeschlagenen Lösungsansätze hinsichtlich einer Modifizierung des Obliegenheitsmodells im Bauvertragsrecht ist zunächst festzuhalten, dass im Allgemeinen die grundsätzliche rechtsdogmatische Einordnung der Mitwirkungshandlungen des Bestellers als Obliegenheit nicht angegriffen, sondern in der Regel versucht wird, auf dem Boden des Obliegenheitsmodells in Ausnahmefällen die entsprechenden Mitwirkungshandlungen des Bestellers von einer Obliegenheit zu einer echten Rechtspflicht erstarken zu lassen.[507] Dabei wird zumeist darauf abgestellt, dass das gesetzliche Obliegenheitsmodell den Besonderheiten des Bauvertrages hinsichtlich der Bedeutung der Mitwirkungshandlungen des Auftraggebers für die erfolgreiche Werkerstellung nicht gerecht wird und aus diesem Grunde einer Modifizierung bedarf. Divergenzen bestehen insoweit allerdings sowohl hinsichtlich des methodischen Ansatzes für die Modifizierung des „Obliegenheitsmodells“, als auch hinsichtlich der Ermittlung der Kriterien für die Bestimmung der „Ausnahmefälle“.

a. Darstellung der bisherigen Lösungsansätze

aa. Mitwirkungshandlungen des Auftraggebers als sog. „Kooperationspflichten“

Ein möglicher Ansatz für die Modifizierung des „Obliegenheitsmodells“ könnte in der Konstruierung von aus dem Kooperationscharakter des Bauvertrages resultierenden, besonderen „Kooperations*pflichten*“ bestehen, unter die auch die Mitwirkungshandlungen des Auftraggebers subsumiert werden könnten.

Der Ursprung eines solchen Vorgehens ist in der im Folgenden noch darzustellenden, sog. „Kooperationsrechtsprechung“ des BGH zu sehen.[508] Insoweit ist zwar darauf hinzuweisen, dass der BGH in diesen Entscheidungen keine Problemlage zu lösen hatte, die konkret aus der Unterlassung oder fehlerhaften Erbringung einer Mitwirkungshandlung seitens des Auftraggebers resultiert; nichts desto trotz wurde die „Kooperationsrechtsprechung“ jedoch insbesondere in der

---

507 Zu Lösungsansätzen, die bereits das Obliegenheitsmodell als solches negieren vgl. insbesondere die Darstellung der Ansichten von *Hartmann* und *Hüffer* in Teil D der vorliegenden Abhandlung auf S. 100 ff..

508 ***BGHZ*** **133**, S. 44 ff.; **143**, S. 89 ff..

jüngeren Literatur zum Anlass genommen, die Mitwirkungsproblematik vor dem Hintergrund der „Kooperationspflichten“ erneut zu erörtern.[509]
Ausgehend von der Rechtsprechung des BGH soll aus diesem Grunde auch im Rahmen der vorliegenden Abhandlung untersucht werden, ob und gegebenenfalls in welchen Fällen die „Kooperationsrechtsprechung“ des BGH dazu führt, dass die Mitwirkungshandlungen des Auftraggebers im Bauvertragsrecht nicht mehr (nur) als bloße Obliegenheiten, sondern (gegebenenfalls zusätzlich) als echte Pflichten einzuordnen sind.

(1) Die Rechtsprechung

(a) BGH v. 28.10.1999 – „Kooperationsentscheidung“[510]

Anknüpfend an die bereits dargestellte Entscheidung des BGH zum „Kooperationscharakter“ des Bauvertrages[511] bezog sich der BGH erstmals im Jahre 1999 in einem, im allgemeinen als Kooperationsentscheidung[512] deklarierten Urteil, auf das Bestehen besonderer „Kooperationspflichten“, deren Verletzung zu einem echten Schadensersatzanspruch sowohl des Auftraggebers, als auch des Auftragnehmers führen könne. Bereits im Leitsatz dieses Urteils formulierte der BGH insoweit eindeutig:

„Die Vertragsparteien eines VOB/B-Vertrages sind während der Vertragsdurchführung zur Kooperation **verpflichtet**“.

Zwar bezog sich diese Entscheidung wiederum auf einen VOB/B-Bauvertrag, jedoch wurde bereits festgestellt, dass es einhelliger und zutreffender Ansicht in Rechtsprechung[513] und Literatur[514] entspricht, dass die Geltung des Kooperationscharakters und damit auch die auf dem Kooperationscharakter aufbauenden Entscheidungen hinsichtlich besonderer Kooperationspflichten nicht nur auf VOB/B-Bauverträge zu beschränken sind, sondern auch für BGB-Bauverträge Bedeutung entfalten, soweit sich diese nicht nur auf kurzfristige handwerkliche Leistungen beschränken, also einen Langzeitcharakter aufweisen.[515]

---

509 Besonders hervorzuheben sind insoweit die Monographien von *Fuchs* und *Schwarze*; vgl. ***Fuchs***, Kooperationspflichten der Bauvertragsparteien, S. 351 ff.; ***Schwarze***, Das Kooperationsprinzip des Bauvertragsrechts, S. 79 ff.;

510 ***BGHZ* 143**, S. 89 ff. = ***BGH***, NJW 2000, S. 807 ff. = ***BGH***, BauR 2000, S. 409 ff.; eine ausführliche Rezension dieses Urteils findet sich ebenfalls bei ***Fuchs***, Kooperationspflichten der Bauvertragsparteien, S. 9 ff.

511 ***BGHZ* 133**, S. 44 ff..

512 So bspw. ***Meurer***, MDR 2001, S. 848 ff. (849); ***Fuchs***, Kooperationspflichten der Bauvertragsparteien, S. 5.

513 ***OLG Düsseldorf***, NZBau 2000, S. 427 ff. (427); ***OLG Köln***, NJW-RR, S. 15 ff. (18).

514 ***Schuhmann***, BauR 2003, S. 162 ff. (165); ***Schmitz***, BauR 2000, S. 1126 ff. (1128).

515 Vgl. insoweit auch die Ausführungen auf S. 126 f.

Der insoweit also auch für den Bereich von BGB-Bauverträgen relevanten Entscheidung lag eine Fallgestaltung zugrunde, in der der Auftraggeber vom Auftragnehmer Ersatz der Mehrkosten begehrte, die ihm durch die Beauftragung eines Drittunternehmers nach Kündigung des Vertrages durch den Auftragnehmer entstanden waren.
Der Auftragnehmer hatte nach einer öffentlichen Ausschreibung den Zuschlag für die Ausführung der Decken in einem Bauvorhaben des Auftraggebers erhalten. Der für den Arbeitsbeginn des Auftragnehmers vereinbarte Termin musste infolge nicht rechtzeitig fertig gestellter vorgelagerter Arbeiten anderer Unternehmer verschoben werden. Aus diesem Grunde übersandte das bauleitende Architekturbüro des Auftraggebers dem Auftragnehmer einen geänderten Terminplan, der eine Verschiebung des Ausführungsbeginns für die Arbeiten des Auftragnehmers vorsah, was der Unternehmer grundsätzlich auch akzeptierte.
Wenig später übersandte der Auftragnehmer dem Auftraggeber jedoch ein Schreiben, in dem dieser für zusätzliche Kosten, die ihm aus der Verschiebung des Arbeitsbeginns entstanden waren (insbesondere Personalkosten), Ersatz verlangte.[516]
Der Auftraggeber wies dieses Verlangen mit der Begründung zurück, der Auftraggeber habe aufgrund der rechtzeitigen Übersendung des geänderten Terminplanes genügend Zeit und Gelegenheit gehabt sein Montagepersonal zu disponieren.[517]
Daraufhin erklärte der Auftragnehmer, dass er im Hinblick auf die durch die Verzögerung verursachten Kosten vom Vertrag zurücktreten müsse. Diese Kündigung wies der Auftraggeber zurück und forderte den Auftragnehmer unter Fristsetzung und Kündigungsandrohung zur Arbeitsaufnahme auf. Dieser machte die Aufnahme der Arbeiten jedoch von der Zustimmung hinsichtlich des Nachtragsbegehrens abhängig.
Schließlich kündigte der Auftraggeber aus diesem Grunde den Bauvertrag und vergab die Leistungen an einen Drittunternehmer, dessen Vergütung er von dem Auftragnehmer ersetzt verlangte.

Hinsichtlich dieser Fallgestaltung wies der BGH unter Bezugnahme auf sein Urteil[518] zum „Kooperationscharakter" des Bauvertrages zunächst darauf hin, dass der Bauvertrag als Langzeitvertrag die Kooperation beider Vertragsparteien erfordere und stellte darüber hinaus nunmehr eindeutig fest, dass die Vertragsparteien „während der Vertragsdurchführung zur Kooperation **verpflichtet**" seien.[519]

---

516 Zum genauen Wortlaut des Schreibens vgl. ***BGHZ*** **143**, S. 89 ff. (90).
517 ***BGHZ*** **143**, S. 89 ff. (90 f.).
518 ***BGHZ*** **133**, S. 44 ff. (47).
519 ***BGHZ*** **143**, S. 89 ff. (93).

Weiterhin führte der BGH aus, dass die „Kooperationspflichten“ unter anderem gewährleisten sollten, dass in Fällen, in denen nach der Vorstellung einer oder beider Vertragsparteien das vorgesehene Vertragsprogramm an die geänderten tatsächlichen Umstände angepasst werden müssten, entstandene Meinungsverschiedenheiten und Konflikte einvernehmlich beigelegt würden. Insoweit sei jede Vertragspartei grundsätzlich gehalten bzw. verpflichtet, bei während der Vertragsdurchführung entstehenden Meinungsverschiedenheiten über die Notwendigkeit oder die Art der Anpassung im Wege der Verhandlung eine Klärung und einvernehmliche Lösung herbeizuführen bzw. dies zumindest zu versuchen. Diese *„Verpflichtung“* obliege einer Partei lediglich ausnahmsweise dann nicht, wenn die andere Partei in der konkreten Konfliktlage ihre Bereitschaft hinsichtlich einer einvernehmlichen Lösung nachhaltig und endgültig verweigere.[520]
Im konkret vorliegenden Fall stellte der BGH sodann fest, dass das Antwortschreiben des Auftraggebers, in dem dieser die vom Auftragnehmer gestellten Forderungen zurückwies, keine endgültige Weigerung gewesen sei, etwaige berechtigte Nachtragsforderungen des Auftragnehmers zu akzeptieren. Das Schreiben des Auftraggebers sei vielmehr als eine verständliche Reaktion auf das Forderungsschreiben des Auftragnehmers aufzufassen, da der Einwand des Auftraggebers allein die Höhe des geltend gemachten Anspruchs betroffen habe. Mit ihm habe sich der Auftragnehmer aufgrund seiner *„Pflicht zur Kooperation“* auseinandersetzen müssen, indem er die aus seiner Sicht berechtigte Forderung näher erläutere. Erst wenn dieser Versuch einer einvernehmlichen Lösung daran gescheitert wäre, dass der Auftraggeber sich endgültig geweigert hätte, seine Kooperationspflicht zu erfüllen, wäre der Auftragnehmer berechtigt gewesen, den Vertrag aus wichtigem Grund zu kündigen. Dementsprechend sei der Auftraggeber seinerseits nach erfolgloser Fristsetzung und Kündigungsandrohung zur Kündigung aus wichtigem Grund und zur Geltendmachung von Drittunternehmerkosten berechtigt gewesen.

Bemerkenswert an diesem Urteil ist, dass der BGH nicht mehr nur den Kooperationscharakter des Bauvertrages herausstellt und aufbauend auf diesem auf bestimmte Mitwirkungs-, Beratungs- und Informationspflichten und –obliegenheiten zurückgreift,[521] sondern erstmals speziell auf *„Kooperationspflichten“* rekurriert, die die genannten Pflichten und Obliegenheiten mit umfassen. Der konkrete Umfang und die Rechtsfolgen der bauvertraglichen Kooperationspflicht werden jedoch vom BGH auch in seinen Folgeentscheidungen[522] nicht

---

520 ***BGHZ* 143**, S. 89 ff. (93).

521 So noch in ***BGHZ* 133**, S. 44 ff..

522 ***BGH***, NJW-RR 200, S. 1547 ff.; ***BGH***, NZBau 2001, S. 129 ff.; ***BGH***, IBR 2001, S. 531 ff.; ***BGH***, NJW 2001, S. 1932 ff; ***BGH***, NZBau 2003, S. 497 ff.; eine Rezension

bestimmt, sodass die Auswirkungen dieses relativ neuen Ansatzes im Bauvertragsrecht noch fraglich bzw. ungeklärt blieben.[523]
Nichts desto trotz liegt es jedoch zumindest nahe, unter die vom BGH angeführten besonderen *„Kooperationspflichten"* auch die Erfüllung von Mitwirkungshandlungen durch den Auftraggeber zu subsumieren, die für die Werkherstellung durch den Unternehmer notwendig sind.[524] Denn wesentlicher Bestandteil des Kooperationscharakter des Bauvertrages, aus dem der BGH die hier in Rede stehenden „Kooperationspflichten" herleitet, ist eben die beiderseitige Förderung des Vertragszieles (Errichtung des Bauwerkes), also auch die Erbringung der erforderlichen Mitwirkungshandlungen durch den Auftraggeber. Berücksichtigt man weiterhin, dass gerade im Bereich von Fallgestaltungen, die die Unterlassung von Mitwirkungshandlungen seitens des Auftraggebers im Rahmen eines Bauvertrages betreffen, das grundsätzlich geltende und gesetzlich verankerte „Obliegenheitsmodell" aufgrund der dargestellten Unterschiede des Bauvertrages zu anderen Werkverträgen geringeren Umfangs zumeist als unbillig empfunden wird,[525] so wird deutlich, dass der Begriff der „Kooperationspflichten" ein willkommenes Ventil darstellen könnte, diesen „Unbilligkeiten" entgegenzuwirken. Zwar ist Rechtsprechung, die sich konkret mit den Auswirkungen der Einordnung von Mitwirkungshandlungen des Auftraggebers in die besonderen Kooperationspflichten auseinandersetzt, nicht ersichtlich. Jedoch wurde zumindest in der – im folgenden noch darzustellenden – Literatur untersucht, ob die vom BGH konstruierten Kooperationspflichten der Bauvertragsparteien zu einer Modifizierung des „Obliegenheitsmodells" dahingehend führen, dass die grundsätzlich als Obliegenheiten einzustufenden Mitwirkungshandlungen des Auftraggebers im Bauvertragsrecht als echte Rechtspflichten zu qualifizieren sind.[526]

---

dieser Entscheidungen findet sich bei ***Fuchs***, Kooperationspflichten der Bauvertragsparteien, S. 14 ff.

523 ***Schwarze***, BauR 2004, S. 895 ff. (895).

524 Auch der BGH und die ihm folgende Rechtsprechung führen neben den Informations- und Verhandlungspflichten auch die Mitwirkungspflichten als besondere Kooperationspflichten an. Vgl. insoweit ***BGHZ* 133**, S. 33 ff. (47); ***BGHZ* 143**, S. 89 ff. (93); ***BGH***, IBR 2001, S. 513; ***OLG Nürnberg***, BauR 1999, S. 1316; ***OLG Düsseldorf***, NZBau 2000, S. 427 f. (428).

525 Vgl. insoweit die nachfolgenden Ausführungen hinsichtlich der Ansätze zur Modifizierung des „Obliegenheitsmodells" im Bauvertragsrecht auf S. 94 ff.. Nur beispielhaft sei hier auf die Ausführungen ***Nicklischs*** in BB 1979, S. 533 ff. (537 ff.) verwiesen.

526 ***Fuchs***, Kooperationspflichten der Bauvertragsparteien, S. 352 ff. m.w.N..

(b) BGH v. 06.03.2003 – „Schürmannbau-Beschluss“[527]

Eine scheinbare Einschränkung der soeben dargestellten „Kooperationsrechtsprechung“ findet sich in jüngster Zeit im sogenannten „Schürmannbau-Beschluss“ des BGH.

Grundsätzlich ging es in diesem Beschluss des BGH und in der zugrundeliegenden Entscheidung des *OLG-Köln*[528] um „Erweiterungsbauten des Deutschen Bundestages“ (sog. „Schürmannbau“). Diese wurden kurz vor Vollendung durch ein im Dezember 1993 eingetretenes Rheinhochwasser stark beschädigt. Die Auftraggeberin (Bundesrepublik Deutschland), nahm sowohl die ausführenden Auftragnehmer, als auch die mit der Objektüberwachung beauftragten Architekten auf Ersatz von Schäden in Höhe von rd. 180 Mio. Euro in Anspruch.[529]

(aa) Die Ausgangsentscheidung

In der Ausgangsentscheidung bejahte das *OLG-Köln* die Haftung des Auftragnehmers aus § 13 Nr. 7 I VOB/B dem Grunde nach, da die Leistungen des Auftragnehmers mangelhaft gewesen seien. Der von dem Auftragnehmer vorgebrachte Einwand, der mangelhafte Leistungsteil sei durch die Auftraggeberin nachträglich aus dem vertraglichen Leistungsumfang herausgenommen worden, greife im Ergebnis nicht durch, da eine solche Herausnahmevereinbarung als nicht bewiesen anzusehen sei. Selbst wenn den Auftragnehmern eine solche Beweisführung jedoch gelungen wäre, seien diese der Auftraggeberin im Ergebnis dennoch in gleicher Weise für den Schaden verantwortlich. Zwar könne dann den Auftragnehmern das Fehlen eines hinreichenden Hochwasserschutzes nicht als Mangel im Sinne des § 13 Nr. 7 I VOB/B zugerechnet werden, die Haftung der Auftragnehmer sei aber aus der Verletzung einer ihnen obliegenden Hinweispflicht herzuleiten. Diesen Hinweis hätten die Auftragnehmer unterlassen, sodass sie der Vorwurf einer *„mangelhaften Kooperation“* treffe.[530]

Allerdings müsse die Auftraggeberin 50 % des entstandenen Schadens selbst tragen, da sie in dieser Höhe ein Mitverschulden treffe, welches unter anderem aus einer ihrerseits vorliegenden Verletzung der *„Kooperationspflicht“* folge.[531]

Insoweit führt das OLG aus, dass Bauverträge – jedenfalls soweit sie Großprojekte betreffen – eine Struktur aufweisen, die sie von kleineren Werkverträgen handwerklichen Zuschnitts deutlich unterscheide. Es gehe bei einem Bauvertrag in der hier vorliegenden Erscheinungsweise nicht um einen einmaligen, punktuellen Leistungsaustausch, sondern vielmehr um einen *„Langzeitvertrag“*, dessen Durchführung der Kooperation beider Vertragspartner bedürfe und erforde-

---

527 ***BGH***, NZBau 2003, S. 433 ff.

528 ***OLG-Köln***, NJW-RR 2002, S. 15 ff.

529 Zu Einzelheiten des Sachverhaltes vgl. ***OLG-Köln***, NJW-RR 2002, S. 15 ff. (15 f.).

530 ***OLG-Köln***, NJW-RR 2002, S. 15 ff. (17).

531 ***OLG-Köln***, NJW-RR 2002, S. 15 ff. (18).

re. Aufgrund des Langzeitcharakters und der Komplexität der Projekte gewinne der Bauvertrag die Struktur eines Rahmenvertrages, der im Verlauf der Projektdurchführung noch auszufüllen und den tatsächlich gegebenen, gegebenenfalls im Verhältnis zum Zeitpunkt des Abschlusses des Vertrages geänderten Umstände anzupassen sei.
Letztlich erforderten Langzeit- und Rahmencharakter sowie die große Zahl der an einem Projekt Beteiligten deren ständige Kooperation, also ein ständiges Kommunizieren zwischen den Vertragspartnern, welches dem Informationsaustausch, der Klärung von Problemen, dem Schließen von Vertragslücken und oft auch der Beilegung von Meinungsverschiedenheiten diene. Daraus folge die Forderung nach ständiger wechselseitiger Information und von Prüfungs- und Hinweispflichten aller Beteiligten, also insbesondere des Auftragnehmers und des Auftraggebers.
Weiterhin führt das *OLG Köln* aus, dass in Rechtsprechung[532] und Literatur[533] dieses in allen Phasen der Projektplanung und -durchführung geltende Kooperationserfordernis inzwischen anerkannt sei.[534] Aus dem Kooperationserfordernis ergäbe sich weiterhin auch, dass Auftraggeber und Auftragnehmer zum eigenen sowie zum Schutz des Vertragspartners die besonderen Schwierigkeiten und Gefahren des jeweiligen Projekts im Auge behalten und ihrer Bewältigung durch zureichende Maßnahmen der Planung und Projektbeobachtung Rechnung tragen müssten. Eine einseitige Risikozuweisung, die sich aus den besonderen Gefahren des Projektes ergäbe, sei demnach dann nicht berechtigt bzw. gerechtfertigt, wenn ihnen durch derartige Maßnahmen sowohl von Auftraggeber- als auch von Auftragnehmerseite vorgebeugt werden könne.[535] Insoweit seien der Auftraggeberin des „Schürmannbaus“ Mängel der Kooperation und Koordination vorzuwerfen. Die Auftraggeberin habe von Anbeginn an keine ausreichenden planerischen und kommunikativen Maßnahmen ergriffen, die ihre Vertragspartner, aber auch sie selbst, vor dem Eintritt eines ungewöhnlichen Schadens bewahren konnten.[536]

(bb) Der BGH-Beschluss

Diese grundsätzlichen Erwägungen des *OLG-Köln* zur Mitverantwortlichkeit der Bundesrepublik Deutschland (Auftraggeberin, bzw. Klägerin) aus Verletzung von Kooperations-, Koordinations- und Kommunikationspflichten teilte der

---

532 Das *OLG-Köln* verweist insbesondere auf ***BGHZ*** **133**, S. 44 ff. (47) und ***BGHZ*** **143**, S. 89 ff. (89).

533 Hinsichtlich der Literatur verweist das *OLG-Köln* insbesondere auf ***Grieger***, BauR 2000, S. 969 ff. und ***Nicklisch***, BB 1979, S. 538 ff.

534 ***OLG-Köln***, NJW-RR 2002, S. 15 ff. (18).

535 Insoweit verweist das *OLG-Köln* auf ***Nicklisch*** in **Nicklisch/Weik**, VOB, Einl. vor B §§ 4 – 13, Rn. 19 ff.

536 ***OLG-Köln***, NJW-RR 2002, S. 15 ff. (19).

BGH in seinem Nichtannahmebeschluss vom 05.05.2003 nicht. Vielmehr sah er das mitwirkende Verschulden in dem vom Berufungsgericht festgestellten Versäumnis, das beim Hochwasserschutz verfolgte Konzept und die darin für die Konsole vorgesehene Funktion für die ausführenden Unternehmer planerisch hinreichend zu verdeutlichen.[537]
Der BGH stellte also in diesem Nichtannahmebeschluss entgegen seiner eigenen vorherigen Rechtsprechung[538] nicht auf die vom *OLG-Köln* angeführte „Kooperationspflichtverletzung" ab, sondern wechselte die Begründung des Urteils des Instanzgerichtes aus, ohne jedoch das von diesem gefundene Ergebnis letztendlich zu korrigieren.

Bemerkenswert an diesem Nichtannahmebeschluss des BGH im „Schürmannbau-Prozess" ist, dass der BGH, der vormals selbst die „Kooperationsrechtsprechung[539]" entwickelte, von dieser Abstand zu nehmen scheint. Insbesondere die knappe Begründung des BGH, der lediglich darauf verweist, dass er die Erwägungen des Berufungsgerichtes zur Mitverantwortlichkeit der Klägerin aus Verletzung von Kooperations-, Koordinations- und Kommunikationspflichten nicht teile,[540] wurde in der Literatur als Anlass dazu genommen die Kooperationsrechtsprechung des BGH in Frage zu stellen. Konkret ging es hierbei zumeist um die Frage, ob durch den Schürmannbau-Beschluss des BGH lediglich ein aus der Sicht des BGH verfehltes Verständnis der Kooperationsrechtsprechung korrigiert wurde oder ein grundsätzlicher Kurswechsel weg von der Kooperationsrechtsprechung des BGH aus *BGHZ 133, S. 44 ff. und 143, S. 89 ff.* vorgenommen werden sollte.[541]
Zur Beantwortung dieser Frage ist zunächst darauf hinzuweisen, dass die Kooperationsrechtsprechung des BGH zumindest insofern Gefahren und Risiken in sich birgt, als der Begriff der „Kooperationspflichtverletzung" als extrem dehnbarer Begriff ausgelegt und insoweit zu einer Art „Allzweckwaffe" der Gerichte werden kann, um gesetzlich oder vertraglich getroffene Risikozuweisungen zu umgehen.[542]

---

537 ***BGH***, NZBau 2003, S. 433.

538 Vgl. die Ausführungen auf S. 126 ff.; vgl. auch ***BGHZ* 133**, S. 44 ff.; ***BGHZ* 143**, S. 89 ff..

539 Insbes. ***BGHZ* 133**, S. 44 ff.; ***BGHZ* 143**, S. 89 ff..

540 ***BGH***, NZBau 2003, S. 433.

541 Diese Frage wirft insbesondere ***Fuchs*** in NZBau 2004, S. 65 ff. (66) auf. Vgl. auch ***Bartsch***, Die modernen Vertragstypen des BGB, Antrittsvorlesung an der Staatlichen Hochschule für Gestaltung, Karlsruhe, am 18.01.2000, abrufbar unter http://www.bartsch-partner.de/mb/texte/bgb.de.html (eine Kurzfassung dieses Vortrags ist in CR 2003, S. 3 erschienen).

542 Auf diesen Umstand weist auch ***Fuchs*** in NZBau 2004, S. 65 ff. (71) hin. Vgl. auch ***Lauer***, IBR 2001, S. 513..

Vor diesem Hintergrund muss auch der „Schürmannbau-Beschluss“ des BGH gesehen werden. Denn in der dem BGH-Beschluss zugrundeliegenden Sachverhaltsgestaltung ist eine eindeutige Risikozuweisung insofern ersichtlich, als der BGH bereits in einer früheren Entscheidung festgestellt hat, dass besonders schadensträchtige Details der Ausführung unter Umständen im Einzelnen geplant und dem Unternehmer in einer jedes Risiko ausschließenden Weise verdeutlicht werden müssen.[543] Wer also Planungsverantwortung[544] übernimmt, kann für Fehler und dadurch verursachte Schäden mitverantwortlich sein.[545] Dies entspricht schließlich auch dem anerkannten Grundsatz, dass, wo eine Herrschaft und Nutznießung stattfindet, auch eine entsprechende Verantwortlichkeit einzutreten hat, da dem Vorteil regelmäßig das Risiko korrespondiert.[546] Zwar hat dies zumindest im Ergebnis auch das *OLG Köln* in der dem Schürmannbau-Beschluss des BGH zugrundeliegenden instanzgerichtlichen Entscheidung erkannt,[547] jedoch greift das *OLG Köln* in seiner Entscheidung unzulässigerweise zur vermeintlichen „Allzweckwaffe“ der Kooperationspflichten, um das Mitverschulden des Auftraggebers herzuleiten. Denn ein zwingendes Bedürfnis für den Rekurs auf die Verletzung von Kooperationspflichten bestand aufgrund des angedeuteten Lösungsweges über die aus der Planungsverantwortung resultierende Mitverantwortlichkeit nicht.[548]
In diesem Zusammenhang wird deutlich, dass der BGH im Schürmannbau-Beschluss keine Kursänderung hinsichtlich seiner Kooperationsrechtsprechung vornehmen, sondern lediglich herausstellen wollte, dass die Kooperationspflichten bzw. deren Verletzung nur dann relevant sind, wenn andere anerkannte Lösungswege nicht greifen.[549] Keineswegs sollten jedoch die zuvor dargestellten allgemeinen Grundsätze der Kooperationsrechtsprechung des BGH eingeschränkt oder gar aufgegeben werden.[550]
Unterstützt wird diese Sichtweise auch durch die nachfolgende Rechtsprechung des BGH, in der dieser kurz nach dem Schürmannbau-Beschluss eine weitere Entscheidung unter anderem mit der Pflicht der Kooperation während der Bauzeit begründete.[551]
Letztlich ist im „Schürmannbau-Beschluss“ des BGH also kein Kurswechsel oder eine Abkehr des BGH von der „Kooperationsrechtsprechung“ zu erblicken.

---

543 ***BGH***, NZBau 2000, S. 433 f. (433).
544 Hier die Ablaufplanung des Hochwasserschutzes.
545 ***Quack***, IBR 2003, S. 467.
546 Vgl. hierzu ***Hager*** in **Staudinger**, BGB, vor §§ 823 ff., Rn. 28 (m.w.N.).
547 ***OLG Köln***, NJW-RR 2002, S. 15 ff. (18).
548 ***Fuchs***, NZBau 2004, S. 65 ff. (71).
549 *Fuchs* spricht insoweit von der „Subsidiarität der Kooperationspflichten; vgl. ***Fuchs***, NZBau 2004, S. 65 ff. (71).
550 Ebenso ***Eschenbruch***, BauR 2004, S. 1 (8); ***Fuchs***, NZBau 2004, S. 65 ff. (71).
551 **BGH**, NZBau 2003, S. 665 ff. (666).

Vielmehr ist durch die Rechtsprechung des BGH zum Schürmannbauprozess ein zutreffender Hinweis darauf gegeben worden, dass der Begriff der „Kooperationspflichtverletzung" nicht dazu missbraucht werden darf, Unstimmigkeiten in bauvertragsrechtlichen Sachverhalts- und Problemkonstellationen durch eine „Allzweckwaffe" zu beseitigen.
Der BGH scheint also die Gefahren seiner Kooperationsrechtsprechung hinsichtlich der Schaffung einer „Allzweckwaffe" zur Lösung von Problemen im Bauvertragsrecht erkannt zu haben und aus diesem Grunde seine vormals „grenzenlose" Rechtsprechung zu den Kooperationspflichten einschränken zu wollen. Abzuwarten bleibt jedoch, wie weit diese Einschränkungen in der Folgerechtsprechung des BGH gehen werden.

(2) Die Literatur

Auch in der neueren Literatur finden sich vermehrt Abhandlungen, die sich mit dem durch die Entscheidung *BGHZ 143, S. 89 ff.* eingeführten Begriff der „Kooperationspflicht" und den Auswirkungen der „Kooperationsrechtsprechung" auf die für diese Abhandlung entscheidende Mitwirkungsproblematik auseinandersetzen.[552] Insofern kann insbesondere an die ausführliche Darstellung von *Fuchs*[553] im Rahmen seiner Monographie zu den „Kooperationspflichten der Bauvertragsparteien" angeknüpft werden.
Auch *Fuchs* beschäftigt sich zunächst ausführlich mit der „Kooperationsrechtsprechung" des BGH[554] und versucht auf dem Boden dieser Rückschlüsse auf in der Baupraxis auftretende Problemlagen zu ziehen. Dabei spricht *Fuchs* als Teilaspekt auch die im Rahmen der vorliegenden Abhandlung im Vordergrund stehende Mitwirkungsproblematik an.[555]
Insoweit stellt *Fuchs* zunächst fest, dass der BGH und die ihm folgende instanzgerichtliche Rechtsprechung die für die erfolgreiche (Bau-) Werkherstellung erforderlichen Mitwirkungshandlungen des Auftraggebers ausdrücklich als „besondere Kooperationspflichten" anführt.[556] Gleichzeitig sei jedoch zu beachten, dass Rechtsprechung, die sich mit den Konsequenzen der Einordnung von Mit-

---

552 Insoweit sei insbesondere auf die Monographien von Fuchs und Schwarze hingewiesen; vgl. ***Fuchs***, „Die Kooperationspflichten der Bauvertragsparteien", 2003 und ***Schwarze***, „Das Kooperationsprinzip des Bauvertragsrechts", 2003; vgl. aber auch ***Meurer***, MDR 2001, S. 848 ff.; ***Schwarze***, BauR 2004, S. 895 ff.; ***Grieger***, BauR 2000, S. 969 ff.; speziell zur Parallelsituation beim Anlagenvertrag ***Schumann***, BauR 2003, S. 162 ff.; ***Eschenbruch***, BauR 2004, S. 1 ff.

553 ***Fuchs***, Kooperationspflichten der Bauvertragsparteien, 2003.

554 Insbesondere ***BGHZ* 133**, S. 44 ff.; **143**, S. 89 ff..

555 Vgl. hierzu insbes. ***Fuchs***, Kooperationspflichten der Bauvertragsparteien, S. 351 ff..

556 ***Fuchs***, Kooperationspflichten der Bauvertragsparteien, S. 351; ***BGHZ* 133**, S. 33 ff. (47); ***BGHZ* 143** S. 89 ff. (93); ***BGH***, IBR 2001, S. 513; ***OLG Nürnberg***, BauR 1999, S. 1316; ***OLG Düsseldorf***, NZBau 2000, S. 427 ff. (428).

wirkungshandlungen des Gläubigers in die besonderen Kooperationspflichten auseinandersetzt, nicht ersichtlich sei. Allein in der Literatur[557] sei zum Teil untersucht worden, ob die Kooperationspflicht der Bauvertragsparteien Auswirkungen auf die umstrittene Frage nach der Rechtsnatur von Mitwirkungshandlungen hat.[558]

Ausgangspunkt der Überlegungen von *Fuchs* ist insofern – entgegen der vorliegenden Abhandlung – die Prämisse, dass die Mitwirkungshandlungen des Gläubigers im Werkvertragsrecht schon vom Grundsatz her weder eindeutig als Obliegenheiten, noch als echte Rechtspflichten qualifiziert werden können.[559] Insbesondere könne aus dem Regelungsgehalt der §§ 642, 643, 645 BGB weder für noch gegen die Annahme einer Mitwirkungspflicht als echte Vertragspflicht ein zwingendes Argument hergeleitet werden, da das Gesetz nicht ausschließe, dass der Besteller nicht nur in Annahmeverzug, sondern gleichzeitig auch in Schuldnerverzug geraten könne.[560]

An dieser Einschätzung ändert nach *Fuchs* auch die Kooperationsrechtsprechung des BGH zunächst nichts. Zwar werde vereinzelt in der Literatur aus der Rechtsprechung des BGH der Schluss gezogen, die Einführung einer Kooperationspflicht und die daraus folgende Pflicht beider Parteien zur Mitwirkung würden den Pflichtcharakter von auftraggeberseitigen Mitwirkungshandlungen indizieren,[561] jedoch vernachlässige eine solche Ansicht, dass der BGH in seinen Entscheidungen ausdrücklich auf „Obliegenheiten *und* Pflichten zur Mitwirkung“[562] abstelle. Eine aus der Kooperationsrechtsprechung resultierende, einseitige Einordnung der Mitwirkungshandlungen des Auftraggebers im Bauvertragsrecht als echte Rechtspflichten sei aus diesem Grunde schlussendlich nicht möglich.[563] Zwar müsse die Kooperationsrechtsprechung des BGH als Teilaspekt mit in die Frage der Rechtsnatur der Mitwirkungshandlungen des Auftraggebers im Bauvertragsrecht einbezogen werden, jedoch verbiete es sich allein aus diesem Aspekt heraus die Einordnung vorzunehmen, da die Verwendung

557 *Fuchs* verweist insoweit insbesondere auf ***Hoffmann*** in **Beck`scherVOB-Komm.**, Teil B, vor § 3, Rn 47; ***Kapellmann*** in **Kapellmann/Messerschmidt**, VOB/B, § 6, Rn. 48; ***Meurer***, MDR 2001, S. 848 ff. (845); ***Nicklisch*** in **Nicklisch/Weick**, VOB/B, Einl., Rn. 4 und § 4, Rn. 11; ***Vygen*** in **Ingenstau/Korbion**, VOB/B, § 9, Nr. 1, Rn. 19 ff. (23 f.); vgl. auch ***Schwarze***, Kooperationsprinzip des Bauvertrages, S. 60 ff. (90 ff.).

558 ***Fuchs***, Kooperationspflichten der Bauvertragsparteien, S. 352.

559 *Fuchs* bezieht sich diesbezüglich insbesondere auf die Ausführungen ***Müller-Foells***, Mitwirkung des Bestellers beim Werkvertrag, S. 64 ff.; vgl. ***Fuchs***, Kooperationspflichten der Bauvertragsparteien, S. 355 f. (Fn. 1942 – 1945).

560 Zur Widerlegung dieser These vgl. die Ausführungen in Teil D der vorliegenden Abhandlung auf S. 73 f..

561 So insbesondere ***Kapellmann*** in **Kapellmann/Messerschmidt**, VOB/B, § 6, Rn. 48.

562 Vgl. ***BGHZ* 143**, S. 89 ff. (93).

563 ***Fuchs***, Kooperationspflichten der Bauvertragsparteien, S. 369 f..

des Begriffs der Kooperationspflicht lediglich als Oberbegriff für die Mitwirkungshandlungen des Bestellers umfassende, besondere Kooperationspflichten und -obliegenheiten zu verstehen und insoweit zu wenig aussagekräftig sei.[564] In diesem Sinne weist auch *Schwarze* darauf hin, dass der Begriff der Kooperationspflicht nicht dahingehend missverstanden werden darf, dass es sich um eine neben den vertraglichen Pflichten und Obliegenheiten stehende, selbständige Pflicht handele, die die Mitwirkungshandlungen des Auftraggebers zu einer echten Pflicht werden lasse; vielmehr handele es sich um ein „Kooperationsprinzip", welches die vertraglichen Pflichten und Obliegenheiten umspanne und miteinander verklammere.[565]

Dieser Sichtweise der Kooperationsrechtsprechung des BGH kann nur zugestimmt werden. Eine aus der Kooperationsrechtsprechung des BGH folgende, einseitige Einordnung der Mitwirkungshandlungen des Bestellers im Bauvertragsrecht als echte Rechtspflichten erscheint als wenig sinnvoll bzw. schlussendlich als nicht möglich.
Dies ergibt sich aber nicht nur daraus, dass der BGH in seiner „Kooperationsrechtsprechung" eindeutig auf „Obliegenheiten und Pflichten zur Mitwirkung" abstellt[566] und insofern zwingende Folgerungen hinsichtlich der Mitwirkungsproblematik kaum möglich sind, sondern auch aus weiteren, im Folgenden noch darzustellenden Aspekten, die die „Kooperationsrechtsprechung" allgemein als wenig tauglich erscheinen lassen, zur Lösung bauvertragsspezifischer Problemlagen und speziell zur Bewältigung der Mitwirkungsproblematik beizutragen.
Denn wie bereits angedeutet[567] birgt der extrem dehnbare Begriff der „Kooperationspflichten" insofern erhebliche Gefahren in sich, als dieser unter Missachtung des gesetzlichen Systems und anerkannten anderen Lösungsmöglichkeiten als „Allheilmittel" zur Lösung einer Vielzahl von bauvertragsrechtlichen Problemlagen herangezogen werden könnte. Bestes Beispiel einer solchen Vorgehensweise ist die bereits dargestellte Entscheidung des *OLG-Köln*[568] zum „Schürmann-Bau", in der die Verletzung von Kooperationspflichten vorschnell als Lösungsweg gewählt wurde, ohne anderweitig denkbare und anerkannte Lösungsmöglichkeiten überhaupt erst in Betracht zu ziehen.[569] Auch wenn der BGH im Rahmen des „Schürmannbau-Beschlusses" das Vorgehen des *OLG-Köln* in der bereits oben beschriebenen Weise selbst kritisch beurteilte, ist insoweit darauf hinzuweisen, dass durch die dort vorgenommene Einschränkung nur

---

564 ***Fuchs***, Kooperationspflichten der Bauvertragsparteien, S. 370.
565 ***Schwarze***, BauR 2004, S. 895 ff. (898).
566 Vgl. ***BGHZ* 143**, S. 89 ff. (93).
567 Vgl. insofern die Ausführungen auf S. 137 ff. (147).
568 ***OLG-Köln***, NJW-RR 2002, S. 15 ff.
569 ***Fuchs***, NZBau 2004, S. 65 ff. (71).

ein weiteres Indiz für die erheblichen Gefahren der Lösung der Mitwirkungsproblematik über den Begriff der „Kooperationspflicht" gegeben ist. Denn wenn der BGH darauf hinweist, dass eine Lösung von baurechtsspezifischen Problemlagen über die Konstruierung von „Kooperationspflichten" nur dann in Betracht kommen kann, wenn anerkannte andere Lösungsmöglichkeiten nicht greifen, so ist darin ein vom BGH selbst gegebener Hinweis darauf gegeben, dass die „Kooperationsrechtsprechung" zwar nicht als „Allheilmittel" zur Lösung von baurechtsspezifischen Problemlagen herangezogen werden darf, wohl aber im Wege einer „Billigkeitsjustiz[570]" dazu eingesetzt werden soll, um vertraglich oder gesetzlich vorgesehene, als „unbefriedigend" oder „unbillig" empfundene Rechtsfolgen im Einzelfall durch vermeintlich „billigere" oder „angemessenere" zu ersetzen.

In diesem Zusammenhang ist darauf hinzuweisen, dass die „Kooperationsrechtsprechung" des BGH hinsichtlich der Konstruierung von echten „Mitwirkungspflichten" nicht als neuartiger Lösungsweg von baurechtsspezifischen Problemlagen bewertet werden kann, sondern vor dem Hintergrund der bereits dargestellten Rechtsprechung des *BGH in VersR 1960, S. 693 ff.*[571] bzw. vor dem Hintergrund des entsprechenden Lösungsvorschlags *Lehmanns*[572] gesehen werden muss, im Rahmen dessen ebenfalls auf die Gefahren einer von § 242 BGB nicht mehr gedeckten „Billigkeitsjustiz" hingewiesen wurde.[573]

Denn sowohl die genannte Rechtsprechung des BGH in *VersR 1960 S. 693 f.*, als auch der Lösungsvorschlag *Lehmanns* versuchten in ähnlicher Weise wie die hier in Rede stehende Kooperationsrechtsprechung des BGH trotz des grundsätzlichen Vorliegens einer Obliegenheitsverletzung zu einem Schadensersatzanspruch der Gegenseite aus pVv (§ 280 Abs. 1 BGB n.F.) zu gelangen. Anknüpfungspunkt war insoweit, dass die Verletzung einer Mitwirkungsobliegenheit häufig zugleich als Verstoß gegen eine aus § 242 BGB resultierende (Vertrags-) Treuepflicht qualifiziert werden könne und so der Weg zu einem Schadensersatzanspruch aus pVv (§ 280 Abs. 1 BGB) geebnet sei. Bereits im Rahmen der grundsätzlichen rechtsdogmatischen Einordnung der Mitwirkungshandlungen des Gläubigers bzw. des Bestellers wurde jedoch ausführlich erörtert, dass ein solches Vorgehen aufgrund seiner Systemwidrigkeit und der wesentlich zu pauschal erfolgenden Unterwanderung des gesetzlichen Obliegenheitsmodells abzulehnen ist.[574]

---

570 Zum Begriff der „Billigkeitsjustiz" vgl. ***Heinrichs*** in **Palandt**, BGB, § 242, Rn. 2.

571 Vgl. insoweit die Ausführungen auf S. 89 ff. und **BGH**, VersR 1960, S. 693 ff.; ***BGH***, BB 1963, S. 160.

572 Vgl. die Ausführungen auf S. 95 ff. und ***Lehmann***, JZ 1954, S. 238 ff..

573 Vgl. die Ausführungen auf S. 108 ff..

574 Vgl. insoweit die Ausführungen in Teil D. auf S. 108 ff..

Nichts anderes kann aufgrund im Folgenden aufzuzeigender Parallelen für einen durch die „Kooperationsrechtsprechung" des BGH nahegelegten Lösungsweg über die Konstruierung von Kooperationspflichten gelten. Denn bereits von *Fuchs* wurde ausführlich und eindeutig nachgewiesen, dass auch die vom BGH zitierten Kooperationspflichten ihre Grundlage in § 242 BGB finden und als (Vertrags-) Treuepflichten qualifiziert werden können.[575] Die Verletzung einer Kooperationspflicht entspricht also einer Verletzung von (Vertrags-) Treuepflichten, weshalb die Begriffe der „Kooperationspflicht" und der „(Vertrags-) Treuepflicht" als austauschbar erscheinen.[576] Hierdurch wird deutlich, dass die Kooperationsrechtsprechung des BGH bzw. die Konstruierung von Kooperationspflichten zur Lösung der Mitwirkungsproblematik im Bauvertragsrecht keinen neuartigen Lösungsansatz darstellt, sondern lediglich einen bereits in der Vergangenheit vorgeschlagenen Ansatz in neuer Gestalt aufleben lässt oder zumindest dort ihre Grundlage findet.

Der Unterschied dieses Lösungsansatzes zu dem bereits im Jahre 1954 vorgeschlagenen liegt lediglich in den unterschiedlichen Konsequenzen, die aus dem Abstellen auf die vertragliche Treuepflicht gezogen werden. Denn während nach *Lehmann* – wie bereits erörtert – eindeutig am Obliegenheitsmodell festgehalten werden und sich ein Schadensersatzanspruch aus einer die Obliegenheit „überlagernde" Treuepflicht ergeben soll,[577] wird nunmehr eindeutig darauf abgestellt, dass die am Bauvertrag beteiligten Parteien während der Vertragsdurchführung zur „Kooperation verpflichtet" sind.[578] Übertragen auf die Mitwirkungsproblematik würde dies letztendlich bedeuten, dass die Mitwirkungsobliegenheit des Auftraggebers als solche aufgrund des Kooperationscharakters des Bauvertrages zu einer echten Mitwirkungs- bzw. Kooperationspflicht erstarkt und aus diesem Grunde im Verletzungsfalle zu einem Schadensersatzanspruch der Gegenseite führen kann. Hierdurch werden die bereits aufgezeigten Widersprüchlichkeiten, die aus dem Festhalten an der konsequenten Geltung des Obliegenheitsmodells und der gleichzeitigen Gewährung von Schadensersatzansprüchen trotz Negierung der echten Pflichtqualität der jeweiligen Mitwirkungshandlungen, zwar vermieden. Ähnlich wie dies bereits für die Statuierung eines echten Schadensersatzanspruchs im Falle einer auftraggeberseitig unterlassenen Mitwirkungshandlung über eine Treupflichtverletzung erörtert wurde,[579] führt die Konstruierung von Kooperationspflichten jedoch ebenfalls zu einer nicht zu

---

575 Vgl. ***Fuchs***, Kooperationspflichten der Bauvertragsparteien, S. 137 ff. (161).

576 So im Ergebnis auch ***Lauer***, IBR 2001, S. 513, der in dem Begriff der Kooperationspflicht lediglich einen Ersatz für den „verstaubten" Begriff der Leistungstreuepflicht sieht; im Ergebnis ebenfalls zustimmend ***Schuhmann***, BauR 2003, S. 162 ff. (168).

577 Vgl. insoweit die Ausführungen auf S. 95 ff..

578 So der BGH eindeutig bereits im Leitsatz der „Kooperationsentscheidung"; vgl. BGHZ 143, S. 89 ff. (89).

579 Vgl. insoweit die ausführlichen Ausführungen auf S. 108 ff..

billigenden, da wesentlich zu pauschal erfolgenden Unterwanderung des gesetzlichen Systems, welches die Mitwirkungshandlungen des Bestellers im Werkvertragsrecht durch die Regelungen der §§ 642 ff., 293 ff. BGB eindeutig als Obliegenheit und nicht als echte Pflicht einordnet. Denn wesentlicher Bestandteil des Begriffs der „Kooperationspflicht" ist die beiderseitige Förderung des Vertragszwecks, also auch die Erbringung der erforderlichen Mitwirkungshandlungen durch den Auftraggeber. Unter den Begriff der „Kooperationspflicht" könnte demnach jegliche Mitwirkungshandlung des Auftraggebers subsumiert werden, die für die Werkherstellung seitens des Unternehmers notwendig ist, sodass es im Rahmen des Bauvertragsrechts zu einer vollständigen und schon aus diesem Grunde nicht zu billigenden Umgehung des gesetzlichen Obliegenheitsmodells kommen würde.[580]

Nach allem wird deutlich, dass durch den Austausch der Begrifflichkeit „Treuepflicht" durch den Begriff der „Kooperationspflicht" für die Lösung der Mitwirkungsproblematik nichts Erhebliches gewonnen werden kann. Auch durch eine Lösung der Mitwirkungsproblematik über die Konstruierung von Kooperationspflichten, die die Mitwirkungshandlungen des Bestellers umfassen, würde es aufgrund der Offenheit des Begriffs der „Kooperationspflicht" zu einem wesentlich zu pauschal erfolgenden Unterlaufen des gesetzlich vorgesehenen Obliegenheitsmodells kommen.

Schlussendlich bleibt es zwar dabei, dass der Kooperationscharakter des Bauvertrages als Teilaspekt mit in die Frage einfließen muss, in welchen Fällen eine Mitwirkungsobliegenheit zu einer Mitwirkungspflicht erstarkt. Denn der Kooperationscharakter des Bauvertrages als Langzeitvertrag führt – wie gesehen – durchaus zu einer gesteigerten Bedeutung der Mitwirkungshandlungen des Auftraggebers, die nicht vernachlässigt werden kann und als „Kooperationsprinzip" mit in die Abgrenzung von Mitwirkungsobliegenheit und -pflicht einzufließen hat. Die Konstruierung von aus dem Kooperationscharakter des Bauvertrages resultierenden Kooperationspflichten erscheint jedoch aufgrund der aufgezeigten Schwächen als untauglich, die Mitwirkungsproblematik im Bauvertragsrecht zu lösen.

580 Insoweit hilft – wie gesehen – auch die vom BGH vorgenommene Einschränkung der Kooperationsrechtsprechung im „Schürmannbau-Beschluss" nicht weiter, da sich diese nicht mit den Kriterien einer ausnahmsweisen Erstarkung der vom Begriff der „Kooperationspflichten" erfassten Mitwirkungsobliegenheit zu einer -pflicht befasst, sondern lediglich auf die Subsidiarität der „Kooperationsrechtsprechung" im Verhältnis zu anderen anerkannten Lösungswegen hinweist.

bb. Die Ansicht *Nicklischs* – Erstarkung der Mitwirkungsobliegenheit zur Mitwirkungspflicht im Wege ergänzender Vertragsauslegung

Ein von *Nicklisch*[581] hinsichtlich der Modifizierung des Obliegenheitsmodells im Bauvertragsrecht vorgeschlagener und aufgrund seiner verhältnismäßig frühen Veröffentlichung im Jahre 1979 insoweit grundlegender Lösungsansatz liegt methodisch in der Anwendung der ergänzenden Vertragsauslegung gem. §§ 133, 157 BGB.

Ausgangspunkt der Ansicht von *Nicklisch* ist im Gleichklang zum dargestellten BGH-Urteil *BGHZ 133, S. 44 ff.* die Feststellung, dass Werkverträgen mit Langzeitcharakter (insbesondere dem Bauvertrag) gleichzeitig ein sog. Kooperationscharakter zukomme, weshalb die grundsätzliche Konzeption des Werkvertragsrechts hinsichtlich der rechtlichen Einordnung und Behandlung der Mitwirkungshandlungen des Bestellers („Obliegenheitsmodell“) bei diesen Verträgen nicht passe bzw. zu nicht interessengerechten Ergebnissen führe.[582]

Nicklisch weist zunächst darauf hin, dass schon der historische Gesetzgeber die Möglichkeit der Vertragspartner eines Werkvertrages erkannt hatte, die Vornahme einer Mitwirkungshandlung durch den Besteller vertraglich als echte Schuldnerpflicht zu vereinbaren und auf diesem Wege die Rechtsfolgemöglichkeiten um einen echten Schadensersatzanspruch oder die Folgen des Schuldnerverzugs zu erweitern.[583] Vor diesem Hintergrund sei die Zurückhaltung der werkvertragsrechtlichen Literatur und Rechtsprechung zumindest bei werkvertraglichen Großprojekten echte Mitwirkungspflichten anzunehmen, nicht nachzuvollziehen und daher abzulehnen.[584] Es müsse im Einzelfall berücksichtigt werden, welche Bedeutung die am jeweiligen Werkvertrag beteiligten Parteien der Auftraggebermitwirkung eingeräumt haben und anhand dessen entschieden werden, welche rechtliche Qualität die jeweilige Mitwirkungshandlung (Obliegenheit oder Pflicht) tatsächlich erlangt.[585] Entgegen Teilen der werkvertragsrechtlichen Literatur bedürfe es zur Annahme einer echten Mitwirkungspflicht noch nicht einmal einer expliziten vertraglichen Vereinbarung.[586] Vielmehr genüge es, wenn sich aus den Umständen des Vertrages ableiten ließe, dass die Parteien der jeweiligen Mitwirkungshandlung eine derart hohe Bedeutung zugemessen haben, dass diese zu einer echten Schuldnerpflicht erstarkt.[587]

In diesem Sinne sei insbesondere hinsichtlich der genannten Langzeitverträge zu berücksichtigen, dass während des Herstellungsprozesses eine Kooperation zwi-

---

581 ***Nicklisch***, BB 1979, S. 533 ff..

582 ***Nicklisch***, BB 1979, S. 533 ff. (537 ff.).

583 Zu dieser vom historischen Gesetzgeber vorgesehen Möglichkeit vgl. Mot. Bd. II, S. 277.

584 ***Nicklisch***, BB 1979, S. 533 ff. (536 f.).

585 ***Nicklisch***, BB 1979, S. 533 ff. (541).

586 ***Nicklisch***, BB 1979, S. 533 ff. (540).

587 ***Nicklisch***, BB 1979, S. 533 ff. (541).

schen Besteller und Unternehmer erforderlich sei, wobei die vom Besteller zu erbringenden Beiträge in den Verträgen üblicherweise im Einzelnen aufgezählt oder unter der Bezeichnung „Mitwirkungspflicht" zusammengefasst werden würden.[588] Infolgedessen komme dem Besteller eine „Doppelrolle" zu. Im Hinblick auf das vertragsgemäß herzustellende Werk sei er Gläubiger, während der Herstellungsphase sei er jedoch als Kooperationspartner des Unternehmers gleichzeitig Schuldner hinsichtlich der von ihm zu erbringenden Mitwirkungshandlungen.[589]

Nach Sinn und Zweck solcher Verträge führe deren Auslegung aufgrund dessen *„in aller Regel"* dazu, dass der Besteller als Schuldner zur Vornahme der genannten Mitwirkungshandlung und der von ihm zu erbringenden Leistung verpflichtet sei, es sich bei der Mitwirkungshandlung also nicht um eine bloße Obliegenheit, sondern um eine echte Pflicht handele, soweit im Vertrag aufgeführte Mitwirkungshandlungen für die Werkdurchführung notwendig sind.[590]

Der Lösungsvorschlag *Nicklischs* orientiert sich also an den Werkverträgen mit Langzeit- und Kooperationscharakter (bspw. Bauvertrag) und kommt bei diesen Verträgen zu dem Ergebnis, dass im **Regelfall** eine echte (Schuldner-) Pflicht des Bestellers zur Mitwirkung gegeben sei. Nur ausnahmsweise soll in Fällen der genannten Verträge eine Gläubigerobliegenheit anzunehmen sein. Im Ergebnis kehrt *Nicklisch* also die werkvertragliche Grundsituation (grds. Gläubigerobliegenheit) im Rahmen der genannten Verträge aufgrund des Kooperationscharakters um.

Gerade dies bildet den Ansatzpunkt einer kritischen Auseinandersetzung mit dem Lösungsvorschlag *Nicklischs*. Denn gegen die regelmäßige Annahme von echten Mitwirkungspflichten als Folge einer interessenbezogenen Vertragsauslegung nach §§ 133, 157 BGB kann eingewendet werden, dass die gesetzliche Konzeption von Gläubigerobliegenheiten durch den Lösungsvorschlag *Nicklischs* in einem sehr weiten und bedeutenden Bereich des Werkvertragsrechts unterlaufen wird, ohne im Einzelnen zu prüfen, ob die im Verhältnis zu den grundlegenden Normen des Gläubigerverzugs (§§ 293 ff. BGB) erweiterten Rechtsfolgeanordnungen der §§ 642 ff. BGB den bestehenden Besonderheiten des Bauvertrages gerecht werden.[591] Denn *Nicklisch* nimmt zwar eine ausführliche Interessenanalyse hinsichtlich der Bedeutung der Mitwirkungshandlungen im Bauvertragsrecht vor und zeigt zutreffend bestehende Besonderheiten im Verhältnis zu anderen Werkverträgen geringeren Umfangs auf, beschäftigt sich

588 ***Nicklisch***, BB 1979, S. 533 ff. (544).

589 ***Nicklisch***, BB 1979, S. 533 ff. (544).

590 Vgl. ***Nicklisch***, BB 1979, S. 533 ff. (544).

591 Vor allem ***Peters*** in **Staudinger**, BGB, § 642, Rn. 31 geht davon aus, dass die gesetzliche Konzeption der Gläubigerobliegenheiten den Interessen grundsätzlich gerecht wird und auch für den Bereich der von *Nicklisch* angeführten Großanlagen insoweit keine Besonderheiten bestehen.

aber nicht mit der Frage, ob die §§ 642 ff. BGB diesen Besonderheiten gerecht werden. Insoweit ist darauf hinzuweisen, dass auch das Schuldrechtsmodernisierungsgesetz in Kenntnis der Ansichten hinsichtlich der Modifizierung des Obliegenheitsmodells und trotz einschneidender Veränderungen im Rahmen anderer werkvertragsrechtlicher Regelungen die Normen der §§ 642 ff. BGB unangetastet ließ und damit am Obliegenheitsmodell festhielt. Schon hieraus wird deutlich, dass die Frage der rechtlichen Einordnung der Bestellermitwirkung im Werkvertrag beziehungsweise im Bauvertrag nicht ohne Rücksicht auf die gesetzlichen Regelungen zur unterlassenen Bestellermitwirkung in den §§ 642 ff. BGB beantwortet werden kann.[592] Diesen Umstand vernachlässigt *Nicklisch*.

cc. Die Ansicht *Teichmanns* – Erstarkung der Mitwirkungsobliegenheit zu einer Mitwirkungspflicht im Wege einer Pflichtenergänzung aus § 242 BGB

Ein weiterer Lösungsansatz hinsichtlich der Modifizierung des Obliegenheitsmodells im Bauvertragsrecht, auf den insbesondere *Teichmann* im Rahmen seiner Kommentierung zu § 642 BGB neben der bereits erwähnten ergänzenden Vertragsauslegung hinweist, besteht in der sogenannten „Pflichtenergänzung aus § 242 BGB“.

Auch dieser Ansatz findet seine Grundlage – ähnlich wie dies für die „Kooperationsrechtsprechung“ nachgewiesen wurde – in der älteren BGH-Rechtsprechung[593] zur Anknüpfung an einen Schadensersatzanspruch trotz grundsätzlichen Vorliegens einer Obliegenheitsverletzung, bzw. im Lösungsvorschlag *Lehmanns*[594]. So verweist *Teichmann* im Rahmen seiner Kommentierung zunächst darauf, dass den Ausführungen der genannten Rechtsprechung zumindest im Ergebnis, letztlich aber nicht hinsichtlich der angegebenen Begründungen zuzustimmen sei.[595] Kritisch bewertet *Teichmann* insoweit, dass der BGH zwar von der Möglichkeit des Vorliegens einer Treuepflichtverletzung im Falle der Unterlassung einer Mitwirkungshandlung des Bestellers ausgeht, gleichzeitig jedoch inkonsequenterweise den Charakter der jeweils in Rede stehenden Mitwirkungshandlung als echte Mitwirkungspflicht negiert.[596] Im Gegensatz hierzu geht *Teichmann* zutreffend davon aus, dass, soweit es sich bei der jeweils rele-

---

592 Ebenso ***Scheube***, Auftraggebermitwirkung, S. 72.

593 *Teichmann* verweist insoweit insbesondere auf die Urteile ***BGHZ*** **11**, S. 80 ff; **50**, S. 175 ff. und ***BGH***, WM 1986, S. 73 ff., vernachlässigt allerdings die zwischenzeitliche Korrektur des ***BGH*** in VersR 1960, S. 693 ff.; vgl. ***Teichmann*** in **Soergel**, BGB, § 642, Rn. 7.

594 ***Lehmann***, JZ 1954, S. 238 ff..

595 ***Teichmann*** in **Soergel**, BGB, § 642, Rn. 7.

596 Auf diesen Umstand wurde in der vorliegenden Abhandlung bereits im Rahmen der grundsätzlichen rechtsdogmatischen Einordnung der Mitwirkungshandlungen des Bestellers hingewiesen; vgl. insoweit die Ausführungen auf S. 108 ff..

vanten Mitwirkungshandlung um eine Treuepflicht handelt, diese auch geschuldet ist, der Besteller sich also insoweit in einer echten Schuldnerposition befindet.[597]
Abgesehen von diesen Unterschieden hält aber auch *Teichmann* im Gleichklang zur Rechtsprechung des BGH das Vorliegen einer Treuepflichtverletzung im Falle des Unterlassens einer Mitwirkungshandlung seitens des Bestellers bzw. das Erstarken einer Mitwirkungsobliegenheit zu einer echten Mitwirkungspflicht durch § 242 BGB für möglich. Fraglich sei insoweit alleine, in welchen Bereichen der Besteller Schuldner sei, das heißt wann eine Gläubigerobliegenheit so erstarkt, dass sie gleichzeitig Schuldnerpflicht ist, oder wann der Besteller unabhängig von seiner Gläubigerposition Schuldnerverpflichtungen neben der Zahlung der Vergütung übernommen habe.[598] Zwar könne dies nur für den Einzelfall entschieden werden, jedoch sei insoweit eindeutig, dass dies methodisch – neben der insbesondere von *Nicklisch* vorgeschlagenen ergänzenden Vertragsauslegung – auch durch die durch den BGH nahegelegte Möglichkeit der „Pflichtenergänzung aus § 242 BGB" erreicht werden könne.
Hinsichtlich der genaueren Abgrenzung von Mitwirkungsobliegenheit und Mitwirkungspflicht verweist *Teichmann* sodann darauf, dass nur dann eine Gläubigerobliegenheit anzunehmen sei, wenn der Besteller untergeordnete Mitwirkungshandlungen tätigen muss, bspw. lediglich das Sachsubstrat in der für die Werkleistung erforderlichen Art zur Verfügung stellen soll. Davon seien sowohl vorbereitende Handlungen wie bspw. das rechtzeitige Bereitstellen der zu reparierenden Sache[599] erfasst, als auch die Übergabe von Plänen.[600]
Demgegenüber liege eine Schuldnerpflicht vor, sobald der Besteller eine aktive, mitgestaltende Funktion zu übernehmen habe, wenn bspw. Dinge neu zu entwickeln seien und wenn der Unternehmer auf Vorinformationen oder Vorarbeiten des Bestellers angewiesen sei. Dies sei insbes. bei Großprojekten anzunehmen, die von der Kooperation der Vertragsparteien geprägt sind. Auch hier wird als Beispiel der Bauvertrag angeführt.[601]
Insgesamt kann hinsichtlich des von *Teichmann* vorgeschlagenen Lösungsansatzes festgehalten werden, dass dieser die vom BGH und von *Lehmann* favorisierte Vorgehensweise hinsichtlich der Modifizierung des Obliegenheitsmodells über die Konstruierung einer Treuepflicht aufgreift und in konsequenterer Weise ausführt. Anders als der *BGH in VersR 1960, S. 693 f.* oder *Lehmann* geht *Teichmann* nicht nur davon aus, dass die Erfüllung der Mitwirkungsobliegenheit in die allgemeine vertragliche Treuepflicht des Bestellers eingebunden und aus

597 ***Teichmann*** in **Soergel**, BGB, § 642, Rn. 7, 8.
598 ***Teichmann*** in **Soergel**, BGB, § 642, Rn. 7.
599 ***RG***, WarnR 1908, S. 625.
600 ***Teichmann*** in **Soergel**, BGB, § 642, Rn. 7.
601 Vgl. ***Teichmann*** in **Soergel**, BGB, § 642, Rn. 7.

diesem Grunde einer Sanktionierung durch einen Schadensersatzanspruch zugänglich ist, sondern dass die Mitwirkungsobliegenheit des Bestellers in näher spezifizierten Ausnahmefällen gem. § 242 BGB zu einer echten Mitwirkungspflicht erstarkt, deren Erfüllung geschuldet ist und deren Nicht- oder Schlechterfüllung mit einem Schadensersatzanspruch sanktioniert werden kann.[602] Darüber hinaus geht *Teichmann* im Rahmen seiner Ausführungen zutreffend davon aus, dass die Mitwirkungshandlungen des Bestellers grundsätzlich als Obliegenheit zu charakterisieren sind und diese Einordnung aufgrund der insoweit eindeutigen gesetzlichen Ausgangslage auch möglichst aufrecht zu erhalten ist.

Bedenken bestehen hinsichtlich der Ansicht *Teichmanns* allerdings insoweit, als auch hier die Abgrenzung von Mitwirkungsobliegenheit und Mitwirkungspflicht alleine anhand der Bedeutung der Mitwirkungshandlung für die am Vertrag beteiligten Parteien vorgenommen, jedoch die Frage vernachlässigt wird, ob die §§ 642 ff. BGB dem gerecht werden, es insoweit also überhaupt einer Modifizierung des Obliegenheitsmodells bedarf. Denn gerade vor dem Hintergrund, dass *Teichmann* im Rahmen seiner Kommentierung – unzutreffender Weise[603] – davon ausgeht, dass es sich bei § 642 BGB um einen eigenständigen Schadensersatzanspruch und nicht um einen bloßen Entschädigungsanspruch handelt,[604] stellt sich diese Frage. Auch hier bleibt es dabei, dass eine Modifizierung des Obliegenheitsmodells nur unter Berücksichtigung der besonderen Regelungen der §§ 642 ff. BGB erfolgen kann und die Frage, wann diese Regelungen nicht ausreichen, um einen ausreichenden Schutz der Interessen des Unternehmers zu gewähren, eine entscheidende Stellung einnehmen sollte.

dd. Die Ansicht *Müller-Foells* – Erstarkung der Mitwirkungsobliegenheit zu einer Mitwirkungspflicht im Wege „vertragstypusentsprechender Normeninterpretation"

Insbesondere *Müller-Foell*[605] tritt in seiner Monographie hinsichtlich der Modifizierung des „Obliegenheitsmodells" für eine sog. „vertragsorientierte Normeninterpretation" ein.

Auch *Müller-Foell* geht dabei von der Prämisse aus, dass das grundsätzliche Konzept des BGB, Mitwirkungshandlungen des Gläubigers als bloße Obliegenheiten einzustufen, zwar nicht gänzlich zu verwerfen ist, jedoch zugleich nicht

---

602 Zur Möglichkeit der Erzwingbarkeit der Mitwirkungspflicht vgl. ***Teichmann*** in **Soergel**, BGB, § 642, Rn. 8.

603 Vgl. insoweit die Ausführungen zur Natur des § 642 BGB als Entschädigungs- und nicht als Schadensersatzanspruch auf S. 72 ff. und 85.

604 Vgl. insoweit ***Teichmann*** in **Soergel**, BGB, § 642, Rn. 6 und die Ausführungen im Rahmen der grundsätzlichen rechtsdogmatischen Einordnung der Mitwirkungshandlungen des Gläubigers unter besonderer Berücksichtigung des Werkvertragsrechts (Teil D.) auf S. 85.

605 ***Müller-Foell***, „Die Mitwirkung des Bestellers beim Werkvertrag", Berlin 1981.

in allen denkbaren Fällen von Werkverträgen zu einer interessengerechten Lösung führt. Insbesondere im Falle des Bauvertrages als Langzeitvertrag, der durch ein Kooperationsverhältnis zwischen Besteller und Unternehmer geprägt sei, habe der Unternehmer oftmals ein besonderes „Leistungserbringungsinteresse" hinsichtlich der Erbringung von für die (Bau-) Werkherstellung erforderlicher Mitwirkungshandlungen durch den Auftraggeber, woraus deutlich werde, dass eine „Einheitslösung" dahingehend, dass es sich bei sämtlichen Mitwirkungshandlungen des Auftraggebers um Obliegenheiten und nicht um Pflichten handele, letztlich zu Unbilligkeiten führe und an der Vielschichtigkeit der in der Rechtswirklichkeit auftauchenden Werkverträge vorbeigehe. Aus diesem Grunde sei es erforderlich, die Entwicklung der Werkverträge hin zu immer komplexer und umfangreicher werdenden Vertragstypen durch die Schaffung eines flexiblen Systems der rechtlichen Behandlung von Mitwirkungshandlungen des Bestellers auch auf die rechtlich-normative Ebene zu übertragen, um einen höheren Gerechtigkeitsgehalt in Einzelentscheidungen zu erzielen.[606]
Dem insoweit also untauglichen Obliegenheitsmodell versucht *Müller-Foell* anhand einer „Analyse faktischer Interessenlagen" zu begegnen, die die pauschale, von Gesetzes wegen vorgenommene Einordnung der Mitwirkungshandlungen des Auftraggebers als Obliegenheiten ersetzen und die Mitwirkungshandlungen in bestimmten Situationen von einer Obliegenheit zu einer echten Pflicht erstarken lassen soll.[607] Ansatzpunkt im Rahmen der Interessenanalyse soll nach *Müller-Foell* ein „Leistungserbringungsinteresse" seitens des Unternehmers an der Erfüllung der Mitwirkungshandlung durch den Auftraggeber sein, welches zumindest bei großvolumigen Werkverträgen wie dem Bau- oder Anlagenvertrag dazu führe, dass die von Gesetzes wegen vorgegebene Mitwirkungsobliegenheit des Auftraggebers zu einer echten Mitwirkungspflicht erstarke.[608] Nur soweit die Interessenanalyse – ausnahmsweise – kein Eigeninteresse des Unternehmers an der Werkherstellung ergebe, sei der grundsätzlichen gesetzlichen Intention entsprechend lediglich von einer Obliegenheit des Gläubigers zur Mitwirkung auszugehen.[609]
Methodisch sei dies jedoch im Unterschied zur von *Nicklisch* vorgeschlagenen ergänzenden Vertragsauslegung gem. §§ 133, 157 BGB nicht im Wege einer individuellen Auslegung des Vertrages im konkreten Einzelfall zu begründen. Vielmehr handele es sich um eine „vertragstypusentsprechende", das heißt nach Vertragstypen differenzierte Normeninterpretation, wobei sich die Typenbildung an faktischen Interessenkonstellationen von Auftraggeber und Unternehmer

---

606 ***Müller-Foell***, Mitwirkung des Bestellers beim Werkvertrag, S. 89 f..
607 Vgl. bzgl. der von *Müller-Foell* vorgeschlagenen „Analyse faktischer Interessenlagen" ***Müller-Foell***, Mitwirkung des Bestellers beim Werkvertrag, S. 90 ff..
608 ***Müller-Foell***, Mitwirkung des Bestellers beim Werkvertrag, S. 111.
609 ***Müller-Foell***, Mitwirkung des Bestellers beim Werkvertrag, S. 111.

orientiere. Eine ergänzende Vertragsauslegung nach §§ 133, 157 BGB verbiete sich schon deshalb, weil die vertragstypusentsprechende Auslegung des Vertragsinhaltes schon rein logisch Vorrang habe, es also keiner Auslegung des konkreten Einzelfalles bedürfe, wenn sich das Ergebnis bereits aus dem Gesetz bzw. aus der "Gesetzesinterpretation" ergebe.[610] Erforderlich sei demgemäß keine individuelle Analyse konkreter Einzelfälle, sondern eine am Werkvertragstypus orientierte Interessenanalyse, die untersucht, ob in der Realität vorfindbare oder zumindest denkbare Situationen existieren, in denen ein Eigeninteresse des Werkunternehmers an der Werkdurchführung bzw. an der Vornahme der jeweilig erforderlichen Mitwirkungshandlung seitens des Bestellers besteht.[611] Bestehe – wie im Falle großvolumiger Werkverträge wie dem Bau- oder Anlagenvertrag – ein solches (Leistungserbringungs-) Interesse des Werkunternehmers, so müsse diesem durch die Annahme einer echten Mitwirkungspflicht seitens des Auftraggebers nachgekommen werden.[612]

Im Ergebnis führt auch die Ansicht *Müller-Foells* dazu, dass bei Bauverträgen aufgrund der diesen zugrundeliegenden, eigenen Interessenlage[613] **im Regelfall** eine echte Mitwirkungspflicht des Auftraggebers anzunehmen und nur im Ausnahmefall von einer Mitwirkungsobliegenheit auszugehen ist, sodass auch der Ansicht *Müller-Foells* folgend das werkvertragsrechtliche Grundkonzept des „Obliegenheitsmodells" für den Bereich der Bauverträge umgekehrt wird.

Einen in methodischer Hinsicht bestehenden Nachteil der „vertragstypusentsprechenden Norminterpretation" muss *Müller-Foell* jedoch schließlich selbst einräumen.[614] Denn die von *Müller-Foell* befürwortete abstrakte Interessenanalyse kann sich im Ergebnis oftmals nicht von den individualvertraglichen Vereinbarungen der am Vertrag Beteiligten lösen. Auch die „vertragstypusentsprechende Norminterpretation" kommt nicht umhin, den Parteiwillen, soweit dieser nicht durch explizite vertragliche Vereinbarungen klar ersichtlich ist, anhand der ergänzenden Vertragsauslegung nach §§ 133, 157 BGB zu ermitteln. Die methodische Eigenständigkeit des Ansatzes von *Müller-Foell* erscheint demnach zumindest zweifelhaft.

Darüber hinaus muss hinsichtlich des Lösungsansatzes *Müller-Foells* aufgrund der unübersehbaren Nähe zu der von *Nicklisch* vorgeschlagenen ergänzenden Vertragsauslegung ebenfalls festgehalten werden, dass *Müller-Foell* zwar eine

---

610 ***Müller-Foell***, Mitwirkung des Bestellers beim Werkvertrag, S. 105 in Fn.208.

611 ***Müller-Foell***, Mitwirkung des Bestellers beim Werkvertrag, S. 90.

612 ***Müller-Foell***, Mitwirkung des Bestellers beim Werkvertrag, S. 111.

613 Im Rahmen dieser Interessenlage sind auch die dargelegten besonderen Wesensmerkmale (Langzeit-, Rahmen-, Kooperationscharakter) des Bauvertrages und das hieraus steigende Interesse des Auftragnehmers an der Erfüllung der auftraggeberseitigen Mitwirkungshandlung zu berücksichtigen.

614 Vgl. zum Folgenden ***Müller-Foell***, Mitwirkung des Bestellers beim Werkvertrag, S. 105.

in weiten Teilen zutreffende Interessenanalyse hinsichtlich der Bedeutung der Mitwirkungshandlungen des Bestellers für die Vertragsbeteiligten vornimmt, jedoch dabei die Frage vernachlässigt, inwieweit die besonderen Rechtsfolgenanordnungen der §§ 642 ff. BGB den bestehenden (besonderen) Interessen gerecht werden. Auch hier muss festgehalten werden, dass *Müller-Foell* den Umstand vernachlässigt, dass die Frage der rechtlichen Einordnung der Bestellermitwirkung nur unter der verstärkten Berücksichtigung der gesetzlichen Regelungen zur unterlassenen Bestellermitwirkung in den §§ 642 ff. BGB beantwortet werden kann.

ee. Die Ansicht *Raabs* – Lösung des Problems anhand eines „Rechtsfolgensystem"

Ein weiterer möglicher Lösungsansatz – welcher insbes. von *Raab*[615] vorgeschlagen wird – besteht darin, zur Abgrenzung von Mitwirkungsobliegenheit und -pflicht im Bauvertrag an die Unterschiede in der Rechtsfolge bzw. in der Bedeutung dieser für den Werkunternehmer anzusetzen.
Auch *Raab* weist zunächst darauf hin, dass es sich bei den werkvertragsrechtlichen Mitwirkungshandlungen des Bestellers, aufgrund der gem. § 642 BGB gesetzlich vorgenommenen Anbindung an die Gläubigerverzugsvorschriften der §§ 293 ff. BGB, grundsätzlich um Obliegenheiten und nicht um echte Rechtspflichten handelt.[616] Nichtsdestotrotz bestehe jedoch durchaus die Möglichkeit, dass die Mitwirkungshandlung des Bestellers unter bestimmten, in der Folge näher zu konkretisierenden Voraussetzungen auch den Charakter einer echten Schuldnerpflicht annehme und somit die Rechtsfolgenmöglichkeiten bei Unterlassung der jeweiligen Mitwirkungshandlung um eine Klage auf Erfüllung und Statuierung einer echten Schadensersatzpflicht des Bestellers erweitert würden. Den Anstoß der Überlegungen *Raabs* bildet insofern die sog. Vorunternehmer-Rechtsprechung[617] des BGH, die sich ebenfalls mit aus einer unterlassenen Mitwirkung des Bestellers resultierenden Leistungsstörung beschäftigt.[618]
Grundsätzlich weist *Raab* darauf hin, dass durch die Norm des § 642 BGB im Werkvertragsrecht eine Vorschrift gegeben sei, die in den meisten Fällen durchaus dazu geeignet sei, die aus der Vorleistungspflicht des Unternehmers resultierenden erhöhten Risiken des Unternehmers zu erfassen und diesen gerecht zu werden.

---

615 So ***Raab***, JZ 2001, S. 249 ff. (252).

616 ***Raab***, JZ 2001, S. 249 ff. (252).

617 ***BGH***, BauR 1985, S. 561 ff. **(Voruntemehmer I)**; ***BGH***, BauR 2000, S. 722 ff. **(Voruntemehmer II)**.

618 Konkret handelt es sich bei den Ausführungen ***Raabs*** in JZ 2001, S. 249 ff. um Anmerkungen zum Vorunternehmer II-Urteil des BGH (***BGH***, BauR 2000, S. 722 ff.); eine ausführlichere Darstellung der Vorunternehmer-Rechtsprechung des BGH findet sich im Rahmen der vorliegenden Abhandlung nachfolgend auf S. 198 ff..

Nichtsdestotrotz sei es jedoch in Ausnahmefällen ebenso möglich, dass die Mitwirkungshandlung des Bestellers mit der Folge ihrer gerichtlichen Einklagbarkeit und der Statuierung einer Schadensersatzpflicht im Verletzungsfalle zusätzlich den Charakter einer echten Schuldnerpflicht annehmen könne.[619] Methodisch sei dies entweder durch eine explizite vertragliche Fixierung oder durch eine ergänzende Vertragsauslegung gem. §§ 133, 157 BGB[620] bzw. ergänzend aus dem Gesetz gem. § 242 BGB[621] zu erreichen.

Hinsichtlich der ebenfalls gegebenen Möglichkeit der vertraglichen Fixierung einer echten Mitwirkungspflicht seitens des Bestellers führt *Raab* unter Berufung auf die Erörterungen des BGH im Vorunternehmer II-Urteil[622] aus, dass die Annahme einer solchen in nur sehr engen Grenzen möglich sei. Voraussetzung für die vertragliche Übernahme einer echten Schuldnerpflicht sei es insoweit, dass sich der Besteller nach dem Inhalt des Vertrages im Hinblick auf die Mitwirkungshandlung im Verhältnis zum Unternehmer binden und zur Vornahme der Handlung unbedingt verpflichten wolle.[623] Nicht ausreichend sei es jedoch insoweit, dass eine entsprechende Verpflichtung des Bestellers Gegenstand einer ausdrücklichen vertraglichen Vereinbarung sei.[624] Dies sei zwar ein gewichtiges Indiz für einen entsprechenden Verpflichtungswillen des Bestellers; denkbar sei es jedoch auch, dass die Parteien durch die Aufnahme der entsprechenden Mitwirkungshandlung in das Vertragsprogramm lediglich beabsichtigten, die Gläubigerobliegenheiten näher zu konkretisieren. Die vertragliche Fixierung allein dürfe mithin keine hinreichende Grundlage für die Annahme einer Schuldnerpflicht darstellen. Vielmehr bedürfe es zur Annahme einer echten Mitwirkungspflicht noch weiterer verlässlicher Kriterien, deren Bestimmung bisher noch nicht gelungen sei.[625]

Nach den Überlegungen *Raabs* muss hierzu an dem Unterschied in der Rechtsfolge bzw. an der Bedeutung der jeweiligen, auftraggeberseitigen Mitwirkungs-

---

619 *Raab* bezieht sich insoweit vor allem auf die BGH-Entscheidungen ***BGHZ* 11**, S. 80 ff. und ***BGHZ* 50**, S. 175 ff., ohne diese Entscheidungen jedoch selbst kritisch zu hinterfragen; vgl. ***Raab***, JZ 2001, S. 249 ff. (252).

620 Vgl. insoweit die Ausführungen zum Lösungsansatz von *Nicklisch* auf S. 145 ff..

621 Vgl. insoweit die Ausführungen zum Lösungsansatz von *Teichmann* auf S. 147 ff..

622 ***BGH***, BauR 2000, S. 722 ff.

623 Unter Berufung auf den BGH im Vorunternehmer II-Urteil (***BGH***, BauR 2000, S. 722 ff.) stellt *Raab* darauf ab, dass aufgrund „besonderer Umstände" anzunehmen sein müsse, dass der Auftraggeber für die Erfüllung einstehen wolle; vgl. ***Raab***, JZ 2001, S. 249 ff. (252).

624 Konkret ging es bei der von *Raab* kommentierten Entscheidung des BGH um die Aufnahme eines Fristenplanes für die Erbringung von auftraggeberseitigen Mitwirkungshandlungen in das Vertragsprogramm; zum Sachverhalt der in Rede stehenden Entscheidung des BGH vgl. JZ 2001, S. 249.

625 ***Raab***, JZ 2001, S. 249 ff. (252).

handlung für den Unternehmer angesetzt werden. So soll eine auftraggeberseitige Mitwirkungshandlung eine bloße Obliegenheit darstellen, soweit diese für den Unternehmer nur insoweit Bedeutung hat, als sie ihm die Erfüllung der eigenen Leistungspflicht ermöglichen und damit sicherstellen soll, dass er für die Arbeitszeit und das Betriebskapital, welches er zu dem entsprechenden Zeitpunkt bereit gehalten hat, eine Gegenleistung erhält. In einem solchen Falle könne dem Interesse des Unternehmers an der Vornahme der Handlung über die Regeln des Annahmeverzuges (insb. § 642 BGB) hinreichend Rechnung getragen werden.[626]

Die Annahme einer Schuldnerpflicht liege demgegenüber nahe, wenn der Unternehmer ein weitergehendes Interesse an der Vornahme der Handlung hat und insbesondere durch die Nichtvornahme der Mitwirkungshandlung weitere (Vermögens-) Interessen des Unternehmers gefährdet sind.[627] Als Beispiele für solche „weiteren" Interessen des Unternehmers werden sowohl ideelle Gründe angeführt, wie der sich aus der Fertigstellung eines Bauwerks mit „künstlerischem Einschlag" ergebende „Werbefaktor", als auch wirtschaftliche Interessen des Unternehmers, für den bspw. in Zeiten schlechter Konjunktur die Fertigstellung eines Gebäudes existenziell wichtig ist oder die Fertigstellung des Bauwerkes die Basis für die Erlangung von Folgeaufträgen darstellt.[628] In einem solchen Falle müsse der Unternehmer auf Erfüllung klagen und gegebenenfalls Schadensersatz (wegen Nichterfüllung) verlangen können.[629]

Raab versucht also die gesetzlich vorgesehene Einordnung der auftraggeberseitigen Mitwirkungshandlungen als Obliegenheit weitestgehend aufrecht zu erhalten und will nur in einem sehr eng gefassten Bereich zusätzlich eine echte Mitwirkungspflicht annehmen.

b. Resümee der bisherigen Lösungsansätze hinsichtlich der Modifizierung des Obliegenheitsmodells

Die Diskussion der Mitwirkungsproblematik im Bauvertragsrecht ist von den Besonderheiten des Bauvertrages im Verhältnis zu anderen Werkverträgen geringeren Umfangs geprägt. Nach einhelliger Ansicht erfordern die besonderen Wesensmerkmale des Bauvertrages (Langzeit-, Rahmen- und Kooperationscharakter) eine differenzierte Betrachtung der Frage, ob das grundsätzlich geltende „Obliegenheitsmodell" der Bedeutung der jeweiligen Mitwirkungshandlung des Auftraggebers gerecht wird.[630] Gleichzeitig entspricht eine solche Sichtweise

---

626 ***Raab***, JZ 2001, S. 249 ff. (252).

627 ***Raab***, JZ 2001, S. 249 ff. (252).

628 Vgl. insoweit ***Raab***, JZ 2001, S. 249 (533), der in Fußnote 15 auf die Beispiele ***Nicklischs*** in BB 1979, S. 533 ff. (540) verweist.

629 ***Raab***, JZ 2001, S. 249 ff. (252).

630 Insoweit stimmen die dargestellten, bisherigen Lösungsansätze überein.

dem wandelnden Verständnis hinsichtlich der Rolle des Gläubigers im Schuldverhältnis. Denn während das althergebrachte Verständnis des Schuldverhältnisses entscheidend von der Trennung der Positionen von Gläubiger und Schuldner gekennzeichnet war, in der sich der Gläubiger aufgrund seiner Stellung als „Herr des Schuldverhältnisses" keinerlei Pflicht zur Mitwirkung ausgesetzt sah und der Schutz des Unternehmers über die erweiterten Gläubigerverzugssanktionen des § 642 ff. BGB gewährleistet werden sollte, ist nunmehr allgemein anerkannt, dass das Schuldverhältnis als „Organismus" zu verstehen ist und daher die Erreichung des jeweiligen Vertragszwecks zunehmend vom gemeinsamen Zusammenwirken von Gläubiger und Schuldner abhängig ist.[631] Eine entscheidende Folge dieser Entwicklung ist, dass die Bestellermitwirkung im Werkvertrag nicht mehr alleine auf der Grundlage des dargestellten Obliegenheitsmodells bewertet, sondern zunehmend versucht wird die Rolle des pflichtenlosen Werkbestellers durch die Anerkennung einzelner Mitwirkungspflichten „aufzuweichen". Insoweit ist die Zielsetzung der bisher vorgeschlagenen Lösungsansätze hinsichtlich der Modifizierung des Obliegenheitsmodells klar vorgegeben. Divergenzen bestehen jedoch sowohl hinsichtlich der methodischen Vorgehensweise, als auch hinsichtlich der Bestimmung der Kriterien, in welchen Fällen die jeweilige Mitwirkungshandlung des Auftraggebers von einer bloßen Obliegenheit zu einer echten Pflicht erstarkt.
Deutlich sollte jedoch geworden sein, dass eine pauschale Betrachtungsweise hinsichtlich der Modifizierung des Obliegenheitsmodells unangebracht ist. Sowohl die einseitige Einordnung der Mitwirkungshandlungen des Bestellers als Obliegenheit, als auch die einseitige Einordnung als Mitwirkungspflicht hat sich als untauglich erwiesen, um zu einer interessen- und zugleich systemgerechten Lösung der Mitwirkungsproblematik zu gelangen. Denn wie sich im Folgenden noch zeigen wird, wird weder die pauschale Einordnung der zur Werkerstellung erforderlichen Mitwirkungshandlungen des Auftraggebers als Obliegenheiten, noch die einseitige Einordnung der Mitwirkung des Auftraggebers als Pflicht, welche wie bereits aufgezeigt zu einer nicht zu billigenden Umgehung des gesetzlichen Systems bzw. Obliegenheitsmodells führen würde, den Besonderheiten des Bauvertrages gerecht.

2. Eigener Lösungsansatz hinsichtlich der Modifizierung des Obliegenheitsmodells

Feststehender Ausgangspunkt der Entwicklung eines eigenen Lösungsansatzes hinsichtlich der Modifizierung des Obliegenheitsmodells im Bauvertragsrecht ist die ausführlich erörterte und hergeleitete Prämisse, dass auch die Mitwirkungshandlungen des Bestellers von Gesetzes wegen grundsätzlich als Obliegenheiten

---

631 Vgl. zu den Entwicklungen hinsichtlich des Begriffes des Schuldverhältnisses und zu der Stellung des Gläubigers in diesem die ausführliche Darstellung auf S. 17 ff..

und nicht als echte Rechtspflichten eingestuft werden. Nichtsdestotrotz scheint es im Rahmen der Literatur einhelliger Ansicht zu entsprechen, dass das Obliegenheitsmodell insbesondere im Bauvertragsrecht in einigen Situationen insofern zu Unbilligkeiten führen kann, als die Rechtsposition des Unternehmers, welcher ohnehin die Last und das Risiko der Vorleistungspflicht zu tragen hat, nur eingeschränkt geschützt wird.[632] Dies scheint im Bauvertragsrecht insbesondere im Hinblick auf die im Verhältnis zu anderen Werkverträgen geringeren Umfangs erheblich bedeutsamere Mitwirkung des Bestellers bzw. Auftraggebers zu gelten.

Im Folgenden wird demgemäß die Frage erörtert, in welchen konkreten Situationen und mittels welcher methodischen Vorgehensweise eine system- und interessengerechte Stärkung der Rechtsposition des Unternehmers im Hinblick auf die zur Werkerstellung erforderlichen Mitwirkungshandlungen des Auftraggebers erreicht werden kann.

Eindeutig herausgestellt wurde bereits, dass eine Stärkung der Rechtsposition des Unternehmers nur durch die konsequente Annahme einer echten Mitwirkungspflicht in Ausnahmefällen erreicht werden kann. Denn das starre Festhalten am Charakter der jeweils in Rede stehenden Mitwirkungshandlung als Obliegenheit und die gleichzeitige Gewährung von Schadensersatzansprüchen führt wie gesehen zu terminologischen und damit auch zu systematischen Widersprüchlichkeiten.[633] Nur durch die konsequente Annahme einer echten Mitwirkungspflicht auf der Tatbestandsseite kann eine terminologisch und systematisch einwandfreie Stärkung der Rechtsposition des Unternehmers auf der Rechtsfolgenseite durch die Möglichkeit der Erzwingbarkeit der jeweiligen Mitwirkungshandlung bzw. der Sanktionierung durch einen Schadensersatzanspruch im Unterlassungs- oder Verletzungsfalle erreicht werden.

a. Zielsetzung der Modifizierung des Obliegenheitsmodells im Bauvertragsrecht – Stärkung der Rechtsposition des Unternehmers durch Anerkennung einer „Doppelnatur“ einzelner Mitwirkungshandlungen des Auftraggebers?

Bereits hier stellt sich allerdings, unabhängig von der genauen methodischen Vorgehensweise und den genauen Abgrenzungskriterien der Erstarkung einer Mitwirkungsobliegenheit zu einer echten Mitwirkungspflicht, die Frage, ob die Verbesserung der Rechtsposition des Unternehmers dadurch zu erfolgen hat, dass die grundsätzlich vorliegende Mitwirkungsobliegenheit unter Verlust ihres Obliegenheitscharakters zu einer Pflicht erstarkt, oder ob sie den Charakter der Obliegenheit behalten und darüber hinaus zusätzlich die Qualität einer Pflicht annehmen, insofern also eine Art „Doppelnatur“ aufweisen soll.

---

632 **a.A.** ist ***Peters*** in **Staudinger**, BGB, § 642, Rn. 18.

633 Vgl. insoweit auch die Ausführungen auf S. 108 ff..

Insoweit ist zunächst festzuhalten, dass die hinsichtlich der Modifizierung des Obliegenheitsmodells dargestellten Ansichten, soweit sich diese durch die konsequente Annahme einer echten Pflicht auf der Tatbestandsseite auszeichnen, zumeist davon ausgehen, dass die erstarkte Mitwirkungshandlung des Auftraggebers eine „Doppelnatur" annimmt, also zugleich Obliegenheit und Pflicht ist.[634] Eine solche Vorgehensweise löst allerdings im Hinblick auf die daraus folgenden Rechtsfolgemöglichkeiten zumindest Bedenken aus. Denn die Anerkennung einer „Doppelnatur" der Mitwirkungshandlungen als Obliegenheit und Pflicht würde im Ergebnis in scheinbar paradoxer Art und Weise dazu führen, dass diese im Verletzungs- oder Unterlassungsfalle stärker sanktioniert werden würden, als die Verletzung von echten Schuldnerpflichten, die bei fehlendem Verschulden keinerlei Ansprüche auslösen.[635] Die Einordnung der Mitwirkungshandlungen des Bestellers als Obliegenheiten, welche Ausdruck des auf *Kohler* zurückgehenden Verständnisses des Gläubigers als „Herr des Schuldverhältnisses" ist, würde durch die Zuerkennung der „Doppelnatur" der Mitwirkungshandlungen des Bestellers demnach in das genaue Gegenteil verkehrt. Denn der Auftraggeber, der eigentlich die Position des Gläubigers einnehmen sollte, würde sich in diesem Fall hinsichtlich der jeweils in Rede stehenden Mitwirkungshandlung einer stärkeren Zwangswirkung ausgesetzt sehen, als wenn er sich „nur" in einer Schuldnerposition befinden würde. Auch aus diesem Grunde wird stellenweise in der Literatur darauf verweisen, dass die Mitwirkungshandlung nicht gleichzeitig Gläubigerobliegenheit und Schuldnerpflicht sein kann.[636]

---

634 Zwar wird dies zumeist nicht explizit ausgeführt, jedoch resultiert dieser Umstand eher daraus, dass die Probleme, die sich aus der „Doppelnatur" der zu einer Pflicht erstarkten Mitwirkungshandlung ergeben, kaum gesehen bzw. zumindest nicht erörtert werden. Aus dem Kontext der jeweiligen Ansichten lässt sich die Annahme der „Doppelnatur" jedoch durchaus schließen. Vgl. insoweit bspw. ***Raab*** in JZ 2001, S. 249 (252), der darauf abstellt, dass die Mitwirkungshandlung des Bestellers *auch* den Charakter einer echten Schuldnerpflicht annehmen könne oder auch ***Nicklisch*** in BB 1979, S. 533 (537), der darauf verweist, dass das Gesetz zwar davon ausgehe, dass die Unterlassung von Mitwirkungshandlungen zwar auf dem Annahmeverzug des Bestellers basiere, dies aber nicht ausschließe, dass ein Unterlassen der Bestellermitwirkung *gleichzeitig* auch einen Verstoß gegen eine Schuldnerpflicht darstellen könne. Eindeutig jedoch gleichfalls unkritisch stellt ***Teichmann*** in **Soergel**, BGB, § 642, Rn. 7 darauf ab, dass alleine fraglich sein könne, wann eine Gläubigerobliegenheit so erstarkt, dass sie *gleichzeitig* zu einer Schuldnerpflicht wird.

635 So insbesondere ***Lenzen***, BauR 1997, S. 210 ff. (213).

636 So eindeutig ***Scheube***, Auftraggebermitwirkung, S. 67, der die von ihm favorisierte Trennung von Pflicht und Obliegenheit jedoch selbst – inkonsequenterweise – nicht aufrecht erhält, sondern nur zwei Seiten später selbst darauf abstellt, dass im Einzelfall zu prüfen sei, ob in einer Mitwirkungsverletzung *gleichzeitig* eine Treuepflichtverletzung des Bestellers liegen kann.

Hinsichtlich der grundsätzlichen Anerkennung einer „Doppelnatur“ von bestellerseitigen Mitwirkungshandlungen könnte allerdings angeführt werden, dass eine solche der deutschen Zivilrechtsordnung durchaus nicht fremd ist, weil bspw. auch der Abnahme iSd §§ 640 Abs. 1 S. 1 und 433 Abs. 2 BGB eine solche zukommt.
Diesbezüglich ist jedoch andererseits darauf hinzuweisen, dass die Abnahme im Werkvertragsrecht einen Unterfall der zur Leistungserbringung erforderlichen Mitwirkungshandlung des Gläubigers bildet, welche von *Gesetzes wegen* aufgrund ihrer zentralen Bedeutung für das Werkvertragsrecht (zusätzlich) zur (Haupt-) Pflicht heraufgestuft wurde, um bei verschuldeter Nichtabnahme die für Rechtspflichten vorgesehenen Rechtsbehelfe (Klage auf Erfüllung und Geltendmachung eines Schadensersatzanspruchs) ausschöpfen und so den Vergütungsanspruch des vorleistungspflichtigen Unternehmers schützen zu können. Da dies aber bezüglich anderer Mitwirkungshandlungen nicht der Fall ist, liegt der Schluss nahe, eine „Doppelnatur“ anderer Mitwirkungshandlungen des Bestellers aufgrund des Ausnahmecharakters der Regelung des § 640 Abs. 1 S. 1 BGB grundsätzlich zu negieren.
Dies ist allerdings nicht zwingend. Denn insoweit könnte ebenso darauf abgestellt werden, dass aus einem Erst-Recht-Schluss heraus die „Doppelnatur“ anderer Mitwirkungshandlungen, soweit diese aufgrund ihrer gestiegenen Bedeutung durch das Obliegenheitsmodell nur unbefriedigend erfasst werden, durch § 640 Abs. 1 S. 1 BGB gerade nahegelegt wird. Hieraus wird deutlich, dass sich aus der Gesetzessystematik hinsichtlich der An- oder Aberkennung einer „Doppelnatur“ von anderen, außerhalb der Abnahme stehenden Mitwirkungshandlungen keine zwingenden Schlussfolgerungen ziehen lassen.
In weitaus entscheidenderer Weise ist jedoch hinsichtlich der „Doppelnatur“ einzelner Mitwirkungshandlungen darauf hinzuweisen, dass die Negierung dieser insoweit zu erheblichen Wertungswidersprüchen führen würde, als auf der einen Seite zwar grundsätzlich der Versuch unternommen wird, die Rechtsstellung des Unternehmers durch eine Heraufstufung der bestellerseitigen Mitwirkungsobliegenheit zu einer -pflicht zu verbessern, andererseits seine Rechte aber zugleich um die Rechtsfolgemöglichkeiten einer Obliegenheitsverletzung[637] beschnitten werden. Denn soweit man die „Doppelnatur“ einzelner, zu einer Pflicht heraufgestufter Mitwirkungshandlungen negiert, könnte die unverschuldete Nicht- oder Schlechterfüllung dieser, nunmehr bestehenden Mitwirkungs*pflicht* aufgrund des im Zivilrecht geltenden Verschuldensprinzip nicht sanktioniert werden.
Dies würde konsequent weitergedacht in der Geschäftswirklichkeit dazu führen, dass der Besteller im Streitfalle paradoxerweise dafür plädieren wird, dass es

637 Für den hier relevanten Bereich des Werkvertragsrechts ist speziell auf die Rechtsfolgealternativen der §§ 642 ff. BGB hinzuweisen.

sich bei der unverschuldet[638] unterlassenen Mitwirkungshandlung nicht nur um eine Obliegenheit, sondern sogar um eine – unter Verlust ihrer eigentlichen Qualität als Obliegenheit – erstarkte Rechtspflicht handelt. Denn in diesem Falle würde sich der Besteller aufgrund des fehlenden Verschuldens keinerlei Ansprüchen des Unternehmers ausgesetzt sehen.

Eine wirkliche und weitreichende Stärkung der Rechtsposition des Unternehmers kann aufgrund der aufgezeigten Widersprüchlichkeiten letztlich nur durch eine Heraufstufung der Mitwirkungshandlung unter Anerkennung ihrer damit einhergehenden „Doppelnatur" erreicht werden. Da eine solche Vorgehensweise jedoch vor dem Hintergrund der daraus resultierenden Sanktionierung von schuldlosem und schuldhaftem Verhalten des Bestellers und der damit verbundenen Verkehrung der Intention des gesetzlich vorgesehenen Obliegenheitsmodells nicht bedenkenlos ist, wird deutlich, dass diese Möglichkeit nur in sehr engen Grenzen gegeben sein soll.

Damit ist die Zielsetzung einer Modifizierung des Obliegenheitsmodells für die vorliegende Abhandlung vorgegeben. Zu erörtern ist, in welchen Fällen und anhand welcher methodischen Vorgehensweise eine grundsätzlich vorliegende Mitwirkungsobliegenheit des Auftraggebers so erstarken kann, dass sie gleichzeitig den Charakter einer echten Rechtspflicht annimmt und aus diesem Grunde sowohl eingeklagt, als auch im Falle der Nicht- oder Schlechterfüllung mit einem Schadensersatzanspruch sanktioniert werden kann.

b. Die methodische Vorgehensweise einer Modifizierung des Obliegenheitsmodells im Bauvertragsrecht

aa. Explizite vertragliche Vereinbarung von echten Mitwirkungspflichten

Im Rahmen der Ermittlung der methodischen Vorgehensweise einer Modifizierung des Obliegenheitsmodells ist zunächst an die Ausführungen in den Motiven für das BGB zu § 642 BGB anzuknüpfen. In diesen wird darauf verwiesen, dass abweichend vom Obliegenheitsmodell eine echte Mitwirkungspflicht des Bestellers denkbar und zulässig ist, wenn der Besteller *„nach dem Inhalt des Vertrages* dem Unternehmer gegenüber verpflichtet ist, in der erforderlichen Weise bei der Ausführung des Werkes mitzuwirken."[639] In den Motiven ist also eindeutig die Möglichkeit vorgesehen im Wege der privatautonomen, expliziten Vereinbarung echte Mitwirkungspflichten des Bestellers zu statuieren. Voraussetzung für die vertragliche Übernahme einer echten Schuldnerpflicht ist insofern lediglich, dass sich der Besteller nach dem Inhalt des Vertrages im Hinblick auf die Mitwirkungshandlung im Verhältnis zum Unternehmer unbedingt verpflichten will.[640]

---

638 Bzw. im Falle nicht zurechenbaren Verschuldens.

639 ***Mugdan**, Mot. Bd. II*, S. 277; vgl. auch ***Nicklisch***, BB 1979, S. 533 ff. (535).

640 ***Raab***, JZ 2001, S. 249 (252).

Insoweit ist allerdings darauf hinzuweisen, dass an den in den Motiven angeführten „unbedingten Verpflichtungswillen" erhöhte Anforderungen zu stellen sind bzw. dieser eindeutig zum Ausdruck kommen muss.[641] Insbesondere kann die vertragliche Vereinbarung einer echten Mitwirkungspflicht nicht schon aus einer entsprechenden, imperativen Wortwahl (bspw. *„Der Besteller hat....zu tun."*) alleine abgeleitet werden. Zwar ist in der imperativen Umschreibung einer zur Werkerstellung erforderlichen Mitwirkungshandlung durchaus ein Indiz für einen entsprechenden Verpflichtungswillen des Bestellers gegeben; denkbar ist insoweit aber ebenso, dass die Parteien lediglich beabsichtigen, die Gläubiger*obliegenheit* näher zu konkretisieren und der imperativen Formulierung insoweit keine besondere Bedeutung zukommen sollte. Denn zu berücksichtigen bleibt, dass im Rahmen einer individualvertraglichen Konkretisierung von Mitwirkungshandlungen imperative Formulierungen im Sinne von *„Der Besteller hat ... zu tun"* oder *„Der Besteller hat ... zu erbringen"* kaum vermeidbar sind. Aus diesem Grunde stellt die imperative Formulierung bestimmter Mitwirkungshandlungen oftmals nur eine nachlässige Ausdrucksweise dar, die selbst der höchstrichterlichen Rechtsprechung unterlaufen kann.[642] Hieraus jedoch auf einen unbedingten Verpflichtungswillen des Bestellers zu schließen, erscheint als nicht möglich.

Die Möglichkeit der individualvertraglichen Vereinbarung echter Mitwirkungspflichten des Bestellers ist insofern also engen Grenzen unterworfen. Letztlich wird lediglich eine eindeutige Formulierung wie bspw. *„Abweichend von der gesetzlichen Ausgangslage handelt es sich bei den vorstehenden Mitwirkungshandlungen nicht nur um eine Gläubigerobliegenheit, sondern darüber hinaus auch um eine Rechtspflicht"* dazu führen, dass eindeutig eine echte Mitwirkungspflicht des Bestellers anzunehmen ist.

Nichtsdestotrotz kommt durch die Motive zum BGB jedoch unzweifelhaft zum Ausdruck, dass abweichende Vereinbarungen möglich und daher das Obliegenheitsmodell grundsätzlich einer Modifizierung zugänglich ist.[643]

Die Möglichkeit der expliziten, abweichenden Vereinbarung stellt insbesondere in der Praxis der baurechtlichen Vertragsgestaltung eine sinnvolle und system-

---

641 Ebenso der ***BGH*** in BauR 2000, S. 722 ff. (725) (**„Vorunternehmer II"**), der darauf verweist, dass aufgrund „besonderer Umstände" anzunehmen sei, dass der Auftraggeber für die Erfüllung der jeweiligen Mitwirkungshandlung einstehen will. Auch die Kommentarliteratur weist insoweit darauf hin, dass die Möglichkeit einer expliziten vertraglichen Vereinbarung von echten Mitwirkungspflichten engen Grenzen unterworfen sei; so bspw. ***Peters*** in **Staudinger**, BGB, § 642, Rn. 20, 31.

642 ***Peters*** in **Staudinger**, BGB, § 642, Rn. 20, 31; ***Raab***, JZ 2001, S. 249 ff. (252).

643 Mithin entspricht dies natürlich auch dem Grundsatz der Vertragsfreiheit.

gerechte Alternative dar, den Interessen der Vertragsparteien Ausdruck zu verleihen.[644]

bb. Echte Mitwirkungspflichten als Ergebnis erläuternder oder ergänzender Vertragsauslegung (§§ 133, 157 BGB)?

Außerhalb der im Allgemeinen nicht in Zweifel gezogenen Möglichkeit der individualvertraglichen Vereinbarung von echten, bestellerseitigen Mitwirkungspflichten können sich echte Rechtspflichten des Bestellers zur Mitwirkung auch aus erläuternder oder ergänzender Vertragsauslegung (§§ 133, 157 BGB) ergeben.[645]

Bereits in den Motiven ist durch den Hinweis auf den *„Inhalt des Vertrages"* diese Möglichkeit der Modifizierung des Obliegenheitsmodells nahe gelegt worden.[646] Insbesondere in einem Fall, in dem eine einzelne Mitwirkungshandlung in imperativer Form individualvertraglich konkretisiert wurde, ein unbedingter Verpflichtungswille jedoch nicht eindeutig feststellbar ist, kann nur im Wege der (erläuternden) Vertragsauslegung ermittelt werden, ob ein entsprechender Verpflichtungswille des Bestellers und damit eine echte Mitwirkungspflicht gegeben ist. Anknüpfungspunkt ist also auch hier die konkrete vertragliche Vereinbarung und damit der Wille der Vertragspartner, der allerdings hier aufgrund seiner Mehrdeutigkeit im Wege der Auslegung ermittelt werden muss. Ohne bereits hier auf die genauen Voraussetzungen einzugehen, die erforderlich sind, um von einer echten Mitwirkungspflicht des Bestellers ausgehen zu können,[647] ist an dieser Stelle darauf hinzuweisen, dass im Rahmen der Auslegung der jeweiligen Erklärung sowohl die berechtigten Interessen der Vertragsparteien, als auch die Gebote von Treu und Glauben als Auslegungsmaßstab zu berücksichtigen sind.

Aber auch soweit es an einer (imperativen) Konkretisierung der jeweilig in Rede stehenden Mitwirkungshandlung fehlt, besteht grundsätzlich die Möglichkeit, dass das Vorliegen einer echten Mitwirkungspflicht des Bestellers im Wege der

---

644 Hierauf weist insbesondere auch ***Langen*** in **Langen/Schiffers**, Bauplanung und Bauausführung, S. 450, Rn. 1377 hin.

645 Auf die Möglichkeit der Modifizierung des Obliegenheitsmodells im Wege der (ergänzenden) Vertragsauslegung wies erstmals ***Nicklisch*** in BB 1979, S. 533 ff. hin; vgl. hierzu auch die Darstellung der Ansicht *Nicklischs* auf S. 145 ff.; zustimmend ***Raab***, JZ 2001, S. 249 ff. (252); ***Teichmann*** in **Soergel**, BGB, § 642, Rn. 7. Zur genauen Abgrenzung von erläuternder und ergänzender Vertragsauslegung vgl. ***Wolf*** in **Soergel**, BGB, § 157, Rn. 3, 107.

646 Vgl. insoweit ***Mugdan**, Mot. Bd. II*, S. 277.

647 Die Ermittlung der Kriterien zur Abgrenzung von bloßer Mitwirkungs*obliegenheit* und Mitwirkungs*pflicht* erfolgt nachfolgend gesondert; vgl. insoweit die Ausführungen auf S. 167 ff..

ergänzenden Vertragsauslegung nachgewiesen wird. Diese Möglichkeit resultiert insbesondere daraus, dass dem Bauvertrag als Langzeitvertrag wie gesehen ein Rahmencharakter zukommt.[648] Denn da zum Zeitpunkt des Vertragsschlusses nicht alle Mitwirkungshandlungen des Bestellers absehbar sind, kann durchaus eine Situation auftreten, in der der Vertrag insofern eine ausfüllungsbedürftige Lücke aufweist, als eine bestimmte Mitwirkungshandlung des Bestellers bei Vertragsschluss nicht oder nicht in ihrem vollen (Bedeutungs-) Umfang erkannt wurde. Zwar liegt eine im Wege der ergänzenden Vertragsauslegung ausfüllungsbedürftige, planwidrige Regelungslücke nicht immer schon dann vor, wenn in einem Vertrag ein Punkt nicht geregelt ist;[649] denn soweit die Parteien keine besonderen Regelungen treffen, können sie die rechtliche Ordnung ihres Verhältnisses auch dem Gesetz überlassen.[650] Von einer die ergänzende Vertragsauslegung rechtfertigenden Lücke ist aber dann auszugehen, wenn die Parteien das Rechtsgeschäft insgesamt oder einen bestimmten Regelungskomplex hieraus selbständig und unabhängig vom dispositiven Gesetz regeln wollten, aber bestimmte regelungsbedürftige Fragen offen gelassen haben.[651] Insoweit muss zur Anwendung der ergänzenden Vertragsauslegung zumindest ein Hinweis darauf gegeben sein, dass die Parteien die jeweils in Rede stehende Mitwirkungshandlung vertraglich erfassen wollten. Dieser Hinweis kann allerdings auch darin liegen, dass die Vertragsergänzung zur Verhütung einer Gefährdung des Vertragszwecks als unerlässlich erscheint[652] oder ein Vertragsteil ohne die Ergänzung einen ungebührlichen, ihm nicht zuzumutenden Nachteil erleiden würde.[653] Soweit in diesem Sinne eine ausfüllungsbedürftige Lücke nachgewiesen werden kann, kann diese im Wege der ergänzenden Vertragsauslegung nach §§ 133, 157 BGB geschlossen werden.

In diesem Falle ist der Vertrag „zu Ende zu denken". Es ist also danach zu fragen, ob die Parteien in Kenntnis der jeweils erforderlichen, bestellerseitigen Mitwirkungshandlung bzw. in Kenntnis der (erheblichen) Bedeutung dieser eine echte Mitwirkungspflicht vereinbart hätten. Dies wird in der Regel dann der Fall sein, wenn das Vorliegen einer echten Mitwirkungspflicht von den Vertragsparteien vernünftigerweise nicht mehr negiert werden kann. Anknüpfungspunkt ist insoweit also der hypothetische Parteiwille, der im Einzelfall unter Berücksich-

---

648 Vgl. insoweit die Ausführungen auf S. 122 ff..

649 Vgl. hierzu und zum Folgenden ***Wolf*** in **Soergel**, BGB, § 157, Rn. 124.

650 ***BGHZ* 40**, S. 91ff. (103); ***BGHZ* 77**, S. 301 ff. (304); ***BGH***, WM 1967, S. 1201 f. (1201); ***BGH***, NJW 1975, S. 445.

651 ***BGHZ* 9**, S. 273 ff. (277); ***BGH***, BB 1963, S. 110.

652 ***BGHZ* 29**, S. 107 ff. (110); ***BGH***, NJW 1963, S. 2071 ff. (2074).

653 ***RGZ* 160**, S. 166 ff. (187).

tigung der berechtigten Interessen der Vertragsparteien und der Gebote von Treu und Glauben zu ermitteln ist.[654]
Zwar wird insbesondere von *Müller-Foell* gegen die Anwendung der ergänzenden Vertragsauslegung als methodisches Mittel zur Modifizierung des Obliegenheitsmodells angeführt, dass diese hinter einer von *Müller-Foell* selbst vorgeschlagenen „vertragstypusentsprechenden Normeninterpretation" zurückzutreten habe, weil diese bereits „logisch" Vorrang vor der ergänzenden Vertragsauslegung habe;[655] jedoch kann einer solchen Sichtweise aufgrund noch aufzuzeigender Aspekte schlussendlich nicht gefolgt werden.
Denn *Müller-Foell* geht von der unzutreffenden Prämisse aus, dass eine gesetzliche Einordnung der Mitwirkungshandlungen des Bestellers als Obliegenheit nicht zu erkennen und demnach die gesetzlichen Regelungen offen für eine anhand von Vertragstypen erfolgende Umdeutung sei.[656] Im Rahmen der vorliegenden Abhandlung wurde jedoch bereits ausführlich nachgewiesen, dass durch die Regelungen der §§ 642 ff, 293 ff. BGB eine eindeutige gesetzliche Einordnung der Mitwirkungshandlungen des Bestellers als Obliegenheiten gegeben ist, die als solche auch grundsätzlich zu respektieren ist.[657]
Darüber hinaus muss *Müller-Foell* einen Nachteil seines Lösungsvorschlags – wie bereits angedeutet – letztlich selbst zugeben.[658] Denn schlussendlich kann sich die von ihm favorisierte „vertragstypusentsprechende Norminterpretation", die sich insbesondere dadurch auszeichnen soll, dass sie keine individuelle Auslegung des Vertrages im konkreten Einzelfall, sondern eine abstrakte Interessenanalyse vornimmt, nicht von einer individuellen Betrachtung der im konkreten Einzelfall gegebenen Parteivereinbarung bzw. einer Auslegung dieser lösen.[659] Denn soweit eine Mitwirkungshandlung im jeweiligen Vertrag konkretisiert wurde, stellt sich immer zuerst die Frage, ob durch die jeweilige Konkretisie-

654 Zu den genauen Kriterien der im Rahmen der ergänzenden Vertragsauslegung zu erfolgenden Abgrenzung von bloßer Mitwirkungs*obliegenheit* und echter Mitwirkungs*pflicht* vgl. sogleich auf S. 167 ff..

655 *Müller-Foell* verweist konkret darauf, dass die von ihm vorgeschlagenen „vertragstypusentsprechende Normeninterpretation" schon rein logisch Vorrang vor einer ergänzenden Vertragsauslegung habe, weil es keiner Auslegung mehr bedürfe, wenn sich das Ergebnis bereits aus dem Gesetz ergebe. Vgl. insoweit ***Müller-Foell***, Mitwirkung des Bestellers beim Werkvertrag, S. 105 in Fn. 208.

656 Vgl. ***Müller-Foell***, Mitwirkung des Bestellers beim Werkvertrag, S. 63 ff..

657 Vgl. insoweit insbesondere die Ausführungen und gefundenen Ergebnisse im Rahmen der grundsätzlichen rechtsdogmatischen Einordnung der Mitwirkungshandlungen des Gläubigers unter besonderer Berücksichtigung des Werkvertragsrechts (Teil D.) S. 114 ff. und ***Peters*** in **Saudinger**, BGB, § 642, Rn. 18.

658 Vgl. zum Folgenden ***Müller-Foell***, Mitwirkung des Bestellers beim Werkvertrag, S. 105.

659 Auf diesen Umstand weist auch *Scheube* im Rahmen seiner Monographie hin; vgl. insoweit ***Scheube***, Auftraggebermitwirkung, S. 70.

rung eine Statuierung einer echten Mitwirkungspflicht gewollt war oder nicht. Insoweit ist der logische Vorrang der von *Müller-Foell* vorgeschlagenen „vertragstypusentsprechenden Normeninterpretation“ erheblichen Zweifeln unterworfen und letztlich zu negieren.

Nach allem bleibt es demnach dabei, dass als erster methodischer Ansatzpunkt der Modifizierung des Obliegenheitsmodells nicht eine „vertragstypusentsprechende Normeninterpretation“ zu erfolgen hat, sondern im Wege der ergänzenden Vertragsauslegung gem. §§ 133, 157 BGB zu ermitteln ist, ob es sich bei der jeweils in Rede stehenden Mitwirkungshandlung um eine bloße Obliegenheit oder eine echte Rechtspflicht handelt.

cc. Vorliegen echter Mitwirkungspflichten als Ergebnis einer gesetzlichen „Pflichtenergänzung“?

Über die Möglichkeit der ergänzenden Vertragsauslegung als methodisches Mittel der Modifizierung des Obliegenheitsmodells hinaus wird in der Literatur oftmals zusätzlich auf eine gesetzliche, also aus dem Gesetz folgende „Pflichtenergänzung“ abgestellt. Zumeist wird insoweit auf § 242 BGB rekurriert, aus dem in bestimmten Fällen eine Pflicht des Bestellers zur Mitwirkung und damit eine Pflicht zur Vertragsdurchführung folge.[660]

Der Ursprung eines solchen Vorgehens ist, wie bereits ausführlich erörtert, in der Rechtsprechung des BGH zu sehen, der mehrmals versuchte, im Falle einer Obliegenheitsverletzung über den aus § 242 BGB folgenden Begriff der „Treupflichtverletzung“ zu einem Schadensersatzanspruch zu gelangen.[661]

Wie bereits angedeutet bestehen hinsichtlich einer in dieser Weise erfolgenden Pflichtenergänzung aus § 242 BGB jedoch zumindest insoweit Bedenken, als sowohl die Generalklausel des § 242 BGB an sich, als auch der aus ihr folgende Begriff der „Treuepflicht“ weder in Art und Umfang noch inhaltlich näher bestimmt ist und aus diesem Grunde die Gefahr besteht, dass anhand von § 242 BGB zielorientiert und in nahezu grenzenloser Weise als unbillig empfundene, aus dem Obliegenheitsmodell resultierende Ergebnisse korrigiert werden könnten. Insoweit ist eine Modifizierung des Obliegenheitsmodells über § 242 BGB den gleichen Bedenken unterworfen, die bereits hinsichtlich einer denkbaren Lösung über die aus der „Kooperationsrechtsprechung“ des BGH[662] resultierenden Grundsätze aufgezeigt wurden. Denn auch hier besteht zumindest die Gefahr, dass eine Modifizierung des Obliegenheitsmodells über eine Pflichtenergänzung aus § 242 BGB, unter Missachtung bzw. Umgehung des gesetzlichen

660 So bspw. ***Teichmann*** in **Soergel**, BGB, § 642, Rn. 7; ***Raab***, JZ 2001, S. 249 ff. (252).

661 Vgl. insoweit insbesondere ***BGHZ*** **11**, S. 80 ff.; **50**, S. 175 ff.; ***BGH***, VersR 1960, S. 693 f..

662 ***BGHZ*** **143**, S. 89 ff.

Systems (Obliegenheitsmodell), als „Allheilmittel" im Wege einer von § 242 BGB eigentlich nicht mehr gedeckten „Billigkeitsjustiz" zur Lösung von baurechtsspezifischen oder allgemein aus einer Nicht- oder Schlechterfüllung von bestellerseitigen Mitwirkungshandlungen resultierenden Problemlagen herangezogen wird.

Zwar ist (auch aus diesem Grunde) in der Literatur mehrfach der Versuch unternommen worden, im Rahmen der Mitwirkungsproblematik den Rekurs auf eine Treuepflichtverletzung bestimmten Voraussetzungen zu unterwerfen,[663] um den Vorwurf der unzulässigen Umgehung des gesetzlichen Systems zu entkräften; jedoch erscheinen diese Einschränkungen der Pflichtenergänzung eher als Mittel zum Zweck, um sich dem Vorwurf der Systemwidrigkeit nicht auszusetzen, als dass dies zu einer tatsächlich stimmigen Lösung führen würde. Denn unklar bleibt, woraus die in der Literatur vorgeschlagenen Eingrenzungen resultieren sollen. Sowohl das Abstellen auf eine Treupflichtverletzung im Falle der Nicht- oder Schlechterfüllung bestellerseitiger Mitwirkungshandlungen als solches, als auch die in der Literatur vorgenommenen Beschränkungen dieses Lösungsweges finden keine Grundlage in Parteivereinbarungen oder dem Parteiwillen, sondern resultieren letztlich aus allgemeinen Erwägungen hinsichtlich der jeweilig in Rede stehenden Mitwirkungshandlung bzw. der diesen zugrundeliegenden Interessenlage.

Zwar könnte ebenso gegen eine Statuierung von echten Mitwirkungspflichten des Bestellers im Wege der ergänzenden Vertragsauslegung angeführt werden, dass die Ermittlung der Kriterien, die zu einer Annahme echter Mitwirkungspflichten führen sollen,[664] sich ebenfalls an allgemeinen Erwägungen hinsichtlich der den jeweiligen Mitwirkungshandlungen zugrundeliegenden Interessenlage und an den Geboten von Treu und Glauben orientiert, sich insoweit also keine grundlegenden Unterschiede zu einer Pflichtenergänzung aus § 242 BGB bzw. Vorzüge der ergänzenden Vertragsauslegung ergeben; jedoch erscheint eine solche Sichtweise aufgrund im Folgenden aufzuzeigender Aspekte als zu kurz gegriffen.

Denn die ergänzende Vertragsauslegung ist schon von ihrem methodischen Ansatzpunkt her wesentlichen Einschränkungen unterworfen, die in dieser Form im Rahmen einer Pflichtenergänzung aus § 242 BGB keine Rolle spielen. So ist die ergänzende Vertragsauslegung anders als die Pflichtenergänzung aus § 242 BGB nur dann anwendbar, wenn der Vertrag hinsichtlich der jeweils in Rede stehenden Mitwirkungshandlung eine ausfüllungsbedürftige Lücke aufweist.[665] Das Erfordernis der planwidrigen Regelungslücke hat im Rahmen der ergänzenden Vertragsauslegung begrenzende Funktion und soll verhindern, dass die er-

---

663 So insbesondere ***Teichmann*** in **Soergel**, BGB, § 642, Rn. 7.

664 Hierzu sogleich auf S. 167 ff..

665 ***Wolf*** in **Soergel**, BGB, § 157, Rn. 123.

gänzende Auslegung zu einer richterlichen Änderung oder Erweiterung der Rechtsgeschäfte aufgrund allgemeiner Billigkeitserwägungen missbraucht wird,[666] sodass anders als bei einer Pflichtenergänzung aus § 242 BGB dem Vorwurf einer richterlichen „Billigkeitsjustiz" schon im Rahmen der Anwendungsvoraussetzungen vorgebeugt wird. Zwar bedeutet auch die Statuierung von echten Mitwirkungspflichten des Bestellers im Wege der ergänzenden Vertragsauslegung eine Umgehung des gesetzlich verankerten Obliegenheitsmodells. Die Grenzen der Modifizierung des Obliegenheitsmodells sind im Rahmen der ergänzenden Vertragsauslegung jedoch schon naturgemäß vorgegeben. Denn die Auslegung hat den Sinn der Erklärung zu ermitteln und darf sich schon ihrer Natur nach nicht in Widerspruch zu dem erklärten Willen stellen.[667]

Ein erheblicher Unterschied bzw. Vorzug der ergänzenden Vertragsauslegung gegenüber einer Pflichtenergänzung aus § 242 BGB ist demnach in der Legitimierung bzw. Rechtfertigung der Modifizierung des Obliegenheitsmodells zu sehen. Denn während sich die ergänzende Vertragsauslegung im Rahmen der Mitwirkungsproblematik durch den (zugegebenermaßen verobjektivierten) Parteiwillen legitimiert und diesem unmittelbar unterworfen ist, lässt sich die Pflichtenergänzung aus § 242 BGB lediglich auf allgemeine Billigkeitserwägungen stützen, deren Reichweite als weitestgehend beliebig erweiterbar oder beschränkbar erscheinen. Der Vorwurf einer von § 242 BGB nicht mehr gedeckten „Billigkeitsjustiz" lässt sich im Rahmen einer Lösung der Mitwirkungsproblematik über eine Pflichtenergänzung gem. § 242 BGB also zumindest nicht vollständig entkräften.

Darüber hinaus ist gegen eine Modifizierung des Obliegenheitsmodells im Wege der Pflichtenergänzung aus § 242 BGB einzuwenden, dass diese den Kern der Mitwirkungsproblematik letztlich verfehlt.

Denn schlussendlich geht es nicht um die Frage, ob in der Nicht- oder Schlechterfüllung einer bestellerseitigen Mitwirkungshandlung zugleich ein Verstoß gegen die dem Besteller obliegende und aus § 242 BGB folgende Treuepflicht liegt, sondern um die Frage, ob der Besteller sich unabhängig vom gesetzlichen Obliegenheitsmodell zur Erbringung einer echten Mitwirkungspflicht verpflichtet hat, er sich insoweit also in eine Schuldnerposition begeben hat. Wenn insofern insbesondere *Teichmann* im Rahmen seiner Kommentierung zu § 642 BGB formuliert, dass es hinsichtlich der Mitwirkungsproblematik alleine fraglich sei, *„in welchen Bereichen der Besteller Schuldner ist, das heißt, wann eine Gläubigerobliegenheit so erstarkt, dass sie gleichzeitig Schuldnerpflicht ist, oder wann der Besteller unabhängig von seiner Gläubigerposition Schuldnerverpflichtungen neben der Zahlung der Vergütung übernommen hat,"*[668] so geht dies zwar

666 ***Wolf*** in **Soergel**, BGB, § 157, Rn. 124.
667 Vgl. ***Wolf*** in **Soergel**, BGB, § 157, Rn. 27.
668 ***Teichmann*** in **Soergel**, BGB, § 642, Rn. 7.

grundsätzlich in die richtige Richtung, trifft den Kern der Mitwirkungsproblematik aber nicht ganz. Denn im Rahmen der Mitwirkungsproblematik kann letztlich alleine fraglich sein, wann eine Mitwirkungs***obliegenheit*** so erstarkt, dass sie gleichzeitig Mitwirkungs***pflicht*** ist, oder wann der Besteller unabhängig von seiner Gläubigerposition Mitwirkungsverpflichtungen neben der gesetzlich vorgesehenen Abnahmepflicht iSd § 640 Abs. 1 S. 1 BGB übernommen hat. Diese Frage lässt sich aber eben nicht über eine Pflichtenergänzung aus § 242 BGB beantworten, sondern alleine anhand einer ergänzenden Vertragsauslegung gem. §§ 133, 157 BGB.

c. Die Kriterien der Abgrenzung von bloßer (Mitwirkungs-) Obliegenheit und echter (Mitwirkungs-) Pflicht des Bestellers

Nachdem die Frage der methodischen Vorgehensweise einer Modifizierung des Obliegenheitsmodells erörtert worden ist, stellt sich nunmehr abschließend das Problem, anhand welcher Kriterien das Vorliegen einer echten Mitwirkungspflicht im Rahmen einer ergänzenden Vertragsauslegung zu entwickeln ist bzw. anhand welcher Kriterien Mitwirkungsobliegenheit und Mitwirkungspflicht voneinander abzugrenzen sind.

Gerade diese Frage bereitet insofern erhebliche Schwierigkeiten, als es bisher – soweit ersichtlich – noch nicht gelungen ist, verlässliche Kriterien der Abgrenzung von Mitwirkungsobliegenheit und Mitwirkungspflicht zu entwickeln.[669]

aa. Vorgehensweise der Entwicklung von Abgrenzungskriterien

Im Rahmen der Literatur wird hinsichtlich der Entwicklung von Abgrenzungskriterien zur Unterscheidung von bloßen Mitwirkungs*obliegenheiten* und echten Mitwirkungs*pflichten* unabhängig von der methodischen Vorgehensweise – wie durch die Darstellung der entsprechenden Lösungsansätze bereits verdeutlicht wurde – zumeist an die Besonderheiten des Bauvertrages im Verhältnis zu anderen Werkverträgen geringeren Umfangs angeknüpft.

Ausgehend von diesen wird in der Regel anhand einer Analyse der den Mitwirkungshandlungen zugrundeliegenden Interessenlagen überprüft, ob das Obliegenheitsmodell der besonderen Bedeutung der Mitwirkungshandlungen im Bauvertragsrecht gerecht wird bzw. ob aus den Besonderheiten des Bauvertrages im

---

669 So insbesondere auch ***Peters*** in **Staudinger**, BGB, § 642, Rn. 31; ***Raab***, JZ 2001, S. 249 ff. (252).
Die Versuche von ***Wahl***, „Die Haftung des Auftraggebers im Bauwerkvertrag" sowie ***Morgen***, „Mitwirkungshandlungen des Auftraggebers im VOB/B-Bauvertrag" sind zur Entwicklung allgemeiner Abgrenzungskriterien im Ergebnis nicht geeignet. Diese Arbeiten beschränken sich darauf, im Wege einer Interessenanalyse der in der VOB/B genannten Mitwirkungshandlungen Einzelfälle einzuordnen.

Bezug auf die Mitwirkungshandlungen des Auftraggebers ein zwingendes Bedürfnis resultiert das Obliegenheitsmodell zu modifizieren.[670]
Im Gleichklang hierzu wurde bereits die Erheblichkeit der den verschiedenen Zwangstatbeständen zugrundeliegenden Interessenlagen für die rechtsdogmatische Einordnung in die Kategorien Obliegenheit und Pflicht herausgestellt.[671] Denn während die Auferlegung und Beobachtung bzw. Erfüllung des durch eine Pflicht aufgegebenen Verhaltensgebotes (hauptsächlich) im Interesse des vom Verhaltensgebot Begünstigten liegt, liegt die Erfüllung einer Obliegenheit vornehmlich im Interesse des Obliegenheitsbelasteten (Obliegenheiten als Verhaltensgebote des vornehmlich eigenen Interesses). Die Interessenlage der Vertragsparteien an der Erfüllung der Mitwirkungshandlung bildet also grundsätzlich ein geeignetes Kriterium, um eine differenzierte rechtliche Einordnung der Auftraggebermitwirkung im Bauvertrag zu erreichen.
Insoweit ist nochmals darauf hinzuweisen, dass auch im Rahmen des für die Modifizierung des Obliegenheitsmodells gewählten methodischen Ansatzes der ergänzenden Vertragsauslegung die der jeweils in Rede stehenden Mitwirkungshandlung zugrunde liegende Interessenlage berücksichtigt werden kann.[672] Denn normatives Auslegungskriterium einer (erläuternden oder ergänzenden) Vertragsauslegung nach §§ 133, 157 BGB ist auch der Gesichtspunkt, dass die Interessenlage bzw. die berechtigten Interessen einer Partei Anerkennung finden sollen,[673] wenn sie nicht aufgrund entgegenstehender und höherwertiger Interessen zurücktreten müssen. Im Rahmen einer Vertragsauslegung nach §§ 133, 157 BGB gilt insoweit der Grundsatz der nach beiden Seiten hin interessengerechten Auslegung.[674] Zur Feststellung berechtigter Interessen ist insoweit etwa auf den Willen „verständiger Vertragspartner" abzustellen.[675]
In Rahmen der Ermittlung der Abgrenzungskriterien von bloßer Mitwirkungs*obliegenheit* und echter Mitwirkungs*pflicht* sind demnach im Folgenden die wesentlichen Interessen der Vertragspartner an der Vertragserfüllung und damit an der Erfüllung der Auftraggebermitwirkung zu berücksichtigen.
Auf der Stufe der bloßen Interessenanalyse bzw. auf der bloßen Feststellung von besonderen Interessen des Unternehmers hinsichtlich der Erfüllung der auftraggeberseitigen Mitwirkungshandlung kann allerdings nicht stehen geblieben wer-

---

670 Vor allem die Ansichten *Müller-Foells* und *Nicklischs* beschäftigen sich insoweit ausführlich mit der den Mitwirkungshandlungen zugrundeliegenden Interessenlage; vgl. ***Müller-Foell***, Mitwirkung des Bestellers beim Werkvertrag, S. 75 ff.; ***Nicklisch***, BB 1979, S. 533 ff. (539 f.).

671 Vgl. insoweit die entsprechenden Ausführungen in Teil C. der vorliegenden Arbeit auf S. 45 ff..

672 ***Wolf*** in **Soergel**, BGB, § 157, Rn. 35.

673 So etwa ***BGH***, NJW-RR 1987, S. 239f. (240); ***BGHZ* 124**, S. 65 ff. (68).

674 ***BGH***, NJW 1994, S. 2228 f. (2229).

675 ***BGH***, NJW 1987, S. 890 ff. (892).

den. Denn vor dem Hintergrund der besonderen Rechtsfolgenanordnungen der §§ 642 ff. BGB wird deutlich, dass bereits die Gesetzesväter des BGB erkannt haben, dass im Werkvertragsrecht aufgrund der Vorleistungspflicht des Unternehmers Interessenlagen denkbar sind, die es erfordern einen erweiterten Schutz des Unternehmers zu gewährleisten.[676] Insoweit muss insbesondere die Rechtsfolgenanordnung des § 642 BGB berücksichtigt und vor diesem Hintergrund die letztlich entscheidende Frage erörtert werden, ob der vergütungsgleiche Entschädigungsanspruch des § 642 BGB den vorfindbaren (besonderen) Interessen der Vertragsparteien an der Erfüllung der Mitwirkungshandlung durch den Auftraggeber gerecht wird, also überhaupt ein zwingendes Bedürfnis besteht das Obliegenheitsmodell hin zu einer echten Mitwirkungspflicht des Auftraggebers zu modifizieren.

Gerade die Erheblichkeit dieses Kriteriums wird im Rahmen der Auseinandersetzung mit der vorliegend behandelten Mitwirkungsproblematik meist übersehen.

Beispielhaft ist insoweit an die Monographien von *Morgen*[677] und *Wahl*[678] anzuknüpfen. Beide Arbeiten nehmen zunächst eine Interessenanalyse für den BGB- und VOB/B-Bauvertrag vor und begründen hierüber die Einordnung einzelner Mitwirkungshandlungen des Bestellers bzw. des Auftraggebers als Obliegenheit oder Rechtspflicht.[679] Hierbei übersehen jedoch sowohl *Morgen* als auch *Wahl*, dass die Interessenanalyse alleine nicht dazu geeignet ist die grundsätzliche Einordnung der Mitwirkungshandlungen des Bestellers bzw. Auftraggebers zu modifizieren, da jeweils die Erörterung der Frage zu erfolgen hat, ob das bereits bestehende gesetzliche System den gefundenen Interessen (bspw. über die Regelung des § 642 BGB) gerecht wird.

Nur durch die Einbeziehung des bestehenden gesetzlichen Systems in die Interessenanalyse kann eine systemgerechte Einordnung der Mitwirkungshandlungen bzw. eine sinnvolle Modifizierung des Obliegenheitsmodells erfolgen.

Deutlich wird dies beispielsweise an der durch *Morgen* vorgenommenen und im Ergebnis unzutreffenden Einordnung der Mitwirkungshandlung des § 4 Nr. 1 Abs. 1 S. 2 VOB/B (Herbeiführung der erforderlichen öffentlich-rechtlichen

---

676 Vgl. insoweit die Ausführungen in Teil D. der vorliegenden Arbeit zur ratio legis des § 642 BGB auf S. 74 ff..

677 ***Morgen***, Mitwirkungshandlungen des Auftraggebers im VOB/B-Bauvertrag, 2005.

678 ***Wahl***, Die Haftung des Auftraggebers im Bauwerkvertrag bei verzögerter, unterlassener und fehlerhafter Mitwirkung nach BGB und VOB, 2004.

679 ***Morgen***, Mitwirkungshandlungen des Auftraggebers im VOB/B-Bauvertrag, S. 91 ff. (94 f.), S. 105 ff.; ***Wahl***, Die Haftung des Auftraggebers im Bauwerkvertrag bei verzögerter, unterlassener und fehlerhafter Mitwirkung nach BGB und VOB, S. 42 ff., 60 ff..

Genehmigungen und Erlaubnisse) als Rechtspflicht.[680] *Morgen* rekurriert hier lediglich auf (angeblich) bestehende Interessen der Vertragsparteien (insbesondere des Auftragnehmers), ohne aber zu erörtern, ob diesen Interessen durch die Regelung des § 642 BGB nicht schon Rechnung getragen wird. Aufgrund dessen kommt *Morgen* schließlich zu dem Ergebnis des Vorliegens einer Rechtspflicht.

Dass dies unzutreffend ist, folgt schon daraus, dass die von *Morgen* konstruierten Interessen des Auftragnehmers an der Beibringung der öffentlich-rechtlichen Genehmigungen lediglich sekundärer Natur sind und nicht über das – immer bestehende – Vergütungsinteresse hinausgehen. Wenn *Morgen* hier darauf abstellt, dass der Auftragnehmer bei Ausführung des Werkes trotz Nichtvorliegens öffentlich-rechtlicher Genehmigungen mit einem Ordnungsgeld belegt werden kann, so ist dies zwar zunächst zutreffend; dieser Gefahr kann der Auftragnehmer aber mit seinem Leistungsverweigerungsrecht (§ 4 Nr. 1 Abs. 4 VOB/B) entgegentreten, ohne dass in diesem Fall ein über das Vergütungsinteresse hinausgehendes Interesse verbliebe. Dem vorstehend genannten Vergütungsinteresse wird die Norm des § 642 BGB mit dem dort geregelten Entschädigungsanspruch allerdings vollständig gerecht, sodass die Annahme einer Rechtspflicht in diesem Fall nicht begründet werden kann.

Die Abgrenzung von bloßen Mitwirkungsobliegenheiten zu echten Mitwirkungspflichten hat demnach auch vor dem Hintergrund der Norm des § 642 BGB zu erfolgen, was sowohl *Morgen* als auch *Wahl* übersehen.[681]

Auf dem Boden dieser Erörterungen kann sodann eine Entwicklung von allgemeinen Abgrenzungskriterien erfolgen, die im Einzelfall zu einer system- und interessengerechten Lösung der Mitwirkungsproblematik eingesetzt werden können.

bb. Zwingendes Bedürfnis der Modifizierung des Obliegenheitsmodells im Bauvertragsrecht?

(1) Regelungsdefizite des BGB-Werkvertragsrechts hinsichtlich der Bauausführungsphase

Hinsichtlich des Bedürfnisses das Obliegenheitsmodell im Bauvertragsrecht zu modifizieren, wird in der Literatur oftmals lediglich pauschal darauf verwiesen, dass das BGB im für den Bauvertrag besonders relevanten und erhöht konfliktanfälligen Bereich der Bauausführungsphase Regelungsdefizite dahingehend aufweist, dass spezielle, die Phase der Vertragsdurchführung betreffende Rege-

---

680 **Morgen**, Mitwirkungshandlungen des Auftraggebers im VOB/B-Bauvertrag, S. 139 ff..

681 Vgl. insoweit auch die Ausführungen in Teil C der vorliegenden Abhandlung, dort S. 56 f..

lungen fehlen.[682] Dem BGB-Werkvertragsrecht liege ein auf einem punktuellem Leistungsaustausch basierendes Vertragsmodell zugrunde, welches sich – wie bereits gezeigt – vom Vertragsmodell des Bauvertrages insbesondere hinsichtlich der Bauausführungsphase erheblich unterscheide (Langzeit-, Rahmen- und Kooperationscharakter). Die durch einen hohen Abstraktionsgrad gekennzeichneten Regelungen des BGB-Werkvertragsrechts, welche sowohl für kleinere Reparaturaufträge als auch für großvolumige Bauvorhaben gelten, könnten den Divergenzen der beiden Vertragsmodelle nicht gerecht werden.[683] Insbesondere komme dem Auftraggeber nach dem BGB-Werkvertragsrecht keine aktive Rolle bei der Vertragsdurchführung zu,[684] sondern dieser solle nach der gesetzlichen Ausgangssituation lediglich dazu verpflichtet sein, die vereinbarte Zahlung zu leisten und das fertig gestellte Werk abzunehmen. Das für den Bauvertrag nachgewiesene und aus Langzeit- und Rahmencharakter resultierende Kooperationsverhältnis der am Vertrag beteiligten Parteien finde demnach im BGB-Werkvertragsrecht keinerlei Berücksichtigung.[685]

Einer solchen Argumentation ist zunächst zuzugeben, dass explizite Regelungen einzelner Mitwirkungshandlungen des Auftraggebers im BGB-Werkvertragsrecht – abgesehen von der Abnahme des fertig gestellten Werkes nach § 640 BGB – tatsächlich nicht vorhanden sind. Nichtsdestotrotz ist durch § 642 BGB jedoch eine Norm vorhanden, die die Mitwirkungshandlungen des Auftraggebers in ihrer Gesamtheit zu erfassen und durch ihre erweiterte Rechtsfolgenanordnung den Besonderheiten des (gesamten) Werkvertragsrechts gerecht zu werden versucht. Insoweit ist zunächst noch einmal darauf hinzuweisen, dass die Rechtsfolgenanordnung des § 642 BGB aufgrund der im Werkvertragsrecht für den Unternehmer bestehenden erhöhten Risiken im Verhältnis zur Parallelnorm des allgemeinen Schuldrechts (§ 304 BGB) erheblich erweitert ist.[686] Vor diesem Hintergrund wird auch in der Literatur stellenweise dahingehend argumentiert werden, dass § 642 BGB eine angemessene Entschädigungsregel auch für den Bauvertrag darstellt und insofern kein zwingendes Bedürfnis besteht die aus § 642 BGB folgende Einordnung der Mitwirkungshandlungen des Auftraggebers für das Bauvertragsrecht zu modifizieren.[687]

Dieser Feststellung kann zwar in der von *Peters* vertretenen Pauschalität aufgrund noch aufzuzeigender Aspekte im Ergebnis nicht gefolgt werden;[688]

---

682 Vgl. nur ***Schwarze***, BauR 2004, S. 895 ff. (896); ***Nicklisch***, JZ 1984, S. 757 ff. (757 f.); anderes gilt für den VOB/B Bauvertrag. Vgl. hierzu die gesonderten Ausführungen in Teil F der vorliegenden Abhandlung auf S. 187 ff.

683 ***Schwarze***, BauR 2004, S. 895 ff. (896).

684 ***Planck***, BGB, §§ 642 – 645, Rn. 1.

685 ***Schwarze***, BauR 2004, S. 895 ff. (896).

686 Zur ratio legis der Norm des § 642 BGB vgl. die Ausführungen auf S. 74 ff..

687 So insbesondere ***Peters*** in **Staudinger**, BGB, § 642, Rn. 18, 20, 31.

688 Vgl. hierzu sogleich auf S. 177 ff..

nichtsdestotrotz ist *Peters* zuzugeben, dass eine Modifizierung des Obliegenheitsmodells nur vor dem Hintergrund der besonderen Entschädigungsregel des § 642 BGB vorgenommen werden kann. Die Besonderheiten des Bauvertrages im Verhältnis zu „klassischen" Werkverträgen geringeren Umfangs führen isoliert nicht zwingend dazu, dass das gesetzlich vorgesehene „Obliegenheitsmodell" modifiziert werden muss. Entscheidend ist vielmehr die Fragestellung, ob die gesetzlichen Regelungen des Werkvertragsrechts und dabei insbesondere die Entschädigungsregel des § 642 BGB dazu geeignet ist, das besondere Konfliktpotential des Bauvertrages in der Bauausführungsphase hinsichtlich der Mitwirkungshandlungen des Auftraggebers angemessen zu erfassen und interessengerecht zu lösen.

(2) Angemessenheit der gesetzlichen Regelungen (insbesondere § 642 BGB) vor dem Hintergrund der besonderen Interessenlagen der Vertragsparteien im Bauvertragsrecht

Im Folgenden werden vor dem Hintergrund der Entschädigungsregel des § 642 BGB die Interessenlagen der an einem Bauvertrag beteiligten Parteien hinsichtlich der auftraggeberseitigen Mitwirkung erörtert, um hierdurch zu einer interessengerechten Modifizierung des „Obliegenheitsmodells" gelangen zu können, bzw. verlässliche Kriterien zur Abgrenzung von bloßen Mitwirkungsobliegenheiten und Rechtspflichten entwickeln zu können.

(a) Grenzen des § 642 BGB hinsichtlich der Ersetzbarkeit von (anderweitig) entgangenem Gewinn und Bedeutung dieses Umstandes im Bauvertragsrecht

Insoweit ist zunächst an die Grenzen des § 642 BGB hinsichtlich der Ersetzbarkeit von anderweitig entgangenem Gewinn anzuknüpfen. Denn wie bereits im Rahmen der grundsätzlichen rechtsdogmatischen Einordnung der Mitwirkungshandlungen des Gläubigers bzw. des Bestellers (Teil D der vorliegenden Arbeit) ausführlich dargelegt wurde, ist im Rahmen des § 642 BGB nur der entgangene Gewinn ersetzbar, den der Unternehmer für die Baustelle kalkuliert hat, an der der Auftraggeber seiner Mitwirkungshandlung nicht nachkommt bzw. dieser nicht gerecht wird (kalkulatorischer Gewinn).[689] Nicht ersatzfähig sind jedoch anderweitig entgangene Gewinne, die daraus resultieren, dass der Unternehmer seine vergeblich eingesetzten betrieblichen Kapazitäten nicht anderweitig ge-

---

689 Dies resultiert schon aus dem vergütungsgleichen Charakter des Entschädigungsanspruchs aus § 642 BGB. Denn die vereinbarte Vergütung erfasst im Geschäftsverkehr nicht nur Fixkosten, wie Material- und Lohnkosten, sondern auch den kalkulatorischen Gewinn des Unternehmers. Vgl. insoweit auch die ausführliche Darstellung der Reichweite des Anspruchs aus § 642 BGB auf S. 78 ff. und ***Kleine-Möller***, NZBau 2000, S. 401 ff. (404); im Ergebnis ebenfalls zustimmend ***Döhring***, in Festschrift für Jagenburg, S. 111 ff. (116 f.).

winnbringend einsetzen kann.[690] Gerade diese entgangenen Gewinne erlangen aber im Rahmen von Bauverträgen für den Unternehmer erhebliche Bedeutung. Denn geht man von einer Fallgestaltung aus, in der der Unternehmer nahezu sein gesamtes betriebliches Kapital an einer Baustelle gebunden hat und vom Auftraggeber über einen längeren Zeitpunkt hinsichtlich der Erbringung einer – für die Bauwerksherstellung erforderlichen – Mitwirkungshandlung (bspw. Übergabe erforderlicher Pläne) „vertröstet“ wird und aus diesem Grunde zugleich an einer anderen Baustelle, an der er gewinnbringend Arbeiten ausführen könnte, nicht tätig werden kann, so wird deutlich, dass der insoweit anderweitig entgangene Gewinn für den Unternehmer entscheidend werden kann. Kommt es in einer solchen Fallgestaltung – denkbarer Weise – dazu, dass der Auftraggeber der „Zweit-Baustelle“ aufgrund der Untätigkeit des Unternehmers vom Vertrag zurücktritt, bliebe der Unternehmer hinsichtlich des insoweit entgangenen Gewinns nach § 642 BGB entschädigungslos. Insofern wird die gesetzliche Entschädigungsregel des § 642 BGB dem gestiegenen Interesse des Unternehmers an der Erfüllung der auftraggeberseitigen Mitwirkungshandlung also nicht gerecht. In einem solchen Fall besteht durchaus ein Bedürfnis das gesetzliche „Obliegenheitsmodell“ zu modifizieren. Denn würde es sich bei der Mitwirkungshandlung des Auftraggebers um eine echte Rechtspflicht handeln, so wäre der aus dem Verlust „anderweitiger Gewinne“ resultierende Schaden des Unternehmers durch die Möglichkeit einer Anknüpfung an einen „echten“ Schadensersatzanspruch gedeckt.

(b) Gesteigertes Interesse des Unternehmers an der Werkherstellung – Klagbarkeit von auftraggeberseitigen Mitwirkungshandlungen

Zu berücksichtigen ist darüber hinaus ein weiterer, ebenso bedeutsamer und ebenfalls aus der Einordnung der Mitwirkungshandlungen des Auftraggebers als Obliegenheiten resultierender Aspekt. Denn die Einordnung der Mitwirkungshandlungen als Obliegenheiten hat nicht nur zur Folge, dass Schäden nur in beschränktem Umfang ersetzbar sind, sondern führt auch dazu, dass der Unternehmer keine rechtliche Handhabe hat um den Auftraggeber zur Durchführung der zur Werkherstellung erforderlichen Mitwirkungshandlung anzuhalten oder diese zu erzwingen.[691] Ein Anspruch des Werkunternehmers auf Vertragsdurchführung besteht nach der gesetzlichen Intention, die die Positionen von Gläubi-

---

690 Eine Einbeziehung eines solchen, anderweitig entgangenen Gewinns würde letztlich zu einer kaum zu rechtfertigenden Abweichung vom im BGB allgemein geltenden Verschuldensprinzip führen. Vgl. insoweit auch ***Müller-Foell***, Mitwirkung des Bestellers beim Bauvertrag, S. 118.

691 Ein entscheidendes Merkmal der Obliegenheit ist eben das Fehlen eines Erfüllungsanspruchs der Gegenseite; vgl. hierzu im einzelnen die Ausführungen zum Obliegenheitsbegriff auf S. 52 ff..

ger (Besteller) und Schuldner (Unternehmer) – abgesehen von der Abnahme nach § 640 BGB – strikt trennt, nicht.[692]
Gerade dieser Umstand führt im Bauvertragsrecht jedoch in bestimmten Situationen zu Unbilligkeiten, die in dieser Form bei kleineren Werkverträgen geringeren Umfangs nicht auftreten. Denn im Bauvertragsrecht kommt den Mitwirkungshandlungen des Auftraggebers im Verhältnis zur Situation bei kleineren Werkverträgen sowohl in quantitativer, als auch in qualitativer Hinsicht eine andere bzw. gesteigerte Bedeutung zu.
In quantitativer Hinsicht deshalb, weil im Bauvertragsrecht eine Vielzahl verschiedener Mitwirkungshandlungen, wie Übergabe der zur Bauwerkserrichtung erforderlichen Pläne, Koordination verschiedener Unternehmer auf der Baustelle, Einholung erforderlicher Genehmigungen, etc. denkbar sind. In qualitativer Hinsicht schon alleine deshalb, weil die genannten Mitwirkungshandlungen oftmals zwingende Voraussetzung für die erfolgreiche Bauwerkserrichtung durch den Unternehmer, also „notwendig" für die Leistungserbringung durch den Unternehmer sind.
Aus dieser gesteigerten Bedeutung der Mitwirkungshandlungen des Auftraggebers im Bauvertragsrecht ergibt sich, dass auch das Interesse des Unternehmers an der Erfüllung der Mitwirkungshandlungen durch den Auftraggeber, bzw. das Interesse an der Möglichkeit der Erzwingbarkeit von Mitwirkungshandlungen, im Verhältnis zur Situation bei „klassischen" Werkverträgen geringeren Umfangs erheblich steigt.
In erster Linie bezieht sich dieses Interesse zwar in Gleichklang zu anderen Werkverträgen auf den Erhalt der vereinbarten Vergütung (Vergütungsinteresse),[693] denn der Auftragnehmer übernimmt einen Bauauftrag in aller Regel, um die damit verbundene Vergütung zu erhalten.[694] Da bei Bauverträgen jedoch üblicherweise Abschlagszahlungen den tatsächlich erbrachten Leistungen entsprechend vereinbart werden,[695] kann das Unterlassen einer erforderlichen, auftraggeberseitigen Mitwirkungshandlung durch die damit verbundene Blockierung der Werkfortführung nicht nur zu einer Verzögerung der Auszahlung des Endwerklohns, sondern auch zu einem Einfrieren der im vorhinein vereinbarten Abschlagszahlungen führen. Häufig sind jedoch gerade diese Zahlungen vom Unternehmer fest in die Kalkulation hinsichtlich der Errichtung des Bauwerkes

---

692 Zur strikten Trennung der Positionen von Schuldner und Gläubiger vgl. auch die Ausführungen auf S. 62 ff..

693 Das insoweit immer bestehende „Vergütungsinteresse" wird durch die vergütungsgleiche Entschädigungsregel des § 642 BGB angemessen berücksichtigt und ausreichend geschützt.

694 ***Scheube***, Auftraggebermitwirkung, S. 104.

695 Ein Hinweis darauf, dass die Vereinbarung von Abschlagszahlungen bei Bauverträgen üblich ist, ist auch durch § 16 Nr. 1 VOB/B gegeben, in dem diese eindeutig genannt werden.

eingebunden, so dass ihr Ausbleiben zu finanziellen Engpässen beim Unternehmer führen kann, der insoweit von der planmäßigen Durchführung des Vertragsprogramms abhängig und gegen Störungen des vorgesehenen Zahlungsverkehrs in erhöhtem Maße anfällig und hierdurch betroffen ist.[696] Gerade bei größeren Bauvorhaben kann die geordnete, termingerechte Erbringung der vereinbarten (Teil-) Vergütungszahlungen, bei denen es sich in diesen Fällen in der Regel um hohe Summen handelt, für die Liquidität eines Unternehmens und damit letztlich auch für die erfolgreiche Bauwerkserrichtung entscheidend sein.[697] Insbesondere bei Bauverträgen über die Erstellung von Großprojekten (bspw. eines gesamten Einkaufszentrums) muss berücksichtigt werden, dass der Unternehmer bei diesen in der Regel seine gesamten bzw. zumindest erhebliche Teile seiner Kapazitäten einsetzen und auslasten muss, um das Großprojekt realisieren zu können.[698] Je nach der Größe des Projekts kann es also aufgrund der Blockierung des Projekts durch eine unterlassene Auftraggebermitwirkung zu einem völligen Stillstand des Betriebs des Unternehmers kommen. Zusätzlich verstärkt wird die Bedeutung dieses Umstands dadurch, dass Ersatzaufträge in Zeiten schlechter Konjunktur nur schwerlich kurzfristig erlangt werden können,[699] sodass sich der Unternehmer bei größeren Verzögerungen wegen der hohen Kosten der Stilllegung von betrieblichen Kapazitäten trennen muss, um seine eigene unternehmerische Existenz nicht zu gefährden.
Ebenso kann dem Unternehmer dann an der störungsfreien Vertragsdurchführung und damit an der Erbringung der erforderlichen auftraggeberseitigen Mitwirkungshandlungen gelegen sein, wenn die Durchführung des Projektes Basis für den Erhalt von Folgeaufträgen ist. Dies kann in zweierlei Hinsicht für den Unternehmer erheblich sein.
So ist auf der einen Seite auf den grundsätzlichen, durch die erfolgreiche Errichtung des Bauwerkes eintretenden „Werbeeffekt" hinzuweisen, durch den „Neukunden" angelockt werden (sollen).[700] Zum anderen ist auf den im Bausektor relevanten „Befähigungsnachweis" abzustellen, durch den in einem öffentlichen Vergabeverfahren die Chancen des Unternehmers steigen, für die Durchführung ähnlicher Projekte beauftragt zu werden.[701]

---

696 ***Weick***, Standardbedingungen, S. 165; ***Müller-Foell***, Mitwirkung des Bestellers beim Werkvertrag, S. 91.
697 ***Müller-Foell***, Mitwirkung des Bestellers beim Werkvertrag, S. 91.
698 ***Scheube***, Auftraggebermitwirkung, S. 106; ***Müller Foell***, Mitwirkung des Bestellers beim Werkvertrag, S. 92; ***Nicklisch***, BB 1979, S. 533 ff. (540).
699 ***Müller-Foell***, Mitwirkung des Bestellers beim Werkvertrag, S. 92.
700 ***Nicklisch***, BB 1979, S. 533 ff. (538); auf den Werbeeffekt weist auch ***Hüffer*** in seiner Schrift „Leistungsstörungen durch Gläubigerhandeln" auf S. 250 hin, hält dies jedoch letztlich für einen untypischen Ausnahmefall.
701 ***Müller-Foell***, Mitwirkung des Bestellers beim Werkvertrag, S. 92; ***Scheube***, Auftraggebermitwirkung, S. 107.

Darüber hinaus ist ein Interesse des Werkunternehmers an der Erfüllung der auftraggeberseitigen Mitwirkungshandlungen und damit ein Interesse an der Vertragsdurchführung auch in Fällen denkbar, in denen es um die Erstellung eines Bauwerkes mit künstlerischem Wert geht, z.B. im Bereich der Architektur.[702] In diesen Fällen wird zumeist schon die persönliche Identifikation mit dem herzustellenden Bauwerk und das über die bloßen wirtschaftlichen Interessen hinausgehende, persönliche Engagement zu einem ideellen Interesse des Werkunternehmers an der (Bau-) Werksherstellung führen.[703]
Ideelle Interessen des Unternehmers kommen weiterhin auch dann zum Tragen, wenn dieser an Planung und Entwurf des herzustellenden Werkes persönlich beteiligt ist und dieses etwa mit der Entwicklung oder dem Einsatz technischer Innovationen verbunden ist, bzw. er durch die Beteiligung an einem Projekt sein technisches know-how erweitern will, um sich dadurch bspw. den Zugang zu einem neuen Markt zu eröffnen.[704]

(c) Zusammenfassung der im Bauvertragsrecht gegebenen, besonderen Interessenlagen

Insgesamt muss also festgestellt werden, dass der Werkunternehmer im Bauvertragsrecht in der Regel ein erhebliches und im Verhältnis zu „klassischen" Werkverträgen geringeren Umfangs erhöhtes Interesse an der Erfüllung der auftraggeberseitigen Mitwirkungshandlungen hat.
Diesem Umstand wird das Werkvertragsrecht des BGB zumindest insofern nicht gerecht, als es nach der gesetzlichen Ausgangssituation aufgrund der Einordnung der auftraggeberseitigen Mitwirkungshandlungen als Obliegenheiten für den Auftraggeber bspw. bei kurzzeitigen finanziellen Engpässen möglich ist, die Werkerstellung durch den Unternehmer mittels einer Weigerung hinsichtlich der Vornahme einer erforderlichen Mitwirkungshandlung zu blockieren und auf diesem Wege hinsichtlich der bei (Teil-) Abnahme des Werkes fälligen Zahlung der vereinbarten (End-)Vergütung Zeit zu gewinnen, ohne dass der Werkunternehmer diesem Vorgehen entscheidend, bspw. durch eine Klage auf Erfüllung der für die Werkherstellung erforderlichen Mitwirkungshandlung, entgegentreten könnte.
Bei Werkverträgen geringeren Umfangs kommt diesem Umstand im Ergebnis weniger Bedeutung zu, weil bei diesen – abgesehen von absoluten Ausnahmefällen im Bereich künstlerischer Werke – das Interesse des Werkunternehmers an der Erfüllung der Mitwirkungshandlungen des Auftraggebers und damit das

702 ***Nicklisch***, BB 1979, S. 533 ff. (538); ***Hüffer***, Leistungsstörungen durch Gläubigerhandeln, S. 250.
703 ***Müller-Foell***, Mitwirkung des Bestellers beim Werkvertrag, S. 90 f..
704 ***Scheube***, Auftraggebermitwirkung, S. 107; ***Müller-Foell***, Mitwirkung des Bestellers beim Werkvertrag, S. 90 f.

Interesse an der Vertragsdurchführung lediglich auf den Erhalt der vereinbarten Vergütung gerichtet ist, weitergehende Interessen jedoch kaum berührt werden.

cc. Entwicklung allgemeiner Abgrenzungskriterien

Im Folgenden wird versucht aus den soeben aufgezeigten Fällen, in denen das Obliegenheitsmodell im Bauvertragsrecht zu nur unbefriedigenden Ergebnissen führt, allgemeine Abgrenzungskriterien von bloßer Mitwirkungs*obliegenheit* und echter Mitwirkungs*pflicht* zu entwickeln.
Insoweit ist darauf hinzuweisen, dass die „Notwendigkeit" der jeweiligen auftraggeberseitigen Mitwirkungshandlung für die Leistungserbringung des Unternehmers zwar als erforderliches, entgegen der Auffassung von *Müller-Foell*[705] und *Nicklisch*[706] jedoch nicht als ausreichendes Kriterium der Abgrenzung von bloßer Mitwirkungs*obliegenheit* und echter Mitwirkungs*pflicht* anzusehen ist. Erforderlich ist das Kriterium der „Notwendigkeit" schon deshalb, weil dies die Grundvoraussetzung für ein besonderes Interesse des Werkunternehmers an der Erfüllung der Mitwirkungshandlung bildet und somit immer vorliegen muss, um eine echte Rechtspflicht zur Mitwirkung annehmen zu können.[707]
Wenn *Nicklisch*[708], *Müller-Foell*[709] sowie im Ergebnis – jedoch ohne nachvollziehbare eigene Begründung – auch *Wahl*[710] allerdings davon ausgehen, dass eine Mitwirkungshandlung schon immer dann als Mitwirkungspflicht im Sinne einer Schuldnerpflicht anzusehen ist, wenn ihre Erfüllung für die Leistungserbringung notwendig ist und nur dann eine Mitwirkungsobliegenheit vorliegt, wenn es sich nicht um notwendige, sondern nur förderliche Handlungen handelt, so kann dem nicht gefolgt werden.
Bedenken gegen diese Annahme resultieren einerseits schon daraus, dass das Regel- Ausnahmeprinzip hinsichtlich des Verhältnisses von Mitwirkungsobliegenheit und Mitwirkungspflicht für einen wesentlichen Bereich des modernen Werkvertragsrechts (Bauvertragsrecht) ohne ein zwingendes Bedürfnis in das Gegenteil verkehrt würde und damit das gesetzliche System des Obliegenheitsmodells ohne zwingenden Anlass gänzlich umgangen werden würde. Beispiel-

---

705 ***Müller-Foell***, Mitwirkung des Bestellers beim Werkvertrag, S. 103 f..

706 ***Nicklisch***, BB 1979, S. 533 ff. (541), der allerdings aufgrund seines methodischen Ansatzes (ergänzende Vertragsauslegung) zusätzlich verlangt, dass die betreffende Mitwirkungshandlung im Vertrag aufgeführt ist.

707 Anders ***Teichmann*** in **Soergel**, BGB, § 642, Rn. 7, der das Kriterium der „Notwendigkeit" vernachlässigt und alleine darauf abstellt, dass eine Mitwirkungspflicht nahe liegt, wenn der Auftraggeber mit der jeweilig in Rede stehenden Mitwirkungshandlung eine aktive, mitgestaltende Funktion übernimmt.

708 ***Nicklisch***, BB 1979, S. 533 ff. (541).

709 ***Müller-Foell***, Mitwirkung des Bestellers beim Werkvertrag, S. 104.

710 ***Wahl***, Die Haftung des Auftraggebers im Bauwerkvertrag bei verzögerter, unterlassener und fehlerhafter Mitwirkung nach BGB und VOB/B, S. 66.

haft kann insoweit auf die von *Wahl* anhand des Kriteriums der Notwendigkeit vorgenommene Einordnung von verschiedenen Mitwirkungshandlungen als Pflichten rekurriert werden, die verdeutlicht, dass das Kriterium der Notwendigkeit dazu geeignet ist, nahezu jede denkbare Mitwirkungshandlung zur Pflicht zu machen, soweit diese für die Leistungserbringung des Auftragnehmers nicht gänzlich unerheblich ist.[711]

Unterstützt wird diese Sichtweise durch einen Blick auf die gesetzliche Vorschrift des § 642 BGB. Denn bereits dort wird eindeutig festgestellt, dass schon der Anspruch aus § 642 BGB voraussetzt, dass der Besteller eine Mitwirkungsobliegenheit unterlässt, deren Erfüllung für die Leistung des Unternehmers erforderlich, also notwendig ist.[712] Eine solche regelmäßige Haftungsbeschränkung legitimiert sich mithin auch nicht aus den Besonderheiten des BGB-Bauvertrages im Verhältnis zu anderen Werkverträgen geringeren Umfangs bzw. speziell aus dem „Kooperationscharakter" des Bauvertrages. Einerseits ist darauf hinzuweisen, dass der BGH selbst darauf abstellte, dass sich aus dem Kooperationscharakter Mitwirkungspflichten und -obliegenheiten ergeben könnten,[713] schon insoweit also keine zwingenden Schlussfolgerungen gezogen werden können; andererseits aber auch darauf, dass auch durch das Unterlassen einer für die Werkherstellung „notwendigen" Mitwirkungshandlung primär ausschließlich das Vergütungsinteresse des Unternehmers betroffen ist, welches allerdings in angemessener und ausreichender Weise durch den vergütungsgleichen Entschädigungsanspruch des § 642 BGB geschützt wird.[714]

Durch die Darstellung der im Bauvertragsrecht denkbaren, besonderen Interessenlage unter Berücksichtigung der bes. Rechtsfolgenanordnung des § 642 BGB ist schließlich deutlich geworden, dass es, soweit lediglich das „Vergütungsinteresse" des Unternehmers durch die Nicht- oder Schlechterfüllung der jeweiligen Mitwirkungshandlung betroffen ist, keiner Modifizierung des Obliegenheitsmodells bedarf. Denn in diesen Fällen ist das Interesse des Unternehmers ausreichend geschützt.[715] Hat die Mitwirkungshandlung für den Unternehmer also nur insoweit Bedeutung, als sie ihm die Erfüllung der eigenen Leistungspflicht ermöglichen und damit sicherstellen soll, dass er für seine „Bemühun-

---

711 ***Wahl***, Die Haftung des Auftraggebers im Bauwerkvertrag, S. 66.Warum *Wahl* nicht bspw. auch die *„Erteilung erforderlicher Anordnungen"* als Pflicht deklariert, bleibt letztlich offen; mit dem Kriterium der Notwendigkeit wäre dies jedenfalls möglich.

712 Auf diesen Umstand weist auch *Scheube* hin; vgl. insoweit ***Scheube***, Auftraggebermitwirkung, S. 110.

713 ***BGHZ* 143**, S. 89 ff. (93).

714 Ähnlich auch ***Peters*** in **Staudinge**, BGB, § 642, Rn. 31.

715 Unterstützt wird diese Sichtweise auch durch einen Blick auf die Norm des § 649 S. 2 BGB, welche ebenfalls – neben § 642 BGB – verdeutlicht, dass das Interesse des Unternehmers hinsichtlich seiner Vergütung einschließlich des kalkulatorischen Gewinns ausreichend geschützt ist.

gen“ eine Gegenleistung (Vergütung) erhält, so kann dem Interesse des Unternehmers durch die Vorschriften der §§ 642 ff. BGB ausreichend Rechnung getragen werden. Die Mitwirkung stellt in diesem Falle eine „bloße“ Obliegenheit dar.[716] Lediglich soweit über das Vergütungsinteresse hinausgehende (ideelle oder weitergehende wirtschaftliche) Interessen des Unternehmers durch die Nicht- oder Schlechterfüllung der jeweiligen Mitwirkungshandlung berührt werden, reicht der Schutz der §§ 642 ff. BGB nicht aus. In diesem Fall liegt die Annahme einer echten Mitwirkungspflicht nahe, um dem Unternehmer die Möglichkeit zu geben, auf Erfüllung der Mitwirkungshandlung klagen und gegebenenfalls Schadensersatz verlangen zu können.

III. Fazit hinsichtlich der Besonderheiten des BGB-Bauvertrages im Bezug auf die Behandlung von Mitwirkungshandlungen des Auftraggebers

Der BGB-Bauvertrag weist in einigen Bereichen erhebliche Unterschiede und Besonderheiten zu herkömmlichen Werkverträgen geringeren Umfangs auf, die es schlussendlich erfordern in bestimmten Bereichen das gesetzlich vorgesehene Obliegenheitsmodell zu modifizieren.

Insbesondere der Phase der Werkherstellung bzw. Bauausführung kommt im Bauvertrag eine wesentliche Bedeutung zu, und aufgrund der besonderen Wesensmerkmale des Bauvertrages (Langzeit-, Rahmen- und Kooperationscharakter) ist sie in erhöhtem Maße konfliktanfällig. Gerade in diesem Bereich des Bauvertrages fehlt es im Werkvertragsrecht des BGB jedoch an Regelungen, die die Werkherstellung sichern und das kooperative Zusammenwirken der am Vertrag beteiligten Parteien sichern. Dies gilt insbesondere hinsichtlich der im Rahmen des BGB-Bauvertrages besonders bedeutsamen Mitwirkungshandlungen des Auftraggebers. Denn während die Nicht- oder Schlechterfüllung von bestellerseitigen Mitwirkungshandlungen im Rahmen klassischer Werkverträge geringeren Umfangs lediglich das durch die Regelungen der §§ 642 ff. BGB angemessen und ausreichend geschützte „Vergütungsinteresse“ des Unternehmers berühren, sind insoweit im Rahmen des Bauvertrages vermehrt Situationen denkbar, in denen auch weitergehende Interessen des Unternehmers verletzt werden, deren Schutz durch die § 642 ff. BGB nicht mehr gewährleistet werden kann. In diesen Fällen bedarf es einer Modifizierung des Obliegenheitsmodells dahingehend, dass neben der grundsätzlich vorliegenden Mitwirkungsobliegenheit des Auftraggebers zusätzlich eine echte Mitwirkungspflicht anzunehmen ist, um auf diesem Wege dem Unternehmer die Möglichkeit zu geben, im Unterlassungs- oder Verletzungsfalle auf Vornahme der Mitwirkungshandlung klagen oder gegebenenfalls Schadensersatz verlangen zu können.

Methodisch ist dies im Wege einer Vertragsauslegung nach §§ 133, 157 BGB zu erreichen, im Rahmen derer die Frage zu klären ist, wann eine Mitwirkungsob-

---

716 So auch ***Raab***, JZ 2001, S. 249 ff. (252).

liegenheit so erstarkt, dass sie gleichzeitig Mitwirkungspflicht ist, oder wann der Besteller unabhängig von seiner Gläubigerposition Mitwirkungsverpflichtungen neben der gesetzlich vorgesehenen Abnahmepflicht iSd § 640 Abs. 1 S. 1 BGB übernommen hat.
Als Abgrenzungskriterien zur Differenzierung von Obliegenheit und Pflicht ist dabei zunächst an das Kriterium der „Notwendigkeit" der Erfüllung der Mitwirkungshandlung für die Leistungserbringung durch den Unternehmer und darüber hinaus – den Ausführungen *Raabs*[717] entsprechend – an die Unterschiede in der Rechtsfolge anzuknüpfen.
Hat die Mitwirkungshandlung demnach für den Unternehmer nur insoweit Bedeutung, als sie ihm die Erfüllung der eigenen Leistungspflicht ermöglichen und damit sicherstellen soll, dass er für seine „Bemühungen" eine Gegenleistung (Vergütung) erhält, so kann dem Interesse des Unternehmers durch die Vorschriften der §§ 642 ff. BGB ausreichend Rechnung getragen werden. Die Mitwirkung stellt in diesem Falle eine „bloße" Obliegenheit dar.
Lediglich soweit über das Vergütungsinteresse hinausgehende (ideelle oder weitergehende wirtschaftliche) Interessen des Unternehmers durch die Nicht- oder Schlechterfüllung der jeweiligen Mitwirkungshandlung berührt werden, reicht der Schutz der §§ 642 ff. BGB nicht aus. In diesem Fall liegt die Annahme einer echten Mitwirkungspflicht nahe, um dem Unternehmer die Möglichkeit zu geben auf Erfüllung der Mitwirkungshandlung zu klagen und gegebenenfalls Schadensersatz zu verlangen.

717 ***Raab***, JZ 2001, S. 249 ff. (252).

F. Zweiter Hauptteil: Die Besonderheiten des VOB/B-Bauvertrages im Bezug auf die Behandlung der Mitwirkungshandlungen des Auftraggebers

Nachdem im ersten Hauptteil der vorliegenden Abhandlung die Besonderheiten des BGB-Bauvertrages im Verhältnis zu klassischen Werkverträgen geringeren Umfangs dargestellt wurden und vor dem Hintergrund dieser Besonderheiten die Mitwirkungsproblematik einer Lösung zugeführt wurde, soll nunmehr überprüft werden, ob sich im Rahmen von VOB/B-Bauverträgen entscheidende Besonderheiten hinsichtlich der Mitwirkungsproblematik ergeben, die es erfordern die für den Bereich von BGB-Bauverträgen erarbeitete Lösung wiederum zu modifizieren, oder ob auch im besonders praxisrelevanten Bereich der VOB/B-Bauverträge auf die dargelegten Grundsätze zum BGB-Bauvertrag zurückgegriffen werden kann.

Insoweit ist schon an dieser Stelle darauf hinzuweisen, dass insbesondere in der neueren baurechtlichen Literatur eine eindeutige Tendenz dahingehend ersichtlich ist, dass die in der VOB/B (insbesondere durch §§ 3, 4 VOB/B) konkretisierten Mitwirkungshandlungen sämtlich nicht nur als bloße Mitwirkungsobliegenheiten, sondern als echte Rechtspflichten, wenn auch oftmals als sog. Nebenpflichten, zu klassifizieren seien.[718] Eine solche (pauschale) rechtsdogmatische Einordnung der durch die VOB/B konkretisierten Mitwirkungshandlungen hätte konsequenterweise zur Folge, dass sich der Auftraggeber hinsichtlich der konkretisierten Mitwirkungshandlungen in einer echten Schuldnerposition befindet und demnach der Unternehmer sowohl die Möglichkeit hätte im Falle der Nicht- oder Schlechterfüllung dieser Mitwirkungshandlungen seitens des Auftraggebers auf Erfüllung zu klagen, als auch gegebenenfalls Schadensersatzansprüche geltend zu machen.

Zur Überprüfung dieser oftmals vertretenen rechtsdogmatischen Einordnung der auftraggeberseitigen Mitwirkungshandlungen im VOB/B-Bauvertrag wird im Folgenden ausgehend von den grundsätzlichen Besonderheiten des VOB/B-Bauvertrages erörtert, ob bereits aus den Regelungen der VOB/B als solchen eine eindeutige Einordnung der Mitwirkungshandlungen des Auftraggebers als Obliegenheit oder (Rechts-) Pflicht vorgenommen werden kann, die einer Klas-

---

718 Vgl. insoweit nur beispielhaft die Ausführungen von ***Kapellmann*** in **Kapellmann/Messerschmidt**, VOB/B, § 6, Rn. 47; ***ders.*** in **Kapellmann/Schiffers**, Einheitspreisvertrag, S. 596 ff., Rn. 1288 ff.; ***Hoffmann*** in **Festschrift für v. Craushaar**, S. 222 f.; ***Riedl*** in **Heiermann/Riedl/Rusam**, VOB/B, § 3, Rn. 7 ff.; ***Nicklisch*** in **Nicklisch/Weick**, VOB/B, § 4, Rn. 12. Auch ***Scheube***, Auftraggebermitwirkung, S. 113 ff., 169, geht nach einer ausführlichen, differenzierten Einordnung einzelner Mitwirkungshandlungen zumindest im Ergebnis eindeutig davon aus, dass die durch §§ 3, 4 VOB/B konkretisierten Mitwirkungshandlungen des Auftraggebers sämtlich als echte Mitwirkungspflichten zu qualifizieren sind.

sifizierung der Mitwirkungshandlungen nach den in Teil E aufgestellten Grundsätzen vorzugehen hat.
Letztlich soll sich die Untersuchung in diesem Teil der vorliegenden Abhandlung allerdings nicht nur auf die bisher angesprochenen Problemkreise (insbesondere die Mitwirkungsproblematik) beschränken. Vielmehr sollen darüber hinaus auch praxisrelevante Folge- bzw. Parallelfragen der Mitwirkungsproblematik bearbeitet und einer Lösung zugeführt werden. In diesem Zusammenhang kommt insbesondere der sog. *„Vorunternehmer-Rechtsprechung"* des BGH[719] eine zentrale Bedeutung zu, in der praxisrelevante Folgeprobleme, wie die Frage der Anwendbarkeit des § 642 BGB auch im Rahmen von VOB/B-Bauverträgen, aufgeworfen wurden.

I. Die grundsätzlichen Besonderheiten des VOB/B-Bauvertrages

Grundsätzlich ist hinsichtlich des VOB/B-Bauvertrages festzuhalten, dass auch dieser auf dem Grundmodell des BGB-Werkvertrages aufbaut und demnach auch hier grundsätzlich – soweit in der VOB/B keine spezielleren Regelungen vorhanden sind – die Vorschriften der §§ 631 ff. BGB Anwendung finden. Der VOB/B-Bauvertrag kann also letztlich nicht als eigener Vertragstypus aufgefasst werden, sondern muss vielmehr vor dem Hintergrund des gesetzlichen Werkvertragsrechts nach dem BGB bewertet werden.
Nichtsdestotrotz unterscheidet sich der VOB/B-Bauvertrag in einigen, für die vorliegende Abhandlung entscheidenden Bereichen sowohl vom Grundmodell des BGB-Werkvertrages als auch vom BGB-Bauvertrag.
Im Rahmen der Erörterung dieser Unterschiede und Besonderheiten ist entscheidend an den Regelungsgegenstand der VOB Teil B anzuknüpfen. Denn während sich Teil A der VOB mit den für die vorliegende Abhandlung irrelevanten *„Allgemeinen Bestimmungen über die Vergabe von Bauleistungen"* beschäftigt, insoweit also lediglich das öffentliche Vergabeverfahren betroffen ist, und in Teil C der VOB die ebenfalls für die vorliegende Abhandlung zu vernachlässigenden *„Allgemeinen Technischen Vorschriften für Bauleistungen"* enthalten sind, beschäftigt sich die VOB/B durch die *„Allgemeinen Vertragsbedingungen für die Ausführung von Bauleistungen"* mit dem für den Problembereich der vorliegenden Abhandlung entscheidenden Regelungsgegenstand des BGB-Werkvertragsrechts.
So befasst sich die VOB/B eingehend mit den wechselseitig erforderlichen Mitwirkungshandlungen auf der Baustelle (§§ 3, 4, 5, 6 VOB/B), mit der Anpassung des Vertrages an neue Gegebenheiten (§ 2 Nr. 3 ff. VOB/B), den Kündigungsrechten der Parteien (§ 6 Nr. 7, 8, 9 VOB/B), der Abnahme (§ 12 VOB/B), der Gewährleistung (§ 13 VOB/B), der Rechnungslegung und Abrechnung (§§

719 *BGH*-Urteil vom 27. Juni 1985 in BauR 1985, S. 561 ff. (**„Vorunternehmer I"**) und *BGH*-Urteil vom 21. Oktober 1999 in BauR 2000, S. 722 ff. (**„Vorunternehmer II"**).

14, 15, 16 VOB/B), der Sicherheitsleistung (§ 17 VOB/B) und den Streitigkeiten zwischen den Parteien (§ 18 VOB/B).
Für die vorliegende Abhandlung kommt dem genannten Bereich der wechselseitig erforderlichen Mitwirkungshandlungen auf der Baustelle (§§ 3, 4, 5, 6 VOB/B) besondere Bedeutung zu. Denn während in Teil E der vorliegenden Arbeit bereits herausgestellt wurde, dass der im Rahmen des Bauvertrages besonders relevanten und konfliktanfälligen Phase der Bauausführung im BGB kaum Bedeutung zugemessen wird und spezielle, die Phase der Vertrags- bzw. Bauausführung betreffenden Regelungen fehlen,[720] sind durch die genannten VOB/B Regelungen gegeben, die die Phase der Bauausführung näher konkretisieren.[721]
Vor allem § 6 Nr. 6 VOB/B, der eine besondere Regelung für einen Schadensersatzanspruch im Bereich der Behinderung der Bauausführung enthält, ist als Schnittstelle zu § 642 BGB und damit als Schnittstelle zur grundsätzlichen durch das BGB vorgenommenen Einordnung der Mitwirkungshandlungen des Bestellers als Obliegenheiten aufzufassen. Insbesondere diese Bestimmung und ihr Verhältnis zu § 642 BGB bzw. die Auswirkungen dieser auf das gesetzliche Obliegenheitsmodell wird im Folgenden zu untersuchen sein.

1. Besondere praktische Relevanz des VOB/B-Bauvertrages

Hinsichtlich der grundsätzlichen Besonderheiten des VOB-Bauvertrages ist zunächst darauf hinzuweisen, dass es sich in der heutigen Geschäfts- und Vertragspraxis – auch außerhalb der in der vorliegenden Abhandlung im Vordergrund stehenden Bauverträge – durchgesetzt hat, die gesetzlichen Bestimmungen der §§ 631 ff. BGB durch die Einbeziehung von Allgemeinen Geschäftsbedingungen (AGB) abzuwandeln bzw. zu ergänzen, um so dem jeweiligen Vertragstypus und den daraus resultierenden, gegebenenfalls besonderen Interessenlagen der Vertragsparteien besser gerecht werden zu können.
Im Bereich des Bauvertrages erlangt insoweit die VOB (und insbesondere deren Teil B) besondere Bedeutung. So ist es in der Baupraxis üblich nicht eigens entworfene Allgemeine Geschäftsbedingungen in einen Bauvertrag einzubeziehen, sondern insoweit auf die kollektiv erarbeiteten Allgemeinen Geschäftsbedingungen der VOB zurückzugreifen.[722]

---

720 Vgl. insoweit die Ausführungen in Teil E der vorliegenden Abhandlung unter S. 119 f. und ***Schwarze***, BauR 2004, S. 895 ff. (896); ***Nicklisch***, JZ 1984, S. 757 ff. (757 f.).

721 Hierzu sogleich auf S. 187 ff..

722 Zur Rechtsnatur der VOB/B als kollektiv erarbeitete Allgemeine Geschäftsbedingungen, die in den Anwendungsbereich der §§ 305 ff. BGB fallen vgl. ***Pauly***, BauR 1996, S. 328 ff. (332 ff.); ***ders.***, MDR 2003, S. 124 ff.; ***BGHZ*** **86**, S. 135 ff.; **96**, S. 129 ff.; **109**, S. 192 ff.; ***Locher***, Baurecht, S. 62, Rn. 137. Zur Gesamtproblematik der rechtsdogmatischen Einordnung der VOB/B vgl. ***Weick***, in **Festschrift für Korbion**, S. 451 ff.; ***Siegburg***, BauR 1993, S. 9 ff..

Hinsichtlich der Besonderheiten des VOB/B-Bauvertrages im Verhältnis zu BGB-Bauverträgen ist demnach zunächst darauf hinzuweisen, dass dem VOB/B-Bauvertrag in der Vertrags- und Geschäftswirklichkeit eine wesentlich größere Bedeutung zukommt als dem BGB-Bauvertrag. Denn soweit es um die Erstellung eines Bauwerkes geht, greifen die Vertragsparteien in der Regel nicht ausschließlich auf das Grundmodell des BGB-Werkvertragsrechts zurück, sondern beziehen zusätzlich die kollektiv erarbeiteten Allgemeinen Geschäftsbedingungen der VOB mit in den Vertrag ein,[723] um der im Verhältnis zu klassischen Werkverträgen geringeren Umfangs gesteigerten Komplexität des Bauvertrages bzw. der Bauwerksherstellung besser gerecht werden zu können.[724]

2. Langzeit-, Rahmen- und Kooperationscharakter

Darüber hinaus bleibt festzuhalten, dass die für den BGB-Bauvertrag herausgearbeiteten besonderen Wesensmerkmale des Langzeit-, Rahmen- und Kooperationscharakter selbstverständlich auch für den VOB/B-Bauvertrag Bedeutung entfalten.

Schon vor dem Hintergrund, dass die zu den besonderen Wesensmerkmalen ergangenen Entscheidungen in der Rechtsprechung in der Regel zu VOB/B-Bauverträgen ergangen sind und deren Bedeutung im Rahmen der vorliegenden Abhandlung lediglich auf den BGB-Bauvertrag ausgeweitet wurde,[725] wird deutlich, dass auch der VOB/B-Bauvertrag als Langzeitvertrag mit Rahmen- und Kooperationscharakter zu qualifizieren ist, sich also insofern erheblich von klassischen BGB-Werkverträgen geringeren Umfangs unterscheidet.

Die in Teil E der vorliegenden Abhandlung erörterten Besonderheiten des BGB-Bauvertrages im Verhältnis zu klassischen Werkverträgen geringeren Umfangs gelten aus diesem Grunde für den VOB/B-Bauvertrag entsprechend.[726]

Auch der VOB/B-Bauvertrag ist in entscheidender Weise von der gegenseitigen Kooperation der Vertragspartner abhängig. Die erfolgreiche Bauwerksherstellung kann auch hier nur durch ein gemeinschaftliches Mitwirken der am Vertrag beteiligten Parteien erreicht werden.

---

723 Zur Rechtsnatur der VOB/B als kollektiv erarbeitete Allgemeine Geschäftsbedingungen iSd §§ 305 ff. BGB vgl. ***Pauly***, BauR 1996, S. 328 ff. (332 ff.); ***ders.***, MDR 2003, S. 124 ff.; ***BGHZ*** **86**, S. 135 ff.; **96**, S. 129 ff.; **109**, S. 192 ff.; ***Locher***, Baurecht, S. 62, Rn. 137. Zur Gesamtproblematik der rechtsdogmatischen Einordnung der VOB/B vgl. ***Weick***, in **Festschrift für Korbion**, S. 451 ff.; ***Siegburg***, BauR 1993, S. 9 ff..

724 *Peters* geht insoweit bspw. davon aus, dass ca. 80 % der Bauverträge unter Einbeziehung der VOB/B geschlossen werden; vgl. ***Peters*** in **Staudinger**, BGB, Vorbem. zu §§ 631 ff., Rn. 91.

725 Insoweit ist insbesondere auf die „Kooperationsentscheidungen" des BGH hinzuweisen, die jeweils einen Bauvertrag, der unter Einbeziehung der VOB/B geschlossen wurde, zum Gegenstand hatten; vgl. ***BGHZ*** **133**, 133, S. 44 ff.; **143**, S. 89 ff..

726 Vgl. insofern die Ausführungen in Teil E der vorliegenden Abhandlung auf S. 118 ff..

3. Besondere Regelungen der Auftraggebermitwirkung im VOB/B-Bauvertrag

Die für die vorliegende Abhandlung entscheidende Besonderheit des VOB/B-Bauvertrages im Verhältnis zum Werkvertragsrecht des BGB und damit sowohl zum BGB-Werk-, als auch zum BGB-Bauvertrag ist jedoch letztlich in den besonderen Regelungen der VOB/B zur Auftraggebermitwirkung zu erblicken.
Denn während im BGB-Werkvertragsrecht durch die allgemeine Norm des § 642 Abs. 1 BGB versucht wird, die Gesamtheit der denkbaren Bestellermitwirkungen zu erfassen,[727] sind im Rahmen der VOB/B – wie bereits angedeutet – zahlreiche Sonderregelungen hinsichtlich der beiderseitig erforderlichen Mitwirkungshandlungen enthalten, die insbesondere solche Mitwirkungshandlungen näher ausgestalten, die bei nahezu jedem Bauvorhaben vorkommen und bei denen die Erfahrungen in der Baupraxis gezeigt haben, dass ein Bedürfnis nach Eingrenzung und Präzisierung des bauvertraglichen Aufgabenbereichs des Auftraggebers besteht.[728]
Diese Regelungen betreffen sowohl die Mitwirkung des Auftraggebers in der Planungsphase des jeweiligen Bauvorhabens, als auch und vor allem die besonders konfliktanfällige Phase der Bauausführung.
So ist es in der Planungsphase bspw. nach § 3 Nr. 1 VOB/B Aufgabe des Auftraggebers, dem Auftragnehmer rechtzeitig und unentgeltlich die zur Bauausführung notwendigen Unterlagen zu übergeben. Ebenso stellt die VOB/B in § 3 Nr. 2 klar, dass es in den Aufgabenbereich des Auftraggebers fällt, die Hauptsachen der baulichen Anlagen und die Grenzen des zur Verfügung gestellten Baugeländes abzustecken sowie die notwendigen Höhenfestpunkte in unmittelbarer Nähe der baulichen Anlagen zu schaffen. Darüber hinaus soll der Auftraggeber – soweit notwendig – bei der Beweissicherung mitwirken und dazu vor Beginn der Arbeiten gemeinsam mit dem Auftragnehmer den Zustand der baulichen Anlage und des anliegenden Geländes festhalten (§ 3 Nr. 4 VOB/B).
Hinsichtlich der Bauausführungsphase normiert die VOB/B in § 4 Nr. 1 S. 1, dass der Auftraggeber für Aufrechterhaltung der allgemeinen Ordnung auf der Baustelle zu sorgen hat und das Zusammenwirken der verschiedenen Unternehmer regeln soll. Ebenso soll es in den Aufgabenbereich des Auftraggebers fallen, die zur Bauausführung notwendigen öffentlichen Genehmigungen und Erlaubnisse herbeizuführen (§ 4 Nr. 1 S. 2 VOB/B).
Darüber hinaus folgt aus der in § 4 Nr. 1 Abs. 3, Nr. 3 und Nr. 9 VOB/B geregelten Verpflichtung des Auftragnehmers zur Anzeige von Bedenken gegen

727 Ausdruck dieses Bestrebens des BGB-Werkvertragsrechts ist insbesondere die Formulierung der Norm des § 642 BGB, die nach ihrem Wortlaut ohne wesentliche Einschränkungen (Ausnahme ist insoweit lediglich die Abnahme iSd § 640 BGB) die „Handlungen des Bestellers“ erfasst.

728 ***Scheube***, Auftraggebermitwirkung, S. 76.

Anordnungen des Auftraggebers, gegen die vorgesehene Art der Bauausführung, gegen die Qualität gelieferter Stoffe und gegen die Leistungen anderer an der Bauausführung beteiligter Unternehmer die Aufgabe des Auftraggebers, die Anzeige des Unternehmers zu prüfen und zur weiteren Bauausführung notwendige Entscheidungen zu treffen. Ebenso hat der Auftraggeber nach § 4 Nr. 4 VOB/B dem Auftragnehmer notwendige Lager- und Arbeitsplätze, vorhandene Zufahrtswege und Anschlussgleise und vorhandene Anschlüsse für Wasser und Energie unentgeltlich zur Benutzung zu überlassen. Nach § 2 Nr. 5 S. 2 VOB/B und § 2 Nr. 6 Abs. 2 S. 2 VOB/B soll der Auftraggeber mit dem Auftragnehmer vor der Ausführung einer geänderten oder zusätzlichen Leistung eine neue Vergütung vereinbaren.
Insgesamt ist also festzuhalten, dass im Rahmen eines VOB/B-Bauvertrages die Aufgabenverteilung zwischen Auftraggeber und Bauunternehmer im Verhältnis zu einem BGB-Bauvertrag wesentlich genauer abgesteckt sind und zumindest insofern der gesteigerten Komplexität des Bauvertrages besser Rechnung getragen wird. Welche konkreten Auswirkungen diese Konkretisierung auf die im Rahmen der vorliegenden Abhandlung entscheidende Mitwirkungsproblematik hat, wird im Folgenden noch zu erörtern sein.

Darüber hinaus ist im Rahmen der VOB/B durch die Norm des § 6 Nr. 6 VOB/B eine Regelung gegeben, die sich mit den Rechtsfolgen einer Behinderung oder Unterbrechung der Ausführung des Bauvorhabens beschäftigt und insoweit der Regelung des § 642 BGB nahe steht. Denn die besondere Rechtsfolgenanordnung des § 6 Nr. 6 VOB/B erfasst sowohl die aus einem Verhalten des Unternehmers resultierenden Behinderungen der Bauausführung als auch diejenigen hindernden Umstände, die auf den Auftraggeber zurückzuführen sind[729] und damit auch den Regelungsgegenstand des § 642 BGB.

Letztlich wird durch die besonderen, die Mitwirkungshandlungen des Auftraggebers betreffenden Regelungen der VOB/B deutlich, dass die Mitwirkungsproblematik vor dem Hintergrund der Besonderheiten des VOB/B-Bauvertrages erneut zu erörtern ist und überprüft werden muss, ob die für den Bereich des BGB-Bauvertrages gefundene Lösung für den Bereich des VOB/B-Bauvertrages einer Modifizierung bedarf.

---

729 Vgl. ***Kapellmann*** in **Kapellmann/Messerschmidt**, VOB/B, § 6, Rn. 46.

II. Auswirkungen der Besonderheiten des VOB/B-Bauvertrages auf die Mitwirkungsproblematik

1. Grundsätzliche Geltung des Obliegenheitsmodells

Hinsichtlich der Erörterung der Auswirkungen der Besonderheiten des VOB/B-Bauvertrages auf die im Rahmen der vorliegenden Abhandlung im Mittelpunkt stehende Mitwirkungsproblematik ist zunächst die Ausgangsprämisse der nachfolgenden Untersuchung herauszustellen.

Insoweit kann festgehalten werden, dass es sich bei den Mitwirkungshandlungen des Auftraggebers im VOB/B-Bauvertrag zumindest solange um Obliegenheiten und nicht um echte Rechtspflichten handelt, wie durch die besonderen Regelungen der VOB/B hinsichtlich einzelner Mitwirkungshandlungen keine abweichende, eindeutige Regelung gegeben ist.

Die grundsätzliche Geltung des Obliegenheitsmodells im VOB/B-Bauvertrag ergibt sich bereits daraus, dass solange abweichende Regelungen der VOB/B nicht vorhanden sind auch der VOB-Bauvertrag als Werkvertrag dem Anwendungsbereich der §§ 631 ff. BGB unterliegt und demnach das in den §§ 631 ff. BGB gesetzlich vorgesehene Obliegenheitsmodell auch im VOB/B-Bauvertrag grundsätzlich Bedeutung entfaltet.[730]

Die grundsätzliche Geltung des Obliegenheitsmodells im VOB/B-Bauvertrag wird zudem durch die Regelung des § 9 Nr. 1a VOB/B zum Ausdruck gebracht. Denn § 9 Nr. 1a VOB/B verweist in einem Klammerzusatz hinsichtlich des Kündigungsrechts des Auftragnehmers eindeutig auf die Annahmeverzugsregelungen des BGB (§§ 293 ff. BGB) und damit auf das Obliegenheitsmodell des BGB-Werkvertragsrechts.[731]

Zwar könnte man gegen das vorstehende Argument hinsichtlich der grundsätzlichen Geltung des Obliegenheitsmodells auch im VOB/B-Bauvertrag einwenden, dass es als zu oberflächlich erscheint alleine aus dem Wortlaut des § 9 Nr. 1 a VOB/B die grundsätzliche Geltung des Obliegenheitsmodells im VOB/B-Bauvertrag herzuleiten. Denn der in § 9 Nr. 1 a VOB/B angefügte Klammerzusatz könnte auch lediglich als Klarstellung dahingehend verstanden werden, dass der Auftragnehmer, ähnlich wie in der durch § 9 Nr. 1 a VOB/B verdrängten Norm des § 643 BGB,[732] bei Nicht- oder Schlechterfüllung von Mitwirkungshandlungen durch den Auftraggeber kündigen kann.[733]

---

730 Im Ergebnis zustimmend ***Scheube***, Auftraggebermitwirkung, S. 89.

731 Auf diesen Umstand weist auch zutreffend ***Hofmann*** in **Festschrift für v. Craushaar**, S. 219 ff. (221) hin.

732 Dass das Kündigungsrecht des § 9 Nr. 1 a VOB/B die Norm des § 643 BGB verdrängt, entspricht einhelliger Ansicht. Vgl. insoweit nur ***Hofmann*** in **Beck'scher VOB/B-Komm.**, Vor. § 3, Rn. 78; ***Riedl*** in **Heiermann/Riedl/Rusam**, VOB/B, § 9, Rn. 2; ***Nicklisch*** in **Nicklisch/Weick**, VOB/B, § 9, Rn. 3.

733 Zu Recht kritisch hinsichtlich eines solchen Verständnisses des Klammerzusatzes des § 9 Nr. 1a VOB/B, ***Scheube***, Auftraggebermitwirkung, S. 86 f..

Jedoch ist weiterhin darauf hinzuweisen, dass sich Argumente für oder gegen die grundsätzliche Geltung des Obliegenheitsmodells auch im VOB/B-Bauvertrag nicht nur aus § 9 Nr. 1a VOB/B herleiten lassen. Die grundsätzliche Geltung des Obliegenheitsmodells lässt sich vielmehr aus einem weiteren, entscheidenden Argument begründen.
Denn soweit im Rahmen der baurechtlichen Literatur die mehr oder weniger pauschale rechtsdogmatische Einordnung der Auftraggebermitwirkung als echte Mitwirkungs*pflicht* bzw. zumindest als Nebenpflicht vertreten wird, wird dies in entscheidender Weise mit den besonderen Wesensmerkmalen des VOB/B-Bauvertrages (Langzeit-, Rahmen-, Kooperationscharakter) und mit den daraus folgenden besonderen Interessenlagen hinsichtlich der Erfüllung der auftraggeberseitigen Mitwirkungshandlung begründet.[734] Insoweit wird zumeist darauf verwiesen, dass aus dem notwendigen Zusammenwirken von Auftraggeber und Auftragnehmer bei der Durchführung von Bauvorhaben (Kooperationscharakter) eine allgemeine bauvertragliche Mitwirkungs*pflicht* des Auftraggebers abgleitet werden könne,[735] die in Zusammenhang mit den im Rahmen der VOB/B inhaltlich konkretisierten[736] Mitwirkungshandlungen des Auftraggebers dazu führe, dass die Einordnung der durch die VOB/B konkretisierten Mitwirkungshandlungen als echte Rechtspflichten nicht mehr negiert oder „ernsthaft bezweifelt" werden könne.[737] Gerade eine derart begründete Ansicht erweist sich bei genauerer Betrachtung jedoch als nicht haltbar.
Denn bereits im Rahmen des Teils E der vorliegenden Abhandlung wurde eingehend erörtert und dargestellt, dass die besonderen Wesensmerkmale des Bauvertrages und dabei insbesondere der Kooperationscharakter zwar im Rahmen der Lösung der Mitwirkungsproblematik zu berücksichtigen sind, diese aber nicht isoliert dazu führen, dass die Mitwirkungshandlungen des Auftraggebers

734 So bspw. ***Hofmann*** in **Festschrift für v. Craushaar**, S. 219 ff. (223); ***Vygen*** in **Ingenstau/Korbion**, VOB/B, § 9, Rn. 23 f.; ***v. Craushaar***, BauR 1987, S. 14 ff. (14); ***Riedl*** in **Heiermann/Riedl/Rusam**, VOB/B, § 3, Rn. 7 ff.; ***Nicklisch*** in **Nicklisch/Weick**, VOB/B, § 4, Rn. 12; ***Kapellmann*** in **Kapellmann/Schiffers**, Einheitspreisvertrag, S. 596, Rn. 1288.

735 ***Kapellmann*** in **Kapellmann/Schiffers**, Einheitspreisvertrag, S. 596, Rn. 1288; ***Hofmann*** in **Festschrift für v. Craushaar**, S. 219 ff. (223); auch ***Vygen*** in **Ingenstau/Korbion**, VOB/B, § 9 Rn. 23 verweist zur Begründung seiner favorisierten Einordnung der bauvertraglichen Mitwirkungshandlungen des Auftraggebers als Nebenpflichten auf die bereits ausführlich dargestellte Kooperationsrechtsprechung des BGH.

736 Zu den Auswirkungen der imperativen Formulierung der in der VOB/B konkretisierten Mitwirkungshandlungen sogleich gesondert auf S. 191 ff..

737 So ausdrücklich ***Vygen*** in **Vygen/Schubert/Lang**, S. 250 f., Rn. 349 ff. (351); speziell zu echten *„Kooperationspflichten"* im Rahmen eines VOB/B-Bauvertrages vgl. ***Vygen*** in Festgabe für Steffen Krauss, S. 249 ff..

im Bauvertrag als echte Mitwirkungs*pflichten* oder *Kooperationspflichten* zu qualifizieren sind.[738]
Für den Bereich des VOB/B-Bauvertrages ergeben sich insoweit keine Besonderheiten.
Bereits in Teil E der vorliegenden Abhandlung wurde herausgestellt, dass insbesondere die den jeweiligen Mitwirkungshandlungen zugrundeliegende Interessenlage und die Frage, ob das gesetzlich vorgesehene Obliegenheitsmodell mit seiner besonderen Rechtsfolgenanordnung des § 642 BGB dieser Interessenlage gerecht wird, dazu führt, dass das Obliegenheitsmodell in der Regel keiner Modifizierung bedarf.[739] Da die den Mitwirkungshandlungen zugrundeliegenden Interessenlagen im Rahmen des VOB/B-Bauvertrages der im BGB-Bauvertrag auftretenden entsprechen, ergeben sich insoweit keine Besonderheiten, die zu einer divergierenden Sichtweise hinsichtlich der rechtsdogmatischen Einordnung der Mitwirkungshandlungen des Auftraggebers führen würden.
Wenn also trotz der insofern nicht gegebenen Besonderheiten des VOB/B-Bauvertrages im Verhältnis zum BGB-Bauvertrag in der baurechtlichen Literatur die Tendenz dahin geht, zumindest die durch die VOB/B konkretisierten Mitwirkungshandlungen pauschal als echte Mitwirkungs*pflichten* einzuordnen und damit das gesetzlich vorgesehene Obliegenheitsmodell für den äußerst praxisrelevanten Bereich des VOB/B-Bauvertrages abzuwandeln,[740] so kann sich eine solche Modifizierung nur aus zusätzlichen, VOB/B-spezifischen Umständen und Argumenten ergeben.

2. Pauschale rechtsdogmatische Einordnung der Auftraggebermitwirkung im VOB/B-Bauvertrag als echte Mitwirkungspflicht als Folge der Mitwirkungskonkretisierung?

Hinsichtlich dieser weiteren VOB/B-spezifischen Argumente wird in der baurechtlichen Literatur stellenweise darauf verwiesen, dass sich die Einordnung der durch die VOB/B konkretisierten Mitwirkungshandlungen bereits aus der Konkretisierung der Mitwirkungshandlungen als solchen und der damit einhergehenden imperativen Formulierung ergebe.[741] Beispielhaft wird insoweit oft-

---

738 Vgl. insoweit die ausführliche Darstellung in Teil E der vorliegenden Abhandlung auf S. 155 f..

739 Vgl. insoweit die Ausführungen auf S. 171 ff..

740 Vgl. insoweit nur beispielhaft die Ausführungen von ***Kapellmann*** in **Kapellmann/Messerschmidt**, VOB/B, § 6, Rn. 47; ***ders.*** in **Kapellmann/Schiffers**, Einheitspreisvertrag, S. 596, Rn. 1288; ***Hoffmann*** in **Festschrift für v. Craushaar**, S. 222 f. und die im Rahmen der vorliegenden Abhandlung in Fn. 718 angegebenen, weiteren Nachweise.

741 ***Motzke*** in **Beck'scher VOB/B-Komm.**, § 6 Nr. 6, Rn. 21; ***Hofmann*** in **Festschrift für v. Craushaar**, S. 219 ff. (223).

mals die Regelung des § 4 Nr. 1 Abs. 1 VOB/B angeführt, nach der der Auftraggeber für die allgemeine Ordnung auf der Baustelle „zu sorgen hat".[742]
Hinsichtlich einer solchen Argumentation ist zunächst noch einmal darauf hinzuweisen, dass bereits in Teil E der vorliegenden Abhandlung herausgearbeitet wurde, dass die Konkretisierung einzelner Mitwirkungshandlungen in sprachlich imperativer Form zwar im Rahmen einer ergänzenden Vertragsauslegung als Indiz zur Qualifizierung der Mitwirkungshandlung als Pflicht herangezogen werden kann; denn soweit der Auftragnehmer die jeweils in Rede stehende Mitwirkungshandlung des Auftraggebers als echte vertragliche Mitwirkungs*pflicht* ausgestalten will, so wird er auf eine imperative Formulierung der Mitwirkungshandlung drängen.[743]
Diese Indizwirkung kann aber letztlich nur eingeschränkte Geltung erlangen, nicht aber die Frage nach der Rechtsnatur der jeweils in Rede stehenden Mitwirkungshandlung lösen, weil die imperative Formulierung im Rahmen einer Konkretisierung kaum vermeidbar ist und aus diesem Grunde oftmals nur eine nachlässige Ausdruckweise darstellt, die selbst der höchstrichterlichen Rechtsprechung unterlaufen kann.[744] Denn auch Obliegenheiten „hat" der Belastete zu erbringen, ohne dass daraus entscheidende Rückschlüsse auf die Rechtsnatur der auferlegten Verhaltensanforderung oder Handlung gezogen werden könnten.
Darüber hinaus ist für den Bereich der VOB/B-Bauverträge zusätzlich darauf hinzuweisen, dass eine eindeutige Formulierung der Mitwirkungshandlungen des Auftraggebers als echte Mitwirkungspflichten gerade unterblieben ist.
Denn die Indizwirkung der imperativen Formulierung hätte im Rahmen der Neuregelung der VOB/B im Jahre 2002 – also zu einer Zeit, in der das Problem der Behandlung der Mitwirkungshandlungen des Auftraggebers im Bauvertrag seit längerem bekannt war – leicht durch eine eindeutige Formulierung der Mitwirkungshandlungen des Auftraggebers[745] verstärkt bzw. sogar entbehrlich werden können.[746] Eine derartige eindeutige Formulierung der Mitwirkungshandlungen des Auftraggebers ist aber gerade unterblieben.
Auch hieraus wird deutlich, dass die Konkretisierung der Mitwirkungshandlungen des Auftraggebers im Rahmen der VOB/B in imperativer Form letztlich nicht als entscheidendes Argument für die rechtsdogmatische Einordnung der Mitwir-

742 Zu weiteren Beispielen vgl. die Ausführungen von ***Hofmann*** in **Festschrift für v. Craushaar**, S. 219 ff. (223).

743 ***Scheube***, Auftraggebermitwirkung, S. 87.

744 Vgl. insoweit auch ***Raab***, JZ 2001, S. 249 ff. (250) und ***Peters*** in **Staudinger**, BGB, § 642, Rn. 20, 31.

745 Bspw. durch eine Formulierung wie: „*Abweichend von der gesetzlichen Augsangslage handelt es sich bei den vorstehenden Mitwirkungshandlungen nicht nur um Gläubigerobliegenheiten, sondern darüber hinaus auch um Rechtspflichten.*"

746 Zu den Bestrebungen einer dahingehend eindeutigen Formulierung vgl. auch ***Dähne***, BauR 1994, S. 518 ff. (518).

kungshandlungen des Auftraggebers im VOB/B-Bauvertrag herangezogen werden kann.

3. Pauschale rechtsdogmatische Einordnung der Auftraggebermitwirkung im VOB/B-Bauvertrag als echte Mitwirkungspflicht als Folge der Rechtsfolgenanordnung des § 6 Nr. 6 VOB/B?

Einen weiteren Anhaltspunkt bzw. ein weiteres Argument für eine pauschale rechtsdogmatische Einordnung der Auftraggebermitwirkung im VOB/B-Bauvertrag als echte Mitwirkungs*pflicht* könnte in der besonderen Rechtsfolgenanordnung des § 6 Nr. 6 VOB/B gesehen werden.
Denn Obliegenheiten und Pflichten werden – wie bereits im Rahmen des Teil C der vorliegenden Abhandlung herausgestellt wurde – vornehmlich nach den Rechtsfolgen abgegrenzt, mit denen eine Verletzung des jeweiligen Verhaltensgebotes sanktioniert wird. Besteht die insoweit vorgesehene Sanktion in einem Schadensersatzanspruch und ist die Erfüllung des jeweiligen Verhaltensgebotes erzwingbar, so handelt es sich um eine echte Rechtspflicht.[747] Gerade vor dem Hintergrund, dass in der baurechtlichen Literatur die Rechtsfolgenanordnung des § 6 Nr. 6 VOB/B als Schadensersatzanspruch klassifiziert wird und zugleich als „Parallelregelung“ zum gesetzlichen Entschädigungsanspruch des § 642 BGB aufgefasst wird, könnte der Schluss gezogen werden, dass die Mitwirkung des Auftraggebers jedenfalls beim VOB/B-Vertrag in allen Fällen Pflicht aus dem Schuldverhältnis und nicht bloße Obliegenheit ist.[748]
Zur Überprüfung dieser These wird im Folgenden der Regelungsgegenstand des § 6 Nr. 6 VOB/B näher dargestellt und die Rechtsfolge des § 6 Nr. 6 VOB/B auf ihre Qualität als echten Schadensersatz hin überprüft.

a. Regelungsgegenstand und grundsätzliche Systematik des § 6 Nr. 6 VOB/B

Hinsichtlich des Regelungsgegenstandes des § 6 Nr. 6 VOB/B ist zunächst darauf hinzuweisen, dass die Gesamtnorm des § 6 VOB/B grundsätzlich den Zweck hat, die Rechte und Pflichten beider Vertragsparteien bei Behinderungen, die auf bei Vertragsabschluss nicht vorhersehbaren Umständen beruhen, festzulegen und die Folgen der Pflichtverletzungen zu bestimmen.[749]
Tatbestandliche Anknüpfungspunkte der Norm des § 6 VOB/B sind dabei die Begrifflichkeiten der „Behinderung“ und „Unterbrechung“ der (Bau-) Ausführung.
Eine „Behinderung“ der Arbeiten iSd § 6 VOB/B soll dann vorliegen, wenn die-

747 Vgl. insoweit die Ausführungen in Teil C der vorliegenden Abhandlung auf S. 26.
748 So bspw. insbesondere ***Kapellmann*** in **Kapellmann/Messerschmidt**, VOB/B, § 6, Rn. 47.
749 ***Locher***, Baurecht, S. 111, Rn. 218.

se zwar fortgeführt werden können und fortgeführt werden, dies jedoch nur unter erschwerten Voraussetzungen möglich ist.[750] Eine „Unterbrechung" ist gegeben, wenn die Arbeiten überhaupt zum Erliegen kommen, ohne dass sie endgültig abgebrochen werden.[751]

Dementsprechend regelt § 6 VOB/B unter Nr. 1 - 5 als Fortführung zu § 5 VOB/B die Rechtsfolgen von Störungen beider Parteien auf den Zeitablauf des Produktionsprozesses und unter der Anspruchsgrundlage des § 6 Nr. 6 VOB/B die daraus gegebenenfalls resultierenden vertraglichen Ersatzansprüche sowohl des Auftraggebers als auch des Auftragnehmers.[752]

Die Natur des § 6 Nr. 6 VOB/B als mögliche Anspruchsgrundlage sowohl des Auftraggebers als auch des Auftragnehmers resultiert dabei insbesondere daraus, dass sich Störungen des Produktionsprozesses einerseits *zu Lasten des Auftraggebers* bspw. durch Verlängerung der Bauzeit und andererseits auch zu *Lasten des Auftragnehmers* auswirken können, der bspw. Mehrkosten dadurch erleidet, dass zu spät gelieferte auftraggeberseitige Pläne einen Baustillstand auslösen und der Unternehmer dadurch seine Kapazitäten nicht voll auslasten kann.[753]

Weil also im Bauvertrag nachteilige, aus der Behinderung oder Unterbrechung der Bauausführung resultierende Konsequenzen für beide am Bauvertrag beteiligten Parteien denkbar sind, regelt § 6 Nr. 6 VOB/B grundsätzlich die Ansprüche beider Parteien. Voraussetzung für den Anspruch des Auftragnehmers ist gem. § 6 Nr. 1 VOB/B lediglich, dass dieser dem Auftraggeber die Behinderung oder Unterbrechung der Bauausführung anzeigt.[754]

Darüber hinaus ist hinsichtlich der Anspruchsgrundlage des § 6 Nr. 6 VOB/B darauf hinzuweisen, dass diese – anders als bspw. die Norm des § 642 BGB[755] – grundsätzliche jedwede aus der Behinderung oder Unterbrechung der Bauausführung resultierende Schäden erfasst, hinsichtlich des entgangenen Gewinns[756] jedoch insofern eine Haftungsbeschränkung vorsieht, als diese nur bei Vorliegen von Vorsatz oder grober Fahrlässigkeit seitens des die Bauausführung behin-

---

750 ***Peters*** in **Staudinger**, BGB, § 642, Rn. 44.

751 ***Peters*** in **Staudinger**, BGB, § 642, Rn. 44.

752 ***Motzke*** in **Besck'shcer VOB/B-Komm.**, Vorbem. zu § 6, Rn. 25.

753 ***Kapellmann*** in **Kapellmann/Messerschmidt**, VOB/B, § 6, Rn. 46; ***Motzke*** in **Beck'scher VOB/B-Komm.**, § 6, Rn.102.

754 ***Peters*** in **Staudinger**, BGB, § 642, Rn. 45. In umgekehrter Richtung, also für Geltendmachung eines Schadensersatzanspruchs seitens des Auftraggebers erlangt diese Voraussetzung allerdings keine Bedeutung. Vgl. insoweit ***Motzke*** in **Beck'scher VOB/B-Komm.**, § 6, Rn. 64 f..

755 Vgl. zur Reichweite des Entschädigungsanspruchs des § 642 BGB die ausführliche Darstellung in Teil D der vorliegenden Arbeit auf S. 74 ff..

756 Einschließlich des „anderweitig" entgangenen Gewinns, der bspw. daraus resultiert, dass der Unternehmer sein bereit gehaltenes betriebliches Kapital aufgrund der Behinderung oder Unterbrechung der Bauausführung nicht anderweitig gewinnbringend einsetzen kann.

dernden oder unterbrechenden Vertragsteils durch § 6 Nr. 6 VOB/B geltend gemacht werden können.[757]
Trotz dieser Haftungsbeschränkung ist der Anspruch des § 6 Nr. 6 VOB/B jedoch zumindest hinsichtlich seiner grundsätzlichen Reichweite als (echter) Schadensersatzanspruch zu qualifizieren.[758]

b. Auswirkungen des § 6 Nr. 6 VOB/B auf die rechtsdogmatische Einordnung der Auftraggebermitwirkung im VOB/B-Bauvertrag

Zur Erörterung der Auswirkungen des § 6 Nr. 6 VOB/B auf die rechtsdogmatische Einordnung der Auftraggebermitwirkung im VOB/B-Bauvertrag ist zunächst festzuhalten, dass die Beantwortung dieser Frage entscheidend davon abhängt, ob § 6 Nr. 6 VOB/B nur echte Mitwirkungs*pflichten* des Auftraggebers erfasst,[759] insoweit also vor dem Hintergrund entsprechender Pflichtverletzungstatbestände des BGB (insbesondere § 280 BGB) gesehen werden muss, oder aber auch bloße Mitwirkungs*obliegenheiten* erfasst sind,[760] § 6 Nr. 6 VOB/B also in Zusammenhang mit der Rechtsfolgenanordnung des § 642 BGB steht. Gleichzeitig ist hierdurch die Frage betroffen, ob der gesetzliche Entschädigungsanspruch des § 642 BGB durch die Norm des § 6 Nr. 6 VOB/B abbedungen ist,[761] oder diese Norm auch in einem (aufrechterhaltenen) VOB/B-Bauvertrag zur Anwendung gelangt.[762] Denn nur soweit sich die These bestätigt, dass § 6 Nr. 6 VOB/B den gleichen Sachverhalt regelt wie die Entschädigungsnorm des § 642 BGB und dadurch die allgemeine Norm des § 642 BGB im

---

757 ***Kapellmann*** in **Kapellmann/Messerschmidt**, VOB/B, § 6, Rn. 46, 72. Der Frage, ob diese Haftungsbeschränkung nur für „anderweitig" entgangene Gewinne gelten soll oder auch den kalkulatorischen Gewinn erfasst, soll im Rahmen der vorliegenden Abhandlung nicht weiter nachgegangen werden. Vgl. die kritischen Ausführungen von ***Kapellmann*** in **Kapellmann/Messerschmidt**, VOB/B, § 6, Rn. 72 f..

758 Vgl. insoweit nur beispielhaft ***Peters*** in **Staudinger**, BGB, § 642, Rn. 81; ***Motzke*** in **Beck'scher VOB/B-Komm.**, § 6, Rn. 1; ***Busche*** in **MüKo**, BGB, § 642, Rn. 27. Auf die umstrittene Frage, ob die Norm des § 6 Nr. 6 VOB/B als Anspruchsgrundlage oder lediglich als Haftungsbeschränkung aufzufassen ist, soll im Rahmen der vorliegenden Abhandlung nicht näher eingegangen werden. Insoweit ist lediglich darauf zu verweisen, dass es – soweit ersichtlich – herrschender Meinung entspricht, dass es sich um eine echte Anspruchsgrundlage handelt. So bspw. ***BGHZ* 95**, S. 128 ff.; ***OLG-Köln***, NJW 1986, S. 71 ff.; ***Nicklisch*** in **Nicklisch/Weick**, VOB/B, § 6, Rn. 40 f.; ***Döring*** in **Ingenstau/Korbion**, VOB/B, § 6 Nr. 6, Rn. 1. Zum gesamten Problemkreis vgl. die Ausführungen von ***Motzke*** in **Beck'scher VOB/B-Komm.**, § 6 Rn. 33 ff..

759 So bspw. ***Scheube***, Auftraggebermitwirkung, S. 88 f..

760 So bspw. ***Motzke*** in **Beck'scher VOB/B-Komm.**, § 6, Rn. 20, 25; ***Raab***, JZ 2001, S. 249 ff. (254).

761 So bspw. ***Kapellmann*** in **Kapellmann/Messerschmidt**, VOB/B, 1. Auflage, § 6, Rn. 46; 2. Auflage, § 6, Rn. 46 ff. (49).

762 So bspw. ***Raab***, JZ 2001, S. 249 ff. (254).

VOB/B-Bauvertrag durch § 6 Nr. 6 VOB/B verdrängt wird, erscheint es als möglich aus der Rechtsfolgenanordnung des § 6 Nr. 6 VOB/B, soweit man darin einen (echten) Schadensersatzanspruch erblickt, auf eine pauschale rechtsdogmatische Einordnung der Auftraggebermitwirkung im VOB/B-Bauvertrag als echte Mitwirkungs*pflicht* zu schließen.[763]
Die vorstehenden Fragestellungen sind in Literatur und Rechtsprechung umstritten und darüber hinaus – wie noch zu zeigen sein wird – stellenweise durch terminologische Ungenauigkeiten und Widersprüchlichkeiten gekennzeichnet.[764] Dies resultiert insbesondere daraus, dass die vorstehenden Problemkreise eng miteinander verbunden sind und es aus diesem Grunde häufig zu einer Vermengung von grundsätzlich zu trennenden Problemkomplexen kommt. Um im Rahmen der vorliegenden Abhandlung zu einer in sich stimmigen Lösung kommen zu können, erfolgt die Erörterung des Gesamtproblemkreises im Folgenden aus diesem Grunde in zwei von einander zu trennenden Schritten.
In einem ersten Schritt wird die Erörterung der Frage nach dem genauen Regelungsgegenstand des § 6 Nr. 6 VOB/B vorgenommen bzw. die Frage erörtert, ob lediglich Mitwirkungs*pflichten* des Auftraggebers oder auch Mitwirkungs*obliegenheiten* von § 6 Nr. 6 VOB/B erfasst werden.
Erst in einem zweiten Schritt erfolgt dann die Erörterung der Frage, ob die Entschädigungsnorm des § 642 BGB in einem (aufrechterhaltenen) VOB/B-Bauvertrag anwendbar bleibt oder ob diese durch die „speziellere" Vorschrift des § 6 Nr. 6 VOB/B abbedungen bzw. verdrängt wird.

aa. Anwendbarkeit des § 6 Nr. 6 VOB/B trotz Vorliegens einer Mitwirkungsobliegenheit?

Im Rahmen der Frage der Anwendbarkeit des § 6 Nr. 6 VOB/B trotz Vorliegens einer Mitwirkungsobliegenheit – bzw. bei einer Nicht- oder Schlechterfüllung dieser – spricht sich ein beachtlicher Teil der baurechtlichen Literatur dafür aus, ohne eine genauere Klassifizierung der jeweils in Rede stehenden auftraggeberseitigen Mitwirkungshandlung als Obliegenheit oder Pflicht im Verletzungs- bzw. Unterlassungsfalle Schadensersatzansprüche aus § 6 Nr. 6 VOB/B zuzusprechen.[765]
Einer solchen Ansicht muss allerdings entgegengehalten werden, dass sie – wie im Folgenden zu zeigen sein wird – zu erheblichen terminologischen und systematischen Widersprüchen führt und daher letztlich nicht haltbar ist.
Denn insoweit kann aufgrund gegebener Parallelen an die Ausführungen im

763 In diesem Sinne ***Kapellmann*** in **Kapellmann/Messerschmidt**, VOB/B, § 6, Rn. 46, 47.
764 Ähnlich schon ***Müller-Foell***, Mitwirkung des Bestellers beim Werkvertrag, S. 59.
765 Vgl. insoweit nur bspw. ***Motzke*** in **Beck'scher VOB/B-Komm.**, § 6, Rn. 20, 25; ***Locher***, Baurecht, S. 114, Rn. 222; ***Raab***, JZ 2001, S. 249 ff. (254).

Rahmen der vorliegenden Abhandlung zur BGH-Rechtsprechung aus *BGHZ 11, S. 80 ff.* und *BGHZ 50, S. 175 ff.* angeknüpft werden.[766] Schon dort wurde herausgestellt, dass das Festhalten am Obliegenheitscharakter der jeweils in Rede stehenden Mitwirkungshandlung und die gleichzeitige Gewährung von Schadensersatzansprüchen zu unüberwindbaren terminologischen und systematischen Widersprüchen führt und einer derartigen Vorgehensweise aus diesem Grunde entschieden entgegenzutreten ist.
Gleiches muss auch für eine Einbeziehung von Mitwirkungsobliegenheiten in den Anwendungsbereich der Schadensersatznorm des § 6 Nr. 6 VOB/B gelten. Denn auch hierdurch würde im Ergebnis verkannt, dass eine Obliegenheit gerade erst durch das Fehlen eines Schadensersatzanspruchs im Verletzungsfalle von einer Pflicht abgrenzbar wird.
Demnach bleibt als Zwischenergebnis festzuhalten, dass § 6 Nr. 6 VOB/B lediglich die Verletzung von echten Mitwirkungs*pflichten* erfasst, nicht aber die Folgen einer Verletzung von Mitwirkungs*obliegenheiten* regelt.[767]
Problematisch erscheint allerdings, ob hieraus der Schluss gezogen werden kann, dass es sich bei den Mitwirkungshandlungen im Rahmen eines VOB/B-Bauvertrages sämtlich um echte Mitwirkungs*pflichten* handelt, die Norm des § 6 Nr. 6 VOB/B also als Spezialnorm zu § 642 BGB zu qualifizieren ist und diese im Rahmen eines VOB/B-Bauvertrages verdrängt.[768] Diese Fragestellung wird im Folgenden gesondert erörtert.

bb. Pauschale Einordnung der Auftraggebermitwirkungen im VOB/B-Bauvertrag als echte Mitwirkungspflichten als Folge der Verdrängung des Entschädigungsanspruchs des § 642 BGB durch den Schadensersatzanspruch des § 6 Nr. 6 VOB/B?

Im Rahmen der vorstehenden Fragestellung ist zunächst an die Rechtsprechung des BGH zur Haftung des Auftraggebers für von ihm beauftragte Vorunternehmer anzuknüpfen, in der der BGH sich neben der Frage der Haftung des Auftraggebers für Schlechtleistungen eines Vorunternehmers im Verhältnis zu einem insoweit „behinderten" Nachunternehmer in entscheidender Weise auch mit der Anwendbarkeit des Entschädigungsanspruchs aus § 642 BGB im Rahmen eines (aufrechterhaltenen) VOB/B-Bauvertrages beschäftigt hat.

---

766 Vgl. insoweit die Ausführungen in Teil D der vorliegenden Abhandlung auf S. 87 ff..
767 Ebenso ***Scheube***, Auftraggebermitwirkung, S. 89.
768 So insbesondere ***Kapellmann*** in **Kapellmann/Messerschmidt**, VOB/B, § 6, Rn. 46 f..

(1) Rechtsprechung des BGH zur Vorunternehmerhaftung (sog. „Vorunternehmer-Rechtsprechung")

Die sog. „Vorunternehmer-Rechtsprechung" des BGH umfasst grundsätzlich zwei im Ergebnis divergierende Entscheidungen („Vorunternehmer I"[769] und „Vorunternehmer II"[770]), die im Folgenden ihrer chronologischen Abfolge entsprechend dargestellt werden.

(a) Vorunternehmer I

In der insoweit relevanten Ausgangsentscheidung aus dem Jahre 1985[771] ging es um eine – im Folgenden vereinfacht dargestellte – Fallgestaltung, in der ein Bauherr als Auftraggeber einen Vorunternehmer unter Einbeziehung der besonderen Regelungen der VOB/B mit Gründungsarbeiten an seinem Grundstück beauftragte, die für die Ausführungen von Arbeiten eines nachfolgenden Unternehmers zwingend notwendig waren. Infolge von fehlerhaften Arbeiten des Vorunternehmers konnte der Bauherr dem grundsätzlich leistungswilligen und -bereiten Nachunternehmer sein Grundstück nicht termingerecht bereitstellen. Dem Nachfolgeunternehmer entstanden aufgrund dessen Mehraufwendungen für vergebliche Anfahrten, sowie Umsatzeinbußen für Aufträge, die er infolge der Verzögerung nicht oder nicht termingerecht ausführen konnte.

Im Rahmen dieser Fallgestaltung hatte der BGH zu entscheiden, ob der Nachunternehmer die ihm infolge der Verzögerung entstandenen Schäden vom Bauherrn ersetzt verlangen kann.

Im Ergebnis verneinte der BGH eine Haftung des Auftraggebers für einen von ihm unmittelbar beauftragten „Vorunternehmer", auf dessen Leistung der „Nachunternehmer" sein Werk aufzubauen hatte, mit der Begründung, dass der Vorunternehmer nicht Erfüllungsgehilfe des Auftraggebers sei, sich ein Verschulden des Vorunternehmers also nicht nach den Grundsätzen des § 278 BGB zurechnen lassen müsse.[772]

Mangels Verschuldenszurechnung nach § 278 BGB konnte der Nachfolgeunternehmer einen auf die verschuldensabhängige Norm des § 6 Nr. 6 VOB/B (dem Vertrag lag die VOB/B zugrunde) gestützten Schadensersatzanspruch auf Erstat-

---

769 ***BGH,*** BauR 1985, S. 561 ff..

770 ***BGH***, BauR 2000, S. 722 ff.

771 ***BGH***-Urteil vom 27. Juni 1985 in BauR 1985, S. 561 ff..

772 Insoweit formulierte der BGH bereits in seinem Leitsatz zu dieser Entscheidung: „Fehler eines Vorunternehmers können dem Auftraggeber im Verhältnis zum Nachfolgeunternehmer regelmäßig nicht zugerechnet werden; insoweit ist der Vorunternehmer nicht Erfüllungsgehilfe des Auftraggebers." Vgl. ***BGH***, BauR 1985, S. 561 ff. (561).

tung seiner verzögerungsbedingt entstandenen Mehraufwendungen gegen den Bauherrn nicht durchsetzen.[773]

Ebenfalls lehnte der BGH in dieser Entscheidung auch andere zu Gunsten des Nachfolgeunternehmers wirkende Anspruchsgrundlagen und dabei insbesondere einen Anspruch aus § 642 BGB ab. Hinsichtlich der Ablehnung des § 642 BGB bezog sich der BGH darauf, dass es an einer „Mitwirkungspflicht" des Bauherrn zur mangelfreien Erstellung der Vorarbeiten mangele und aus diesem Grunde schon die Anspruchsvoraussetzungen des § 642 fehlen würden.[774] Die Frage der grundsätzlichen Anwendbarkeit des § 642 BGB im Rahmen eines VOB/B-Bauvertrages ließ der BGH in dieser Entscheidung allerdings ausdrücklich offen.[775]

Letztlich kam es in dieser Entscheidung zu dem Ergebnis, dass der Nachfolgeunternehmer aufgrund der Störungen durch den Vorunternehmer zwar eine Bauzeitverlängerung zugebilligt bekam, jedoch seine verzögerungsbedingten Mehraufwendungen selbst zu tragen hatte, insoweit also entschädigungslos blieb, was große Teile der baurechtlichen Literatur[776] zum Anlass nahmen die Entscheidung des BGH als „unbefriedigend" einzustufen.

(b) Vorunternehmer II

In der Nachfolgeentscheidung aus dem Jahre 1999[777] ging es ebenfalls um die Frage, ob ein Vorunternehmer Erfüllungsgehilfe des Auftraggebers im Verhältnis zum Nachunternehmer ist und deswegen für Fehler des Vorunternehmers nach § 278 BGB einstehen muss.

Der klagende Nachunternehmer war konkret mit der Ausführung von Wärmedämmarbeiten beauftragt, wobei auch in diesen Werkvertrag die besonderen Bestimmungen der VOB/B einbezogen wurden. Bei der Bauausführung kam es zu Verzögerungen, deren Ursache sowohl die Auftragnehmerin als auch der Nachunternehmer in den nicht rechtzeitig fertig gestellten Arbeiten von Vorunternehmern sah. Der Nachunternehmer verlangte daraufhin Schadensersatz wegen der Behinderung bei der Bauausführung nach § 6 Nr. 6 VOB/B und machte Mehrkosten für Löhne, Geräte sowie zusätzliche Baustellengemeinkosten, sonstige Kosten, allgemeine Geschäftskosten, Wagnis und Gewinn geltend.

Hinsichtlich eines im Rahmen dieser Fallgestaltung zunächst fraglichen Schadensersatzanspruchs des Nachfolgeunternehmers aus § 6 Nr. 6 VOB/B führte

773 ***BGH***, BauR 1985, S. 561 ff. (563).

774 ***BGH***, BauR 1985, S. 561 ff. (563 f.).

775 ***BGH***, BauR 1985, S. 561 ff. (564).

776 Vgl. insoweit insbesondere die Ausführungen von ***Kapellmann/Schiffers***, Einheitspreisvertrag, S. 633 f., Rn. 1368 ff.; ***Vygen*** in **Yvgen/Schubert/Lang**, Rn. 695 ff.; ***Kraus***, BauR 1986, S. 17 ff.; ***Vygen***, Bauvertragsrecht nach VOB, S. 160.

777 ***BGH***-Urteil vom 21. Oktober 1999 in BauR 2000, S. 722 ff..

der BGH aus, dass die Norm des § 6 Nr. 6 VOB/B zwar grundsätzlich Ansprüche beider Vertragsteile bei zu vertretenden Behinderungen regele, allerdings insoweit voraussetze, dass die Behinderung auf der schuldhaften Verletzung einer vertraglichen Pflicht durch einen Vertragspartner beruhe, die in der vorliegenden Fallgestaltung jedoch gerade nicht vorliege.[778] Darüber hinaus blieb der BGH bei seiner grundsätzlichen Einschätzung, dass der Vorunternehmer nicht als Erfüllungsgehilfe des Auftraggebers anzusehen sei.[779]
Seine insoweit also ablehnende Haltung hinsichtlich der Annahme einer vertraglichen Mitwirkungspflicht und eines daraus gegebenenfalls resultierenden Schadensersatzanspruchs aus § 6 Nr. 6 VOB/B nahm der BGH allerdings zum Anlass, sich erneut mit der Frage der Anwendbarkeit des § 642 BGB im VOB/B-Bauvertrag zu beschäftigen.[780]
Diesbezüglich trat der BGH der bislang herrschenden Meinung[781] entgegen, die § 642 BGB zumindest bei einem ungekündigten VOB/B-Bauvertrag als von § 6 Nr. 6 VOB/B verdrängt ansah und stellte ausdrücklich fest, dass § 642 BGB auch in einem aufrechterhaltenen VOB/B-Bauvertrag angewendet werden könne.[782] Hierzu führte der BGH aus, dass der verschuldensunabhängige Entschädigungsanspruch des § 642 BGB immer dann zur Verfügung stehe, wenn der Auftraggeber mit einer Mitwirkungsobliegenheit in Annahmeverzug gerate. Hierzu gehöre nicht nur, dass der Auftraggeber eine zur Herstellung erforderliche und ihm obliegende Mitwirkungshandlung überhaupt nicht vornimmt, sondern auch der Fall, dass die Vornahme nicht rechtzeitig erfolgt.[783]
Hinsichtlich der Anwendung des Entschädigungsanspruchs des § 642 BGB im Rahmen eines (aufrechterhaltenen) VOB/B-Bauvertrages ergänzte der BGH die Anwendungsvoraussetzungen allerdings dahingehend um eine bauvertragsrechtlich Besonderheit, als er zur Geltendmachung des Anspruchs durch den Auftragnehmer zusätzlich verlangt, dass dieser die betreffende „Behinderung“ der Ausführung seiner Arbeiten dem Auftraggeber angezeigt hat. Der BGH wendete also die VOB/B-spezifische Norm des § 6 Nr. 1 VOB/B auf den Anspruch aus § 642 BGB entsprechend an.[784]

---

778 ***BGH***, BauR 2000, S. 722 ff. (723, 725).

779 ***BGH***, BauR 2000, S. 722 ff. (724).

780 ***BGH***, BauR 2000, S. 722 ff. (725).

781 Vgl. insoweit bspw. ***Kapellmann*** in **Kapellmann/Schiffers**, Einheitspreisvertrag, S. 641, Rn. 1384; S. 652 f., Rn. 1400; ***ders.*** in **Kapellmann/Messerschmidt**, VOB/B, 1. Auflage, § 6, Rn. 47; ***Döhring*** in **Ingenstau/Korbion**, VOB/B, § 6 Nr. 6, Rn. 3 unter Verweis auf die Vorauflage (15. Aufl.), dort § 6 Nr. 6, Rn. 2 ff.; ***Riedl*** in **Heiermann/Riedl/Rusam**, VOB/B, § 6, Rn. 37; ***OLG-Düsseldorf***, BauR 1991, S. 774 ff. (776); ***OLG-Celle***, BauR 1995, S. 552 ff. (554).

782 ***BGH***, BauR 2000, S. 722 ff. (725); ebenso ***Kraus***, BauR 1986, S. 17 ff, 23 f..

783 ***BGH***, BauR 2000, S. 722 ff. (725).

784 ***BGH***, BauR 2000, S. 722 ff. (725).

Diese Entscheidung des BGH muss im Zusammenhang mit der zuvor dargestellten „Vorunternehmer I-Entscheidung“ gesehen werden bzw. als Reaktion auf diese bewertet werden. Der BGH entgegnet der bereits angedeuteten Kritik der Literatur[785] auf die „Vorunternehmer I-Entscheidung“ mit einer Ausweitung des Anwendungsbereiches des § 642 BGB, um den vormals entschädigungslos gebliebenen Unternehmer schadlos zu stellen.

(c) Zusammenfassung der „Vorunternehmer-Rechtsprechung“ des BGH

Zusammenfassend kann hinsichtlich der „Vorunternehmer-Rechtsprechung“ des BGH festgehalten werden, dass der BGH die Entschädigungsnorm des § 642 BGB nunmehr eindeutig auch im Rahmen eines aufrechterhaltenen VOB/B-Bauvertrages anwendet.

Darüber hinaus kommt durch die „Vorunternehmer II-Entscheidung“ des BGH – der vorliegenden Abhandlung entsprechend[786] – ein Verständnis der Vorschrift des § 6 Nr. 6 VOB/B zum Ausdruck, welches insbesondere dadurch geprägt ist, dass § 6 Nr. 6 VOB/B nur dann zur Anwendung kommen soll, soweit es die „Behinderung“ oder „Unterbrechung“ der Arbeiten des Auftragnehmers aus einer auftraggeberseitigen Verletzung einer echten Mitwirkungs*pflicht* resultiert. Die entscheidende Folge dieser Einschätzung ist vor allem darin zu erblicken, dass bei einer Obliegenheitsverletzung ein aus § 6 Nr. 6 VOB/B folgender Schadensersatzanspruch selbst dann nicht in Betracht kommen kann, wenn die hierdurch verursachte „Behinderung“ oder „Unterbrechung“ der Bauausführung seitens des Auftragnehmers vom Auftraggeber zu vertreten ist. Insoweit bliebe dem Auftragnehmer also lediglich der – nach Auffassung des BGH nunmehr anwendbare – gesetzliche Entschädigungsanspruch des § 642 BGB.[787]

(2) Ansichten in der Literatur

Die vorgenannte Rechtsprechung des BGH hat in der baurechtlichen Literatur zu einer erneuten Auseinandersetzung mit den genannten Problemkreisen und dabei insbesondere mit der Frage nach dem Verhältnis der Normen von § 6 Nr. 6 VOB/B und § 642 BGB geführt.

Dabei ist zunächst darauf hinzuweisen, dass die soeben dargestellte Rechtsprechung des BGH im Rahmen der „Vorunternehmer II-Entscheidung“ zumindest

---

785 Der BGH bezog sich insoweit insbesondere auf die kritischen Anmerkungen von ***Kraus***, BauR 1986, S. 17 ff. (22). Vgl. ***BGH***, BauR 2000, S. 722 ff. (725).

786 Vgl. insoweit die vorstehenden Äußerungen auf S. 196 f..

787 In gleicher Weise bewertet auch *Raab* die Rechtsprechung des BGH, der diesen Umstand allerdings – entgegen der vorliegenden Abhandlung – als Anlass dazu nimmt, § 6 Nr. 6 VOB/B unabhängig von einer rechtsdogmatischen Einordnung der Mitwirkungshandlungen des Auftraggebers als Obliegenheit oder Pflicht neben der Entschädigungsnorm des § 642 BGB anzuwenden. Vgl. insoweit ***Raab***, JZ 2001, S. 249 ff. (254)

hinsichtlich des im Verhältnis zur „Vorunternehmer I-Entscheidung" divergierenden Ergebnisses, also hinsichtlich der Zuerkennung von Ersatzansprüchen für den Nachfolgeunternehmer, breite Zustimmung gefunden hat.[788] Lediglich bezüglich der vom BGH angegebenen Begründung, § 642 BGB auch im Rahmen eines aufrechterhaltenen VOB/B-Bauvertrages anzuwenden, besteht in der baurechtlichen Literatur Streit.

So wird stellenweise darauf verwiesen, dass der Rückgriff des BGH auf § 642 BGB im Rahmen eines aufrechterhaltenen VOB/B-Bauvertrages als „Kunstgriff" zur Vermeidung eines unbilligen Ergebnisses qualifiziert werden müsse, der durch die konsequente Anwendung des verschuldensabhängigen Schadensersatzanspruchs und einer gleichzeitigen Verschuldenszurechnung über die Norm des § 278 BGB hätte vermieden werden können.[789]

Zur Erörterung dieser These werden im Folgenden die insoweit vertretenen Ansichten dargestellt.

(a) Befürwortung der Anwendung des § 642 BGB im Rahmen eines VOB/B-Bauvertrags

Eine in der Literatur vertretene Ansicht[790] geht im Gleichklang zur dargestellten Rechtsprechung des BGH im Vorunternehmer II-Urteil davon aus, dass § 6 Nr. 6 VOB/B im Rahmen eines VOB/B-Bauvertrages keine abschließende Regelung von verzögerungsbedingten Leistungsstörungen darstellt, sondern dass vielmehr die Entschädigungsnorm des § 642 BGB, soweit es sich um eine Verletzung von Mitwirkungsobliegenheiten durch den Auftraggeber handelt, auch im Rahmen eines (aufrechterhaltenen) VOB/B-Bauvertrages Anwendung findet.

Begründet wird diese Ansicht vor allem damit, dass schon die Regelungsgegenstände der Normen des § 642 BGB und des § 6 Nr. 6 VOB/B dahingehend divergieren würden, dass die Vorschrift des § 6 Nr. 6 VOB/B Ansprüche auf Schadensersatz regele, während § 642 BGB eben nicht auf die Zahlung von Schadensersatz (§§ 249 ff. BGB) gerichtet sei, sondern auf Zahlung einer gewissen summarischen Abgeltung in Form einer angemessenen Entschädigung, die

---

788 Vgl. insoweit nur bspw. die Ausführungen von ***Kapellmann*** in **Kapellmann/Messerschmidt**, VOB/B, § 6, Rn. 62, der trotz seiner letztlich ablehnenden Haltung hinsichtlich der durch den BGH verwendeten Begründung das durch den BGH in seiner Vorunternehmer II-Entscheidung gefundene Ergebnis als „erfreulich" bewertet.

789 So insbesondere ***Kapellmann*** in **Kapellmann/Messerschmidt**, VOB/B, § 6, Rn. 47.

790 ***Gehlen***, ZfBR 2000, S. 291 ff.; ***Kraus***, BauR 1986, S. 17 ff. (22 ff.); ***Busche*** in **MüKo**, BGB, § 642, Rn. 27; ***Stamm***, BauR 2002, S. 1 ff.; ***Motzke***, in **Besck'scher VOB/B-Komm**, § 6, Rn 27; ***Riedl*** in **Heiermann/Riedl/Rusam**, VOB/B, § 6, Rn. 37 ff.

die Reichweite einer echten Schadensersatzregelung nicht erreiche.[791]
Neben der unterschiedlichen Rechtsfolge setze § 6 Nr. 6 VOB/B darüber hinaus dem Verschuldensprinzip des BGB entsprechend ein schuldhaftes Verhalten voraus, während nach § 642 BGB in systemgerechter Weise lediglich erforderlich sei, dass sich der Besteller in Gläubigerverzug befindet.
Diese Unterschiede in Voraussetzungen und Rechtsfolge verdeutlichen dieser Ansicht nach, dass § 6 Nr. 6 VOB/B im Ergebnis keine abschließende Wirkung zukomme und somit die Entschädigungsnorm des § 642 BGB für den Fall einer auftraggeberseitigen Verletzung von Mitwirkungsobliegenheiten im VOB/B-Bauvertrag anwendbar bleibe.[792]

Innerhalb dieser Ansicht wird allerdings ebenso darauf verwiesen, dass zwar einerseits dem BGH im Ergebnis bzgl. der Anwendung des § 642 BGB im Rahmen eines aufrechterhaltenen VOB-Bauvertrages der obigen Begründung entsprechend beizupflichten, andererseits jedoch die Begrenzung des Anwendungsbereichs des § 6 Nr. 6 VOB/B auf echte Pflichtverletzungen nicht vertretbar sei.[793]
So wird insbesondere von *Raab* angeführt, dass Folge der Ansicht des BGH wäre, dass bei Verletzung einer Obliegenheit ein Schadensersatzanspruch gem. § 6 Nr. 6 VOB/B selbst dann ausgeschlossen wäre, wenn die hierdurch verursachte Behinderung der Bauausführung vom Auftraggeber „zu vertreten“ ist. Dem Auftragnehmer bliebe insoweit nur der Entschädigungsanspruch aus § 642 BGB.[794]
Dies entspreche jedoch nicht der Intention des § 6 Nr. 6 VOB/B, der dem Auftragnehmer bei Unterbleiben einer Mitwirkungshandlung des Auftraggebers einen echten Schadensersatzanspruch gewähren wolle.[795] Aus diesem Grunde solle § 6 Nr. 6 VOB/B auch dann anwendbar sein, wenn es sich um eine Verletzung einer Obliegenheit durch den Auftraggeber handele.[796] Zuzustimmen sei dem BGH jedoch dahingehend, dass der Anspruch des § 642 BGB nur dann geltend gemacht werden könne, soweit eine Behinderungsanzeige entsprechend § 6 Nr. 1 VOB/B durch den Unternehmer vorgenommen wird. Insofern handele es sich bei § 6 Nr. 1 VOB/B um eine Konkretisierung der Anforderungen an das ordnungsgemäße Angebot des Auftragnehmers nach den §§ 293 ff. BGB.[797]

791 ***Busche*** in **MüKo**, BGB, § 642, Rn. 17; ***Gehlen***, ZfBR 2000, S. 291 ff. (293).
792 ***Gehlen***, ZfBR 2000, S. 291 ff. (293).
793 ***Raab***, JZ 2001, S. 249 ff. (254).
794 ***Raab***, JZ 2001, S. 249 ff. (254).
795 Hinsichtlich der insoweit scheinbar bestehenden Intention bezieht sch *Raab* auf ***Locher***, Baurecht, S. 114, Rn. 222 und ***Teichmann*** in **Soergel**, BGB, § 642, Rn. 12.
796 ***Raab***, JZ 2001, S. 249 ff. (254).
797 ***Raab***, JZ 2001, S. 249 ff. (254).

Auch wenn innerhalb dieser Ansicht also Divergenzen hinsichtlich des genauen Verhältnisses von § 6 Nr. 6 VOB/B und § 642 BGB im Bezug auf die Behandlung von Leistungsstörungen bestehen, die aus einer Verletzung von auftraggeberseitigen Mitwirkungsobliegenheiten resultieren, so bleibt doch festzuhalten, dass eine eindeutige Tendenz dahingehend ersichtlich ist, dass § 642 BGB auch in einem aufrechterhaltenen VOB/B-Bauvertrag angewendet werden soll.[798]

(b) Ablehnung der Anwendung des § 642 BGB im Rahmen eines VOB/B-Bauvertrages

Andere Stimmen in der baurechtlichen Literatur[799] lehnen hingegen eine Anwendung des § 642 BGB im Rahmen eines aufrechterhaltenen VOB/B-Bauvertrages grundsätzlich ab, gehen also letztlich von einem Spezialitätsverhältnis der Normen des § 6 Nr. 6 VOB/B und des § 642 BGB aus.
Begründet wird dies insbesondere damit, dass § 6 Nr. 6 VOB/B entgegen der vorstehenden Ansicht keinen anderen, sondern denselben Sachverhalt wie § 642 BGB regele und demnach im Rahmen eines VOB/B-Bauvertrages die allgemeine Norm des § 642 BGB als abbedungen anzusehen sei.[800]

Beide Normen gingen dieser Ansicht zur Folge von dem Sachverhalt aus, dass der Auftragnehmer dadurch zu Schaden kommt, dass er eine erforderliche Mitwirkungshandlung nicht erbringt. Während § 642 BGB in einem solchen Fall einen verschuldensunabhängigen Entschädigungsanspruch vorsehe, regele § 6 Nr. 6 VOB/B diesen Fall dahingehend abweichend, dass der Unternehmer nur dann seinen Schaden ersetzt bekommen kann, wenn der Auftraggeber das Unterlassen seiner Mitwirkungshandlung bzw. die zur Behinderung des Produktionsablaufes führenden Umstände zu vertreten hat. Anders als bei § 642 BGB werde der Anspruch im Rahmen der VOB vom Verschulden des Auftraggebers abhängig gemacht.

Hinsichtlich der Konsequenzen, die aus diesem Umstand gezogen werden, bestehen allerdings Divergenzen.

---

798 Dies hat zwischenzeitlich auch Eingang in § 6 Nr. 6 VOB/B gefunden, der nunmehr in S. 2 der seit 2006 geltenden Fassung klar stellt, dass § 642 BGB neben § 6 Nr. 6 VOB/B anwendbar bleibt.

799 ***Döhring***, in **Festschrift für Craushaar**, S. 193 ff; ***ders.***, in **Festschrift für Jagenburg**, S. 111 ff.; ***ders.*** in **Ingenstau/Korbion**, VOB/B, 15. Aufl., § 6 Nr. 6, Rn. 2; ***Kapellmann*** in **Kapellmann/Messerschmidt**, VOB/B, § 6, Rn. 46 f.; ***ders.***, BauR 1985, S. 123 ff.; ***ders.***, BauR 1992, 433 ff.; ***ders.***, in **Kapellmann/Schiffers**, Einheitspreisvertrag, S. 652 f.; Rn. 1400; ***Teichmann*** in **Soergel**, BGB, § 642, Rn. 12; ***Peters*** in **Staudinger**, BGB, § 636, Rn. 105; ***Nicklisch*** in **Nicklisch/Weick**, VOB/B, § 6, Rn. 51.

800 ***Kapellmann*** in **Kapellmann/Messerschmidt**, VOB/B, § 6, Rn. 46.

So wird einerseits darauf verwiesen, dass das Verschuldenserfordernis des § 6 Nr. 6 VOB/B nicht gleichzeitig bedeute, dass § 6 Nr. 6 VOB/B nur bei echten Pflichtverletzungen anwendbar sein soll. Vielmehr solle § 6 Nr. 6 VOB/B auch dann angewendet werden, wenn es sich bei der jeweils in Rede stehenden Mitwirkungshandlung lediglich um eine Mitwirkungsobliegenheit bzw. einer Verletzung dieser handele. § 642 BGB sei also lediglich insoweit abbedungen, als kein Anspruch bestehen solle, wenn dem Auftraggeber kein Verschulden zur Last gelegt werden könne.[801]
Andererseits wird in entgegengesetzter Richtung innerhalb dieser Ansicht vertreten, dass gerade durch das Verschuldenserfordernis des § 6 Nr. 6 VOB/B deutlich werde, dass die Regelung des § 642 BGB gänzlich durch § 6 Nr. 6 VOB/B verdrängt werde und hierdurch gleichzeitig eine pauschale Heraufstufung der Mitwirkungshandlungen des Auftraggebers als echte Mitwirkungs*pflichten* vorgenommen worden sei.[802]
Zur Unterstützung dieser These wird stellenweise zusätzlich darauf verweisen, dass aus dem Verweis des § 9 Nr. 3 S. 2 VOB/B auf die Regelung des § 642 BGB hervorgehe, dass der VOB/B die Bestimmung des § 642 BGB durchaus nicht unbekannt sei, diese aber nur zum Zuge kommen solle, soweit der VOB/B-Vertrag gekündigt worden sei.[803] Denn nach der Bestimmung § 9 Nr. 2 S. 2 VOB/B sei dem Auftragnehmer in den Fällen der berechtigten Auftragnehmerkündigung neben der vertragsgerechten Vergütung seiner erbrachten Leistung ein Ausgleich dafür zu gewähren, dass er durch die Nichtausführung der Restleistung Einbußen erleidet. Hieraus werde letztlich deutlich, dass § 642 BGB im Rahmen eines VOB-Bauvertrages zumindest nur dann Anwendung finden soll, soweit dieser durch den Auftragnehmer gekündigt wird.[804]

(3) Diskussion der Ansichten

Hinsichtlich der soeben dargestellten Ansichten ist zunächst noch einmal darauf hinzuweisen, dass es – aufgrund von im Folgenden aufzuzeigenden Aspekten – als unvertretbar erscheint, sowohl die Verletzung von auftraggeberseitigen Mitwirkungsobliegenheiten, als auch die Verletzung von auftraggeberseitigen Mitwirkungspflichten als von § 6 Nr. 6 VOB/B erfasst anzusehen.
Insoweit hat zwar *Raab* eingewendet, dass eine Ausgrenzung der Verletzung von Mitwirkungs*obliegenheiten* aus dem Anwendungsbereich des § 6 Nr. 6 VOB/B deshalb nicht erfolgen könne, weil dies dazu führe, dass der Intention des § 6 Nr. 6 VOB/B nicht mehr entsprochen werde.[805] Denn nach *Raab* hätte

801 So bspw. ***Teichmann*** in **Soergel**, BGB, § 642, Rn. 12.
802 So insbesondere ***Kapellmann*** in **Kapellmann/Messerschmidt**, VOB/B, § 6, Rn. 46.
803 ***Döhring***, in **Festschrift für Jagenburg**, S. 111 ff. (114 f.).
804 ***Döhring***, in **Ingenstau/Korbion**, VOB/B, 15. Aufl., § 6 Nr. 6, Rn. 2.
805 Vgl. insoweit die obigen Ausführungen auf S. 202 ff..

der Ausschluss der Mitwirkungsobliegenheiten aus dem Anwendungsbereich des § 6 Nr. 6 VOB/B die Konsequenz, dass ein Schadensersatzanspruch aus § 6 Nr. 6 VOB/B selbst dann ausgeschlossen ist, wenn die hierdurch verursachte Behinderung der Bauausführung vom Auftraggeber zu vertreten ist.[806]
Einer solchen Argumentation ist zunächst zuzugeben, dass § 6 Nr. 6 VOB/B bei Ausgrenzung der Obliegenheitsverletzung aus dem Anwendungsbereich der Vorschrift tatsächlich nur dann in Betracht kommt, wenn die Verletzung einer echten Mitwirkungspflicht vorliegt. Daraus jedoch zu schließen, dass aufgrund der Intention des § 6 Nr. 6 VOB/B die Verletzung von Mitwirkungshandlungen in ihrer Gesamtheit zu erfassen, eine Einbeziehung der Mitwirkungsobliegenheiten in den Anwendungsbereich der Vorschrift geboten ist, erscheint aufgrund der aus diesem Verständnis des § 6 Nr. 6 VOB/B resultierenden systematischen und dogmatischen Widersprüchlichkeiten, über die auch die – scheinbare – Intention des § 6 Nr. 6 VOB/B nicht hinweghelfen kann, als nicht möglich.
Denn im Rahmen der vorliegenden Abhandlung wurde bereits mehrmals herausgearbeitet, dass durch eine derartige Vermengung der Kategorien von Obliegenheiten und Pflichten die zwingend gebotene Differenzierung von Obliegenheiten und Pflichten für den besonders relevanten Bereich des Bauvertragsrechts gänzlich verloren geht.
Insbesondere vor dem Hintergrund, dass Obliegenheiten und Pflichten erst durch die Rechtsfolgenseite bzw. durch die damit zusammenhängende Geltung des Verschuldensprinzips von einander abgegrenzt werden können, erscheint eine Zusammenfassung und Gleichstellung der Rechtsfolgen einer Obliegenheits- und Pflichtverletzung als kaum vertretbar. Schon im Rahmen der Ausführungen zum genauen Regelungsgegenstand des § 6 Nr. 6 VOB/B wurde auch aus diesem Grund herausgearbeitet, dass § 6 Nr. 6 VOB/B lediglich die Verletzung von Mitwirkungs*pflichten*, nicht aber die Verletzung von bloßen Mitwirkungs*obliegenheiten* erfasst.[807]

Entscheidungserheblich bleibt im Rahmen des vorliegenden Problemkreises damit lediglich die Frage, ob die Normen des § 6 Nr. 6 VOB/B und des § 642 BGB in einem Spezialitätsverhältnis stehen, aus dem eine pauschale Heraufstufung der Mitwirkungshandlungen des Auftraggebers im VOB/B-Bauvertrag resultieren könnte, oder ob neben § 6 Nr. 6 VOB/B die Norm des § 642 BGB im Falle einer auftraggeberseitigen Verletzung von Mitwirkungs*obliegenheiten* zur Anwendung kommt. Die Beantwortung dieser Frage hängt insbesondere davon ab, ob § 6 Nr. 6 VOB/B denselben oder einen unterschiedlichen Sachverhalt wie

806 ***Raab***, JZ 2001, S. 249 ff. (254).
807 Vgl. insoweit die Ausführungen im Rahmen der vorliegenden Abhandlung auf S. 196 ff..

§ 642 BGB regelt,[808] aber auch davon, ob § 6 Nr. 6 VOB/B als Schnittstelle zu § 642 BGB oder als Schnittstelle zu den Schuldnerverzugsvorschriften des BGB aufzufassen ist.
Insoweit ist zunächst herauszustellen, dass sich aus der Regelung des § 6 Nr. 6 VOB/B selbst keine eindeutige Aussage über die Einbeziehung aller Mitwirkungshandlungen des Auftraggebers in den Anwendungsbereich des Schadensersatzanspruchs aus § 6 Nr. 6 VOB/B ziehen lässt.[809] Der grundsätzliche Lebenssachverhalt, den die Norm des § 6 Nr. 6 VOB/B erfassen soll, stimmt zwar mit der Norm des § 642 BGB zumindest in Teilbereichen überein. § 642 BGB regelt aber eindeutig nur solche Leistungsstörungen, die durch das Unterlassen einer Mitwirkungs*obliegenheit* seitens des Bestellers ausgelöst werden, während sich der Norm des § 6 Nr. 6 VOB/B diesbezüglich keine klare Aussage entnehmen lässt.

Wenn also insbesondere *Kapellmann* davon ausgeht, dass § 6 Nr. 6 VOB/B denselben Sachverhalt wie § 642 BGB abweichend dahingehend regelt, dass durch § 6 Nr. 6 VOB/B eine pauschale Heraufstufung der Mitwirkungshandlungen des Auftraggebers zu echten Mitwirkungspflichten erfolgen soll,[810] so ist dem zwar insofern zuzustimmen, dass es in beiden Tatbeständen um Leistungsstörungen geht, die durch eine unterlassene oder fehlerhafte Mitwirkung des Auftraggebers bzw. Bestellers resultieren; dies bedeutet aber nicht gleichzeitig, dass durch § 6 Nr. 6 VOB/B eine pauschale Heraufstufung der Mitwirkungshandlungen des Auftraggebers zu echten Rechtspflichten erfolgen sollte bzw. erfolgte.
Denn andererseits könnte auch dahingehend argumentiert werden, dass durch die Norm § 6 Nr. 6 VOB/B lediglich die Schuldnerverzugsvorschriften des BGB betroffen sind, die selbstverständlich auch dann Anwendung finden, wenn der Gläubiger oder Besteller einer Leistung mit einer Mitwirkungs*pflicht* in Verzug gerät. Auch die Schuldnerverzugsvorschriften des BGB regeln also zumindest in Teilbereichen den gleichen Lebenssachverhalt wie die Norm des § 6 Nr. 6 VOB/B.
Der Berührungspunkt der Norm des § 6 Nr. 6 VOB/B zu den Schuldnerverzugsvorschriften des BGB liegt letztlich auch näher, als § 6 Nr. 6 VOB/B als Parallelnorm zu § 642 BGB aufzufassen. Denn im Gegensatz zu § 642 BGB stimmen hier auch die grundsätzliche Rechtsfolgenanordnungen der Schuldnerverzugsvorschriften des BGB mit denen des § 6 Nr. 6 BGB überein. Beide Normen gehen im Unterschied zu § 642 BGB von einem Schadensersatzanspruch des durch die Nicht- oder Schlechterfüllung der Mitwirkungshandlung Belasteten, also auf der Tatbestandsseite von der Verletzung einer vertraglichen Pflicht aus.

---

808 So auch ***Kapellmann*** in **Kapellmann/Messerschmidt**, VOB/B, § 6, Rn. 47.
809 Ebenso ***Scheube***, Auftraggebermitwirkung, S. 88.
810 ***Kapellmann*** in **Kapellmann/Messerschmidt**, VOB/B, § 6, Rn. 47.

Von dieser grundsätzlichen Rechtsfolgenanordnung weicht § 6 Nr. 6 VOB/B lediglich insofern ab, als hinsichtlich der Ersetzbarkeit des jeweiligen Schadens in § 6 Nr. 6 VOB/B eine Haftungsbeschränkung für entgangenen Gewinn enthalten ist.
Hierin ist auch die weitere Intention der Norm des § 6 Nr. 6 VOB/B zu erblicken, welche insbesondere die Ersetzbarkeit von anderweitig entgangenem Gewinn an Vorsatz und Fahrlässigkeit des die Leistungsstörung Auslösenden anknüpfen will.[811] Zwar ist *Raab* hinsichtlich der Intention des § 6 Nr. 6 VOB/B insofern zuzustimmen, als nicht negiert werden kann, dass § 6 Nr. 6 VOB/B das Ziel vor Augen hat, die beiderseitig erforderlichen Mitwirkungshandlungen möglichst weitgehend zu erfassen und ihre Verletzung interessengerecht zu regeln. Die Grenze dieses Ziels liegt aber dort, wo es durch die Gleichbehandlung von Obliegenheiten und Rechtspflichten zu systematischen und terminologischen Widersprüchlichkeiten kommt.

Es bleibt nach alledem festzuhalten, dass die Normen des § 6 Nr. 6 VOB/B und des § 642 BGB zwar grundsätzlich den gleichen Lebenssachverhalt zum Gegenstand haben, sich hieraus jedoch kein Regelungsautomatismus dahingehend ergibt, dass jede auftraggeberseitige Verletzung von Mitwirkungshandlungen grundsätzlich einen Schadensersatzanspruch nach sich zieht. Ebenso ist eine hieraus resultierende pauschale rechtliche Einordnung der Mitwirkungshandlungen des Auftraggebers im VOB/B-Bauvertrag als echte Mitwirkungs*pflicht* aufgrund der Regelung des § 6 Nr. 6 VOB/B bzw. aus einem Umkehrschluss zu dieser Norm abzulehnen.

Nichtsdestotrotz haben die Regelungen der VOB/B durchaus konkrete Auswirkungen auf die Anwendung der Norm des § 642 BGB. Denn durch § 6 Nr. 1 VOB/B ist eine Regelung gegeben, die als Schnittstelle zu den Voraussetzungen des Gläubigerverzugs nach den §§ 293 ff. BGB aufzufassen ist und die Geltendmachung der Rechtsfolgen des Gläubigerverzugs davon abhängig macht, dass der geschädigte Auftragnehmer dem Auftraggeber die „hindernden Umstände" unverzüglich schriftlich anzeigt. Diese Voraussetzung ist im Einklang mit dem BGH[812] in Fällen eines VOB/B-Bauvertrages in die Norm des § 642 BGB hineinzulesen.[813]
Dies resultiert im Falle der hier in Rede stehenden VOB-Bauverträge insbesondere daraus, dass die Norm des § 6 Nr. 1 VOB/B als Teil der kollektiv erarbeiteten AGB-Bestimmungen der VOB eine zulässige Abweichung des grundsätzlich

---

811 In diese Richtung dieser Sichtweise des § 6 Nr. 6 VOB/B geht auch ***Kapellmann*** in **Kapellmann/Messerschmidt**, VOB/B, § 6, Rn. 72.

812 ***BGH***, BauR 2000, S. 722 ff. (725).

813 Ebenso ***Raab***, JZ 2001, S. 249 ff. (254).

geltenden Werkvertragsrechts des BGB darstellt, die nicht nur im Rahmen der Anspruchsgrundlagen der VOB/B zu berücksichtigen ist, sondern ebenso im Rahmen der sonstigen in Betracht kommenden Anspruchsgrundlagen (insbesondere § 642 BGB).

Denn da sich die Parteien durch Vereinbarung der VOB/B darauf verständigt haben, dass der Auftragnehmer gehalten sein soll den Auftraggeber von denjenigen Umständen in Kenntnis zu setzen, aus welchen er Schadensersatzansprüche nach § 6 Nr. 6 VOB/B ableiten will, ist kein Grund ersichtlich, warum diese Warnfunktion nicht auch im Rahmen anderer Anspruchsgrundlagen, die zwar nicht Schadensersatz sondern „lediglich" Entschädigung gewähren (§ 642 BGB), Gültigkeit haben soll.[814]

Insoweit muss berücksichtigt werden, dass die Behinderungsanzeige des § 6 Nr. 1 VOB/B dem Auftragnehmer die Ersatzansprüche sichert und gleichzeitig dafür Sorge tragen will, dass der dem Auftraggeber entstehende Schaden so gering wie möglich gehalten wird, indem der Auftragnehmer die Möglichkeit erhält, das schadensauslösende Ereignis abzustellen. Die Behinderungsanzeige ist daher Ausfluss des dargestellten Kooperationscharakters des Bauvertrages und regelt im Ergebnis die diesem besonderen Merkmal des Bauvertrages entsprechende und den Interessen der Parteien als „Kooperationspartner" Rechnung tragende Erwägung, dass dem Auftragnehmer Ersatzansprüche dann nicht zustehen sollen, wenn er nicht seinerseits mit der Behinderungsanzeige das ihm Mögliche tut, um den Schaden gering zu halten.[815] Diese Entscheidung der VOB/B muss selbstverständlich auch im Rahmen anderer Ersatzansprüche (insbesondere der Ansprüche aus § 642 BGB) respektiert und berücksichtigt werden.[816]

cc. Fazit hinsichtlich der Auswirkungen der Besonderheiten des VOB/B-Bauvertrages auf die Mitwirkungsproblematik

Letztlich kann aus dem Vorstehenden nur ein Schluss gezogen werden:

Es bleibt dabei, dass die Mitwirkungshandlungen des Auftraggebers auch im VOB/B-Bauvertrag grundsätzlich als Obliegenheiten einzustufen sind. Nichts desto trotz besteht nach wie vor unter den im Hauptteil gefundenen Vorausset-

---

814 *Boldt*, BauR 2006, S. 185 ff. (189).

815 Ebenso *Boldt*, BauR 2006, S. 185 ff. (189).

816 Andererseits kann hieraus nicht der Schluss gezogen werden, dass die Behinderungsanzeige des § 6 Nr. 1 VOB/B auch im Rahmen eines reinen BGB-Bauvertrages im Sinne einer Voraussetzung der Ansprüche des Auftragnehmers aus § 642 BGB Geltung entfaltet (So aber *Boldt*, BauR 2006, S. 185 ff. (190)); denn im Falle des BGB-Bauvertrages ist die Bestimmung des § 6 Nr. 1 VOB/B ja gerade nicht von den Parteien im Wege der Einbeziehung der VOB als kollektiv erarbeitete AGB einbezogen worden. Die Anwendbarkeit der Behinderungsanzeige des § 6 Nr. 1 VOB/B auf BGB-Bauverträge ist durch die seit 2006 geltende Fassung der VOB/B eindeutig geregelt (vgl. § 6 Nr. 6 S. 2 VOB/B).

zungen[817] die Möglichkeit, dass die Mitwirkungs*obliegenheit* im Wege einer ergänzenden Vertragsauslegung zu einer echten Mitwirkungs*pflicht* erstarkt und somit sowohl dem Schadensersatzanspruch aus § 6 Nr. 6 VOB/B, als auch einer Klage auf Erfüllung zugänglich ist.
Hinsichtlich der rechtsdogmatischen Einordnung der Mitwirkungshandlungen des Auftraggebers ergeben sich im Rahmen des VOB/B-Bauvertrages im Verhältnis zur Situation im BGB-Bauvertrag also keine wesentlichen Besonderheiten, die es erfordern würden, die im Hauptteil der vorliegenden Arbeit gefundenen Grundsätze im VOB/B-Bauvertrag zu modifizieren.

III. Auswirkungen der rechtsdogmatischen Einordnung auf die Frage der Haftung des Auftraggebers für Vorunternehmer als Erfüllungsgehilfen im Verhältnis zu Nachunternehmern

Zu klären bleibt allerdings die Frage, welche Auswirkungen die zuvor vorgenommene rechtsdogmatische Einordnung der Mitwirkungshandlung des Auftraggebers im VOB/B-Bauvertrag auf die im Rahmen der bereits dargestellten Vorunternehmer-Rechtsprechung[818] des BGH im Vordergrund stehende Frage nach der Haftung des Auftraggebers für Vorunternehmer als Erfüllungsgehilfen im Verhältnis zu Nachunternehmern gem. § 278 BGB hat.
Insoweit ist zunächst festzuhalten, dass sich der Lösungsweg des BGH über die Norm des § 642 BGB durch die vorstehenden Äußerungen bestätigt hat. Der Auftragnehmer haftet für Schäden eines Nachunternehmers, die diesem durch nicht termingerechte oder fehlerhafte Leistungen eines Vorunternehmers entstanden sind, grundsätzlich nach der verschuldensunabhängigen Norm des § 642 BGB.
Aus diesem Grunde erlangt die vieldiskutierte Frage nach der Eigenschaft des Vorunternehmers als Erfüllungsgehilfe des Auftraggebers iSd § 278 BGB im Verhältnis zu einem Nachunternehmer nur dann praktische Bedeutung, wenn sich der Auftraggeber einerseits im Verhältnis zum Nachunternehmer vertraglich dazu verpflichtet hat, ein baureifes Grundstück zu Verfügung zu stellen, sich also für die rechtzeitige Fertigstellung der Arbeiten des Vorunternehmers im Sinne einer Rechtspflicht verpflichten wollte,[819] und es andererseits um den

---

817 Vgl. insoweit die im Rahmen der vorliegenden Abhandlung in Teil E gefundenen Ergebnisse auf S. 179 f..

818 ***BGH***-Urteil vom 27. Juni 1985 in BauR 1985, S. 561 ff. („Vorunternehmer I); ***BGH***-Urteil vom 21. Oktober 1999 in BauR 2000, S. 722 ff. (Vorunternehmer II); vgl. hinsichtlich dieser Entscheidungen auch die Darstellung im Rahmen der vorliegenden Abhandlung auf S. 198 ff..

819 Dies kann entweder im Wege der expliziten vertraglichen Vereinbarung oder im Wege der ergänzenden Vertragsauslegung (§§ 133, 157 BGB) nach den im Hauptteil der vorliegenden Abhandlung aufgestellten Voraussetzungen bzw. Grundsätzen anzunehmen sein.

Ersatz eines „anderweitig" entgangenen Gewinns des Nachfolgeunternehmers geht, der diesem dadurch entstanden ist, dass er aufgrund der Behinderung seiner Arbeiten sein betriebliches Kapital nicht anderweitig gewinnbringend einsetzen konnte. Nur in diesem Fall reicht die Entschädigungsregel des § 642 BGB nicht aus, sodass es entscheidend auf die Anwendung des § 6 Nr. 6 VOB/B und die im Rahmen dieser Norm zu klärende Frage der Erfüllungsgehilfeneigenschaft des Vorunternehmers iSd § 278 BGB ankommt.[820]
Ein solcher Fall lag der Vorunternehmer-Rechtsprechung des BGH jedoch gerade nicht zugrunde, weshalb die Vorgehensweise des BGH über § 642 BGB zumindest im Ergebnis zutreffend war.[821]
Hinsichtlich der Haftung des Auftraggebers für Vorunternehmer im Verhältnis zu Nachunternehmern ist letztlich *Stamm*[822] folgend festzustellen, dass dieses Problem aufgrund der BGH-Rechtsprechung zur „Vorunternehmerhaftung" und der darin enthaltenen Entscheidung für eine Anwendbarkeit des § 642 BGB im Rahmen eines VOB-Bauvertrages „entscheidend an Brisanz verloren" hat. Nichtsdestotrotz bleibt wie gesehen ein – wenn auch sehr geringer – Bereich der Erheblichkeit der Frage der Haftung des Auftraggebers für von ihm beauftragte Vorunternehmer im Verhältnis zu Nachfolgeunternehmern.
Die Lösung des insoweit weiterhin bestehenden Problems der Erfüllungseigenschaft des Vorunternehmers iSd § 278 BGB hängt jedoch – wie gesehen – in entscheidender Weise davon ab, wann bzw. in welchen Fällen der Auftraggeber sich im Verhältnis zum Nachunternehmer im Sinne einer Rechtspflicht dazu verpflichtet hat, für die Leistungen des Vorunternehmers einzustehen, der Vorunternehmer also im Pflichtenkreis des Auftraggebers tätig wird.[823]
Die Beantwortung dieser Frage ist anhand der im ersten Hauptteil gefundenen Ergebnisse hinsichtlich des Erstarkens von einer auftraggeberseitigen (Mitwirkungs-) Obliegenheit zu einer (Mitwirkungs-) Pflicht vorzunehmen. Insofern kann also an dieser Stelle auf die Ausführungen im Hauptteil der vorliegenden Arbeit Bezug genommen werden.[824]

---

820 Ähnlich bspw. ***Raab***, JZ 2001, S. 249 ff. (254); ***Döhring*** in **Festschrift für Crausshaar**, S. 193 ff. (201).

821 Ebenso ***Raab***, JZ 2001, S. 249 ff. (254).

822 ***Stamm***, BauR 2002, S. 1 ff: (15).

823 Ebenso ***Stamm***, BauR 2002, S. 1 ff. (15), der das vorliegende Problem auf die Abgrenzung von Schuldner- und Annahmeverzug reduziert.

824 Vgl. insoweit die Ausführungen in Teil E der vorliegenden Arbeit auf S. 179 f..

G. Resümee

Zusammenfassend ist hinsichtlich des im Rahmen der vorliegenden Abhandlung im Vordergrund stehenden Problemkreises zunächst noch einmal festzuhalten, dass dem Bauvertragsrecht insbesondere im Bereich der Bauausführungsphase ein im Verhältnis zu anderen Werkverträgen geringeren Umfangs erhöhtes Konfliktpotential zukommt und sich schon aus diesem Grunde vom Gegenstand des klassischen Werkvertragsrechts entfernt.

Vor allem der Umgang mit aus einer fehlerhaften Mitwirkung des Auftraggebers resultierenden Leistungsstörungen bereitet aufgrund der sowohl im BGB- als auch im VOB/B-Bauvertrag geltenden Einordnung der Mitwirkungshandlungen des Auftraggebers als Obliegenheiten erhebliche Schwierigkeiten.

Denn die Position des durch die Nicht- oder Schlechterbringung der auftraggeberseitigen Mitwirkung geschädigten Werkunternehmers ist auf den ersten Blick denkbar schlecht. Der Werkunternehmer kann aufgrund der Rechtsnatur der auftraggeberseitigen Mitwirkungshandlungen als Obliegenheiten und den daraus folgenden eingeschränkten Rechtsfolgemöglichkeiten im Falle des Schlecht- oder Nichterbringens der Mitwirkungsobliegenheit seitens des Auftraggebers weder das Druckmittel der Klage auf Vornahme bzw. ordnungsgemäßer Erfüllung der dem Bestellers obliegenden Mitwirkung einsetzen, noch einen entsprechenden Schadensersatzanspruch geltend machen.

Der Werkunternehmer hat zunächst lediglich die Möglichkeit einen Entschädigungsanspruch für den vergeblichen Einsatz seines Arbeits- und Betriebskapitals nach § 642 BGB geltend zu machen und die Druckwirkung dieses Anspruchs einzusetzen.

Ob aus diesem Umstand jedoch ein zwingendes Bedürfnis resultiert, die Mitwirkungshandlungen des Bestellers im Bauvertragsrecht von einer bloßen Obliegenheit zu einer echten Rechtspflicht erstarken zu lassen, bedarf einer differenzierten Betrachtung.

Fest steht insoweit zunächst lediglich, dass zum Schutz des Unternehmers lediglich die Möglichkeit besteht, die Mitwirkungsobliegenheit zu einer neben diesen stehenden, echten Mitwirkungspflicht erstarken zu lassen, nicht jedoch – wie teilweise vom BGH praktiziert – aus einer Obliegenheitsverletzung als solchen bspw. Schadensersatzansprüche des Werkunternehmers herzuleiten. Eine solche Vorgehensweise steht in völligem Widerspruch zum Begriff und der Natur der (Mitwirkungs-) Obliegenheiten.

Der methodische Ansatz der Erstarkung einer Mitwirkungsobliegenheit zu einer Mitwirkungspflicht kann vielmehr nur in der ergänzenden Vertragsauslegung nach §§ 133, 157 BGB liegen, im Rahmen derer die Frage zu klären ist, wann eine Mitwirkungsobliegenheit so erstarkt, dass sie gleichzeitig Mitwirkungspflicht ist, oder wann der Besteller bzw. Auftraggeber unabhängig von seiner Gläubigerobliegenheit Mitwirkungsverpflichtungen neben der gesetzlich vorgesehenen Abnahmepflicht iSd § 640 Abs. 1 S. 1 BGB übernommen hat. Nur im

Rahmen der ergänzenden Vertragsauslegung kann dem grundsätzlich geltenden Obliegenheitsmodell ausreichend Rechnung getragen werden. Alle anderen vorgeschlagenen methodischen Wege unterlaufen das gesetzliche Obliegenheitsmodell wesentlich zu pauschal und stellen sich aus diesem Grunde als systemwidrig dar.
So bleibt insbesondere hinsichtlich der Konstruierung von echten Mitwirkungspflichten aus der Generalklausel des § 242 BGB heraus festzuhalten, dass durch § 242 BGB Tür und Tor für eine zielorientierte Unterlaufung des gesetzlichen Modells geöffnet werden würde, die nahezu grenzenlos dazu eingesetzt werden kann, scheinbare Unbilligkeiten im Bauvertragsrecht zu beseitigen, ohne dabei jedoch den Kern der Problematik zu erfassen.
Nur der ergänzenden Vertragsauslegung sind durch ihre Orientierung am Parteiwillen klare Grenzen gesetzt, die eine pauschale und schon aus diesem Grunde nicht zu billigende Abwandlung des gesetzlichen Obliegenheitsmodells verhindern können.

Darüber hinaus sind die Kriterien der im Wege der ergänzenden Vertragsauslegung erfolgenden Erstarkung von bloßen Mitwirkungsobliegenheiten zu echten Mitwirkungspflichten eng anzulegen.
So hat eine Modifizierung des Obliegenheitsmodells nur in absoluten Ausnahmefällen, nämlich im Ergebnis nur dann zu erfolgen, wenn die grundsätzlich zum Schutz des Unternehmers vorhandene Vorschrift des § 642 BGB (bzw. der §§ 642 ff. BGB) die Interessen der Parteien nicht mehr zu erfassen vermag.
Dies ist indes nur dann der Fall, wenn neben dem durch § 642 BGB ausreichend geschützten Vergütungsinteresse des Unternehmers auch weitere schützenswerte Interessen, wie ideelle oder weitergehende wirtschaftliche Interessen, durch die Nicht- der Schlechterbringung der Auftraggebermitwirkung betroffen sind.
In diesem Zusammenhang ist nochmals darauf hinzuweisen, dass die Frage, ob die Norm des § 642 BGB den Interessen der am Bauvertrag beteiligten Parteien noch gerecht wird oder nicht, nur dann Bedeutung erlangt, wenn zugleich auch die Anwendungsvoraussetzungen der ergänzenden Vertragsauslegung, und hierbei insbesondere entweder die Andeutung des weitergehenden Interesses im Vertrag oder das Vorliegen einer durch die ergänzende Vertragsauslegung zu schließenden Regelungslücke, gegeben sind.

Die insoweit anhand des BGB-Bauvertrages entwickelten Grundsätze gelten mithin auch für den besonderen Bereich des VOB/B-Bauvertrages.
So bleibt hinsichtlich des VOB/B-Bauvertrages als Ergebnis festzuhalten, dass auch hier das Obliegenheitsmodell des BGB grundsätzliche Wirkung entfaltet, die besonderen Bestimmungen der VOB/B (insbesondere § 6 Nr. 6 VOB/B) also keine pauschale Heraufstufung der Mitwirkungshandlungen des Auftraggebers zu einer echten Rechtspflicht enthalten.

So findet die Norm des § 6 Nr. 6 VOB/B in systemgerechter Weise nur dann Anwendung, wenn auf der Tatbestandsseite die Verletzung einer echten Rechtspflicht gegeben ist, nicht jedoch bereits dann, wenn lediglich eine Obliegenheitsverletzung vorliegt. In den Fällen einer Obliegenheitsverletzung ist vielmehr weiterhin die Norm des § 642 BGB einschlägig und anzuwenden. Die Besonderheit des VOB/B-Bauvertrages liegt insoweit lediglich darin, dass im Falle einer auftraggeberseitigen Mitwirkungsobliegenheitsverletzung die Voraussetzungen des § 6 Nr. 1 VOB/B in den Entschädigungsanspruch des § 642 BGB hineinzulesen sind. Denn § 6 Nr. 1 VOB/B ist als Konkretisierung der Anforderungen an das ordnungsgemäße Angebot des Auftragnehmers nach den §§ 293 ff. BGB zu verstehen und muss insoweit berücksichtigt werden.
Durch die Anwendung der anhand des BGB-Bauvertrages entwickelten Grundsätze der Behandlung von aus einer fehlerhaften Mitwirkung des Auftraggebers resultierenden Leistungsstörungen ist zugleich eine Beantwortung der Frage hinsichtlich des durch die Vorunternehmer-Rechtsprechung des BGH erneut aufgeworfenen Problems der Zurechnung des Verschuldens eines Vorunternehmers auf Seiten des Auftraggebers gem. § 278 BGB erfolgt.
Durch die Anwendung des § 642 BGB auch im Rahmen eines VOB/B-Bauvertrags verbleibt aufgrund der Verschuldensunabhängigkeit des Anspruchs aus § 642 BGB nur ein denkbar geringer Anwendungsbereich des § 278 BGB. Soweit § 278 BGB in den dargestellten Ausnahmefällen des Vorliegens einer echten Mitwirkungspflicht des Auftraggebers tatsächlich erheblich wird, kann eine Verschuldenszurechnung über § 278 BGB nur dann stattfinden, wenn sich der Auftraggeber im Verhältnis zum Nachunternehmer vertraglich verpflichtet hat für die Leistungen des Vorunternehmers einzustehen. Wann dies der Fall ist, ist anhand der ermittelten Grundsätze über die Annahme einer zu einer Rechtspflicht erstarkten Mitwirkung des Bestellers bzw. Auftraggebers zu beantworten.

Schließlich bleibt darauf hinzuweisen, dass die gefundenen Ergebnisse nicht nur für den im Rahmen der vorliegenden Abhandlung im Vordergrund stehenden Bereich des Bauvertragsrechts Bedeutung entfalten, sondern immer dann zum Tragen kommen, wenn sich die spezifische Art des Werkvertrages vom Grundmodell der §§ 631 ff. BGB dadurch entfernt, dass der Werkherstellungsphase aufgrund seiner Dauer besondere Bedeutung zukommt.
Beispielhaft sei insoweit auf die Parallelproblematik im Bereich des Softwarevertrages verwiesen, im Rahmen dessen sich ähnliche Probleme anhand der gefundenen Ergebnisse lösen lassen.

Als wesentliche Ergebnisse bleiben festzuhalten:

Obliegenheiten zeichnen sich im Verhältnis zu echten Rechtspflichten insbesondere dadurch aus, dass ihre Beobachtung zumeist überwiegend im Interesse des Obliegenheitsbelasteten liegt („Gebot des eigenen Interesses") und ihre Verletzung nicht durch echte Schadensersatzansprüche, sondern lediglich durch den Verlust einer vormals bestehenden günstigen Rechtsposition, sowie durch einen Entschädigungsanspruch des Schuldners oder Unternehmers sanktioniert wird. Ebenso besteht bei Obliegenheiten nicht – wie bei Rechtspflichten – die Möglichkeit auf ihre Erfüllung zu klagen.

Auch die Mitwirkungshandlungen des Bestellers sind abgesehen von der Abnahme iSd § 640 Abs. 1 S. 1 BGB nicht als Rechtspflichten, sondern grundsätzlich als bloße Obliegenheiten zu qualifizieren. Im Gleichklang hierzu handelt es sich bei § 642 BGB nicht um einen echten Schadensersatzanspruch, sondern lediglich um einen vergütungsgleichen Entschädigungsanspruch. Eine Möglichkeit auf Vornahme einer Mitwirkungshandlung durch den Gläubiger oder Besteller zu klagen besteht grundsätzlich nicht.

Der BGB-Bauvertrag unterscheidet sich von anderen Werkverträgen geringeren Umfangs insbesondere durch die drei Wesensmerkmale des Langzeit-, Rahmen- und Kooperationscharakters. Das Zusammenspiel dieser besonderen Wesensmerkmale führt dazu, dass den für die Bauwerkserstellung erforderlichen Mitwirkungshandlungen des Bestellers bzw. Auftraggebers eine erhebliche Bedeutung zukommt.

Die besondere Bedeutung der Mitwirkungshandlungen des Auftraggebers im Falle eines BGB-Bauvertrages führt nicht zu einer gleichsam pauschalen Heraufstufung der Mitwirkungshandlungen zu echten Mitwirkungspflichten. Auch hier gilt grundsätzlich das Obliegenheitsmodell des BGB.

§ 642 BGB reicht aufgrund seiner im Verhältnis zu § 304 BGB erweiterten Rechtsfolgenanordnung grundsätzlich aus, um der gestiegenen Bedeutung der Mitwirkungshandlungen des Bestellers bzw. Auftraggebers im BGB-Bauvertrag gerecht zu werden.

Nur in absoluten Ausnahmefällen kann im Wege der ergänzenden Vertragsauslegung gem. §§ 133, 157 BGB eine Erstarkung einzelner Mitwirkungshandlungen von bloßen Obliegenheiten zu echten Rechtspflichten erfolgen. Dies ist dann der Fall, wenn durch die Nicht- oder Schlechterbringung der auftraggeberseitigen Mitwirkungshandlung nicht nur das Vergütungsinteresse des Unternehmers betroffen wird, sondern auch darüber hinausgehende weitere wirtschaftliche oder ideelle Interessen.

Die für den BGB-Bauvertrag gefundenen Ergebnisse gelten auch für den Bereich des VOB/B-Bauvertrages. Insbesondere ist durch die besonderen Regelungen der VOB/B, die einzelne häufig in Streit stehende Mitwirkungshandlungen des Auftraggebers in imperativer Form konkretisieren, keine pauschale Heraufstufung der Mitwirkungsobliegenheiten zu echten Mitwirkungspflichten erfolgt. Ebenso lässt sich eine solche Heraufstufung nicht durch die Norm des § 6 Nr. 6 VOB/B begründen. Die Norm des § 6 Nr. 6 VOB/B ist nur dann anwendbar, wenn auf der Tatbestandsseite die Verletzung einer echten Rechts- bzw. Mitwirkungspflicht vorliegt. Wann bzw. in welchen Fällen eine solche Mitwirkungspflicht seitens des Auftraggebers vorliegt, entscheidet sich nach den zum BGB-Bauvertrag entwickelten Grundsätzen.

Die Norm des § 642 BGB bleibt für Obliegenheitsverletzungen des Auftraggebers auch in einem aufrecht erhaltenen VOB/B-Bauvertrag mit der Maßgabe des § 6 Nr. 1 VOB/B anwendbar.

Die Frage nach der Haftung des Auftragebers für Arbeiten eines Vorunternehmers im Verhältnis zu Nachunternehmern, bzw. die Frage nach der Eigenschaft des Vorunternehmers als Erfüllungsgehilfe des Auftraggebers (§ 278 BGB), entscheidet sich ebenfalls nach den gefundenen Grundsätzen zur Annahme einer echten Rechtspflicht seitens des Auftraggebers.

Literaturverzeichnis

Acker, Wendelin
Moufang, Oliver
„Bauvertrag nach VOB/B und BGB“, Köln 2003
zitiert: Acker/Moufang, Bauvertrag

Anders, Holm
„Die Pflichtverletzung im System des Leistungsstörungsrechts als Modell de lege ferenda: Eine systematische Darstellung, untersetzt durch alternative Vorschläge unter besonderer Berücksichtigung kaufrechtlicher Bestimmungen“, Berlin 2001
zitiert: Anders, Pflichtverletzung

Bartsch, Michael
„Die modernen Vertragstypen und das BGB – Antrittsvorlesung an der Staatlichen Hochschule für Gestaltung Karlsruhe am 18.01.2000“, veröffentlicht auf der Website www.bartsch-partner.de/mb/texte/bgb.de. html (Kurzfassung in CR 2003, S. 3 ff.)

Baumbach, Adolf
Hopt, Klaus J.
„Handelsgesetzbuch“, 33. Auflage, München 2008
zitiert: Bearbeiter in Baumbach/Hopt, HGB

Behrens, Volker
„Drittzurechnung im Privatversicherungsrecht“, Karlsruhe 1980
zitiert: Behrens, Drittzurechnung

Brodmann, Erich
„Planck's Kommentar zum Bürgerlichen Gesetzbuch nebst Einführungsgesetzen“, II. Band, Recht der Schuldverhältnisse, 2. Hälfte, 4. Auflage, Berlin, Leipzig 1928
zitiert: Planck, BGB

Bruck, Ernst
Möller, Hans
„Kommentar zum Versicherungsvertragsgesetz“, Erster Band, §§ 1 – 48 VVG und Versicherungsvermittelrecht, 8. Auflage, Berlin 1961
zitiert: Bruck/Möller, VVG

Büdenbender, Ulrich
„Der Werkvertrag“, in JuS 2001, S. 625 ff.

Bydlinski, Franz
„Juristische Methodenlehre und Rechtsbegriff“, Wien, New York, 1982

Canaris, Claus-Wilhelm	**„Ansprüche aus `positiver Vertragsverletzung` und `Schutzwirkung für Dritte` bei nichtigen Verträgen“,** in JZ 1965, S. 475 ff.
Deutsch, Erwin	**„Versicherungsvertragsrecht“,** 4. Auflage, Karlsruhe 2000 (5. Auflage 2005) *zitiert: Deutsch, VersicherungsvertragsR*
Döhring, Christian	**„Die Vorunternehmerhaftung und § 642 BGB; Gedanken zu des Rätsels Lösung“,** in Festschrift für Walter Jagenburg zum 65. Geburtstag, S. 111 ff., München 2002
ders.	**„Der Vorunternehmer als Erfüllungsgehilfe des Auftraggebers“,** in Festschrift für Götz von Craushaar zum 65. Geburtstag – „Dem Baurecht ein Forum“, S. 193 ff., Düsseldorf 1997
Ehmann, Horst **Sutschet, Holger**	**„Modernisiertes Schuldrecht – Lehrbuch der Grundsätze des neuen Rechts und seiner Besonderheiten“,** München 2002 *zitiert: Ehmann/Sutschet, Modernisiertes SchuldR*
Ehrenzweig, Albert	**„Deutsches (Österreichisches) Versicherungsvertragsrecht“,** Wien 1952 *zitiert: Ehrenzweig, VersicherungsvertragsR*
Enneccerus, Ludwig **Lehmann, Heinrich**	**„Recht der Schuldverhältnisse“,** 15. Bearbeitung, Tübingen 1958
Erman, Walter	**„Handkommentar zum Bürgerlichen Gesetzbuch“,** Band I (§§ 1 – 853 BGB), 11. Auflage, Münster, Köln, 2004 *zitiert: Bearbeiter in Ermann*
Eschenbruch, Klaus	**„Bei Großprojekten ist alles anders? – Ein Beitrag zur Entmystifizierung und Eingrenzung der Risiken bei der Großprojektrealisierung aus juristischer Sicht –",** in BauR 2004, S. 1 ff.
Esser, Josef	**„Besprechung von Reimer Schmidt, Die Obliegenheiten“,** in AcP 154 (1955), S. 49 ff.

Esser, Josef
Schmidt, Eike
„Schuldrecht“, Band I „Allgemeiner Teil“, Teilband 1, 8. Auflage, Heidelberg 1995
zitiert: Esser/Schmidt, SchldR I/1

Fikentscher, Wolfgang
„Schuldrecht“, 9. Auflage, Berlin, New York, 1997

Fuchs, Heiko
„Kooperationspflichten der Bauvertragsparteien“, Düsseldorf 2003
zitiert: Fuchs, Kooperationspflichten

ders.
„Der Schürmannbau-Beschluss: Der Anfang vom Ende der Kooperationspflichten der Bauvertragsparteien?“, in NZBau 2004, S. 65 ff.

Ganten, Hans
Jagenburg, Walter
Motzke, Gerd
„Beck'scher VOB Kommentar; Verdingungsordnung für Bauleistungen Teil B", München, 1997
zitiert: Bearbeiter in, Beck'scher VOB/B-Komm.

Gehlen, Hans von
„Haftung des Auftraggebers bei einem durch den Vorunternehmer verursachten Baustillstand“, in ZfBR 2000, S. 291 ff.

Gernhuber, Joachim
„Handbuch des Schuldrechts“, Band 8, **„Das Schuldverhältnis“**, Tübingen 1989

ders.
„§ 242 BGB – Funktionen und Tatbestände“, in JuS 1983, S. 764 ff.

Gierke, Otto von
„Dauernde Schuldverhältnisse“, in Jherings Jahrbücher für die Dogmatik des bürgerlichen Rechts, Bd. 64 (1914), S. 255 ff.
zitiert: v. Gierke, JhJb 64 (1914)

Götz, Heinrich
„Obliegenheiten und positive Forderungsverletzung“, in JuS 1961, S. 56 ff.

Grieger, Winfried
„Die Kooperationspflicht der Bauvertragspartner im Bauvertrag: Anmerkungen zu BGH, BauR 2000, S. 409 ff.“, in BauR 2000, S. 969 ff.

Hartmann, Christian
„Die unterlassene Mitwirkung des Gläubigers: Ein Beitrag zum Recht der Leistungsstörungen“,
Berlin 1997
zitiert: Hartmann, Die unterlassene Mitwirkung des Gläubigers

Herholz, Felix
„Das Schuldverhältnis als konstante Rahmenbeziehung“, in AcP 130 (1929), S. 257 ff.

Henke, Horst-Eberhard
„Der Begriff des Schuldverhältnis“,
in JA 1989, S. 186 ff.

Henß, Olaf
„Obliegenheit und Pflicht im Bürgerlichen Recht“,
Frankfurt am Main 1988
zitiert: Henß, Obliegenheiten

Heiermann, Wolfgang
Riedl, Richard
Rusam, Martin
„Handkommentar zur VOB“,
10. Auflage, Wiesbaden, 2003
zitiert: Bearbeiter in Heiermann/Riedl/Rusam, VOB/B

Hofmann, Gerhard
„Die rechtliche Einordnung der Mitwirkungspflichten des Auftraggebers beim Bauvertrag“,
in Festschrift für Götz von Craushaar zum 60. Geburtstag („Dem Baurecht ein Forum“), S. 219 ff., Düsseldorf 1997
zitiert: Hofmann in Festschrift für v. Craushaar

Honsell, Heinrich
„Berliner Kommentar zum Vertragsversicherungsgesetz – Kommentar zum deutschen und österreichischem VVG“, Berlin, Heidelberg, New York, 1999
zitiert: Bearbeiter in BerlinerKomm

Huber, Peter
Faust, Florian
„Schuldrechtsmodernisierung: Einführung in das neue Recht“, München 2002
zitiert: Bearbeiter in Huber/Faust, Schuldrechtsmodernisierung

Hübner, Ulrich
„Verhaltensabhängige Risikoausschlüsse und verhüllte Obliegenheiten“, in VersR 1978, S. 981 ff.

Hüffer, Uwe — **„Leistungsstörungen durch Gläubigerhandeln“**, 1. Auflage, Berlin 1976
zitiert: Hüffer, Leistungsstörungen durch Gläubigerhandeln

Ingenstau, Heinz
Korbion, Herrmann — **„Verdingungsordnung für Bauleistungen“**, 16. Auflage, Düsseldorf, 2006
zitiert: Bearbeiter in Ingenstau/Korbion, VOB/B

Jauernig, Othmar — **„Bürgerliches Gesetzbuch – Kommentar“**, 12. Auflage, München 2007
zitiert: Bearbeiter in Jauernig, BGB

Kapellmann, Klaus D.
Messerschmidt, Burkhard — **„VOB Teile A und B“**, 2. Auflage, München 2007
zitiert: Bearbeiter in Kapellmann/Messerschmidt

Kapellmann, Klaus D.
Schiffers, Karl-Heinz — **„Vergütung, Nachträge und Behinderungsfolgen beim Bauvertrag“**,
Band I, 5. Auflage, Düsseldorf, 2006
zitiert: Bearbeiter in Kapellmann/Schiffers, Einheitspreisvertrag

Kapellmann, Klaus D. — **„§ 645 BGB und die Behinderungshaftung für Vorunternehmer“**, in BauR 1992, S. 433 ff.

ders. — **„Der Verjährungsbeginn beim vergütungsgleichen Ersatzanspruch des Auftragnehmers aus § 6 Nr. 6 VOB/B und aus § 642 BGB“**, in BauR 1985, S. 123 ff.

Kern, Hans-Günther — **„Ökonomische Theorie der Langzeitverträge“**, in JuS 1992, S. 13 ff.

Kleine-Möller, Nils
Merl, Heinrich
Oelmaier, Winfried — **„Handbuch des privaten Baurechts“**, 3. Auflage, München 2005
zitiert: Bearbeiter in Kleine-Möller/Merl/Oelmaier, BauR

Kleine-Möller, Nils — **„Die Haftung des Auftraggebers gegenüber einem behinderten Nachfolge-Unternehmer“**, in NZBau 2000, S. 401 ff.

Kniffka, Rolf
Koeble, Wolfgang — **„Kompendium des Baurechts – Privates Baurecht und Bauprozess“**, 2. Auflage München 2004

Köbler, Gerhard
Pohl, Heidrun
„Deutsch-deutsches Rechtswörterbuch“,
München 1991

Kohler, Josef
„Annahme und Annahmeverzug“,
in Jherings Jahrbücher für die Dogmatik des bürgerlichen Rechts, Bd. 17 (1879), S. 261 ff.
zitiert: Kohler, JhJb 17 (1879)

ders.
„Der Gläubigerverzug“,
in ArchBürgR 13 (1897), S. 149 ff.

ders.
„Lehrbuch des Bürgerlichen Rechts“,
2. Band, 1. Teil „Schuldrecht“, Berlin 1906
zitiert: Kohler, BürgerlR

Kraus, Steffen
„Ansprüche des Auftragnehmers bei einem durch Vorunternehmer verursachten Baustillstand“,
in BauR 1986, S. 17 ff.

Krebber, Sebastian
“Die vertragliche Pflicht des Verkäufers zur Übergabe einer Gebrauchanweisung”,
in AcP 201 (2001), S. 333 ff.

Kreuzer, Karl
Stehle, Hans-Joachim
„Grundprobleme des Gläubigerverzugs“,
in JA 1984, S. 69 ff.

Lachmann, Ulrike
„Die Rechtsfolgen unterlassener Mitwirkungshandlungen des Werkbestellers“, in BauR 1990, S. 409 ff.

Langen, Werner
Schiffers, Karl-Heinz
„Bauplanung und Bauausführung“, München 2005
zitiert: Bearbeiter in Langen/Schiffers

Larenz, Karl
„Lehrbuch des Schuldrechts“,
1. Band, Allgemeiner Teil, 14. Auflage München 1987
zitiert: Larenz, SchuldR I
2. Band, Teil I, 13. Auflage, München 1986
zitiert: Larenz, SchuldR II/1

ders.
„Methodenlehre der Rechtswissenschaften“,
Berlin, Heidelberg, Tokyo, New York, 1983

Larenz, Karl
„Allgemeiner Teil des Bürgerlichen Rechts“,

Wolf, Manfred	9. Auflage, München 2004 *zitiert: Larenz/Wolf, BGB AT*
Lauer, Jürgen	**„BGH – Bau einer gemeinsamen Ladenpassage: Bauherren müssen gegebenenfalls nachverhandeln!“**, in IBR 2001, S. 513
Leonhardt, Hilmar	**„Die Repräsentantendoktrin im Privatversicherungsrecht: Kritische Bestandsaufnahme – Neue Wege“**, Baden-Baden 1999 *zitiert: Leonhardt, Repräsentantendoktrin*
Lenzen, Elmar	**„Die Ansprüche gegen den Besteller, dem Mitwirkungspflichten unmöglich werden“**, in BauR 1997, S. 210 ff.
Locher, Horst	**„Das private Baurecht“**, 7. Auflage München 2005 *zitiert: Locher, Baurecht*
Lorenz, Stephan **Riehm, Thomas**	**„Lehrbuch zum neuen Schuldrecht“**, München 2002
Maas, Arndt	**„OLG Hamm/BGH – Schecksperrung hinsichtlich Abschlagszahlung: Kündigungsgrund für Auftragnehmer?“**, in IBR 2001, S. 108
Madai, Carl-Otto von	**“Die Lehre von der Mora. Dargestellt nach Grundsätzen des Römischen Rechts“**, 1837 *zitiert: v. Madai, Lehre von der Mora*
Maxem, Werner	**„Rechtsfolgen bei Verletzung von Mitwirkungspflichten durch den Besteller beim (Bau-) Werkvertrag“**, in BauR 2003, S. 952 ff.
Mayerhöfer, Alexander	**„Die Integration der positiven Forderungsverletzung in das BGB“**, in MDR 2002, S. 549 ff.
Medicus, Dieter	**„Bürgerliches Recht“**, 20. Auflage, Köln 2004 *zitiert: Medicus, BürgerlR*

ders.	**„Schuldrecht I; Allgemeiner Teil“**, 15. Auflage, München 2004 *zitiert: Medicus, SchuldR I*
Meurer, Wolfgang	**„Kooperationspflichten der Bauvertragsparteien – Konsequenzen für die Baupraxis“**, in MDR 2001, S. 848 ff.
Mommsen, Friedrich	**„Beiträge zum Obligationenrecht, Dritte und letzte Abteilung: Die Lehre von der Mora nebst Beiträgen zur Lehre von der culpa“**, Braunschweig 1855 *zitiert: Mommsen, Obligationenrecht*
Morgen, Christoph	**„Mitwirkungshandlungen des Auftraggebers im VOB/B-Bauvertrag – Zugleich Darstellung einer Methode der Vertragsauslegung zur Bestimmung der Rechtsnatur von Mitwirkungshandlungen des Bestellers im allgemeinen Werkvertragsrecht“**, Berlin 2005
Motzer, Stefan	**„Schutzpflichtverletzung und Leistungsunmöglichkeit“**, in JZ 1983, S. 884 ff.
Mugdan, Benno	**„Die gesamten Materialien zum Bürgerlichen Gesetzbruch für das Deutsche Reich“**, Band 2, Recht der Schuldverhältnisse, Neudruck der 1. Auflage 1979 *zitiert: Mugdan, Mot. Bd. II*
Müller-Foell, Christoph	**„Die Mitwirkung des Bestellers beim Werkvertrag“**, Berlin 1982 *zitiert: Müller-Foell, Mitwirkung des Bestellers beim Werkvertrag*
Münchener Kommentar zum Bürgerlichen Gesetzbuch	**Band 2 a,** §§ 241 – 432, 5. Auflage, München 2007; **Band 3,** §§ 433 – 606, 5. Auflage, München 2008; **Band 4,** §§ 611 – 704, 4. Auflage, München 2005; *zitiert: Bearbeiter in MüKo*

Nicklisch, Fritz	**„Mitwirkungspflichten des Bestellers beim Werkvertrag, insbesondere beim Bau- und Industrieanlagenvertrag“**, in BB 1979, S. 533 ff.
ders.	**„Empfiehlt sich eine Neukonzeption des Werkvertragsrechts? – unter besonderer Berücksichtigung komplexer Langzeitverträge –“**, in JZ 1984, S. 757 ff.
ders.	**„Rechtsfragen des Subunternehmervertrages bei Bau- und Anlagenprojekten im In- und Auslandsgeschäft“**, in NJW 1985, S. 2361 ff.
Nicklisch, Fritz **Weick, Günter**	**„Verdingungsordnung für Bauleistungen Teil B“**, 3. Auflage, München, 2001 *zitiert: Bearbeiter in Nicklisch/Weick, VOB/B*
Oberhauser, Iris	**„Pflichten- und Risikoverteilung zwischen den Bauvertragsparteien“, in Festgabe für Steffen Kraus zum 65. Geburtstag „Baurecht im Wandel“**, S. 151 ff., München, Neuwied 2003
Palandt, Otto **Heinrichs, Helmut**	**„Bürgerliches Gesetzbuch“** 67. Auflage, München 2008 *zitiert: Bearbeiter in Palandt*
Pauly, Holger	**„Die Privilegierung der VOB/B nach dem Schuldrechtsmodernisierungsgesetz“**, in MDR 2003, S. 124 ff.
ders.	**„Zum Verhältnis von VOB/B und AGBG“**, in BauR 1996, S. 328 ff.
Preussner, Matthias	**„Das neue Werkvertragsrecht im BGB“**, in BauR 2002, S. 231 ff.
ders.	**„Die VOB/B ist tot!“**, in BauR 2002, S. 1602 ff.
Prölss, Jürgen **Martin, Anton**	**„Versicherungsvertragsgesetz“**, 27. Auflage, München 2004 *zitiert: Bearbeiter in Prölss/Martin, VVG*

Protokolle zum BGB | **„Protokolle der Kommission für die zweite Lesung des Entwurfs des Bürgerlichen Gesetzbuchs“**,
Band I 1897; *zitiert: Prot. Bd. I*
Band II 1898; *zitiert: Prot. Bd. II*

Quack, Friedrich | **„VOB/B als Ganzes und die Modernisierung des Schuldrechts“**, in ZfBR 2002, S. 428 ff.

ders. | **„BGH – Schürmannbau Hochwasserschaden: Organisatorische Fehler führen zum Mitverschulden des Bauherrn“**, in IBR 2003, S. 467

Raab, Thomas | **„Anmerkungen zum Urteil des BGH vom 21.10.1999 – VII ZR 185/98“**, in JZ 2001, S. 249 ff. (251 ff.)

ders. | **„Austauschverträge mit Drittbeteiligung“**,
Tübingen 1999,
zitiert: Raab, Austauschverträge mit Drittbeteiligung

RGRK | **„Das Bürgerliche Gesetzbuch mit besonderer Berücksichtigung der Rechtsprechung des Reichsgerichts und des Bundesgerichtshofes“**,
Band II, Teil 4,
12. Auflage, Berlin, 1978
zitiert: Bearbeiter in RGRK

Richter, Arnt | **„Privatversicherungsrecht“**,
Stuttgart, Berlin, Köln, Mainz 1980

Römer, Wolfgang
Langheid, Theo | **„Versicherungsvertragsgesetz – VVG“**,
2. Auflage, München 2003
zitiert: Bearbeiter in Römer/Langheid, VVG

Scheube, Jan | **„Die Auftraggebermitwirkung im VOB/B-Bauvertrag – Obliegenheit oder Pflicht?“**, Berlin 2003
zitiert: Scheube, Auftraggebermitwirkung

Schey, Josef von | **„Begriff und Wesen der Mora Creditoris im österreichischen und im gemeinen Recht“**, 1884

Schlotke, Helmut **„Mitwirkungspflichten bei Langzeitverträgen“**, in: Nicklisch, Fritz (Hrsg.), „Der komplexe Langzeitvertrag – Strukturen und Internationale Schiedsgerichtsbarkeit“, Heidelberg 1987, S. 377 ff.

Schmalz, Dieter **„Methodenlehre für das juristische Studium“**, 3. Auflage, Baden-Baden 1992

Schmidt, Karsten **„Handelsrecht“**, 5. Auflage, Köln, Berlin, Bonn, München 1999

Schmidt, Reimer **„Die Obliegenheiten“**, Karlsruhe 1953
zitiert: Reimer Schmidt, Obliegenheiten

Schmitz, Claus **„Kündigungsrecht des Auftragnehmers bei objektiv vorliegenden, vom Auftraggeber aber nicht zeitnah gerügten Mängeln? (Anmerkungen zu OLG Celle, BauR 2000, S. 416)**, in BauR 2000, S. 1126 ff.

Schuhmann, Ralph **„Kooperationspflichten des Anlagenvertrages: Rechtliche Substanz und praktische Konsequenzen“**, in BauR 2003, S. 162 ff.

Schwarze, Torsten **„Das Kooperationsprinzip des Bauvertragsrechts“**, Berlin 2003

ders. **„Auswirkungen der bauvertraglichen Kooperationsverpflichtung“**, in BauR 2004, S. 895 ff.

Siegburg, Peter **„Zum AGB-Charakter der VOB/B und deren Privilegierung durch das AGB-Gesetz“**, in BauR 1993, S. 9 ff.

Sienz, Christian **„Die Vorleistungspflicht des Bauunternehmers: Ein Trugbild?“**, in BauR 2004, S. 10 ff.

Soergel, Hans Theodor
Siebert, Wolfgang
Baur, Jürgen F.

„Bürgerliches Gesetzbuch",
Band 2, Schuldrecht Allgemeiner Teil **(§§ 104 – 240),**
13. Auflage, Stuttgart, Berlin, Köln 1999
Band 2, Schuldrecht I **(§§ 241 – 432),**
12. Auflage, Stuttgart, Berlin, Köln, 1990
Band 4/1, Schuldrecht III/1 **(§§ 516 – 651),**
12. Auflage, Stuttgart, Berlin, Köln, 1998
zitiert: Bearbeiter in Soergel, BGB

Stamm, Jürgen

„Die Frage nach der Eigenschaft des Vorunternehmers als Erfüllungsgehilfe des Bauherrn im Verhältnis zum Nachunternehmer: Ein Problem der Abgrenzung von Schuldner- und Annahmeverzug – Zugleich eine Besprechung von BGH, BauR 1985, 561 ff., und BGH, BauR 2000, 722 ff. ", in BauR 2002, S. 1 ff.

Staudinger, Julius von

„J. von Staudingers Kommentar zum Bürgerlichen Gesetzbuch",
- Zweites Buch, „Recht der Schuldverhältnisse" **(Einleitung zu §§ 241 ff; § 241 – 243),** Berlin 2005;
- Zweites Buch, „Recht der Schuldverhältnisse" **(Leistungsstörungsrecht I; §§ 255 – 314),** Berlin 2004;
- Zweites Buch, „Recht der Schuldverhältnisse", **(§§ 631 – 651),** Berlin 2003;
- Zweites Buch, „Recht der Schuldverhältnisse" **(§§ 823 - 825),** Berlin 1999;
zitiert: Bearbeiter in Staudinger, BGB

Stoll, Heinrich

„Die Lehre von den Leistungsstörungen; Denkschrift des Ausschusses für Personen-, Vereins- und Schuldrecht", Tübingen 1936

ders.

"Abschied von der Lehre der positiven Vertragsverletzung", AcP 136 (1932), S. 257 ff.

Stürner, Rolf

„Der Anspruch auf Erfüllung von Treue- und Sorgfaltspflichten", in JZ 1976, S. 384 ff.;

Thiele, Wolfgang

„Leistungsstörung und Schutzpflichtverletzung",
JZ 1967, S. 649 ff.

Thiele, Wolfgang
Fezer, Karl-Heinz
„BGB Schuldrecht Allgemeiner Teil“,
4. Auflage, Neuwied, Kriftel, Berlin 1993
zitiert: Thiele/Fezer, BGB AT

Tuhr, Andreas von
„Der Allgemeine Teil des Bürgerlichen Rechts”,
Band I, „Allgemeine Lehren und Personenrecht“,
Leipzig 1910

Ulmer, Peter
Brandner, Erich
Hensen, Hans-Diether
„Kommentar zur Regelung des Rechts der Allgemeinen Geschäftsbedingungen“,
9. Auflage, Köln 2001
zitiert: Bearbeiter in Ulmer/Brandner/Hensen

Vygen, Klaus
„Bauvertragsrecht nach VOB und BGB“,
3. Auflage, Wiesbaden, Berlin 1997
zitiert: Vygen, Bauvertragsrecht

ders.
„Bauvertragsrecht nach VOB – Grundwissen“,
5. Auflage, Köln 2007
Zitiert: Vygen, Bauvertragsrecht VOB

ders.
„Kooperationspflichten der Bauvertragspartner beim VOB-Bauvertrag“, in Festgabe für Steffen Kraus zum 65. Geburtstag „Baurecht im Wandel“, S. 249 ff., München, Neuwied 2003

Vygen, Klaus
Schubert, Eberhard
Lang, Andreas
„Bauverzögerung und Leistungsänderung: rechtliche und baubetriebliche Probleme und ihre Lösungen“,
5. Auflage, Düsseldorf 2007
zitiert: Bearbeiter in Vygen/Schubert/Lang

Wagner, Klaus-R.
„Einsatzmöglichkeiten notarieller Streitvermeidung und Streitentscheidung“, in NJW 2001, S. 2128 ff.

Wahl, Matthias C.
„Die Haftung des Auftraggebers im Bauwerkvertrag bei verzögerter, unterlassener und fehlerhafter Mitwirkung nach BGB und VOB/B“, Tübingen 2004

Wegmann, Hubertus
„Obliegenheiten in der privaten Krankenversicherung“, Frankfurt 1997
zitiert: Wegmann, Obliegenheiten

Weick, Günter — **„Allgemeine Geschäftsbedingungen oder Verkörperung von Treu und Glauben? Zum Bild der VOB in Rechtsprechung und Literatur“**, in Festschrift für Herrmann Korbion zum 60. Geburtstag, S. 451 ff., Düsseldorf 1986
zitiert: Weick, in Festschrift für Korbion

ders. — **„Vereinbarte Standardbedingungen im deutschen und englischen Bauvertragsrecht“**, München 1977
zitiert: Weick, Standartbedingungen

Werner, Ulrich
Pastor, Walter — **„Der Bauprozess: Prozessuale und materielle Probleme des zivilen Bauprozesses“**, 12. Auflage 2008
zitiert: Bearbeiter in Werner/Pastor, Bauprozess

Wertheimer, Frank — **„Der Gläubigerverzug im System der Leistungsstörungen“**, in JuS 1993, S. 646 ff.

Wieling, Hans — **„Venire contra factum proprium und Verschulden gegen sich selbst“**, in AcP 176 (1976), S. 334 ff.

Windscheid, Bernhard — **„Lehrbuch des Pandektenrechts“**, Band II, 7. Auflage, Düsseldorf 1891

Wolf, Manfred
Horn, Norbert
Lindacher, Walter F. — **„Gesetz zur Regelung des Rechts der Allgemeinen Geschäftsbedingungen“**, 4. Auflage, München. 1999
zitiert: Bearbeiter in Wolf/Horn/Lindacher

www.ingramcontent.com/pod-product-compliance
Ingram Content Group UK Ltd.
Pitfield, Milton Keynes, MK11 3LW, UK
UKHW021907290926
8980IPUK00015B/1099

9 783631 581971